JN200113

デジタル法務の実務Q&A

編集
高橋 郁夫／鈴木　誠／梶谷　篤／荒木 哲郎
北川 祥一／斎藤　綾／北條 孝佳

日本加除出版株式会社

推薦のことば

平成30年3月30日、裁判手続等のIT化検討会により「裁判手続等のIT化に向けた取りまとめ―「3つのe」の実現に向けて―」が公表されました。これは、近年の情報通信技術の更なる進展や民事裁判をめぐる状況の変化等により、適正かつ迅速な裁判を効率的に行いながら、民事裁判手続を国民にとってより利用しやすいものとするために、裁判手続にIT技術を更に導入していこうというものです。法曹三者を中心に、民事裁判のIT化の実現とその法整備に向けて検討が目下急ピッチで進んでおり、日弁連も市民目線に立ってより良い制度構築に鋭意取り組んでいるところです。

IT技術の急速な進化は、企業活動においても大きな影響を及ぼしています。例えば、企業活動に関して不正を伺わせる事項が見つかった場合には、デジタル文書やeメールから、その不正の全体像を描き出す作業が行われることも一般化しています。そして、企業がIoTやAI等の技術を開発・導入する場合には、それに付随する法的問題等を予め予測・検討をしておく必要があります。しかし、現時点では、それら法的問題の対応について、実例の集積もほとんど無く、明確な指針・ガイドラインもない中、企業は技術の進化により複雑かつ難解な法的問題への対応に日々迫られています。

また、実際に企業法務に関わる法務部職員や顧問先の弁護士等にとっても、これら新しい技術を開発・導入する企業等からの求めに応じて、助言・アドバイス・方策を示す必要がありますが、同様にその対応に苦慮しているのが実情です。

本書籍は、上記のような企業法務に関する問題について、日々研鑽を重ねている「第一東京弁護士会総合法律研究所IT法研究部会」所属の弁護士によって、現時点での最前線の情報・知見をQ＆A形式でまとめられたものです。民事・刑事両面から網羅的に検討をしており、デジタル法務を扱う実務家の要請に十分に応える内容となっています。

推薦のことば

本書が、法律実務家のみならず、このような新しい法律問題に直面する多くの企業や市民の皆様にとって解決の糸口となることを祈念し、ここに広く本書を推薦する次第です。

平成30年10月

日本弁護士連合会
会長　菊　地　裕太郎

はしがき

世の中の情報技術革命に、司法の世界をキャッチアップさせることの一助とするという大きな使命を掲げて執筆・編集した「デジタル証拠の法律実務Q＆A」は、思いの外、たくさんの人々に読まれることになりました。執筆・編集に携わった者として、支持してくださった読者の皆様には、本当に感謝いたします。しかしながら、情報技術革命は、その流れを止めるどころか、さらに加速して、社会の姿を変えつつあります。人工知能が人類の能力をはるかに超えた“超知能”になるというシンギュラリティ（技術的特異点）が来るのではないか、そのときに、人類は、どう進化するのか、ということが真剣に議論されるようになっています。また、企業も、デジタル情報を活用する体制を整えるとともに、すべての企業がデジタル企業へと変革（トランスフォーメーション）しつつある時代を迎えつつあります。司法の世界でも、不祥事対応に、デジタル証拠の収集・分析が活用されることは、当然になってきましたし、謝罪会見における対応のアドバイザーとして弁護士が活躍するのもみることができるようになりました。司法の世界も、急速に、トランスフォーメーションをなしつつあるということでしょう。

「デジタル証拠の法律実務Q＆A」を企画・執筆した時点では、まだ、想定していなかったいくつもの問題が発生しています。AI、IoT、仮想通貨、ブロックチェーン、裁判手続等のIT化、企業内部調査等が、それらの代表的なものです。本書では、それに対して私たちなりの回答を準備してみました。さらに、企業とデジタル情報との関わりを刑事事件の観点から考えてみることもしてみました。司法のIT化の動きのなかで、社会と法のかかわりは大きな変革を迎えているということができるでしょう。1990年代初頭からの情報ネットワーク化によって惹起された情報革命の勢いは、これまでの進展が、あたかも単なる助走にすぎなかったのではないかと思わせるくらいの勢いでさらに社会変革を加速させていくことでしょう。人類の歴史のなかで、いままでに類をみないような変革の大きな波が来ているのかと思います。本書は、その社会の大きな変化の波に乗っていくための最初のステップになりたいと思っています。本書は、第一東京弁護士会の総合法律研究所IT法研究部会（IT法部会）のメンバーを中心に執筆しました。IT法部会としては、今後も、情報革命のなかでの法の果たすべき役割を見つめていきたいと思っています。高い志の下、法と社会のかかわりに新たな途を示してきた第一東京弁護士会の偉大な先達に続くという使命は、なんら変わることはありません。将来、次の世代からみて、本書が、良き伝統をつなぐ架け橋の一つになったと評価されることを期待してやみません。

最後に、日本加除出版の前田敏克、髙山康之の両氏には、非常にお世話になりました。この本が世に出るのも両氏の甚大なる努力のおかげです。執筆・編集一同からの感謝の気持ちを記したいと思います。

平成30年10月

編集者を代表して

弁護士　高　橋　郁　夫

凡　例

〔法令〕

資金決済法　資金決済に関する法律
金融商品販売法　金融商品の販売等に関する法律
景品表示法　不当景品類及び不当表示防止法
特商法　特定商取引に関する法律
特商法施行令　特定商取引に関する施行令
特商法規則　特定商取引に関する法律施行規則
風営法　風俗営業等の規制及び業務の適正化等に関する法律
出会い系サイト規制法　インターネット異性紹介事業を利用して児童を誘引する行為の規制等に関する法律
特定電子メール法　特定電子メールの送信の適正化等に関する法律
個人情報保護法　個人情報の保護に関する法律
個人情報保護法施行令　個人情報の保護に関する法律施行令
個人情報保護法施行規則　個人情報の保護に関する法律施行規則
番号法　行政手続における特定の個人を識別するための番号の利用等に関する法律
下請法　下請代金支払遅延等防止法
民訴法　民事訴訟法
刑訴法　刑事訴訟法
電子署名法　電子署名及び認証業務に関する法律
電子帳簿保存法　電子計算機を使用して作成する国税関係帳簿書類の保存方法等の特例に関する法律
電子帳簿保存法施行規則　電子計算機を使用して作成する国税関係帳簿書類の保存方法等の特例に関する法律施行規則
独禁法又は独占禁止法　私的独占の禁止及び公正取引の確保に関する法律
プロバイダ責任制限法　特定電気通信役務提供者の損害賠償責任の制限及び発信者情報の開示に関する法律

〔裁判例〕

最判昭和 43 年 8 月 2 日（民集 22 巻 8 号 1603 頁）

編集者・執筆者一覧

編集・執筆

○第一東京弁護士会（総合法律研究所 IT 法研究部会員）

高橋　郁夫　　北川　祥一
梶谷　　篤　　斎藤　　綾
荒木　哲郎

○東京弁護士会（インターネット法律研究部会員）

北條　孝佳

○愛知県弁護士会

鈴木　　誠

執筆（敬称略、登録番号順）

○第一東京弁護士会（総合法律研究所 IT 法研究部会員）

安藤　広人　　山岡　裕明
中崎　　隆　　唐澤　貴洋
野村　大吾　　山本　祥平
永井　徳人　　森　　大輝
木佐　　優　　島﨑　政虎

○第二東京弁護士会

渥美　雅之

第１章　デジタルビジネス法とは何か

第２章　情報ガバナンス／プライバシー

第３章　情報ガバナンス／ドキュメントレビュー

第４章 FinTech／ブロックチェーン／スマートコントラクト

第5章 AI/IoT/ビッグデータ/自律性の概念等

第1章

デジタルビジネス法とは何か

Q1 デジタルビジネス法の概念及び全体像

社会がデジタル情報の上に依存するようになるにつれて、ビジネス法の分野でどのような法的な問題が発生しているのでしょうか。さらに、今後、どのような問題が発生してくるのでしょうか。また、それらの問題は、大きな観点から見たときにどのようなトレンドを形作っていくのでしょうか。

A

デジタル社会が、P2P技術、モバイル技術、AI技術、ビッグデータ技術などの基礎技術をもとに発展を遂げていくことは間違いがないでしょう。そのような社会において、経済活動に関する法務も変動を遂げることになります。社会の直面するリスクとしては、⑴サイバーセキュリティ／安全のリスク、⑵個人データ保護のリスク、⑶透明性・説明原則のリスク、⑷独占・寡占のリスクなどを考えることができ、これらに対応しながら、ビジネス法務も発展していく必要があります。

1　デジタルビジネス法とは何か

本書では、デジタルビジネス法という観点から、社会が、デジタル情報に依存して活動しているのに伴って生じてくる法律問題を、ビジネス法務という分野から、検討することにします。

本書で、ビジネス法務というのは、幅広く経済活動に関連する法律実務をいうものとします。企業活動に関する法律実務が、主たるものということができますが、企業ではなく、個人であっても、継続的な経済活動を営んでいれば、検討の対象になります。その一方で、いわば、私的活動に関する問題については、本書の範囲外となります。

デジタル情報が社会に及ぼしつつある影響については、本書の姉妹書である『デジタル証拠の法律実務Ｑ＆Ａ』（日本加除出版、2015。以下、『デジタル証拠の法律実務Ｑ＆Ａ』という。➔Q3）で述べています。情報流通量の爆発的増加、ビッグデータ化、その一方での証拠収集への影響などが、その特徴を形作っているということがいえるでしょう。

このような影響が、上記のビジネス法務にどのように影響を与えているのか、ということを考え、実務と社会の影響とのギャップを認識し、そのギャップに対して対応すべき手法を考えるのが、本書の目的ということになります。

2　デジタル社会を支える基礎的な技術

では、デジタル情報が社会に大きな影響を及ぼす社会をデジタル社会というとき、そのデジタル社会を構成している基礎的な技術というのは、どのようなものでしょうか。最初に、基礎的な技術について考えておくことは、非常に有意義であると考えられます。

本書においては、基礎的な技術の動向として、P2P 技術、モバイル技術、AI 技術、ビッグデータ技術をあげることにしましょう。それぞれについて、簡単に説明し、本書で詳細に分析されているところの道しるべとしましょう。

P2P 技術とは、種々のデータが中央の管理する主体なしに、それぞれに交換して、やりとりがなされる技術をいいます。音楽のデータ配信や音声通話ソフトに利用され、ブロックチェーン技術の思想的な根本になっているということができるでしょう。また、その根幹にある個々のデータ・サービス・スキルなどを、微小な単位にわけて、ネットワークに提供し、公開されたアプリケーションとして、必要に応じて、利用可能なものとして提供するという考え方は、FinTech を支える技術的動向の一つの柱である API の公開そのものです。そして、リモートコンピューティングと仮想化技術があいまったクラウド技術が、これらの具体的な動向を支えています。

モバイル技術というのは、いつでも、どこでも、何でも、お互いに通信ができるという仕組み／技術をいいます。携帯電話・スマートフォンの発展は、いうまでもありません。さらにスマートフォンは、いろいろなデータを取得する手軽なセンサーの役割を果たしているということができるでしょう。また、今では、テレビ、HDD レコーダー、工場、制御機器、果ては、ロケットまで、何にでも、通信機器が備わっているのが当たり前になっています。

AI 技術というのは、非常に範囲の広い概念ですが、一般的に自律的に何らかの判断をなすのを支援する仕組みをいうと考えられます。具体的に実用化されている技術（画像認識、予測的タグ付け技術）もあれば、いまだ、なかなか具体的な技術の道筋が見えない汎用人工知能（artificial general intelligence）もあります。

ビッグデータ技術というのは、大量かつ多量のデータを、詳細に収集し、分析する技術をいいます。ありとあらゆるセンサーがデータを収集し、それを分析していくのです。

3 基礎的な技術とそのアプリケーション

基礎的な技術が組み合わさって具体的にどのようなサービスを形作っているのでしょうか。

⑴ P2P 技術

P2P 技術のまわりを考えてみましょう。これらの下に具体的なアプリケーションであるビットコインは、有名です。また、ビットコインの基礎となるブロックチェーン技術は、“不特定又は多数に対してデータを、その生成からの時系列を伴い公示するもの（分散元帳）であって、デジタル技術を用いて、その情報を検証するもの”といえますが、現在、仮想通貨方面への応用のみではなく種々の方面に応用されるように挑戦がなされています。

また、いろいろなチャットボットにおける各種 API の提供、Amazon Echo におけるスキルの提供、FinTech における API を利用した個人家計簿アプリ、企業の税務申告支援システムなどもこのような技術をもとに構築されているということがいえます。

本書においては、**Q22**（ブロックチェーン技術）、**Q23**（ビットコインと法的規制）、**Q26**（スマートコントラクトとは何か）、**Q27**（APIの公開）、**Q31**（チャットボットとは何か。運用の問題点）などの記述が、このP2P技術と社会とのギャップに関するものであるということができます。

⑵　モバイル技術

モバイル機器が、発展することによって、私たちの生活は、本当に便利になりました。地図をあらかじめ印刷して持ち歩くことは本当になくなりましたし、いつでも、どこでも仕事の連絡を簡単にすることができます。その一方で、種々のデータが取得されることによって種々の問題が起きるようになってきました。会社の従業員が、私物であるスマートフォンを業務に利用するということをどのように位置付けるべきなのでしょうか。**Q6**（企業における情報ガバナンス体制について）は、そのような問題を考えるきっかけになるでしょう。また、具体的な証拠の取得については、**Q38**（従業員に関するデジタル証拠の取得）で論じます。

また、モノのインターネットといわれるIoTへの応用があります。工場や生産技術への応用は、インダストリー4.0という動きを実現させようとしています。自動車も接続がなされていきます（「つながるクルマ」）。ありとあらゆるモノがネットワークに接続されていきます。モバイル機器が接続する先は、いわゆる仮想化技術が用いられたクラウドにおけるデータセンターということになります。Googleのカレンダーやメールなどのサービスを利用している人は多いでしょう。では、そのメールに対して提出命令を申し立てるとしたら、どのような問題があるのでしょうか。仮想化技術と証拠の問題（➔**Q41**）は、このような問題に対しての考察を提供しています。

⑶　AI技術

AI技術は、上述のように非常に範囲の広い概念ですが、その根本技術自体が非常に興味深いものです。将棋や囲碁のチャンピオンがもはや人工知能に勝てなくなってきているというのは、私たちに衝撃を与えました。機械学習、深層学習などの技術がこれらの発展を支えているというのは、普通の人でも知っていることになってきています。

このAI技術は、「つながるクルマ」へも応用されていますし、また、AI技術は、FinTech分野においても活用されています。ポートフォリオの構築に、また、適合性に合致した金融商品の推薦にも利用されます。さらに、アルゴリズムに基づく証券取引は、証券取引の姿を大きく変えつつあります。チャットボットやAIスピーカーで使われる認知型対話プログラムは、今後のいろいろなサービスの姿を変えるかもしれません。

⑷　ビッグデータ技術

ビッグデータ技術は、特に、ビジネスという観点から見たときに、非常に大きな意味を持っています。消費者の嗜好・選好を分析し、消費者に対して最も適した商品を届けるために豊富なデータが使われています。二つの商品があって、どの商品を見比べて、どの商品を購入したか、がわかれば、その消費者は、どのような要素を重視して購入したのかを分析することができます。このようなデータを把握しているプラットフォームが、その力を用いて、消費者に対して、最適な広告を提供することができるようになってきています。犯罪予防・証拠取得のために利用されてきた監視カメラは、消費者の行動分析のためのツールとして利用することができるようになります。このようなビッグデータ技術を活用するためには、企業は、戦略的に、データをどのようにして取得し、どのような目的のために利用するのか、ということを考えないといけないことになります。

4　基礎的技術のリスクとコントロール

上記で四つの基礎的技術をみてきましたが、社会が、それらの技術を受容し、新たな発展をしていくためには、リスクを想定した上で、場合によっては、それらのリスクを低減させる手法を準備して、実際にそれを装備させることが必要になります。

上記基礎的技術に対する重要なリスクとなり得るものとしては、⑴サイバーセキュリティ／安全のリスク、⑵個人データ保護のリスク、⑶透明性・説明原則のリスク、⑷独占・寡占のリスクを考えることができます。

⑴　サイバーセキュリティ／安全のリスク

サイバーセキュリティ／安全のリスクというのは、情報通信に関するデータの機密性／インテグリティ／可用性が損なわれたり（セキュリティ）、それに関して、人の生命・身体・財産が損なわれたりするリスク（安全）をいいます。

特に、サイバー攻撃の概念と対応（➔ Q48）、ランサムウェア対応（➔ Q49）、ホワイトカラー犯罪（➔ Q52）などは、セキュリティの観点で検討しなければならない現代的な課題であるということができるでしょう。

また、IoT（Internet of Things）のようにネットワークがモノに接続することによって生じるいろいろなメリットは、その一方で、そのモノが誤作動等することによって、安全上の諸問題を惹起するおそれがあることになります。IoT時代の法的諸問題（➔ Q35）、「つながるクルマ」（➔ Q36）は、これらの問題に言及しています。

⑵　個人データ保護のリスク

情報社会において、個人を識別し得るに足りるデータは、それ自体、本人のコントロールが及ぶものでなければならないのではないか、という問題提起がなされて、そのような考えを基盤とする個人データ保護の仕組みが社会的に実際に採用されるようになってきています。特に、2018年5月に実施されたEUの個人データ保護規則（GDPR）は、世界的にも極めて大きなインパクトを有しています。GDPRの基礎的概念、適用範囲、これまでとの違い、日本の個人情報保護法との比較（➔ Q8、9）は、わが国における個人情報保護の制度を理解するのにも役立つでしょう。

⑶　透明性・説明原則のリスク

いろいろな意思決定が、上記の基礎技術に基づいてなされた場合に、実際にどのような技術が、どのようなデータ、判断経過に基づいてなされているのか、人間の判断は、どの程度、役割を果たしていたのか、そのような経過の説明は常に必要になるのか、そもそも、それは、可能なのかなど、これらの問題を検討することが、透明性・説明原則のリスクということになります。自律的な判断に基づくシステムでは、このような問題が、人間との役割分担の限界として現れてきます（➔ Q37）。

⑷　独占・寡占のリスク

技術も、競争によって発展していきます。競争がなくなってしまえば、技術は、停滞し、利用者は、適切な価格で、適切なサービスを受けることができなくなります。これが、例えば、人工知能技術において起きたらどうなるのでしょうか。利用者から提供されたデータをもとに、人工知能がどんどん賢くなり、それにより圧倒的な能力を取得したサービスに利用が集中し、データの囲い込みが起こって、競争が排除され、技術の進化が停滞することは、十分に考え得ることです。これらは、将来の問題として心にとどめておかなければならないことだと思います。

5　デジタル社会の行方とビジネス法務

このように考えてきたときに、デジタル社会が、どのように変遷を遂げていくのかということ、そして、そのときにビジネス法務は、どのように変わっていくのかということを考えてみましょう。社会全般が、どのように変わるのか、というのを予測するのは、筆者の才能をはるかに超えるものになります。そこで、法律実務という観点に絞って考えていくことにしましょう。以下では、⑴裁判手続の行方／⑵弁護士の業務／⑶ビジネス法務の発展について概観します。

⑴　裁判手続の行方

裁判手続の行方について考えるときに、そのIT化というのは、非常に大きな論点になっていくものと考えられます。今後、民事裁判手続がオンライン化によって合理化されていきます（➔ Q44、45）。また、ある事件で破産手続において、オンラインによる債権届出手続が行われました（➔ Q43）。それらがどう進んでいくかという点については、非常に興味深いものがあります。

⑵　弁護士の業務

情報のデジタル化がさらに進化すると、デジタル証拠の取扱いが、非常に重要になるだろうというのが、「デジタル証拠の法律実務Ｑ＆Ａ」を貫く問題意識でした。弁護士の業務という観点から見たときに、これらのノウハウが、上記の基礎技術に応じてさらに活用されていくのがこれからのビジネス法務の姿でしょうし、そうあらねばならないというのが、本書の問題意識であるということがいえます。今後の弁護士は、企業における情報ガバナンスの確立における法的リスクの評価をすることができなければならないでしょうし（第２章「情報ガバナンス／プライバシー」参照）、契約書の電子化（➔ Q40）、不正調査等におけるデジタル証拠の取扱い・評価に長じていなければならない（➔ Q16、19、21）ことになるでしょう。また、顧客対応において、AI技術の活用によって事務的な部分を省力化することができるようになるでしょうし（➔ Q30）、弁護士自身の情報発信のメリットとリスクを適正に判断できるようにならないといけないということができるでしょう（➔ Q46）。

⑶　ビジネス法務の発展

ビジネス活動を考えたときに、生産要素は、労働、土地、資本といわれています。しかしながら、今後のデジタル社会において、これらの生産要素は、情報資産に重みが移動することは明らかになってきているといえるでしょう。むしろ、経営それ自体が、情報資産を、いかに効率的に運営するのか、という方向に目的が変わってくることになると思われます。そのような時代においては、法的な問題は、法的なリスクとして、情報マネジメントの下位の項目として整理されるようになるかもしれません。ビジネス活動における主たるプレイヤーが、企業であるという時代が続くのか、それとも、P2P 技術を活用して、才能あふれる個人が、社会で存在価値を持つ独自性あるサービスを提供するのか、はたまた、社会のデータを吸いよせて、自ら学習する人工知能が、人間の全ての経済活動を規定するプラットフォームになるのか、デジタル社会におけるビジネス活動と、それにかかわる法務がどのような発展をしていくのかは、非常に興味深いところといえるでしょう。

（高橋　郁夫）

Q2 情報ガバナンスとコンプライアンス

情報ガバナンスという概念は、どのようなものでしょうか。企業において、情報ガバナンス体制を構築する場合に、どのような問題まで、その守備範囲として捉えておくことができるでしょうか。また、サイバーセキュリティ対応、個人情報保護法改正対応、GDPR対応などとは、どのような関係になりますか。

A

経営資源の中の情報に関する資源（情報資産）の活用のための枠組みとプロセスを情報ガバナンスということができます。企業活動に関して、日頃の業務プロセスの中で、経営陣や従業員に、法令等遵守が求められる事項を、ことさらに、法令等遵守を意識させることなく対応できるようにすることが重要です。特に、サイバーセキュリティ対応、個人情報保護法改正対応、GDPR対応などについては、一定の仕組みを事前に構築しておくことが、役に立ちます。

1　デジタルビジネス法務と情報ガバナンス

(1)　情報ガバナンスとは

本書においては、経営資源の中の情報に関する資源（情報資産）の活用のための枠組みとプロセスを情報ガバナンスということを提案しています（➔ Q6）。このように考えることによって、経営に関する不確実な状況の中で、いかにして、その企業の使命を果たしていくことができるか、ということを考えることができるようになるのです。そして、そのために、ポリシー、コントロール、メトリクスを構築していくことが、この情報ガバナンスの具体的な活動となります。

⑵　デジタルビジネス法務との関係

一方で、デジタルビジネス法務という観点から捉えることができるということは、すでに触れました（➔ Q1）。デジタル情報をベースにして、経済活動が行われている以上、その活動に関する社会的な規制に関連する実務である法律実務が、その経済活動の枠組みとプロセスである情報ガバナンスの上で行われることになります。

2　情報ガバナンスの構築と法的リスク

⑴　情報ガバナンスの構築

情報ガバナンスは、情報資産の活用のために行われることになります（➔ Q6）。しかしながら、日々の活動は、種々の不確実性やリスクの中で行われるために、それらを合理的に減少させる等などの措置により、コントロールしていかなければなりません。特に、不確実性やリスクについて、デジタルビジネス法務という観点から考えたときに、法的リスクに対する対処を考えなければなりません。ここで法的リスクというのは、経済活動において、社会的な規範に違反する、ないし、そのおそれのある行為をなすことに対してなされる制裁ということができるでしょう。遵守の対象は、社会的な規範なので、制定法や判決などでできている法のみならず、規則や社会的なガイドラインを遵守することも求められているといえるでしょう。また、広く企業にあっては、企業倫理も含まれます。

⑵　法的リスクの増大

現代社会においては、経済活動に関するリスクが増大しているということがいわれています。これは、特に、経済活動の中心をなす企業において、企業活動自体が巨大化・複雑化・多様化していることと、企業を取り巻く社会経済環境の変化があるものとされています[1]。

---

[1]　この点については、辻本勲男「企業における法的リスクとその管理」龍谷法学　第42巻第3号（http://hdl.handle.net/10519/664）参照。

特に後者では、以下のような流れがあるとされています。

従来の状況	最近の状況
企業利益至上主義	企業の社会的責任の重視
企業間協調	企業間の競争重視
産業保護	消費者保護
終身雇用・年功序列	雇用流動化・成果主義の徹底
知的財産軽視	知的財産重視（プロパテント）
公害規制	地球環境保護
行政による事前規制	司法による事後規制
紛争の示談解決	訴訟・ADR 等による法的解決

また、企業活動に関するリスクの中でも、法的なリスクは、特に増加しているということができるでしょう。これは、法律の制定・改定・廃止の増大、行政による事前規制から司法による事後規制への動き、個人の権利意識の高まりが要因となっているものと考えられます。

⑶　制裁

上記で法的リスクとは、規範違反等に対する制裁としましたが、この制裁は、広く経済活動に対する不利益と把握することができます。この不利益は、法的な不利益に限られず、企業にあれば、ブランドの毀損、社会的信用の失墜なども含む広いものとして考えることができます。

法的な不利益としては、企業自体に対して科される損害賠償・刑事罰や行政措置（業務停止・排除命令・課徴金）などがあります。また、経営陣自身が適切なリスク回避措置をとっていなかったということに対して、経営陣が企業自体に対して損害賠償を負うということもあります。

その他の不利益としては、ブランドの毀損、社会的信用の失墜などがあることは触れました。

⑷　法的リスクの現れる場面

上記の法的リスクは、具体的には、経営・財務の局面、製造の局面、販売の局面、技術・知的財産の利用の局面、人事・労務の局面、情報自体の局面、国際的な局面などにおいて、それぞれ現れることになります。個別具体的なリスクについては、以下で論じることにしましょう。

⑸　法的リスクへの対応手法

上記のような法的リスクに対応する過程は、法的リスクの認識、分析・評価、低減等などのための措置の採用等のプロセスとして認識することができます。また、これらのプロセスをできる限り、効率的に行うために、プログラム化させる必要があります。

〈法的リスクの認識〉

これは、上記の各局面でみましたが、実際に、いろいろな経済活動の中で、どのような法的リスクがあるのか、その影響は何かということを洗い出す作業ということができます。

〈法的リスクの分析・評価〉

法的リスクに限らずリスクは一般には、このようなことが起こり得るというだけでは、実際に管理することはできません。むしろ、そのようなリスクが起きる頻度は、どのようなものであるのか、また、その影響度はどうなのか、という点から分析されることになります。

〈低減等などのための措置の採用等〉

リスクに対しては、回避・低減・移転・受容というそれぞれの対応策があります。

回避というのは、リスクが完全に生じないような対応をいいます。国際的な法的リスクがあるのであれば、問題となる国際市場には、一切関知しないということがこの例といえるでしょう。

低減というのは、リスクの発生する頻度を下げる手法ないし、影響度を下げるための手法をいいます。情報漏えいというリスクがあるのであれば、情報マネジメントの体制を構築していくなどが代表的なものといえるでしょう。

移転というのは、リスクを他に移転し又は他と共有する対応をいいます。保険がこの代表的な例ということになります。

受容というのは、リスクをそのまま受忍することをいいます。その意味で、この場合の不利益は、残存するということになります。

具体的に示すと下記の表になります。表の左側の局面ごとに表の右側の具体的な法的リスクをあげることができ、さらに右側に具体的な対応策を追加することによって法的なリスクをコントロールするマトリックスを構成することができます。

局面	具体的な法的リスク
経営・財務	利益供与、粉飾決算、インサイダー取引、不正な融資、有価証券虚偽記載など
製造	安全・衛生基準違反、製品の欠陥、リコール・自己報告義務違反など
販売	入札談合、不当表示、説明・書面交付義務違反など
技術・知的財産の利用	特許権等の侵害、無断使用、技術ノウハウの不正取得・使用など
人事・労務	過労死・業務災害・安全配慮義務違反など
情報自体	個人情報漏えい、システムの不具合など
国際的	国際的な対応リスク

3　法的リスク管理と具体的なプログラム

⑴　法的リスク管理とプログラム

上述のように法的リスク管理を考えた場合に、そのための有効な手段の一つが、法的リスク管理に関する実際のプログラムを、具体的な業務プロセスに対応させて準備するということになります。

この具体的なプログラムは、情報ガバナンスの全体像の下で行われること、具体的な業務プロセスに対応されるべきこと、事前に準備されること（備えあれば憂いなし）、という特徴を有します。

⑵　情報ガバナンスの全体像

情報ガバナンスが、経営目標の下、情報資産を活用するための基本原則とそれを実現するための個別のプログラム、また、それらの教育・トレーニング、評価、改善の全体の統一体であることは、Q6で触れています。そして、法的リスク管理のための具体的なプログラムは、この個別のプログラムとして認識されることになります。本書では、具体的なプログラムとしてドキュメント管理ポリシーや（情報問題）インシデント対応プログラム、を取り上げています。また、不祥事対応プログラムで触れられるべき事項についても取り上げられています。それぞれの項目を参照してください。

⑶　具体的な業務プロセスへの対応

具体的なプログラムが、具体的な業務プロセスに対応されるべきというのは、このようなプログラムが、実際の業務のプロセスに対応して、準備されるべきことをいっています。例えば、独禁法対応プログラムを考えてみましょう。「独禁法に触れるようなことはいたしません」と書いてあったとしても、日頃の業務プロセスの中で、何が、独禁法に触れることなのかということを各従業員の判断に委ねていたとすると、そのプログラムが実効的なものとなるかは、疑わしいといえるでしょう。同業者の集まりがある場合にはこのような手続をとりましょうとか、このような話題を出すことはできません、などという具体的な手順や対応策にまで展開してはじめて、具体的な業務プロセスに対応した法的リスク対応プログラムということができるでしょう。

⑷　事前に準備されること（備えあれば憂いなし）

具体的なプログラムは、事前に準備されていることが重要です。これは、まず事前に準備するときに、組織にとってのリスクの特定と対応策の特定がなされ、かつ、関係者の間で認識が共有されるということになります。何か問題が起きた場合、緊急時に迅速、適切に対応するためには、事前の準備が極めて重要なのですが、それだけではなく、事前の準備をすること自体が、上記のリスク管理のためのプロセスを的確に進めているということになります。

（高橋　郁夫）

Q3 FinTech の概念と基盤となる技術

FinTech というのは、どのようなものなのでしょうか。どのようなテクノロジーと関連しているのでしょうか。

A

FinTech とは、「Finance」（金融）と「Technology」（技術）を組み合わせた造語であり、IT テクノロジーを活用した新たな金融サービスを意味しています。2008 年のリーマン・ショックを機に、新しいテクノロジーを活用することで、誰もが低コストで簡単にアクセスできる金融サービスが多く提供されるようになり、急速に普及しました。FinTech における主要なテクノロジーは、モバイル、ビッグデータ、人工知能と近年多くの領域で利用されている技術に加え、世界中に点在するコンピュータにデータを分散させ、中央集権を置かずに破壊・改ざんが困難なネットワークを作る技術であるブロックチェーンとなります。

1　FinTech の概要

(1)　FinTech とは

日本では 2015 年から頻繁に目にするようになった「FinTech」とは、「Finance」（金融）と「Technology」（技術）を組み合わせた造語であり、IT テクノロジーを活用した新たな金融サービスを意味しています。金融にテクノロジーを利用することは新しいことではありませんが、2000 年代後半から外国とりわけアメリカで広がり始めました。バズワード化した「FinTech」とは、単に金融業におけるテクノロジーの利用を超えて、従来金融機関が独占的に行っていた業務、金融機関では行うことが難しかった業務を、低いコストでかつ迅速に提供する新たなユーザ視点のサービスを指しているといえます。

⑵　FinTech 発展の背景

FinTech の急速な発展は、2008 年のリーマンショックを機に、従来の金融機関に対する不信感や不満が強くなったことを発端としています。加えて、低所得者の金融へのアクセスが低下したことからも、金融をいわば「民主化」することを目指す運動が起こります。ちょうど同時期に Apple の iPhone の発売、クラウドやデータ解析等に関する技術が進展したことで、テクノロジーを活用することにより誰もが低コストで簡単にアクセスできる金融サービスが多く提供されるようになっていきます。その結果、金融業界の伝統的な構造、競争関係、市場が根本的に変わってきています。当初は規模の小さなスタートアップやベンチャー企業によるサービス提供が主流でしたが、その利用の拡大を受け、大手の金融機関においても取組みを始めています。

⑶　FinTech の効果

FinTech での金融サービス提供は、金融機関を介することなく、またスマートフォンなどを通してサービスを提供又は受領することができ、より簡易かつ効率的な金融サービスが実現できます。また、金融機関を介在させないことで、サービスにかかるコストを大幅に低下する、あるいは、無料で提供することが可能となります。さらには、従来の金融機関では提供することが困難であった、あるいは、提供することが想定されていなかったような新たなサービスが生み出されています。

2　FinTech の使用例

具体的にはどのような分野でどのようなサービスが提供されているのでしょうか。代表的なものをいくつか紹介します。

⑴　送金

伝統的に銀行の取扱業務である送金、特に海外送金にかかる FinTech サービスは多く存在しています。銀行による送金は、手数料が高く、時間もかかりますが、FinTech送金サービスではスマートフォンの操作だけですぐに相手方へ送金することができます。銀行口座を持たなくてもスマートフォンがあれば送金が可能となることから、出稼ぎ労働者などが母国へ送金する手段として、海外では利用者を増やしています。

⑵　決済

決済にかかるFinTechサービスには、スマートフォンやタブレット端末にクレジットカードを読み取るための小型のリーダーを接続することでクレジットカード決済をできるようにするもの、APIを利用して決済機能を導入することができるものなどがあります。

⑶　融資

融資の領域では、お金を借りたい人と貸したい人を結びつける者が主流です。個人間でこのような融資の提供は「P2P（Peer to Peer）レンディング」といいます。直接個人間で取引することで、銀行を介するよりも高い利回りあるいは低い金利というメリットが双方に発生し、リーマンショック後、特にリスクの高い個人への融資の需要を受け、利用者を増やしてきました。これらのサービスは、一般的に融資判断に活用されていたデータに限られない様々なデータ（SNSなど）を分析し、審査を行っています。

⑷　クラウドファンディング

クラウドファンディング（Crowdfunding）は、提供する商品やサービスについて賛同した人から資金調達を行うもので、資金や信用のない起業家が、幅広く資金を調達するためのモデルといえます。

⑸　個人財務管理（Personal Financial Management）

個人財産管理のFinTechサービスは、分散している様々な資産情報を集約し、家計や個人の資産管理を自動的に行うサービス、いわば自動家計簿のようなサービスを指します。

(6) 投資支援

投資を支援するサービスとして、ロボアドバイザーというサービスがあります。人工知能を活用し、個人に適した資産運用のためのアドバイスを低コストで提供し、投資の経験や知識がない人にも投資を可能とします。

(7) 経営支援（業務支援・経理）

企業向けのFinTechサービスとしては、勘定科目の仕分けを自動で行うなど資産管理の自動化のほか、会計や給与計算等の会社の管理業務を効率化し、経営を支援するものがあります。クラウド上で提供することで場所を問わず利用できるものが主流となっています。

(8) 仮想通貨

仮想通貨とは、法定通貨のような国家などの中央集権的発行者による価格保証がないP2Pネットワークで直接取引ができるデジタル通貨です。ブロックチェーン技術を利用することで、相互に信頼関係のない不特定多数の相手を信用して取引することができます。

3　関連するテクノロジー

FinTechは「テクノロジー」の活用を必要とするのは前述のとおりですが、それはどのようなテクノロジーを指しているのでしょうか。以下、FinTechにおいてキーとなる技術について紹介します。

(1) ブロックチェーン

ブロックチェーンとは、「分散型台帳技術」（Distributed Ledger Technology）の一種であり、世界中に点在するコンピュータにデータを分散させ、中央集権を置かずに破壊・改ざんが困難なネットワークを作る技術をいいます。ネットワーク参加者全員で取引内容にかかるデータのブロックを鎖状につなげることで、破壊や改ざんを困難とさせます。前述のとおり、仮想通貨の基礎となる技術でありますが、それにとどまらず、財産や権利の所在や移転の記録などについても幅広く利用することが期待されています。詳細は**Q22**「ブロックチェーン技術」に記述します。

(2) API

APIとは、「Application Programming Interface」の略であり、OSやアプリケーションの機能の一部を外部のアプリケーションが利用できるようにするインターフェイス（接続仕様）をいいます。APIによって提供される機能については、独自にプログラムを作成する必要がないため、効率的に開発を行うことができます。例えば、「Google Maps API」を利用すれば、Google Mapsの地図機能を外部のウェブサイトなどに簡単に組み込めます。

このAPIを公開することをオープンAPIと呼び、公開することで、アプリケーションの機能が多くの外部アプリケーションにおいて広く利用することが可能となります。例えば、FacebookやTwitterはAPIを公開しており、Developerアカウントを作り、利用条件に同意するなどの一定の手続を行えば、開発するアプリケーションをFacebookやTwitterとつなぐことができます。

FinTechにおいては、金融機関システムへの接続のためのAPIに関して議論されます。例えば、銀行システムにおける口座情報や入出金の明細照会、振込みの指示などの情報や機能へのアクセスを認めることで、よりユーザにとって魅力的なFinTechサービスが実現されると考えられます。詳細は**Q27**「APIの公開」に記述します。

(3) ビッグデータ

クラウドコンピューティング技術の発展、普及により、大量のデジタル化されたデータが利用可能となり、さらに、モバイル端末等より取得されるデータは増える一方ですが、この大量のビッグデータを解析することで、新しいFinTechサービスが生み出されています。また、後述のAI技術については、多くのデータを学習することが必要となるため、ビッグデータは必須といえます（➔ **Q30**）。

⑷　モバイル

FinTechが発展した要因の一つには、スマートフォンに代表されるモバイル端末の登場とその普及があげられます。例えば、ユーザは、スマートフォンを用いて、いつでも、どこでも、クラウド上で提供される様々なFinTechサービスにアクセスでき、簡単に金融取引や決済を行うことができるようになります。また、決済においては、モバイル端末と簡易な読取機を利用することで、従来設置が必要とされていた端末（例：クレジットカード読取端末）が代替されるなど、インターネットにつながったモバイル端末さえあれば、低コストでFinTechのサービスを利用することができるようになります。また、特に保険の分野においては、IoTと関連して、ウェアラブル端末やインターネットに接続した自動車から、ユーザに関する多くのデータを取得し、新しい保険サービスの提供に利用されています。

⑸　人工知能

人工知能（Artificial Intelligence（AI））とは様々な技術を指すもので、定義はありませんが、近年急速に発展しています。FinTechの中核技術としても注目されるAI技術は、マシーン・ラーニング（機械学習）とディープ・ラーニング（深層学習）になります。これらの技術の詳細は**Q30**に記述しますが、FinTechにおいては、インターネット上での活動データや取引データを分析することで、融資サービスや投資支援サービスにおいて、与信判断やリスク評価・管理の質や精度を向上させることに利用されています。また、AIは、ニュースや市場データを解析することで、株価の上昇・下落を予測し、顧客への投資アドバイスを行うためにも利用されています。

4　日本におけるFinTechを取り巻く動き

FinTechのバズワードとしての勢いは少し収まったように見えますが、それは逆にFinTechが単なる一時的なマーケティング用語から一般ビジネス用語として認識されるようになったからといえます。以下、FinTech の発展に影響された近時の法改正の概要を紹介します。

①　2016 年資金決済法

2014 年の MTGOX の経営破たんやグローバルでの仮想通貨に対する規制や監督に関する動きを受け、マネーロンダリングやテロ資金供与対策及び利用者保護の観点から仮想通貨にかかるルールを整備する目的で、①資金決済法に仮想通貨の定義（2 条 5 項)、②仮想通貨交換業の登録制（63 条の 2)、③仮想通貨交換業に対する規制や監督（63 条の 8 から 68 条の 19）にかかる条文が新設されました（➔ Q23)。

②　2016 年銀行法改正

金融機関が FinTech 企業などへ出資し、あるいは FinTech サービスを提供しやすくすることを目的とし、①金融庁の個別認可を得て金融関連 IT 企業への出資を可能とする、②外部からの受託を容易にするため、従属業務（銀行業務以外）を行う子会社について、収入依存度規制（親銀行グループからの収入が 50％以上）を緩和する改正がなされました。(➔ Q23)。

③　2017 年銀行法改正

電子決済等代行業を営む FinTech 企業の法的位置付けの不明確さ、ID やパスワードなど情報を取り扱っていることへのセキュリティ上の懸念など、銀行の FinTech 企業に対する不安を取り除く必要がありました。そのため、ユーザからの委託により、IT を活用して電子送金サービス及び口座管理サービスの提供を行う事業者を「電子決済等代行業者」と定義し、登録制が導入されました。電子決済等代行業者は、適正な人的構成の確保や財務要件の充足、適切な情報管理、業務管理体制の整備等が求められるようになりました。

一方、金融機関については、2 年以内のオープン API 導入に向けた努力義務が課されています。銀行が API で提供できる機能としては、口座の残高照会や利用明細照会、振替、振込などで、FinTech 企業がこれらの機能をサービスに取り込むことで、ユーザにとってより利便性の高いサービスが提供されることが期待されます。(➔ Q27)　（斎藤　綾）

Q4 人工知能・AI／自律性の概念等

人工知能・AIというのは、具体的には、どのような技術がありますか。法律関連分野では、どのように応用されるのでしょうか。

A

「人工知能」自体についての定義というのは、存在していません。「機械学習」、「ディープラーニング」、「自然言語処理」、「エキスパートシステム」などが現在、実際に利用されつつある「人工知能」です。また、将来の実用に向けて汎用型人工知能の開発が進められています。法律実務においては、チャットボットや判例検索、証拠調査システム、ドキメュントレビュー分野などでの利用が期待されています。

1　人工知能・AI研究と技術

人工知能・AIの用語を見聞きしない日はないというほど様々な場面で目にします。これだけ用語としては浸透している「人工知能」ですが、現在のところは、人工知能に関する統一的な定義は定まっているとはいえず、各論者によっていろいろな定義がなされている状況です。

ちなみに、法的な定義はあるのかというと、「人工知能」そのものの定義はありませんが、官民データ活用推進基本法において「人工知能関連技術」について定義があり、「人工的な方法による学習、推論、判断等の知的な機能の実現及び人工的な方法により実現した当該機能の活用に関する技術をいう。」（官民データ活用推進基本法２条２項）とされています。

ただ、本書本稿で主に取り扱う人工知能に関する法的問題の検討においては、人工知能の網羅的・統一的定義について探求することには大きな意味はないものと思われ、実際に社会で実用化される人工知能技術、人工知能を利用したシステム等が具体的にどのようなもので、どのように動作し、どのように人に関わるのか等に応じて法律問題や法的責任の所在を検討することとします。

さて、人工知能技術は、人工知能に関する研究の成果を実社会に技術的に応用したものといえるでしょう。そこで、人工知能に関する研究にはどのようなものがあるかを概観したいと思います。

現在の人工知能研究に関するワードを挙げれば、基礎的なものから応用的なものまで様々ですが、代表的なところでは「機械学習」、「ディープラーニング」、「自然言語処理」、「エキスパートシステム」などです。

「機械学習」とは、コンピュータが数値やテキスト、画像、音声などの様々かつ大量のデータからルールや知識を自ら学習する技術をいい、その研究になります。多くの人工知能技術の応用分野において利用されているものになります。

「ディープラーニング」とは、ニューラルネットワークという生物の脳神経回路を模倣したアルゴリズムを利用した機械学習の手法の一つになります。情報抽出を一層ずつ多階層にわたって行うことで、高い抽象化を実現するもので、従来の機械学習では、学習対象となる変数（特徴量）を人が定義する必要がありましたが、ディープラーニングは、予測したいものに適した特徴量そのものを大量のデータから自動的に学習することができる点に違いがあるものとなります。

「自然言語処理」は、人が日常的に使用する自然言語をコンピュータに理解・処理させることに関する研究になります。

「エキスパートシステム」は、専門分野の知識を取り込んだ上で推論することで、その分野の専門家のように振る舞うプログラムの研究になります[2)]。

これらの人工知能に関する研究は、現実社会においては、自動車の自動運転技術、画像解析システム、医療分野における医療診断支援システム、

---

2)　各用語の定義に関しては、総務省「ICT の進化が雇用と働き方に及ぼす影響に関する調査研究」（平成 28 年）を参照した。

あるいは人工知能を利用した投資プログラム等様々な分野において応用がなされています。

また、これら人工知能の各研究テーマは、次に述べる法律関連分野における人工知能の応用においても利用されているものといえます。

2 法律関連分野での応用

自動運転技術等における人工知能の活用はニュースでも大々的に取り上げられているところですが、それでは法律関連分野における人工知能技術の応用・活用についてはどのようなものがあるでしょうか。

例えば、弁護士業務のうち入口の段階の法律相談については、人工知能技術を利用したチャットボット法律相談、受任後の弁護士業務自体の補助という意味では、人工知能技術を利用した法律業務の補助システム、判例調査や証拠調査システムなどが挙げられます。

その他、eディスカバリや不正調査案件でのドキュメントレビューに関し、人工知能技術を用いた予測的タグ付け（Predictive Coding）プログラムの利用などが挙げられるところでしょう。

(1) チャットボット法律相談

これは、メッセージツール等において、利用者の質問・相談等に対話方式で自動的に応答をなす仕組みのことです。現状では、法律相談の中でも比較的系統整理の行いやすい、債務整理や過払い金返還請求問題、未払い残業代請求問題の法律相談等において一部運用がなされているものもあるようです。

詳しくは**Q31**に譲りますが、厳密に人工知能技術の利用という観点では（「人工知能」の定義にもよる部分はあるかもしれませんが）、予め用意された質問と回答の枠内のみの単なるチャート方式の自動応答ではなく、人が日常的に使用する自然言語をコンピュータに処理させる人工知能技術である自然言語処理を使用したチャットボットなどが想定されるところでしょう。

(2) 法律業務の補助システム

近時、アメリカの法律事務所が「AI弁護士」を採用、といったキャッチーなフレーズでニュースを賑わせていたところでもありますが、弁護士の日常的言語による調査依頼を理解し、膨大な法律関連データを調査し、関連性の高い情報を回答するというようなシステムの運用もなされているようです[3)]。

人工知能による言語解析エンジンにより、証拠調査を行うシステム[4)]も既に開発がなされています。

Q37において触れる構造化されていない医学的論文を調査する医療診断支援システムにも通ずる人工知能技術の応用とも考えられ、従前全て人が行っていた作業について、費用と時間の大幅な削減を達成し得るという意味において有益なシステムであると考えられます。現状においては、上記のとおり、これら人工知能技術の活用は人間の弁護士の補助的な役割を果たすものであるといえるでしょう。

このように、現在の人工知能を利用した法律関連分野における応用技術からは、弁護士業務が全てコンピュータに取って代われてしまうという段階には極めて大きな距離があるところではないかと思われますが、それでも、今まで新人弁護士が作業を行っていたような、法令調査、判例調査、証拠調査・検索等の作業については、人工知能技術の応用システムに完全に取って代わられるというような時代も間近に迫っているのかもしれません。

(3) ドキュメントレビューにおける予測的タグ付け（Q34）

アメリカの民事訴訟やカルテルの刑事事件等eディスカバリ対応、そ

---

3) 法律事務所への導入事例のあるIBMのWatsonをベースとした人工知能システム「Ross」（http://www.rossintelligence.com/）。

4) 人工知能エンジン「KIBT」
法務・医療などの高い専門的知識と業務推進のための暗黙知が要求される分野では、訴訟における証拠発見や病気の診断でエキスパート（弁護士・医師など）をサポート。
（http://www.kibit-platform.com/technology/kibit/）

の他企業内部の不正調査案件等においては、膨大なドキュメントをレビューする必要性が発生します。現状は、原則としてこのドキュメントレビューは人（弁護士、パラリーガル等）が実施しているところです。対象ドキュメント数は近時の社会におけるデータ増大化の関係もあり膨大なものとなり、そのドキュメントレビューには、数週間、数か月、数年等の期間において多数のマンパワーが投入されることとなります。当然のことながら、その費用も数百万～数億円と非常に大きなものとなっています。

予測的タグ付けとは、このドキュメントレビュー作業において、コンピュータプログラムが、人がどのようにしてドキュメントのタグ付けを行うかを学習し、当該学習により得た方式でコンピュータプログラムが文書のタグ付けを行うという人工知能技術の一つになります。

質については今後のさらなる発展の余地はあるものの現在既に実用化が始まっており、ドキュメントレビューの費用的・期間的コストの削減が成功している事例もあるところでしょう。詳しくは **Q34** において触れることとしましょう。

以上のとおり、人工知能技術は、自動運転等の一般社会生活分野への応用に留まらず、法律関連分野への応用も始まっているところであり、これら技術の利用は法律業務の効率化、作業時間の削減等に大きく影響を与えるのではないでしょうか。

（北川　祥一）

Q5 司法／弁護士業務のIT化

裁判手続自体や弁護士業務がIT技術の進歩によって、どのように変わっていくのでしょうか。

IT技術の進化に伴って弁護士業務や裁判手続が極めて急激に変化しつつあります。

わが国において、裁判手続自体がIT化されることも現実化するとともに、弁護士業務もITによって、事務処理が効率化され、また、事務所の所在地にかかわりなく、業務の処理が可能になってきています。また、業務自体もIT関係の法律問題自体が、極めて重要な法分野を構築するようになってきていますとともに、クラウド技術・人工知能技術などの活用により、大規模な変革に面するようになってきています。

1　IT技術の普及と発展

IT技術の進化については、1982年にCDの発売が始まり、1990年代にインターネットの商用化を契機に、情報スーパーハイウェイ構想、高度情報通信社会推進戦略本部（1995年）などによって急速な普及が始まりました。2000年代には、インターネット回線の高速化、携帯電話によるインターネットアクセスの普及化、がなされ、後半には、わが国では、接続回線の光回線による接続が普及し、ブロードバンド時代が本格的に到来しました。2010年代になり、人工知能の分野で、機械学習、深層学習（ディープラーニング）が進化し、画像認識、音声認識、文字認識が可能となりました。インターネットは、社会のインフラとなり、情報の伝送量が増えて、動画配信が可能となり、低料金でのテレビ会議が実用的となりました。さらに、クラウドサービスが始まり、徐々に普及しつつあります。

人々の活動は、全てがデジタル化された情報をもとに行われるようになりつつあります。アナログの場合、文字と画像は紙、音と動画はテープを媒体としていましたが、IT技術では、情報はデジタル化され、デジタル情報は、文字、音、画像、動画の全てをデジタル情報として扱うことができます。規範による正当性に基づいて人々の関係性（権利義務や種々の制裁など）を定める手続を法的な分野というのであれば、それを支える情報を全てデジタル情報に記録することが可能な時代になりました。

本書の姉妹書である『デジタル証拠の法律実務Q＆A』では、事実認定に関するデジタル情報をデジタル証拠として、また、法的な問題をデジタル証拠という観点から、分析してみましたが、本書においては、より大局的な観点である弁護士業務や裁判手続自体のIT技術の進歩による変貌という観点から捉えておくことも一つの大きな検討分野としています。

2　裁判手続の変化

裁判手続において、情報の記録媒体は紙が用いられ、訴訟記録は、膨大となっています。

現在、この裁判手続をIT技術の利用により、合理化・効率化しようという動きが進行しています。裁判手続等のIT化といっても、法廷のIT化、事件管理のIT化、書面の電子提出など、それぞれの側面があります。また、対象となる事件についても通常事件から成年後見に関する事件や破産事件、刑事事件まで、それぞれについて検討する必要があるでしょう。

既に、IT技術が導入されている例としては、督促手続のIT化をあげることができます。詳しくは、**Q43**で触れますが、2006年から、督促手続については、事件処理は東京簡易裁判所が行うものとされ、債権者は電子証明書の取得や登録を経た上で、ウェブサイト上から一定の手続の申立等ができることになっています。

また、仮想通貨交換業者の破綻事件の処理に関して、破産管財人は、東京地裁破産部と連携して、実質的にオンラインによる債権届出をなし得るような仕組みを構築しました。この仕組みについては、**Q24**で説明しています。

そして、2017年10月以降、内閣官房に設置された日本経済再生本部の中に「裁判手続等のIT化検討会」が設置され検討が開始されています。詳しくは、**Q44**で触れますが、わが国においても、本格的に書面の電子提出が可能になるものと考えられます。

このように書面の電子提出が可能になると、今後の裁判の制度も大きく変わっていくものと考えられます。裁判上の書類が、インターネットに公開される日がやってくるかもしれませんし（実際に米国では、インターネットで確認することもできます。）、判決も、現在のように、選択された限られた判決のみが公開されるというのではなく、ほとんど全ての判決が公開されるというようになるかもしれません。

3　弁護士業務の変化

裁判手続がIT化されると弁護士の業務も大きく変革を遂げてくるものと考えられます。

アナログの場合、文字と画像は紙、音と動画はテープを媒体としていました。訴訟記録がデジタル化されると、訴訟記録に、文字と画像だけでなく、音、動画の利用が容易になるでしょう。2016年の刑事訴訟法の改正により、刑事で、取調べの録画が扱われるようになりましたが、今後、民事の手続にも広がると思われます。現在、弁護士は裁判所に書面を提出し、電話会議の場合を除いて、裁判所に出頭しています。訴訟記録がデジタル化されると、弁護士と裁判所の情報の流通は、郵便と出頭から、インターネットによる情報交換が中心となります。そして、テレビ会議の利用が広まれば、特に準備手続に関しては、裁判所に出頭することが減少して、テレビ会議の利用が増加していくようになるでしょう。

また、裁判の周辺業務も多大な変貌を遂げるでしょう。電子内容証明や登記情報サービスを実際に利用している弁護士は、極めて多数にいたっています。また、登記・供託オンライン申請システム、特許庁へのインターネット出願なども、現実に利用されています。さらにブルーマップネット配信サービス、不動産競売物件情報公開システム（BITシステム）、土地総合情報システムなどの、いわば民事裁判の周辺手続とでもいうべきものは、電子化され、実用化されています。これらの制度については、**Q45**で論じています。

弁護士の業務自体を見ていくと、人々の活動がIT技術の上でなされるようになっていくにつれて、証拠のデジタル化、法律問題自体の中でのITに関する法律問題の重大化などがあげられるようになります。これらの問題は、『デジタル証拠の法律実務Q＆A』で論じてありますが、紙幅と出版時期の制限により、詳述することができなかった、企業における従業員からの証拠取得の問題（➔**Q38**）、仮想化技術と証拠の問題（➔**Q41**）、秘匿特権の問題（➔**Q42**）などについては、本書において詳述しています。

また、弁護士の事務所の運営ということを考えていくとクラウド技術の利用による運営形態の多様化が進んでいくと思われます。

SNS／ブログなどによる積極的な情報発信、ホームページなどによる弁護士広告が増え、弁護士に対する利用者の接近障害は解消されつつあります。SNS／ブログなどによる積極的な情報発信については、不用意な情報発信により、弁護士としての信用の失墜、場合によっては、弁護士懲戒の対象となることなどが起こり得ます。**Q46**は、そのようなSNS／ブログなどによる積極的な情報発信の際に留意すべき事項をまとめています。

4 今後の法律実務の課題と新たな技術の進展

デジタル技術の普及により、電子メール、SNSによる情報交換が多くなり、GPSが搭載された携帯電話、カーナビ、防犯カメラ、ドライブレコーダーの利用が増えて、企業、組織内の情報、そして、個人のプライバシーを含む個人の情報が大量に保存されるようになりました。デジタル情報は、保管が容易で、大量に保存することが可能であります。そればかりか、証拠隠滅されたものについても、デジタルフォレンジック技術により、一部は復元して証拠として利用することが可能となりました。保存された情報は、裁判の証拠として、利用可能となります。ただ、電子メール情報など、デジタル情報は大量であるため、人工知能技術を利用して、必要な情報を探し出すことが必要となります。

人口知能技術の進化により、画像認識、音声認識、文字認識が可能となりました。

人工知能に関して、2013年９月に、「英オックスフォード大学のマイケル・A・オズボーン准教授が、「THE FUTURE OF EMPLOYMENT（雇用の未来)」という論文を書いた後、今後、仕事がコンピュータ化により自動化されるかという点について、繰り返し議論されています。人工知能技術の進化はめざましく、会話するロボットが実用化されてきました。将棋、囲碁、チェスの世界では、コンピュータが人と対戦して勝利するようになりました。

離婚、交通事故など、事件数が多い事件についても、判決、法律相談が全てデジタル化されて、ビッグデータとなったときに、人工知能による法律相談が可能となると言う意見もあります。しかしながら、法律知識がない一般人の会話の意味内容を人工知能が理解することは、容易ではないと思われますので、この点についての課題が残ります。

（鈴木　誠）

第2章

情報ガバナンス／プライバシー

Q6 企業における情報ガバナンス体制

企業における情報ガバナンスの観点から、情報の取扱い全般にわたる枠組みを構築したいと考えています。情報ガバナンス体制の構築に当たって考慮すべき点を教えてください。

現代社会では、企業が活用すべき経営資源として、情報に関する資源（情報資産）が非常に重要となっています。情報ガバナンスとは、この情報資産の活用のための枠組みとプロセスであるということができます。また、情報ガバナンスは、企業が紛争の当事者となった際にも重要な役割を有します。紛争対応を念頭に情報ガバナンスを構築することは非常に重要であり、紛争時の対応の検討は、平時における情報ガバナンスのあり方を理解するために大変役立ちます。

1　情報ガバナンス

(1)　情報ガバナンスの全体像

企業における情報ガバナンス体制を構築するためには、前提として、情報ガバナンスの考え方を理解することが重要です。企業経営の基本は、限られた経営資源を有効に活用し、その経営目的を実現することにありますが、現代社会では、企業が活用すべき経営資源として、情報に関する資源（情報資産）が非常に重要となっています。情報ガバナンスとは、この情報資産の活用のための枠組みとプロセスであるということができます。

より具体的には、情報ガバナンスは、情報資産を中核に置き、それをどのような目的・基本原則・細則で実現していくかという枠組み（ポリシー）、その実現過程におけるリスクに対する対抗措置の体系（コントロール）、実現の程度を測定する枠組み（メトリックス）から構成されます。現代企業は、普段より情報ガバナンス体制を構築し、その活動において情報資産の取扱いが問題となる局面では、構築した情報ガバナンス体制に基づいて対応を行う必要があります。この概念を表したのが以下の図です。

〈情報ガバナンスの枠組み〉

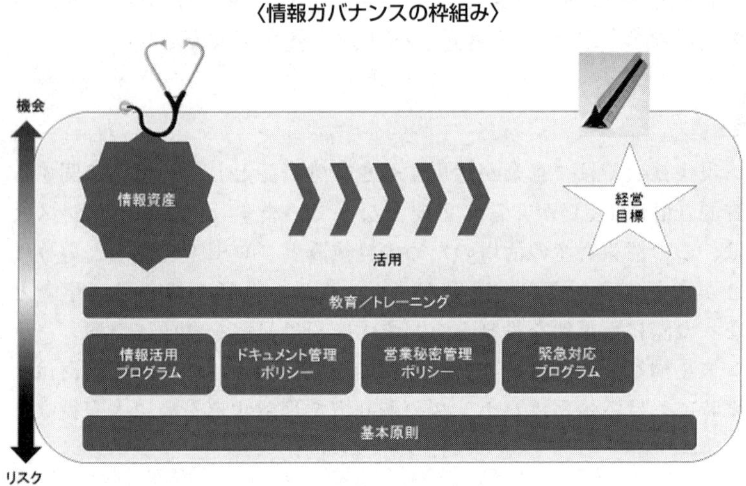

この図は、情報ガバナンスについての基本的な考え方を示したものです。また、情報ガバナンス体制の構築度合いを測る指標としては、アメリカの情報システムコントロール協会（ISACA）とITガバナンス協会（ITGI）が提唱しているITガバナンスの成熟度を測るフレームワークであるCOBITなどが広く使われています。

⑵　具体的な考え方

情報ガバナンス体制を構築するためには、これを構成する個々の概念について検討し、明確化することが重要です。

ア　経営目標

経営目標は、企業という有機的な組織を、何に向かって経営していくのかの問題です。言い換えると、当該企業が、社会において、どのような使命を果たすために存在しているのか、との問いに対する簡潔な回答です。例えば、社会の法的・社会的枠組と技術の進化とのギャップを埋めて社会の進化に貢献する、といったものがこれに当たります。よく売上高１億円突破などが掲げられますが、それは経営目標の実現のための一つの指標にすぎず、経営目標（企業の使命といってもよいでしょう。）とは全く異なります。

イ　活用

情報資産の活用は、主に二つの場面で想定されます。情報資産を企業活動に利用して利益を上げる機会とする場面と、情報資産に対する外部や内部からの脅威による損失発生リスクへの対応の場面です。

ウ　基本原則

基本原則とは、経営目標の実現のために、会社の役員、従業員等の構成員に対して宣明する基本的な価値ないし原則です。

情報資産の取扱いに際して、会社の構成員は、日々、種々の決断を迫られます。例えば、休日に、上司（を名乗る者）から電話がかかってきて、「急ぎの用事があるため会社のデータにアクセスするパスワードを教えてほしい」といわれたという例を考えましょう。この場合、会社のシステム運用担当者は、どのように行動すべきでしょうか。このような場合、基本原則が定められていない、あるいは、基本原則があっても個別の場面に参照すべき個々のプログラムが存在しない場合には、当該担当者は、安易な気持ちで、あるいは迷った挙げ句にパスワードを教えてしまうかもしれません。しかし、業務の遂行のための便宜よりも、安全・安心な業務の遂行を優先させる判断基準が基本原則に存在し、かつ、当該場面に対応する個別のプログラムが作成されていれば、当該担当者は、迷うことなく「教えることは許されない」との対応をとることができます。

エ　個別プログラム

上記の例でもわかるように、情報ガバナンスの観点からは、基本原則を定めるだけではなく、種々の業務のプロセスの具体的な局面においてどのように行動すべきかの個別プログラムが必要です。個別のプログラムの作成で重要な点は、対応する各場面における構成員の具体的な判断の余地をできるだけ少なくすることです。

オ　教育・トレーニング

個別のプログラムが充実していたとしても、それを利用する構成員にその内容が理解されていなかったり、実際に利用されるレベルに至っていない場合には、「絵に描いた餅」です。個別のプログラムを機能させるためには、教育・トレーニングが非常に重要です。現在では、実際の事件などを念頭にトレーニングを行うテーブルトップ・エクササイズ（机上演習）も行われています。

カ　測定の枠組み（メトリックス）

経営目標を実現するための枠組みがあり、実行に移されている場合、当該枠組みが果たして有効に機能しているのかを測定する必要があります。この測定の枠組みがメトリックスの概念です。一般的には、数値によって実現度合い（指標）が測定され、達成すべきビジネスの目標の達成に向けて動くプロセスの状況を表す指標として重要目標達成指標（KGI）、その成果をモニタリングする際に用いる指標として重要成果達成指標（KPI）が使用されています。

キ　企業活動で個別のプログラムが問題となる局面

企業活動では、問題となる局面ごとに、具体的に個別のプログラムが展開されます。例えば、上述のCOBITを参考にすると、計画と組織、調達と導入、サービス提供とサポート、モニタリングの各局面において、それぞれ情報ガバナンスのあり方が問題となり、個別のプログラムが必要となります。したがって、個別のプログラムの構築に際しては、このような局面を意識しながら構築していくことが必要です。

2　紛争対応を念頭にした情報ガバナンス

(1)　紛争の概念

情報ガバナンスが重要となる場面のもう一つは、企業が紛争の当事者となった場合です。ここでいう紛争とは、企業が、一定の事実主張に関し、自らの正当性を主張しなければならない場合をいい、具体的には、自主的な不正対応・訴訟対応・官公庁調査対応などが考えられます。このような場合に情報ガバナンス体制が確立されていないと、必要かつ的確な情報収集が行えず、自らの正当性の主張を十分に行うことができなくなり、結果的に企業に大きな損失をもたらす可能性があります。したがって、紛争対応を念頭に情報ガバナンスを構築することは非常に重要であり、紛争時の対応の検討は、平時における情報ガバナンスのあり方を理解するために大変役立ちます。

(2) 不正調査

不正調査は、不正行為に対して、事実を究明し、正当性を明らかにし、適切な対応をするプロセスです。そこでは、正確な事実に基づき、透明性の原則に基づいて、利害関係者に対して適切な情報を開示し、適切な措置をとることが必要です。

企業で問題となる不正行為には、会計不正（粉飾決算等）・従業員不正（資産横領・背任／従業員による企業秘密漏えい／賄賂・汚職）・情報漏えい対応などがあります。近時の不正調査では、内部調査委員会や第三者委員会の調査主体が、会社の経営陣から独立の立場で調査を行うアプローチが注目されています。これを受けて、情報ガバナンスの観点からは、企業内における情報の管理、収集だけではなく、これらの調査の客観性を、デジタル証拠の分析の観点から補強する方向に実務が移り変わってきています。

(3) 訴訟対応

企業が、法的紛争の当事者となる代表的な場面は、企業が、訴訟の当事者となり、あるいは利害関係人として訴訟への参加を迫られる場合です。このような場合、企業は、訴訟対応として、係属する裁判所が、国内か海外を問わず、また、原告であるか被告であるかを問わず、一定の事実主張をし、相手方の事実主張に反論する等の対応を迫られることになります。商事仲裁等の手続においても同様の対応が必要ですし、場合によっては、刑事事件への対応を迫られる場合もあり得ます。

このような訴訟等への対応に際しては、手続法によって定められたルールや期限を遵守できる範囲で、どのように情報収集を行い、証拠を用意するかが問題となります。とりわけ、米国の訴訟の当事者となる場合には、手続法上、証拠の開示手続（ディスカバリ）が広範に認められ、違反した場合の制裁も厳格であり、依頼者と弁護士との間の非開示特権も認められていることから、短時間の内に、必要な情報をレビューして抽出する必要が生じます。平時からこうした対応も視野に入れて情報ガバナンスを構築することが不可欠です。

⑷　官公庁調査対応

近時、独占禁止法違反への対応が重要度を増しており、海外腐敗行為防止法（アメリカのFCPA等）への対応も重要な要素を占めています。業種によっては、特定の官庁からの調査（例えば、自動車産業におけるリコール対応等）に対応することも極めて重要です。現代では、政府の企業活動への介入が多くなっており、情報ガバナンスの構築に際してはその対応も視野に入れておく必要が生じています。

3　平時における情報ガバナンスとビジネス法務

⑴　平時における対応の枠組みのあり方

以上のような紛争等への対応を検討したとき、情報ガバナンス体制の構築においては、平時から、紛争時における対応を十全に実行し得るように情報資産の生成・保全・保管・処理・削除にわたって、プログラムを作成し、それを全体の情報ガバナンスの中に位置付けることが、極めて重要です。

⑵　重要なプログラム

情報ガバナンスの観点から作成されるべきプログラムには種々のものがありますが、とりわけ重要な役割を果たすものとして、ドキュメント管理ポリシー、コンプライアンスプログラム、（情報問題）インシデント対応プログラムがあります。

ア　ドキュメント管理ポリシー

ドキュメントの生成・保存・処理・消去等のプロセスに関するルールがドキュメント管理ポリシーです。ドキュメント管理ポリシーの重要な要素は、電子メールやデジタルドキュメントの保存のルールを定め、一定期間の経過後に完全に消去するルールです。

ハードディスクドライブなどの保存媒体の単価が安くなった現代では、企業は、企業活動に関連する情報を、無秩序にいつまでも保存していくことになりがちですが、これは不合理かつ危険です。例えば、米国の訴訟当事者となった場合、eディスカバリ制度により企業は所有する文書データを広範囲に提出することが求められます。しかし、通常の文書管理のルールに従ってデータが消去されている場合には、そのデータが存在しないとして提出ができなくても、eディスカバリの制度上一定の要件で不提出が許容されます（セーフハーバー）。そこで、海外の企業では、不必要にデータの提出の範囲が広がらないよう、一定期間でデータを消去する文書管理のルールが定められ、厳格な運用がなされているのが一般的です。

とはいえ、わが国の企業が、海外企業のような厳格な運用をそのまま導入できるかについては、二つの問題があります。第一に、わが国では、一般的な社会通念として、事案の解明のための関連文書の保存が、かなり長期間にわたって求められている点です。第二に、今までの企業活動で一般にまだ必要とされるドキュメントを消去することをルールとして定めたとしても、企業内で遵守されずに形骸化するリスクが生じる点です。一定期間でデータを消去する文書保存規定を有していたとしてもそれが遵守されていない場合、それを有していないのと同様であるとして、セーフハーバー規定の適用が否定されてしまう可能性がありますので、これらの問題点を認識した上で、海外紛争に巻き込まれる可能性等などを考慮し、ドキュメント管理ポリシーの内容を決め、導入し、その上で、遵守し、実際に運用することが重要です。

イ　コンプライアンスプログラム

上述のとおり、現代の企業活動では、独占禁止法や腐敗防止法等に基づく官公庁等による調査への対応も重要な要素となっており、企業にも、これらの調査の要請に対応し得るようなコンプライアンスプログラムが求められ、そのプログラムを実現するために、それを情報管理システムの中に実装していくことが必要となります。

米国では、司法省のマニュアル等により、特に企業による自発的な情報開示や調査への協力、違反解消措置などの行為が、訴追要求や制裁措置の選択に際しての判断の重要な要素とされています。また、日本の独占禁止法上も、同様のリニエンシー制度が導入されました。したがって、このような法律に基づく対応が必要となった場合に、短時間のうちに、関連するドキュメントを特定し、レビューし、分析し、情報を開示・調査協力等することができるプログラムを作成することが極めて重要です。

ウ　（情報問題）インシデント対応プログラム

昨今、企業の情報漏えい事件は、各種メディアで極めて大きく取り上げられ、世間の関心もとりわけ高いものとなっています。したがって、情報漏えい事案に対してのインシデント対応プログラムを準備することは、企業のレピュテーションリスク抑制の観点からも非常に重要です。企業は、情報漏えい事件の契機を認識した場合には、全社で一丸となって危機に対応する緊急プログラムを発動することが必要となっています。

インシデントプログラム作成に際しての最も重要な要素は、組織の情報を１か所に集め、外部に対する情報提供や報告に関しても窓口を一本化し、正しい情報の把握と管理を行う「事実確認と情報の一元管理の原則」に従い、まず事実関係を確認し、当該事実関係をもとに情報収集等の種々の具体的対応を行っていくことです。この際、IT システムに関する種々のログや関係者のメールなどが極めて重要な証拠となるので、これらを緊急の場合において、確実に確保し、分析できるよう、日頃から情報ガバナンスを整備して準備することが非常に重要です。

（高橋　郁夫）

企業における内部統制システムの構築と IT への対応

取締役として、企業内で内部統制システムを構築するに際し、どの程度の体制を整備すればよいのでしょうか。その際、IT への対応についてはどの程度のことが求められているのでしょうか。

会社法は、大会社の取締役会に内部統制システム構築義務を定めており、通常想定される不正行為を防止し得る程度の管理体制の整備を求めていると解されています。また、企業が IT に依存して事業活動を行う現代社会においては、内部統制における IT 対応、具体的には IT 環境への対応と IT の利用と統制が不可欠となっています。

1　内部統制システムとは

会社法は、大会社の取締役会について「取締役の職務の執行が法令及び定款に適合することを確保するための体制…の整備」（会社法 362 条 4 項 6 号）を決定すべきことを定めています。これは、一般に内部統制システム構築義務を定めたものと言われ、具体的には、会社の取締役と取締役会は、会社自らが業務の適正を確保し、株主や会社をめぐるステークホルダー（利害関係者）に損害を与えることがないようにするため、ルールを整え、これが確実に実行され、かつチェックするための仕組みを整備し、構築していかなければならない義務と責任を有することを定めたもの、とされています。

このような取締役が整備、構築すべき内部統制システムが認識される契機となったのが、大和銀行株主代表訴訟事件判決です[1)]。1995 年に発覚し

[1)] 大阪地判平成 12 年 9 月 20 日（判時 1721 号 3 頁）

た大和銀行ニューヨーク支店の巨額損失事件を巡り、同行の株主が当時の取締役ら49人に対し総額14億5,000万ドル（約1,550億円）を賠償するよう求めたこの事件では、裁判所は、当時ニューヨーク支店長だった元副頭取に単独で5億3,000万ドル（約567億円）の支払を命じるなど、現・元役員らに対する巨額の損害賠償を認めました。この判決では、健全な会社経営を行うためには、事業の種類、性質等に応じて生じる各種のリスクの状況を正確に把握し、適切に制御すること、つまり、リスク管理が必須であるとされ、取締役は、自ら法令を遵守するだけでは十分ではなく、従業員が会社の業務を遂行する際に違法な行為に及ぶことを未然に防止するための法令遵守体制を確立する義務があると判示しました。

その後も複数の裁判例において、取締役が構築、整備すべきリスク管理体制やコンプライアンス体制が問題となり[2)]、これを受けて、平成18年に施行された会社法では、取締役会の決定事項として内部統制システムの構築が定められました。

内部統制システムは、金融商品取引法でも「当該会社の属する企業集団及び当該会社に係る財務計算に関する書類その他の情報の適正性を確保するために必要な」体制（金融商品取引法24条の4の4）と規定され、会社法でも平成26年改正法で「株式会社の業務並びに当該株式会社及びその子会社から成る企業集団の業務の適正を確保するために必要なものとして法務省令で定める体制の整備」（会社法362条4項6号）も取締役会決定事項と規定される（従前は規則で定められていたものが法律に格上げ）など、現在では、リスク管理の観点だけではなく、より広く、コーポレート・ガバナンスの一環として会社が整備すべきコンプライアンス全体に関わる体制の構築、整備の問題として理解されています。

---

2)　代表的なものとして、神戸製鋼所総会屋利益供与株主代表訴訟和解勧告（神戸地裁平成14年4月5日）、ヤクルト株主代表訴訟事件（東京地判平成16年12月16日（判タ1174号150頁））、ダスキン事件（大阪地判平成16年12月22日（判タ1172号271頁））等。

2　構築すべき内部統制システムのレベル

それでは、会社の取締役等の役員は、どの程度のレベルの内部統制システムを構築する必要があるのでしょうか。これは、裏返して言えば、どの程度のレベルの内部統制システムを構築していないと任務懈怠責任の追及を受けるリスクがあるかの問題でもあります。

この点で参考となる事例は、日本システム技術事件[3)]です。これは、従業員による架空売上げの計上等の不正行為事件に関し、株主が代表取締役の内部統制システム構築義務違反により生じた損害を理由に、会社法350条に基づく会社の責任を追及した訴訟です。本判決では、代表取締役の内部統制システム構築義務について、①代表取締役が通常想定される架空売上げの計上等の不正行為を防止し得る程度の管理体制は整えていたこと、②不正行為が通常容易に想定し難い方法によるものであったこと、③不正行為の発生を予見すべきであった特別な事情も見当たらないこと、④リスク管理体制が機能していなかったということはできないことなどを根拠に、代表取締役の内部統制システム構築義務違反を否定しました。この判例での判断自体は、当該事件の事実関係を前提になされたもので、直ちに一般化はできませんが、本判決後の裁判例では、上記判例のような判断枠組みが採用されており、現時点で、内部統制システム構築義務違反に係る訴訟における一般的な判断の枠組みとなっています。

これを踏まえると、少なくとも、通常想定される不正行為を防止し得る程度の管理体制が整備されているか、リスク管理体制が正常に機能しているのかの観点から判断される場合が多いと考えられます。

3　内部統制における IT 対応の重要性

そこで、さらに問題となるのは、通常想定される不正行為を防止し得る程度の管理体制とは具体的にどの程度なのかという問題です。この点、現

3)　最判平成 21 年 7 月 9 日（民集 231 号 241 頁）

代の企業社会では、内部統制システム構築義務が課される大会社では、業務の大部分でITシステムが利用されているところがほとんどです。したがって、通常想定される不正行為の方法や態様を検討して予防するためには、必然的に、当該企業においてどのようにITシステムが活用されているかを理解した上で検討する必要が生じることになると考えられます。

この点、金融商品取引法上の内部統制報告義務に関する企業会計審議会による財務報告に係る内部統制の評価及び監査の基準[4)]では、内部統制の6つの基本的要素として、統制環境、リスクの評価と対応、統制活動、情報と伝達、モニタリング（監視活動）及びIT（情報技術）への対応をあげています。そして、ITへの対応について、内部統制の他の基本的要素と必ずしも独立に存在するものではないが、組織の業務内容がITに大きく依存している場合や組織の情報システムがITを高度に取り入れている場合等には、内部統制の目的を達成するために不可欠の要素として、内部統制の有効性に係る判断の基準となるとしています。上記は、財務報告にかかる内部統制の評価・判断基準にかかるものですが、社会全体にITシステムがインフラとして深く浸透し、事業活動の大部分がITシステムを活用し依拠せざるを得ない現代社会においては、企業の活動全般を対象とした内部統制においても、同様にITへの対応を行うことが不可避です。

4　IT環境への対応とITの利用及び統制

上記の財務報告に係る内部統制の評価及び監査の基準では、ITへの対応は、①IT環境への対応と②ITの利用及び統制からなるとされています。

このうち、①IT環境への対応は、組織が活動する上で必然的に関わる内外のITの利用状況を意味し、社会及び市場におけるITの浸透度、組

4)　金融庁企業会計審議会内部統制部会「財務報告に係る内部統制の評価及び監査の基準並びに財務報告に係る内部統制の評価及び監査に関する実施基準の改訂について（意見書）」（平成23年3月30日）（https://www.fsa.go.jp/singi/singi_kigyou/tosin/20110330/01.pdf）

織が行う取引等における IT の利用状況、及び組織が選択的に依拠している一連の情報システムの状況等をいいます。そして、組織目標を達成するために、組織の管理が及ぶ範囲においてあらかじめ適切な方針と手続を定め、それを踏まえた適切な対応を行う必要があるとされています。

例えば、日々の業務活動が、ファイル共有、ワークフロー上で、関係者間が情報を共有し、取引や金銭面の管理も同様の仕組みで行われている企業においては、具体的に行われている業務活動と IT システム上の処理を前提として、当該システムを利用してどのような不正行為が想定されるのかを検討し、システムの脆弱性がないか、システムを利用した不正行為を防止するためのセキュリティが確保されているか、ヒューマンエラーがあった場合にも損害を未然に防止する体制が確保されているか、IT について外部委託を行う際には、当該委託先についてもコンプライアンス、セキュリティが確保されているか等を確認し、是正していく必要があります。

また、② IT の利用及び統制は、組織内において、内部統制の他の基本的要素の有効性を確保するために IT を有効かつ効率的に利用すること、並びに組織内において業務に体系的に組み込まれて様々な形で利用されている IT に対して、組織目標を達成するために、予め適切な方針及び手続を定め、内部統制の他の基本的要素をより有効に機能させることをいう、とされています。これは、情報伝達やリスク評価、モニタリング等の場面で IT システムを利用し、より有効かつ効率的な内部統制の構築をすべきであり、また、そうした内部統制が有効に働くよう IT システムを企業側が全般的に統制すべき、というものです。例えば、内部通報やその他の社内、社外からの意見等についてメールやウェブ上のフォーム等から受け付けるといった仕組みも IT の利用の一つといえます。

5　不祥事調査と IT

企業の内部統制において、IT の利用及び統制が必要となる典型的場面の一つが不祥事調査です。不祥事調査は、企業が内部または外部的要因によって不正行為等の端緒を発見した場合に、事実関係を調査、解明し、その原因を究明した上で、再発防止策を策定し、その他の適切な対応を行うプロセスであり、上記3、4の内部統制における予防的統制に対し、発見的統制と言われるものです。

不祥事調査では、近時は、内部調査委員会や第三者委員会の調査主体が、会社の経営陣から独立の立場で調査を行うアプローチが注目されていますが、これらの調査の客観性をデジタル証拠の分析が支えるように実務が移り変わってきています。予防的統制の場面と同様、現代の企業活動は、パソコンを介してメールやその他のITシステムを利用して行われていることから、事実調査や原因究明に際して、こうしたITシステムへの介入や調査を行わないことは、不祥事調査が不十分であるとの疑念を抱かせ、調査全体の信用性を大きく損なう可能性があります。

不祥事調査等を行う場合における、調査の根拠、程度、その他の論点については、「従業員に関するデジタル証拠の取得」（➔ Q38）を参照ください。

また、会計不正調査事件、独占禁止法違反事件と、それらの手続において、デジタル証拠がどのような役割を果たすかについては、「独占禁止法違反事件と不正調査」（➔ Q19）で論じています。

（高橋　郁夫・梶谷　篤）

Q8 個人情報保護法の改正

平成 27 年の個人情報保護法改正の概要を教えてください。

平成 27 年の個人情報保護法の改正では、①個人情報の定義の明確化等、②個人情報保護委員会の新設、③適切な規律の下での個人情報等有用性を確保するための改正、④個人情報の流通の適正さを確保するための改正、⑤個人情報の取扱いのグローバル化に関する改正、本人の請求権に関する改正等がなされました。

1　改正の経緯

個人情報保護法が平成 17 年 4 月に全面施行されて以降 10 年の間に、ICT の発達などにより、個人情報を取り巻く環境は大きく変わりました。スマートフォンなどの端末や SNS・クラウドの普及による、個人情報の流通量の変化による情報流出の危険性の増加や、ビックデータの解析・利用といった個人情報の新たな利用の可能性が模索される時代が到来しています。このような状況変化に対応するべく、個人情報の保護を図りつつ、パーソナルデータの利活用を促進することによる新産業・新サービスの創出と国民の安全・安心の向上の実現を目的として、平成 27 年 9 月に個人情報保護法は制定以来初となる大幅な改正がなされました（平成 29 年 5 月 30 日施行）。

その改正の主な内容は以下のとおりです。

2　改正の概要

(1)　個人情報の定義の明確化等

ア　個人情報の定義の明確化

改正前の個人情報保護法では、個人情報は「特定の個人を識別するために必要な情報」として、単一の概念でした。しかし、今回の改正によって、要配慮個人情報や匿名加工情報という新たな概念が加えられ、個人情報保護法における個人情報の種類は３種類となりました。

また、個人情報の定義も、生存する個人に関する情報であって、当該情報に含まれる氏名、生年月日その他の記述等により特定の個人を識別することができるもの、又は個人識別符号が含まれるものをいう（個人情報保護法２条１項）と改められました。

個人識別符号とは、次のいずれかに該当する文字、番号、記号その他の符号をいいます（個人情報保護法２条１項、個人情報保護法施行令１条、個人情報保護法施行規則３条、４条）。

① 身体の一部の特徴をコンピュータ（電子計算機）の用に供するために変換した文字、番号、記号その他の符号であって、特定の個人を識別できるもの（個人情報保護法２条２項１号、個人情報保護法施行令１条１号）

② 個人に割り当てられた一意の文字、番号、記号などの符号であって、特定の利用者等を識別できるもの（個人情報保護法２条２項２号）

①の例としては、いわゆるDNA情報、指紋等が、②の例としては、運転免許証番号、旅券番号、基礎年金番号、保険証番号、個人番号（マイナンバー）等が挙げられます。

これは、当該情報単体から特定の個人を識別できるものとして、個人情報の範囲に含まれるものと解されていたものであり、今回、改正で明確化されました。

イ　要配慮個人情報の新設

改正前の個人情報保護法では、重要な個人情報と重要ではない個人情報が一律に取り扱われていましたが、今回の改正で、新しく要配慮個人情報の定義がなされました。

要配慮個人情報とは、従前からセンシティブ情報などとも呼ばれていたものを、今回の改正で明確化したもので、本人の人種、信条、社会的身分、病歴、犯罪の経歴、犯罪により害を被った事実その他本人に対する不当な差別、偏見その他の不利益が生じないようにその取扱いに特に配慮を要するものとして政令で定める記述等が含まれる個人情報のことをいいます（個人情報保護法2条3項）。

要配慮個人情報については、取得や第三者提供には、原則として本人の同意が必要とされ、いわゆるオプトアウトによる第三者提供は認められないなど、規制が強化されました。

ウ　個人情報データベース等の除外

個人情報データベース等とは、紙媒体、電子媒体を問わず、検索性があり、体系的に構成されている個人情報の集合物をいいます。今回の改正では、その利用方法からみて個人の利益を害するおそれが少ないものを以下のように政令で定めて除外することとなりました（個人情報保護法2条4項柱書括弧内、個人情報保護法施行令3条）。

（ア）　不特定かつ多数の者に販売することを目的として発行されたものであって、かつ、その発行が法又は法に基づく命令の規定に違反して行われたものでないこと。

（イ）　不特定かつ多数の者により随時に購入することができ、又はできたものであること。

（ウ）　生存する個人に関する他の情報を加えることなくその本来の用途に供しているものであること。

個人情報の保護に関する法律についてのガイドライン（通則編）では、個人情報データベース等に該当しない事例として以下の事例を挙げています。

①　従業者が、自己の名刺入れについて他人が自由に閲覧できる状況に置いていても、他人には容易に検索できない独自の分類方法により名刺を分類した状態である場合

② アンケートの戻りはがきが、氏名、住所等により分類整理されていない状態である場合

③ 市販の電話帳、住宅地図、職員録、カーナビゲーションシステム等

エ　小規模取扱事業者への対応

平成27年改正前の法律では、過去６か月間で5,000人分以下の個人情報を取り扱う事業者（以下「中小規模取扱事業者」）に対しては、法律の適用を除外していました。

しかし、中小規模取扱事業者であっても、その不適切な取扱いによって、個人の権利利益が侵害される危険性が生じ得ることに変わりはなく、特に近年は、ICTの急速な普及などにより、その危険性は一層高まっているとして、今回の改正では、中小規模取扱事業者への措置を廃止して、それらの事業者についても法を適用することとされました。

(2)　個人情報保護委員会の新設

個人情報保護委員会は、個人情報（個人番号（マイナンバー）を含む。）の有用性に配慮しつつ、その適正な取扱いを確保することを目的として（個人情報保護法59条）、平成27年の改正個人情報保護法に基づき、平成28年１月１日に内閣総理大臣の所轄下に新たに設置された機関です。なお、委員会の前身は、番号法に基づき平成26年１月１日に設置された特定個人情報保護委員会です。

この個人情報保護委員会の設置により、今まで、その事業を管轄する主務大臣が行っていた個人情報取扱事業者の監督等の個人情報の保護体制が一元化されることになりました。

(3)　適切な規律の下での個人情報等有用性を確保するための改正

ア　利用目的の制限の緩和

個人情報取扱事業者は、変更前の利用目的と関連性を有すると合理的に認められる範囲を超えて変更を行ってはならない（個人情報保護法15条２項）とされています。

改正前の個人情報保護法では「相当の関連性」と規定されていたものが、単なる「関連性」と変更され、一般的な消費者等からみて合理的な

関連性のある範囲内において、利用目的の変更を柔軟かつ適時に可能とすることができるようになりました。ここで、「合理的に認められる範囲」とは、変更後の利用目的が変更前の利用目的からみて、社会通念上、本人が通常予期し得る限度と客観的に認められる範囲内とされ、本人の主観や事業者の恣意的な判断によるものではなく、一般人の判断において、当初の利用目的と変更後の利用目的を比較して予期できる範囲をいい、当初特定した利用目的とどの程度の関連性を有するかを総合的に勘案して判断されるものとされています。なお、利用目的を変更した場合は、変更された利用目的について、本人に通知し、又は公表しなければなりません（個人情報保護法18条3項）。

イ　匿名加工情報に関する規定の新設

これに関しては、次の**Q9**で詳述します。

⑷　個人情報の流通の適正さを確保するための改正

ア　オプトアウト規定の厳格化

個人情報取扱事業者は、個人データの第三者への提供に当たり、一定の事項を、あらかじめ本人に通知し、又は本人が容易に知り得る状態に置くとともに、個人情報保護委員会に届け出た場合には、個人情報保護法23条1項の規定にかかわらず、本人の同意を得ることなく、個人データを第三者に提供することができます（個人情報保護法23条2項各号）。

これは、いわゆる「オプトアウト」規定であり、従前も、本人に通知し、又は本人が容易に知り得る状態に置くこととされていましたが、その実効性が疑問視されていました。そのため、平成27年改正により、この「オプトアウト」方式において、個人情報保護委員会への届出が必要になる等、規制が厳格化されました。

イ　トレーサビリティの確保

トレーサビリティとは、一般的には生産や流通の過程を記録することによって後に履歴情報を確認できるようにすることをいいます。近時、流出した個人情報が名簿業者を通じて転売されるといった事件が発生したことから平成27年改正により、個人データの第三者提供に際して、提供者・受領者の双方が記録を作成しておくことなどによって、情報の提供ルートの追跡を可能とすることとしました（個人情報保護法25条1項、26条1項）。

ウ　データベース提供罪の創設

平成27年改正前の法律では、個人情報保護法に、個人データ全般の不正提供又は盗用に関して直接罰する規定がなく、刑法や不正競争防止法等による処罰によるしかありませんでした。そこで、今回の改正では、個人情報データベース等提供罪が新設されました。これは、個人情報取扱事業者若しくはその従業者又はこれらであった者が、その業務に関して取り扱った個人情報データベース等（その全部又は一部を複製し、又は加工したものを含む。）を自己若しくは第三者の不正な利益を図る目的で提供し、又は盗用したときは、1年以下の懲役又は50万円以下の罰金に処するとするものです（個人情報保護法83条）。「不正な利益を図る目的」を要求することで、適法な第三者提供等と区別することになります。

この条項は、法人の場合にも適用され、行為者との両罰規定です（個人情報保護法87条）。

⑸　個人情報の取扱いのグローバル化に関する改正

個人情報保護法の改正の契機となった、社会におけるICTの発展や、経済全体のグローバル化の状況は、個人情報の国境を越えた利用も促すこととなりました。

そこで、そのような状況に応じて、平成27年改正においては、「政府は、…国際機関その他の国際的な枠組みへの協力を通じて、各国政府と共同して国際的に整合のとれた個人情報に係る制度を構築するために必要な措置を講ずるものとする」として（個人情報保護法6条）、これに沿った規定を新設する等しています。

その内容は、①外国にある第三者への提供の制限（同法24条）、②域外適用される規定の明示（同法75条）、③外国執行当局への情報提供（同法78条）、④国外犯処罰の範囲拡大です（同法86条）。

⑹　本人の請求権に関する改正

個人情報保護法では、個人情報取扱事業者が開示、訂正、消去等の権限を有し、かつ、6か月を超えて保有するものである「保有個人データ」に関して、個人情報取扱事業者に事項の公表義務（個人情報保護法27条1項）を負わせる一方で、本人の権利として、①利用目的等の通知（同法27条2項）、②開示（同法28条）、③訂正等（同法29条）、④利用停止等（同法30条）を請求できることを定めています。このうち、後者の本人の権利は、改正前は、権利として明確ではなかったものを今回の改正で具体的権利として明文化したものです。

（荒木　哲郎）

改正個人情報保護法とビッグデータ時代

ビッグデータ時代が到来したと言われていますが、平成27年の改正個人情報保護法では、ビッグデータの利活用を目的としてどのような規定の新設等がされましたか。

平成27年の個人情報保護法の改正では、ビッグデータの利活用を目的として、個人情報を特定の個人を識別できないように人為的に加工した情報である匿名加工情報に関する規定の新設がなされています。

1　ビッグデータ時代とは

ビッグデータとは、デジタル化の更なる進展やネットワークの高度化、またスマートフォン等IoT関連機器の小型化・低コスト化によるIoTの進展により、スマートフォン等を通じた位置情報や行動履歴、インターネット等における視聴・消費行動等に関する情報、また小型化したセンサー等から得られる膨大なデータのことを言います。

1980年代に急速に発展した情報通信技術は、社会や生活のあり方に劇的な変化をもたらしました。特に21世紀に入り、ブロードバンド化の進展によるネット社会の到来により、個人や企業の活動において、生成・蓄積される情報データは、アナログからデジタルデータへと大きく変わり、生成される情報の種類も多様化するとともに、社会のあらゆるデータ情報がネットを通じて集約されました。その結果、個人の活動においても、積極的な情報発信が行われるようになったことから、膨大な量の情報が流通し、また、集積されることとなりました。

〈データ流通量の推移〉

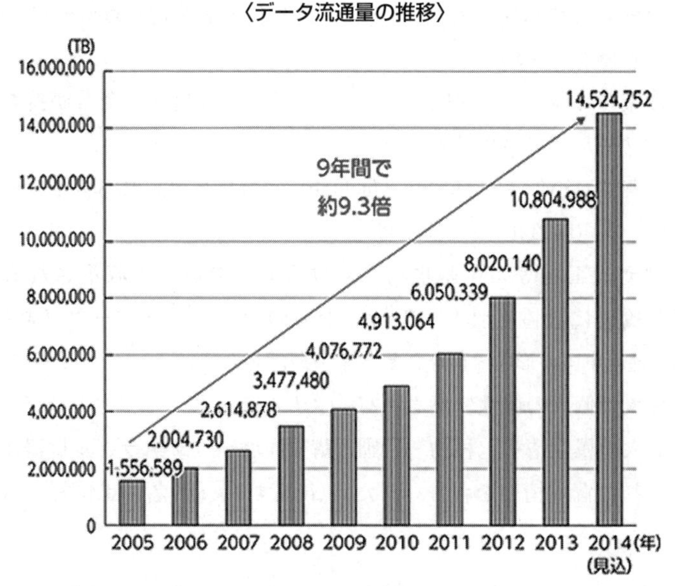

出典：総務省「平成27年版　情報通信白書　ICT白書」
(http://www.soumu.go.jp/johotsusintokei/whitepaper/ja/h27/html/nc254310.html)

従来のデータ解析では、対象となるデータは、通常、その解析それ自体を目的として収集されていました。しかし、現在では、その目的のために収集したものとは限られないビッグデータを解析の対象として、これまでには得られなかったような情報を得た上で、様々な分野に応用することが行われています。

このようなビッグデータについて、総務省の平成29年版情報通信白書では、その種別について、大きく以下の4つに分類しています[5)]。

①　政府：国や地方公共団体が提供する「オープンデータ」

「官民データ活用推進基本法」を踏まえ、政府や地方公共団体などが保有する公共情報について、データとしてオープン化を強力に推進することとされているもの

5)　同白書第1部第2章「ビッグデータ利活用元年の到来」54頁

②　企業：暗黙知（ノウハウ）をデジタル化・構造化したデータ（「知のデジタル化」と呼ぶ。）

農業やインフラ管理からビジネス等に至る産業や企業が持ち得るパーソナルデータ以外のデータ

③　企業：M2M（Machine to Machine）から吐き出されるストリーミングデータ（「M2M データ」と呼ぶ。）

例えば工場等の生産現場における IoT 機器から収集されるデータ、橋梁に設置された IoT 機器からのセンシングデータ（歪み、振動、通行車両の形式・重量など）等が挙げられる。

④　個人：個人の属性に係る「パーソナルデータ」

個人の属性情報、移動・行動・購買履歴、ウェアラブル機器から収集された個人情報を含む。また、（後述する）「匿名加工情報」も含まれる。

2　ビッグデータの有効性

ビッグデータの代表的な活用例として、以下のものが挙げられます。

(1)　東日本大震災の活用事案

平成 23 年 3 月 11 日に発生した東日本大震災以後、ビッグデータ解析は、自然災害への対応のための有効な手段として利用されています。例えば、携帯電話の位置情報やカーナビゲーションから得られる各種データからは人の避難状況や渋滞の発生状況等が、また、ツイッターのツイートなどの SNS のデータからは災害現場の状況、人の精神状態等がわかり、それらのデータを解析することで震災時の様々な事象を把握することができます。また、人口の増減や企業の取引先の推移等のデータを解析することにより復興にも生かすことが考えられます（実際の取組みについては、平成 25 年 3 月から、平成 27 年 3 月に放送された「NHK スペシャル～震災ビッグデータ」で詳しく取り上げられています。）。

⑵　監視カメラによる消費行動の把握と分析

従来、流通・小売業での店舗におけるマーケティングは、POS（販売実績を単品単位で集計する方法）の購買実績や目視による情報収集結果をもとに来店者の行動分析を行っていましたが、その方法では、十分に非購買者の情報を正確に収集できず、機会損失が生じていました。しかし、例えば、NECの「人物行動分析サービス」では、店舗内のカメラから画像解析技術を活用し、来店者が購買する、しないにかかわらず、来店者の行動来店者の性別や年代、人数、店舗内での行動パターンや、移動経路、滞留状況等の傾向を把握することで、店舗の課題に基づいた効果的な売上げ向上施策の立案、実施ができるものとされています。

⑶　ターゲティング広告等

「ターゲティング広告」とは、不特定多数に広告する「マス広告」に対して、ICTを活用して、特定の対象に狙いを定める広告のことをいいます。

当初は、利用者の行動履歴から嗜好などを推測して、配信する広告を変える行動ターゲティング広告が主流でした。行動ターゲティング広告では、現在アクセスしている利用者が、前回アクセスしてきた利用者と同一であるかどうかの識別をするため、利用者のアクセス履歴などをサーバが認識する仕組みが必須ですが、それには、「Cookie（クッキー）」という、Webサーバから利用者のパソコンに送られ保存される情報を利用することが一般に行われています。クッキーには利用者に関する番号や最後にサイトを訪れた日時、そのサイトの訪問回数などを記録しておくことができることから、クッキーによって、利用者を識別することができ、ウェブサービスを利用者ごとにカスタマイズすることが可能になります。さらに、過去の行動に関するビッグデータを分析することによって、未来の行動を予測することにより、既に当該サイトを訪れた利用者だけに対する広告（リターゲティング）だけではなく、将来契約してくれそうな利用者に対しての広告（行動予測ターゲティング）を行うことが可能になります。

現在では、さらに進んで、過去の閲覧履歴や直近の検索ワードなども分析に加えた「インタレストマッチ広告」や、ユーザの行動記録によって、属性を判別し、特定の興味・関心を持ったユーザに対して、広告を配信する手法である、「インタレストカテゴリターゲティング広告」が行われています。また、人ベースではなく、サイトのカテゴリを選択させ、そのカテゴリに属したサイトを閲覧するユーザに広告を配信する「サイトカテゴリターゲティング広告」なども行われています。

3　問題提起となった事案

このように、様々な分野で活用されているビッグデータですが、有用さの反面、取り扱う情報のほとんどが、顧客情報等の個人情報であることから、個人のプライバシーが侵害される危険性も否定できません。近時、ビッグデータとプライバシー保護等の関係が問題になった事案として、以下のものが挙げられます。

(1)　Suica 事件

平成25年6月に、JR 東日本（東日本旅客鉄道株式会社）が、Suica 利用データから氏名、電話番号、物販情報等を除外し、生年月日を生年月に変換した上、さらに、Suica ID 番号を不可逆の別異の番号に変換したデータを株式会社日立製作所に販売していたことが明らかになりました。このことが報道されると個人情報の保護、プライバシーの保護や消費者意識に対する配慮に欠けているのではないかとして問題になり、同年７月には販売中止を宣言する事態となりました。

その後の同年９月に設けられた有識者会議では、本件のデータ提供が「直ちにプライバシーが侵害されるおそれはないと判断される」一方、Suica 利用者への説明不足について「事前に十分な説明や周知を行わなかったこと」など、利用者への配慮が不足していたと評価しました。また、JR 東日本という公共性の高い企業の立場からも、「利用者に不安を与えた事実を重く受け止める必要がある」との報告がなされました[6]。

(2) 大阪駅顔認証実証実験事件

独立行政法人情報通信研究機構（NICT）が主体となり、平成26年4月から約2年間の間、JR西日本（西日本旅客鉄道株式会社）及び大阪ターミナルビル株式会社の所有する大阪駅ビル内に92台のデジタルビデオカメラを設置して、同所を通行する利用者を撮影しました。これは、災害発生時等の安全対策への実用に資する人流統計情報の作成が可能か否かを検証する実験を予定していたものです。

しかし、プライバシー侵害を懸念した市民団体等の反発により、平成26年3月11日、NICTは本実証実験の延期を公表することとなり、また、翌12日、大阪市議会は「個人情報やプライバシー保護との関係など慎重に検討するよう指導する」こと等を政府に求める意見書を可決する事態にまでなりました。

その後、NICTは、検討を依頼した第三者委員会の報告書[7]での提言を踏まえて、同年11月に、当面の間、一般利用者が入れないエリアで夜間に限って、文書による明示的な同意を得た人のみを対象にする等、実証実験の規模を縮小することを発表しました。

4 匿名加工情報の利用

(1) 概略

以上のように、有用さの反面、個人のプライバシー侵害の危険等があるビッグデータの利活用ですが、改正前個人情報保護法では、ビッグデータを利活用しようとした場合に、前述のように、違法性が指摘される事態が生じ得ます。そのため、ビッグデータが十分に利活用されず、いわば宝の

---

6) 「Suicaに関するデータの社外への提供について　中間とりまとめ」（平成26年2月）11頁「3.4　個人情報及びプライバシーの保護の観点からの検討」（http://www.jreast.co.jp/chukantorimatome/20140320.pdf）

7) 「映像センサー使用大規模実証実験検討委員会　調査報告書」（平成26年10月）

持ち腐れとなってしまっているケースが散見されました。

そこで、平成27年の改正個人情報保護法では、本人の同意に代わる一定の条件の下、個人の行動・状態等に関するパーソナルデータを自由に利活用できるものとして、個人情報と異なる「匿名加工情報」という新たな類型を設けました。

「匿名加工情報」とは、個人情報を個人情報の区分に応じて定められた措置を講じて特定の個人を識別することができないように加工して得られる個人に関する情報であって、当該個人情報を復元して特定の個人を再識別することができないようにしたものをいいます（個人情報保護法２条９項）。

改正前においても、そもそも特定の個人を識別することができないいわゆる匿名情報は、個人情報に当たらないものとされていました。一方、今回の「匿名加工情報」の制度は、個人情報を特定の個人を識別できないように人為的に加工した情報について、一定のルールの下で利用目的による規制をなくし、本人の同意を得ることなく第三者提供を可能とするものです。

⑵　匿名加工情報の種類

個人情報保護法において、個人情報の匿名性を失わせる方法としての「個人情報の区分に応じて定められた措置」としては、以下の２種類が規定されています。

①　当該個人情報に含まれる記述等の一部を削除すること

②　当該個人情報に含まれる個人識別符号の全部を削除すること

①は、個人識別符号を含まない個人情報（個人情報保護法２条１項１号）を加工する場合であり、②は、個人識別符号を含む個人情報（同法２条１項２号）を加工する場合です。

②の場合は、個人識別符号それ自体が個人を特定し得るものなので、全部削除が条件ですが、①の場合は、個人を特定できなければ、例えば、生年月日の月日のみ削除し、生年は残すなど、一部の削除で良いことになります。

また、どちらの場合も、例えば、生年月日を「○十代」等に置き換えるなど「復元することのできる規則性を有しない方法により他の記述等に置き換えることを含む」とされています。

⑶　匿名加工情報の作成

個人情報取扱事業者は、匿名加工情報を作成するに当たり、本人の同意は要しません。しかし、作成に当たっては、特定の個人を識別すること及びその作成に用いる個人情報を復元することができないようにするために必要なものとして個人情報保護法施行規則で定める基準に従い、当該個人情報を加工しなければなりません（個人情報保護法36条1項）。また、その作成に用いた個人情報から削除した記述等及び個人識別符号並びに前項の規定により行った加工の方法に関する情報の漏えいを防止するために必要なものとして規則で定める基準に従い、これらの情報の安全管理のための措置を講じなければなりません（同条2項）。

また、個人情報取扱事業者は、匿名加工情報を作成したときは、個人情報保護法施行規則で定めるところにより、当該匿名加工情報に含まれる個人に関する情報の項目を公表しなければなりません（同条3項）。これを、第三者に提供する場合には、あらかじめ、第三者に提供される匿名加工情報に含まれる個人に関する情報の項目及びその提供の方法について公表するとともに、当該第三者に対して、当該提供に係る情報が匿名加工情報である旨を明示しなければならないとされています（同条4項）。

そして、個人情報取扱事業者は、匿名加工情報を作成して自ら当該匿名加工情報を取り扱うに当たっては、当該匿名加工情報の作成に用いられた個人情報に係る本人を識別するために、当該匿名加工情報を他の情報と照合してはなりません（同条5項）。また、作成した当該匿名加工情報の安全管理のために必要かつ適切な措置、当該匿名加工情報の作成その他の取扱いに関する苦情の処理その他の当該匿名加工情報の適正な取扱いを確保するために必要な措置を自ら講じ、かつ、当該措置の内容を公表するよう努めなければならないとされています（同条6項）。

⑷　匿名加工情報取扱事業者

「匿名加工情報取扱事業者」とは、匿名加工情報データベース等を事業の用に供している者（の中で、国の機関、地方公共団体及び一定の独立行政法人を除いた者）をいいます（個人情報保護法２条10項）。

これらの者は個人情報取扱事業者に該当することが多いと思われますが、（単に提供を受けた場合等）絶対ではないため、別な概念として規定されたものです。

匿名加工情報取扱事業者が、匿名加工情報データベース等を事業の用に供する場合には、①第三者提供する際の、情報の項目及び提供方法についての公表、及び、提供先に当該情報が匿名加工情報である旨の明示義務（個人情報保護法37条）、②利用の際の、元の個人情報に係る本人を識別する目的での加工方法等の情報の取得、又は、他の情報との照合の禁止（同法38条）、③匿名加工情報の適正な取扱いを確保するための安全管理措置、苦情の処理などの措置の設置、及びその内容の公表（同法39条）の努力義務が定められています。

（荒木　哲郎）

Q10 GDPRの概要

EUにおける個人情報に関する新しい規律であるGDPRについて教えてください。また、従来の規律であるEUデータ保護指令と比較し、どのような点が変更されたのでしょうか。

A

GDPR（General Data Protection Regulation：EU一般データ保護規則）とは、EU加盟国内における個人データの処理と関連する権利及び自由の保護のレベルを定める規則（Regulation）であり、EU加盟国において2018年5月25日に施行されました。従前の規律であるEUデータ保護指令に対して、EU加盟国の共通の法規則として適用されること、個人データを収集、処理する事業者に対して、より厳格かつ強化された義務が課されていること、罰則が大幅に強化されたことなどが特徴です。

1　GDPR以前のEUでの個人データ保護の枠組み

EUでは、従前、個人情報の保護に関して、EUデータ保護指令（「個人データ処理に係る個人の保護及び当該データの自由な移動に関する1995年10月24日のEU議会及び理事会の95／46／EC指令」）が定められていました。しかし、加盟国の国内法制化を経ない限り直接効力が生じない「指令(Directive)」の形式であったため、GDPR施行以前は、EU加盟各国において社会的・文化的・歴史的背景を踏まえた国内法を立法して対応していました。この結果、各国の個人情報保護のルールは、大枠では共通しているものの細部では差異が存在し、EU域内の複数国にまたがってビジネスを展開する事業者にとっては、データの収集と利用に際して各国のルールを全て参照する必要が生じるなど、負担となっていました。

2　GDPRの施行

こうした状況を踏まえ、2012年、欧州委員会でEU加盟国内における新しい個人情報保護の枠組みであるGDPRが立案され、2016年4月にEU議会等で採択され、2018年5月25日に施行されました。GDPRの前文には、「個人データ保護の権利のレベルに相違があることは、EU全域での個人データの支障のない移転の妨げとなり得る」との認識の下（前文9項)、「そのデータの処理と関連する自然人の権利及び自由の保護のレベルは、全ての構成国において均等であるべきである」（同10項）ことがうたわれ、個人データの保護に関してEU域内での統一したルールを適用することが強調されています。

3　従前のデータ保護指令との比較

このGDPRは、従前のデータ保護指令に比較した場合、⑴加盟各国での法規制を経て効力を生じる「指令（Directive)」から、全てのEU加盟国において直接効力を生じる「規則（Regulation)」として制定されたこと、⑵従前の個人データを収集、処理する事業者に対して、より厳格かつ強化された義務が課されるなど従来の規定が強化されたこと、⑶忘れられる権利などの新たな権利を規定したこと、⑷罰則が大幅に強化されたことなどの特徴を有しています。

⑴　「規則」としての制定

GDPRは、規則（Regulation）であり、それ自体で、EU加盟国における国内法的な対応を待たずに一律に効力を持ちます。

ただし、各加盟国の主権が密接に関わる分野において、それぞれ各国内法で定める分野での例外も許容されています。具体的には、23条（制限）は、国家安全、国防、公安、法執行などに対する必要かつ比例した措置であることを条件に、情報及び個人データへのアクセス権その他（厳密には、12条から22条、34条、5条）について、加盟国の国内法による制限を認めています。また、児童のインターネット利用に関する未成年の適用年齢（8条1項）、ヘルスケアデータの取扱い（9条4項）等についても加盟国での裁量権限が認められています。

⑵　従前の規定の強化

保護が強化された点のうち、透明性の原則／説明責任、プライバシーインパクト評価、データ保護オフィサー、データ侵害通知に関する規定などについて特に留意する必要があります。

①　透明性の原則／説明責任

個人データの取扱い原則について、5条1項（a）は、「データ主体との関係において、適法、公正かつ透明性のある手段で取り扱われなければならない。（適法性、公正性及び透明性の原則）」と規定し、従来の原則に比して、透明性の原則が強くうたわれている点が注目されます。EUデータ保護指令では、データは「公正かつ適法に」「処理」されなくてはならないと定められ、この解釈として、各国法で、「データが取得される方法について、取得される本人が、データ処理の目的について欺罔を受けたり、誤解させられたりすることがない」ようにと対応されていました。これに対し、GDPR第3章第1節では、「透明性及び手続」のタイトルの下、データ主体への情報が提供された上での同意に関して、十分な情報が提供されること、データ主体のアクセス権の通知を提供するための適切な手段をとらなければならないこと、標準化された図形記号を組み合わせて提供されてもよいこと（デザインの活用）、などが定められています。さらに、事後的に検証可能な方法でなされなければならないとされ（アカウンタビリティの原則）、実務上の具体的な対応が求められています。

②　データ保護影響評価

データ保護影響評価とは、プロジェクトのプライバシーリスクを特定し、削減するために使用できるツールであり、データ保護バイデザインのアプローチを取るのに不可欠な部分であるとされます。EUデータ保護指令の下でも、個人データの取扱いにつき、適切性、妥当性及び過度の収集でないことが求められており、取扱いによってどの程度のリスクが生じ得るかが前提にリスクが評価されていましたが、GDPRでは、そのリスク評価を義務として明確に規定しました（35条1項[8)]）。

③　データ保護オフィサー

EUデータ保護指令では、個人データの取扱いのセキュリティ的側面について、「適切な技術的及び組織的措置を取らなければならない」（同17条1項）と規定し、最高責任者を指名して適切な体制を構築することを求めていました。GDPRは、かかる組織的措置をデータ保護の取扱い全般に拡大し、管理者及び処理者に対し、一定の場合に、データ保護オフィサーの指名を義務付けました（37条1項）。データ保護オフィサーは、データ保護法及び慣例に関する専門知識を有し、管理者又は取扱者及びその従業員に対する監督、監査等の業務（39条）を行います。

データ保護オフィサーの指名が必要となる場合は、公的機関におけるデータ処理などの場合、データの取扱いの中心的業務が、大規模かつデータ主体の定期的かつ系統的な監視を必要とする作業である場合などであり[9)]、現在、ヨーロッパでは、データ保護法の専門家に対する人材に対する需要が極めて高まっているといわれています。

④　データ侵害通知

従前、EU域内では、電子プライバシー指令等の改正指令によって、公共の電気通信プロバイダーに対して、個人データの漏えいの際の通知義務が定められていました。また、EU域内の多くの国では、国内法で、各国の監督機関・データ主体等への通知が義務付けられていました。

GDPRでは、この通知義務について、新たに、一般的なデータ管理

---

8)　特に新たな技術を用いるなどのある種の取扱いが、その性質、範囲、文脈及び取扱いの目的を考慮して、自然人の権利や自由に高リスクを生じさせる可能性がある場合、管理者は、取扱いの前に、予定された取扱い作業の個人データ保護への影響評価を実施しなければならない。独立した評価は同様の高リスクを示す同様の取扱い作業の集合で用いることができる。

9)　さらに、どのような場合がこれに当たるかについては、ガイドラインが出ています。
“Guidelines on Data Protection Officers (‘DPOs’)”
（http://ec.europa.eu/newsroom/document.cfm?doc_id=44100）

者の義務として定められました。33条は、「個人データの侵害が発生した場合、管理者は、不当な遅滞なしに、可能であれば、侵害に気が付いてから72時間以内に、…管轄監督機関に通知しなければならない」と定め、同34条は、データ主体への通知を義務付けています。ここでいうデータ侵害とは、「個人データに対する偶発的又は違法な破壊、滅失、変更、許可されていない開示又はアクセスをもたらすセキュリティ侵害」をいい（4条（12））、わが国でいわれる個人情報漏えいに概ね該当します。

⑶　新たな権利の規定

①　消去の権利（忘れられる権利）（17条）

GDPRでは、「データ主体は当該データ主体に関する個人データについて管理者に不当に遅滞することなく消去させる権利を持つものとする。」（17条1項）として、新しい権利としての消去の権利（忘れられる権利）が規定されました。データ取扱いの管理者は、当該個人データがもはや必要ない場合、データ主体が同意を撤回した場合、データ主体が不服を申し立てた場合、個人データが不法に取り扱われた場合などに、当該個人データを消去する義務を負うとされました。

②　データポータビリティの権利（20条）

データポータビリティの権利は、「データ主体は、当該データ主体が管理者に提供した当該データ主体に関する個人データについて、構造化され、一般的に利用され機械可読性のある形式で受け取る権利があり、当該データを、個人データが提供された管理者の妨害なしに、他の管理者に移行する権利がある。」（20条）としてGDPRで新たに定められた権利です。例えば、個人がSNSに集積したデータを他のSNSに移行することが利用者の権利であるとするものなどです。ただし、この権利は、データ主体が、個人データの取扱いについて、特定の目的のために自己の個人データの取扱いに同意を与えた場合や取扱いが自動化された手法で実行されている場合等に限定されています。

⑷　罰則の強化

GDPR 違反の制裁金は、その違反類型に応じて、①最大 1,000 万ユーロ、若しくは事業である場合、前会計年度の全世界年間売上高の 2% までの、どちらか高い方（83 条 4 項）、又は、②最大 2,000 万ユーロ、若しくは事業である場合、前会計年度の全世界年間売上高の 4% までの、どちらか高い方（83 条 5 項）とされ、極めて高額であるので、日本企業にも多大な影響があります。

（高橋　郁夫）

Q11 GDPRの日本企業への影響

GDPRはどのような事業を行う日本企業に影響がありますか。また、GDPRのどのような規定が、日本企業に影響しますか。

A

EU域内に子会社、支店、営業所等の拠点を有している日本企業には、GDPRの適用があります。また、EU域内に拠点を有していない場合でも、EU域内に所在するデータ主体に対する個人データを取扱う場合には、一定の場合にGDPRの適用があります。GDPRの適用を受ける日本企業にとって特に影響度が大きい規定は、アカウンタビリティの原則、同意の取得、消去の権利、データポータビリティの権利、管理者及び取扱者の責任、越境データ移転、高額な制裁金等があげられます。

1　GDPRの地理的適用範囲

GDPRは、その保護の対象について、EU域内（正確には、EU加盟国28か国にアイスランド、リヒテンシュタイン、ノルウェーのEEA加盟3か国[10)]を加えた31か国）の「管理者（controller）」又は「処理者（processor）」の「拠点（establishment）」の活動に関連してなされる「個人データ（personal data）」の処理と規定しています（3条1項）。また、GDPRの前文では、「EU域内に設けられた管理者または処理者の事業所の活動の過程における個人データの処理は、その処理それ自体がEU域内でなされたか否かに拘わらず、この規則にしたがって行われなければならない」としてい

10)　この3か国においては、EEA条約によりGDPRの国内法化が義務付けられ、この手続はすでに行われていることから、GDPRの地理的適用範囲は正確にはEEA域内となる。しかし、本書では、GDPRの条項の記載に合わせて「EU域内」と記載する。

ます（前文22項）。したがって、EU域内に拠点を有する場合には、この拠点の活動に関連してなされる個人データの処理についてGDPRが適用されます。

また、EU域内に拠点を有しない場合でも、EU域内に所在するデータ主体に対する個人データを取り扱う場合には、一定の場合にGDPRの適用がある旨が定められています（域外適用ルール）。

2　日本企業に対する適用

(1)　日本企業に適用される場合

日本企業がEU域内に拠点を有する場合、具体的には、EU域内に子会社、支店、営業所などの事業活動の拠点を有している場合にはGDPRが適用され、この場合、域内の子会社、支店、営業所、それ自体への適用の問題と、それらの子会社等を有する日本企業への適用の双方が問題となり得ます。

また、日本企業がEU域内に拠点を有しない場合であっても、例えば、日本から域内に商品やサービスを提供している企業、データセンター事業者やクラウドベンダーのように、域内企業から個人データの処理を受託している企業について、GDPRの適用が問題となり得ます。

(2)　EU域内の子会社、支店、営業所それ自体への適用の問題

日本企業が、EU域内に子会社、支店、営業所等の拠点を有する場合、これらの拠点自体についてGDPRの適用を受けることになります。特に注意すべき問題は、データ保護オフィサーの雇用の必要性です。公的機関におけるデータ処理などの場合、データの取扱いの中心的業務が、大規模かつデータ主体の定期的かつ系統的な監視を必要とする作業である場合などには、データ保護オフィサーを雇用する必要が生じます。データ保護オフィサーの制度とそのガイドラインについては**Q10**を参照してください。

⑶ EU域内に所在するデータ主体に関連するデータの処理をする場合—

EU域内に子会社等の拠点を有しない場合であっても、日本企業が、EU在住のデータ主体の個人データの取扱いを行う場合には、一定の場合にGDPRの適用を受けることになります。この適用される場合についてはGDPR 3条2項において、以下のとおり定められています（域外適用ルール）。

> 第3条　地理的適用範囲
>
> 2．本規則は、EU域内に拠点のない管理者又は取扱者によるEU在住のデータ主体の個人データの取扱いに適用される。ただし、取扱い活動が次に掲げる項目に関連しているものに限られる。
>
> (a)　EU在住のデータ主体に対する商品又はサービスの提供に関する取扱い。この場合、データ主体に支払が要求されるか否かについては問わない。
>
> (b)　EU域内で行われるデータ主体の行動の監視に関する取扱い。

したがって、日本企業が、EU域内に拠点を有するか否かにかかわらず、EU在住のデータ主体の個人データの取扱いを行おうとする場合には、GDPRの適用を検討する必要があります。

具体的には、全世界の人事情報をクラウドで管理している日本企業、EU域内に拠点はなくとも、例えばEUの域内所在者に向けてアクセスできるECサイトや宿泊サイト等を開設し、住所、氏名、パスポート番号やクレジットカード番号等の個人情報を、当該サイトを通じて登録できるサイトを持つ等、EU域内所在の個人にサービスを提供している日本企業等への影響が考えられます。

他方、例えば、EU在住の人が偶然に日本語のサイトを見て旅館を訪問したような場合には適用されないと考えられます。これは、上記3条2項に関するGDPR前文23項が、「管理者または取扱者がEU内のデータ主体に対して物品または役務を提供しているか否かを判断するために、その管理者または処理者がEU内の1または複数の構成国内のデータ主体に対して役務を提供しようとする意思が明確かどうかを確認しなければならない。管理者、取扱者、媒体がEUからアクセスできる（電子メールアドレス／連絡先も同様）のみでは、そのような意思を確認するのには十分ではない」と規定していることによるものです。これに対して、EUからの旅行者に対して英語やEUの構成国の言語により、ウェブページによる広告を掲載しているような場合には、適用されるものと考えられます。

EU域内に拠点のない日本企業が3条2項によってGDPRが適用される場合、EU域内に代理人を設置し、書面で明示することが求められます（27条1項）。ただし、9条1項又は10項で定める重要な個人データを大規模に含まず、自然人の権利又は自由に対するリスクが生じそうにない、散発的になされる取扱いの場合には、適用されません（27条2項）。

3　日本企業にとって影響度が高いと思われるGDPRの規定

日本企業にGDPRが適用される場合、日本企業への影響度が高い規定にはどのようなものがあるのでしょうか。GDPRの諸原則、データ主体の権利、管理者及び取扱者の責任、データ侵害通知、越境データ移転、及び処罰額の観点から整理すると以下のとおりとなります。

(1)　GDPRの諸原則

GDPRでは、個人データの取扱いの原則として、①適法性、公正性及び透明性の原則、②目的の限定の原則、③データの最小化の原則、④正確性の原則、⑤保存の制限の原則、⑥完全性及び機密性の原則、が定められています（5条1項）。

また、管理者が上記各原則上の義務を負い、その遵守を証明可能とする、アカウンタビリティの原則が追加されています（5条2項）。

日本企業への影響の観点からは、各義務の遵守を証明可能とする、アカウンタビリティの原則をどう遵守するかが重要であり、この点に関しては「2016／679規則のもとでの透明性についてのガイドライン」（WP260）というガイドラインが発行されています[11)]。

加えて、個人データの適法な処理には、6条1項各号の少なくとも一つに該当しなければならないものとする、適法な取扱い（Lawfulness of Processing）にも留意が必要です。とりわけ、「データ主体が、一つ又は複数の特定の目的のために自己の個人データの取扱いに同意を与えた場合」に関しては、その同意について「2016／679規則のもとでの同意についてのガイドライン」が発行されており[12)]、日本企業への影響は大きいと思われます。

⑵　データ主体の権利

データ主体である個人の権利については、データ主体の権利行使のための透明性のある情報、通知及び手続（12条）、情報及び個人データへのアクセス権（13条～15条）、訂正の権利（16条）、消去の権利（忘れられる権利）（17条）、取扱い制限の権利（18条）、データポータビリティの権利（20条）、異議を唱える権利（21条）、プロファイリングを含む自動化された個人意思決定（22条）[13)]が定められています。

データ主体の権利の基盤をなす透明性に関しては上記の透明性についてのガイドライン（WP260）[11)]が存在し、また、消去の権利（忘れられる権利）への対応についてのガイドライン[14)]、実務的な対策が必要な日本企業も多

11)　Guidelines on transparency under Regulation 2016/679：WP260
（http://ec.europa.eu/newsroom/just/document.cfm?doc_id=48850）

12)　Guidelines on Consent under Regulation 2016/679：WP259　2017年11月28日に採択
（http://ec.europa.eu/newsroom/just/document.cfm?doc_id=48849）

13)　プロファイリングを含む自動化された個人意思決定のガイドライン（Guidelines on Automated individual decision-making and Profiling for the purposes of Regulation 2016/679：WP251　2017年10月3日に採択）にも留意
（http://ec.europa.eu/newsroom/just/document.cfm?doc_id=47963）

14)　グーグルスペイン事件についての欧州司法裁判所判決に関するガイドライン（Guidelines on the implementationof the court of justice of the European Union Judgment on "Google Spain and Inc v.Agencia Espanola de Pproteccion de Datos (AEPD) and Mario Costeja Gonzalez" C-131/12）：WP225
（http://ec.europa.eu/justice/article-29/documentation/opinion-recommendation/files/2014/wp225_en.pdf）

いと思われるデータポータビリティの権利についてのガイドライン[15]なども公表されており、日本企業への影響が大きいものと思われます。

⑶　管理者及び取扱者の責任

管理者及び取扱者の責任に関しては、一般的義務について個別の定めがなされています（24条～31条）。また、個人データの安全管理、保護評価、データ保護オフィサー、行動規範及び認証（32条～43条）なども定められています。このうち、日本企業への影響が大きい規定は以下のとおりです。

①　取扱活動の記録（30条）

管理者は、GDPRに定められた項目に次いで、管理下にあるデータの取扱活動の記録を管理しなければならないとする規定です。

②　データ保護バイデザイン及びデータ保護バイデフォルト（25条）

データ保護バイデザイン[16]及びデータ保護バイデフォルト[17]の原則に適合する措置を講じ、かつ、管理者に内部的な方針策定を求め、GDPR

---

15)　データポータビリティの権利に関するガイドライン（Guidelines on the right to "data portability"（WP242rev.01））
（http://ec.europa.eu/newsroom/document.cfm?doc_id=44099）
個人情報保護委員会における仮日本語訳は、「データポータビリティの権利に関するガイドライン」（https://www.ppc.go.jp/files/pdf/dataportability_guideline.pdf）

16)　管理者は、到達水準、実施の管理費用、取扱いの性質、範囲、文脈及び目的、並びに取扱いによって引き起こされる自然人の権利及び自由に関するリスクの様々な可能性及び重大性を考慮し、管理者は、本規則の要件に合致させるため及びデータ主体の権利を保護するため、取扱いの手法を決定する時点及び取扱い時点の両時点において、適切な技術的及び組織的対策（例えば仮名化）を実施しなければならず、データ保護の原則（例えばデータ最小化）を効果的な方法で履行すること及び必要な保護措置を取扱いと統合することが意図された対策がとられるものとする（25条1項）。つまり、管理者は、取扱いの手法の当初から、仮名化等の技術的及び組織的対策等のデータ保護措置を実施しなければならないとする原則。

17)　管理者は、デフォルトで各具体的取扱いの目的に必要な個人データのみが取り扱われることを保証するための適切な技術的及び組織的対策を実施しなければならない。当該義務は収集された個人データの量、取扱いの範囲、保存期間及びアクセス可能性に適用される。特に当該対策は個人データが個人の介在なしに不特定多数の自然人にアクセスされないことをデフォルトで確かなものにしなければならない（25条2項）。つまり、管理者が、適切に個人データが保護されるように初期設定をしなければならないとする原則。

遵守の立証を可能とすることを求める規定です。

③　データ保護影響評価（35条）

新たな技術を用いるなどある種の取扱いが、自然人の権利や自由に高いリスクを生じさせる可能性がある場合には、管理者はデータ保護影響評価（35条及びガイドライン[18)]）を行うことが求められる規定です。

④　データ保護オフィサー（37〜39条）

一定の場合にはその選任が求められる点で、日本企業に大きな負担と考えられる、データ保護オフィサーの規定です。これについては、「データ保護オフィサーガイドライン」[19)]が公表されています。

⑤　その他

主として中小零細事業者による行動規範の策定と遵守を求める行動規範と認証（40条〜43条）、個人データ侵害のあったことを管理者が認識してから72時間以内に監督機関に通知することが求められる個人データ侵害の監督機関及び個人への通知義務（33条）、及び、個人データ侵害の個人への通知義務（34条）も、その通知方法等に関する詳細なガイドライン[20)]と相まって日本企業にとっての影響が大きいといえるでしょう。

---

18)　データ保護影響評価（DPIA）及び取扱いが2016／679規則の適用上、「高いリスクをもたらすことが予想される」か否かの判断に関するガイドライン（Guidelines on Data Protection Impact Assessment (DPIA) and determining whether processing is "likely to result in a high risk" for the purposes of Regulation 2016/679：WP248 2017年4月4日採択）
（http://ec.europa.eu/newsroom/document.cfm?doc_id=44137）
個人情報保護委員会における仮日本語訳は、「データ保護影響評価（DPIA）及び取扱いが2016／679規則の適用上、『高いリスクをもたらすことが予想される』か否かの判断に関するガイドライン」（https://www.ppc.go.jp/files/pdf/dpia_guideline.pdf）

19)　Guidelines on Data Protection Officers ('DPOs')：WP 243 rev.01　2017年4月5日採択
（http://ec.europa.eu/newsroom/document.cfm?doc_id=44100）
個人情報保護委員会における仮日本語訳は、「データ保護オフィサー（DPO）に関するガイドライン」（https://www.ppc.go.jp/files/pdf/dpo_guideline.pdf）。

20)　2016／679規則のもとでの個人データ侵害通知についてのガイドライン Guidelines on Personal data breach notification under Regulation 2016/679：WP250
（http://ec.europa.eu/newsroom/document.cfm?doc_id=47741）

⑷　越境データ移転

日本企業の多くは、EU 域内から日本や EU 域外へ個人データを移転して活用しようとする場合が多いと思われ、日本企業への影響は非常に大きいと考えられます。この越境データ移転の問題は **Q12** で詳述します。

⑸　制裁金

GDPR は、違反に対して、極めて高額の制裁金を定めています。その違反類型に応じて、①最大 1,000 万ユーロ、若しくは事業である場合、前会計年度の全世界年間売上高の２％までの、どちらか高い方（83 条４項）、又は、②最大 2,000 万ユーロ、若しくは事業である場合、前会計年度の全世界年間売上高の４％までの、どちらか高い方（83 条５項）と定めており、日本企業には多大な影響があります。この点に関しては「規則における制裁金の適用及び設定に関するガイドライン」[21]が公表されています。

これらをまとめた表は、以下のとおりです[22]。

テーマ	条項等	影響度	EU データ保護評議会（もと 29 条作業部会）
諸原則	個人の権利／個人データの移転禁止が原則から削除（６原則に）		
	アカウンタビリティの原則	高	WP260
	適法な取扱い		
	同意	高	WP259
データ主体の権利	データ主体の権利行使のための透明性のある情報、通知及び手続		WP260
	情報及び個人データへのアクセス権		
	訂正の権利		

21)　Guidelines on the application and setting of administrative fines for the purposes of the Regulation 2016/679：WP253
（http://ec.europa.eu/newsroom/just/document.cfm?doc_id=47889）
個人情報保護委員会における仮日本語訳は、「規則における制裁金の適用及び設定に関するガイドライン」（https://www.ppc.go.jp/files/pdf/seisaikin_guideline.pdf）

22)　なお、29 条作業部会のリンクは、http://ec.europa.eu/newsroom/article29/news.cfm?item_type=1360。

	消去の権利（忘れられる権利）	高	
	取扱い制限の権利		
	データポータビリティの権利	高	WP242 rev.01
	異議を唱える権利		
	プロファイリングを含む自動化された個人意思決定		WP251
管理者及び取扱者の責任	管理者の責任		
	取扱いの記録	高	
	データ保護バイデザイン	高	
	データ保護影響評価	高	WP248
	データ保護オフィサー	高	WP243
	行動規範と認証メカニズム	高	
	個人データ侵害についての監督当局及び個人への通知	高	WP250
越境データ移転	移転の概念	高	
	十分性の概念	高	WP254、256、257
	適切な保護措置に基づく場合	高	
制裁金の大きさ	制裁金の一般条件		WP253

（高橋　郁夫／野村　大吾）

Q12 GDPRと越境データ移転

GDPRで禁止される越境データ移転とはどのようなもので、違反した場合には、どのような制裁がなされる可能性があるのでしょうか。また、どのような場合に越境データ移転が可能となりますか。日本の個人情報保護法での規制と比較してどのような点が異なりますか。

A

GDPRは、EU域外に対して個人データを閲覧可能にするためのあらゆる行為を越境データ移転として原則的に禁止する一方で、①十分性決定がある場合、②適切な保護措置がされている場合、③一定の例外事由に該当する場合の三段階で、越境データ移転の枠組みを定めています。越境データ移転規制に違反した場合、2,000万ユーロ若しくは前会計年度の全世界年間売上高の4%のいずれか高い方を上限とする、極めて高額な制裁金を科される可能性があります。

日本の個人情報保護法も個人データの外国への提供を原則的に禁止しており、①日本と同等水準と認められる個人情報保護制度を有する外国として個人情報保護委員会が認める国にある第三者に提供する場合、②外国にある第三者が、個人データの取扱いについて個人情報取扱事業者が講ずべきこととされている措置に相当する措置を継続的に講ずるために必要な基準に適合する体制を整備している場合、③あらかじめ外国にある第三者への提供を認める旨の本人の同意を得ている場合にのみ許容されます。

1　越境データ移転とは

GDPRは、EU域内からEU域外への個人データの移転やそこからのさらなる移転は、国際取引及び国際協力を拡大するために必要なものとしています。一方で、データの移転によりGDPRにより確保される自然人の保護のレベルを低下させてはいけないとし、第三国や国際機関への個人データの移転は、GDPRを完全に順守する場合においてのみ、これを行うことができるとしています（前文101）。

なお、GDPR上、「移転」の定義はなく、一般には、越境データ移転とは、EU（正確にはEEA[23]）域外に対して、個人データを「伝達する（convey）」ことをいうとされますが、どのような場合に「移転」に該当するかは、解釈問題が生じていることに注意が必要です。例えば、個人データの転送においてEU域内を単に通過するのみの場合、第三国からのアクセス等がなされることなく単にEU域内のサーバにアップロードされたにすぎない場合には、移転とはされないと考えられています。

2 第三国等への移転の原則禁止と例外規定

(1) 越境移転規制の枠組み

GDPR 45条は、1項で、以下のとおり規定し、欧州委員会において十分なレベルの保護を確保していると決定されていない第三国に対する個人データの移転の原則的禁止を規定しています。

> 第45条第1項
> 第三国又は国際機関への個人データの移転は、当該第三国、第三国域内の領域若しくは一つ若しくは複数の特定された部門、又は国際機関が保護に関して十分なレベルを保証していると欧州委員会が決定した場合に行うことができる。この移転は、いかなる個別的許可も要しない。

一方で、46条は、十分性決定がされていない第三国への移転について、以下のとおり規定し、適切な保護措置に従った移転に限り許容される旨を規定しています。

23) EU構成国の全て、及びアイスランド、リヒテンシュタイン及びノルウェーを指します（https://ec.europa.eu/info/strategy/justice-and-fundamental-rights/data-protection/data-transfers-outside-eu/rules-international-transfers-personal-data_en）。

第46条第1項
　第45条第3項による決定がない場合は、管理者又は取扱者が適切な保護措置を提供しており、執行力あるデータ主体の権利及びデータ主体に関する効果的な法的救済が利用可能な状態である場合に限り、管理者又は取扱者は第三国又は国際機関に個人データを移転することができる。
第2項
　第1項で定める適切な保護措置は、監督機関からの特定の認可を必要とせず、次に掲げるものによって講じられてもよい。
（略）
(b)　第47条に従った拘束的企業準則。
(c)　第93条第2項で定める審査手続に従って欧州委員会によって採択された標準データ保護条項。
（略）

さらに、49条は、以下のとおり、十分性決定がない場合、適切な保護措置がなされていない場合であっても、一定の要件を充足する場合には、例外的にデータの移転が許容される場合を定めています。

第49条第1項
　第45条第3項に準拠した十分性の決定がない場合、又は第46条による適切な安全対策（拘束的企業準則を含む）がない場合、第三国又は国際機関への個人データの移転又は個人データ移転の集合は、次に掲げるいずれかを満たしている場合においてのみ、行われるものとする。
（以下略）

以上のとおり、GDPRは、①十分性決定がある場合、②適切な保護措置がされている場合、③一定の例外事由に該当する場合の三段階で、越境データ移転の枠組みを定めているといえます。

⑵　十分性決定（Adequacy Decision）があった場合

十分性決定があった場合は、欧州委員会が、当該第三国、第三国域内の領域又は国際機関等は個人データの保護に関して十分なレベルを保証していると決定した場合（45条1項）[24]が挙げられます。この場合、個別的な許可なくして越境データ移転を行うことが可能です。そこで、日本に対して十分性決定がされるかが大きな問題となり、日本における個人情報保護法改正の目的の一つもこの点にありました。

この点、2017年12月8日に最終合意した「日EU経済連携協定(EPA)」を踏まえて、12月14日に、個人情報保護委員会熊澤委員と欧州委員会ヨウロバー委員との間で日EU間の個人データ移転について会談が行われ、双方の制度間の関連する相違点に対処するための、法令改正を行わない形での解決策について確認するとともに、今後、その詳細について作業すること、また、2018年前半に、最終合意することを想定し、委員レベルで会談をもつことで一致したとの、共同プレスステートメント[25]が発出されました。これを受けて、個人情報保護委員会は、「個人情報の保護に関する法律についてのガイドライン（EU域内から十分性認定により移転を受けた個人データの取扱い編）」を定め、十分性認定を受けるべく準備を行い、2018年7月17日には、日本とEU間の相互の円滑な個人データ移転を図る枠組み構築に係る最終合意がなされた旨の共同発表が、個人情報保護委員会と欧州委員会との間でなされました。

同発表では、同年の秋までに当該個人データ移転の枠組みを運用可能と

---

24)　この点に関するガイドラインとしては、2018年2月1日現在、以下のガイドラインが発行されている。
　Adequacy Referential (updated)：WP254　2017年11月28日採択
　(http://ec.europa.eu/newsroom/just/document.cfm?doc_id=48827)
　Working Document setting up a table with the elements and principles to be found in Binding Corporate Rules：WP256　2017年11月29日採択
　(http://ec.europa.eu/newsroom/just/document.cfm?doc_id=48798)
　Working Document setting up a table with the elements and principles to be found in Processor Binding Corporate Rules：WP257　2017年11月29日採択
　(http://ec.europa.eu/newsroom/just/document.cfm?doc_id=48799)

25)　https://www.ppc.go.jp/files/pdf/291215_pressstatement.pdf

するために、日本とEUの双方で必要な国内手続を完了させることが約束されたことが示され、今後の日本国内の手続として、個人情報保護法24条に基づくEU指定に係る手続として告示の制定等を行い、欧州委員会による日本への十分性認定の発効に併せて手続を進めるとしています[26)]。また、この間、平成30年2月9日個人情報保護委員会において「EU域内から十分性認定により移転を受けた個人データの取扱いに関するガイドラインの方向性について」（https://www.ppc.go.jp/files/pdf/300209_siryou1.pdf）が示され、「個人情報の保護に関する法律についてのガイドライン（EU域内から十分性認定により移転を受けた個人データの取扱い編）（案）」に関する意見募集が行われました（http://search.e-gov.go.jp/servlet/Public?CLASSNAME=PCMMSTDETAIL&id=240000050&Mode=0）。

なお、日本が十分性決定を受けた場合であっても、当該日本企業が日本以外の十分性決定を受けていない国でも事業を展開しており、当該第三国へのデータ移転が必要な場合には、GDPRへの対応が必要となります。国際企業が、将来にわたって日本とEUのみでしか事業を展開せず個人データも移転、利用しないことは考えにくいことから、十分性決定を受けられるか否かに関係なく対応は必要となってくると言えるでしょう。

⑶　適切な保護措置（Appropriate Safeguards）のある場合

十分性決定がない場合でも、管理者又は取扱者が適切な保護措置を提供しており、執行力あるデータ主体の権利及びデータ主体に関する効果的な法的救済が利用可能な状態である場合は移転可能とされています（46条1項）。

これは、個人データの管理者である企業、組織等が、①EU（欧州委員会）により承認されたモデル契約（Model Contract Terms）を利用する場合、②拘束的企業準則（binding corporate rules for international transfers）を定め、データ保護機関に申請して承認を得た場合、③セーフハーバーに

26)　「日EU間の相互の円滑な個人データ移転を図る枠組み構築に係る最終合意」（https://www.ppc.go.jp/news/press/2018/20180717/）

参加し、セーフハーバー原則による場合等においては、第三国への個人データの移転が可能となるとされていたEUデータ保護指令下での従前の枠組みが維持されたものです。

そこで、適切な保護措置による対応としては、当面の間、1995年に採択されたEUデータ保護指令（Data Protection Directive 95）の下のひな型である標準契約条項（Standard Contractual Clauses：SCC）による対応で足りるとされています（46条5項）。具体的には、GDPR施行後、標準データ保護条項（Standard Data Protection Clause：SDPC）が欧州委員会により採択され（46条2項（d））、SCCが欧州委員会の決定によって差し替え、廃止となるまでは、SCCが適切な保護措置として有効とされています。

また、適切な保護措置による対応として、拘束的企業準則（Binding Corporate Rules：BCR）、すなわち、多国籍企業内でのデータ流通を認める拘束的企業準則を申請し、監督機関の許可を得ることでの対応も可能です（46条2項（b））。このBCRを利用する場合、管理者は同準則に準拠したルールを文書化して、監督機関から認可を得ることとなります。このプロセスには一定の時間と費用が必要とはなりますが、認可が得られれば、事業グループ内での地域を超えた個人情報の移動が、ルールに従った範囲で可能となります。

(4) 一定の例外事由に該当する場合

十分性決定（45条）、又は適切な保護措置（46条）がない場合でも、一定の例外事由（49条）に該当すれば、移転は可能です。

例えば、①十分性の決定がないこと等によって、データ主体に関する当該移転から生じ得るリスクについての情報が提供された後、データ主体がその提案された移転に明示的に同意した場合（49条1項（a））、②データ主体と管理者との間における契約の履行のため移転が必要な場合（同（b））、公共の利益のため移転が必要な場合（同（d））、法的主張時の権利の行使等に移転が必要な場合（同（e））等があげられます。

3　GDPR 違反に対する制裁とその対策

GDPR に違反した場合、その違反規定の種別に応じて、以下の２種別の制裁金を科される可能性があり、このうち、越境データ違反はより金額の高い②に該当します。

①　1,000 万ユーロ以下若しくは前会計年度の全世界年間売上高の２%までのいずれか高い方を上限とする制裁金（83 条４項）

②　2,000 万ユーロ若しくは前会計年度の全世界年間売上高の４%までのいずれか高い方を上限とする制裁金（83 条５項）。

それでは、GDPR 違反があった場合、制裁金の回避や、制裁金額の抑制を目的として、どのような点に留意すればよいのでしょうか。

83 条２項は、各監督機関が制裁金を科すか否かの決定の際、及び個別案件において支払われるべき制裁金額の決定に際して、(a) 違反の性質、重大さ及び期間、(b) 違反の故意又は過失、(c) 損害を軽減するために管理者又は取扱者がとった行動、(d) 管理者及び取扱者の責任の程度、(e) 管理者又は取扱者による関連する以前の違反、(f) 違反の是正等のための監督機関との協力の程度、(g) 違反によって影響を受ける個人データの種類、(h) 監督機関への違反通知措置、(i) 事案の状況に適用される悪化又は軽減要素等の事項を考慮するものと規定しており（83 条２項）、ガイドライン[27]が存在します。

このように、制裁金は、違反それ自体の程度、性質のみならず、違反が発生した後の対応（監督機関への通知、協力）や、違反前の管理体制等も考慮した上で科されるものとされています。違反があった場合にも、日頃より GDPR の遵守体制を整えるほか、違反があった場合にもその損害を最小限に食い止め、監督機関にも協力する姿勢を示すことにより、制裁の回避や、制裁金額の抑制が可能となる余地があります。

---

27)　Guidelines on the application and setting of administrative fines for the purposes of the Regulation 2016/679：WP253
http://ec.europa.eu/newsroom/just/document.cfm?doc_id=47889

4　日本の個人情報保護法上の規定

平成27年改正の個人情報保護法24条は、日本から外国への個人データの移転に関する規定を定めています。同条は、個人情報取扱事業者が、外国にある第三者に個人データを提供する場合には、以下のいずれかに該当する必要がある旨を規定しています。

① わが国と同等水準と認められる個人情報保護制度を有する外国として個人情報保護委員会が認める国にある第三者に提供する場合

② 外国にある第三者が、個人データの取扱いについて個人情報取扱事業者が講ずべきこととされている措置に相当する措置を継続的に講ずるために必要な基準に適合する体制を整備している場合

③ あらかじめ外国にある第三者への提供を認める旨の本人の同意を得ている場合

越境データ移転を可能とする方法に関し、個人情報保護法とGDPRの規制の異同をまとめた表が以下のとおりです。

	個人情報保護法	GDPR
第三者所在国等を基準とした越境データ移転	● わが国と同等水準と認められる個人情報保護制度を有する外国として個人情報保護委員会が認める国にある第三者に対する提供は可能	● 欧州委員会が、当該第三国、第三国域内の領域又は国際機関等は個人データの保護に関して十分なレベルを保証していると決定した場合は可能
第三者による体制整備を基準とした越境データ移転	● 外国にある第三者が、個人データの取扱いにつき個人情報保護委員会規則に適合する体制を整備している場合は移転可能	● 拘束的企業準則（BCR）、すなわち、多国籍企業内でのデータ流通を認める拘束的企業準則を申請し、監督機関の許可を得ることで移転可能
標準契約条項等による越境データ移転	—	● 欧州委員会の採択する標準契約条項（SCC）、標準データ保護条項（SDPC）によれば可能
本人同意を基準とした越境データ移転	● あらかじめ外国にある第三者への提供を認める旨の本人の同意を得ている場合は可能	● 十分性の決定等がないことによるリスクについて情報が提供された後、データ主体がその提案された移転に明示的に同意した場合は可能

（野村　大吾）

Q13 位置情報等の活用と法規制

個人の位置情報やそれを活用する技術にはどのようなものがありますか。

また、位置情報等を消費者の行動分析等に利用する場合には法的にどのような問題が生じますか。

A

近時、GPS、携帯電話の基地局やWi-Fiのアクセスポイント等から取得する個人の位置情報が様々なサービスに利用されています。こうした位置情報は、プライバシー性が高いため、位置情報を活用する場合には、個人情報保護法をはじめとしたプライバシー保護の観点が必要です。

1　位置情報とその活用シーン

⑴　位置情報の現状

位置情報は、人間や、その取り扱っている機器の位置を示す情報と定義することができます。

1990年代には、GPS[28]の位置情報を用いたカーナビゲーションシステム（いわゆる「カーナビ」）が市販される等、位置情報は、従来から、一般消費者の間でも利用されてきました。そして、2010年代前半に、スマートフォンが爆発的に普及し、多くの機種にGPSが搭載されている現在、位置情報の重要性は、ますます高まっています。

⑵　位置情報の活用

近年、急速に普及するスマートフォンに蓄積される利用者情報のうち、

28)　Global Positioning System

位置情報の利活用に対する要望が高まっています。ユーザとしては、自己の位置情報（例えば、GPS機能）を利用することにより、付近の地図や店舗情報、天気予報など様々な情報を取得することができるようになっています。また、ビッグデータの利活用により、道路等が整備され、あるいは商業施設の新規展開等が促されるなど、地域全体が活性化し、社会生活全体の質が向上することが期待されます。位置情報を活用することで、例えば、「ユーザが今いる場所にタクシーを呼ぶ」といったアプリもあります。このようにユーザの利便性の向上に役立つのはもちろんですが、緊急時における安否確認や捜索活動など主として救命・救急活動のために活用したいとの要望も高まっています。さらに、位置情報は、マーケティングデータとしても、高い価値を持ちます。多くの消費者が肌身離さず持っているスマートフォンの位置情報を取得すれば、「いつ、どこにいたか」が分かり、さらに他のアプリの状況やユーザの情報等も組み合わせれば、「誰が（どのような属性の人が）、いつ、どこで、何をしていたか」まで分かります。こうした位置情報等のデータの蓄積は、有益なマーケティングデータとなり、消費者の行動パターンの分析やターゲティング広告[29]等、様々なシーンで活用されます。例えば、「あるユーザが昼頃に特定のレストランの近くを通った際に、そのレストランのランチのクーポンを配信する」といったサービスも可能になります。

2 位置情報の種類と技術的背景

スマートフォン等で利用される位置情報としては、次のようなものが挙げられます。

(1) GPS

GPSは、上記のとおり、カーナビ等でも使われているシステムです。

[29] 個別のユーザの情報を分析し、広告の対象となる商品に興味を持ちそうなユーザに対象を絞って広告を行う手法。

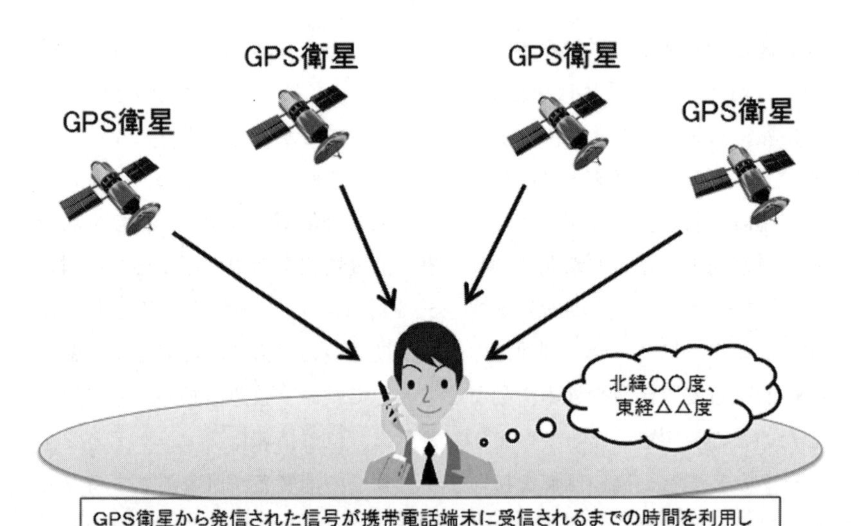

出典：総務省「緊急時等における位置情報の取扱いに関する検討会　報告書　位置情報プライバシーレポート～位置情報に関するプライバシーの適切な保護と社会的利活用の両立に向けて～」（平成26年7月）7頁（以下、「位置情報プライバシーレポート」という。）
(http://www.soumu.go.jp/main_content/000303636.pdf)

ユーザの端末は、複数の人工衛星から信号を受信し、その信号を基に、現在地を計算します。衛星とユーザ端末との間で、直接、位置情報自体が送受信されているわけではありません。

障害物等で衛星からの電波を受信しにくい場合等には、測位に誤差が生じるため、室内よりも屋外の方が、精度が高くなる傾向にあります。一般的には、数mから10m以上の誤差が発生することもあると言われていますが、最近では、衛星の配置により電波の受信状況を改善することで、数センチ程度の誤差にまで精度を上げることも可能になりつつあると言われています[30)]。

30)　内閣府宇宙開発戦略推進事務局ウェブサイト「みちびき（準天頂衛星システム）」参照

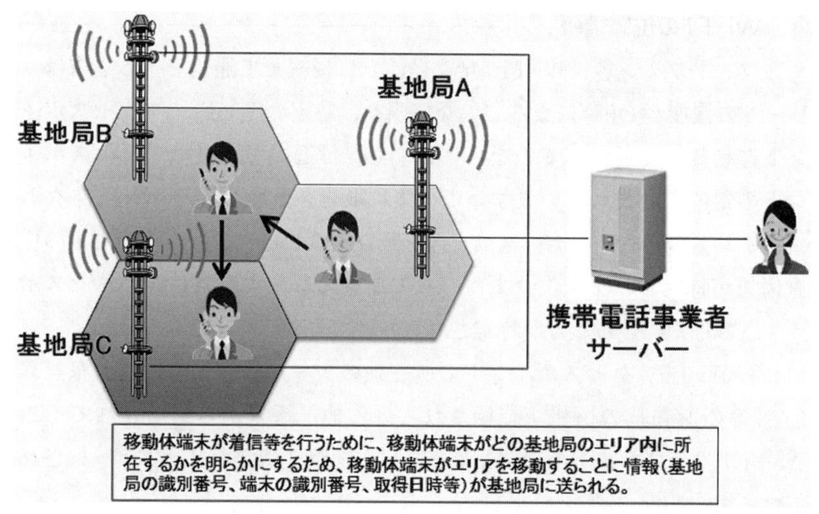

(出典：「位置情報プライバシーレポート」)
(http://www.soumu.go.jp/main_content/000303636.pdf)

(2) 携帯電話基地局の情報

携帯電話は、最寄りの基地局を経由して通信しますが、通話やデータ通信等を行っていないときでも、微弱な電波を発して基地局と交信し、どの基地局のエリア内にあるかが把握されています。そのため、基地局には、その基地局のエリア内にいる携帯電話端末の情報が蓄積されています。

1つの携帯電話基地局がカバーするエリアは、使用する電波の周波数等によっても異なりますが、その範囲で位置を特定でき、概ね数百m前後の誤差であると言われています。

携帯電話の普及率が100%を超える[31]現代において、上記のような携帯電話基地局が保有する位置情報は、誰がどこにいるかを把握するための有効な手段となります。

[31] 2017年6月末時点の国内の携帯電話の契約数は、約1億6,411万件（総務省「電気通信サービスの契約数及びシェアに関する四半期データ」)。

⑶　Wi-Fiの位置情報

スマートフォン等、Wi-Fi（無線LAN）に接続して通信できる端末は、Wi-Fiの機能がOFFになっていない限り、特定のWi-Fiのアクセスポイントに接続して通信していないときでも、付近のWi-Fiのアクセスポイントの電波を受信しています。この際に取得される情報とWi-Fiアクセスポイントの所在地のデータベースを照合することにより、その端末の位置情報が特定されます。つまり、ある地点に存在するWi-Fiアクセスポイントの近くにいることが特定されるわけです。

このWi-Fiアクセスポイントの所在地のデータベースには、公衆無線LAN等の所在地の情報が登録されている他、端末から送信されてくるWi-Fiアクセスポイントの情報等を基に、随時、情報がアップデートされています。

⑷　ビーコン

ビーコンは、低電力のBluetooth[32)]（BLE[33)]）等を用いてビーコン端末が定期的に発射する電波を、スマートフォン等のアプリが受信することで、位置情報等を取得する仕組みです。ビーコンの電波は、数cmから10m程度といった近距離までしか届かず、固定の地点に設置されたビーコン端末に近付くと、その電波を受信し、位置が特定されます。そのため、屋内でも活用しやすく、例えば、「スマートフォンを持ったある顧客が、店舗内の特定の棚の前にいる」といった状況まで特定することができます。

2013年に、iPhoneに、ビーコンの技術を利用した「iBeacon」が標準搭載されたことから注目を集め、Android端末でもビーコンの仕組みが使われるようになっています。

⑸　複数の手段の組み合わせ

上記のような手段は、それぞれ、GPS衛星、携帯電話基地局、Wi-Fi

---

32)　近距離で通信するための規格。
33)　Bluetooth Law Energy

アクセスポイント、ビーコン端末からの電波が受信できる場所でしか利用できません。また、その精度も上記のとおり様々ですが、複数の手段を組み合わせることによって、位置情報の精度を上げることができます。

GPSの位置情報に加えて携帯電話基地局の情報を補助的に使用するA-GPS[34]や携帯電話基地局情報とWi-Fiアクセスポイント情報を組み合わせて使用する例などが見られます。なお、AppleやGoogle等が管理するデータベースでは、携帯電話基地局とWi-Fiアクセスポイントの両方の情報が登録されており、iPhone等のiOS端末やAndroid端末の位置情報を割り出すために利用されています。

3　位置情報を利用する際の法的な留意点

(1)　プライバシー・個人情報

(a)　プライバシー・個人情報保護の必要性

上記1のように、位置情報は、ユーザの利便性を高める一方で、個人の行動履歴が事業者に筒抜けになってしまいます。そのため、ユーザのプライバシーを侵害しないように配慮する必要があります。

基本的に位置情報単体では個人情報に該当しませんが、特定の個人を識別できる情報（ユーザの氏名、氏名等と容易に照合できるユーザID等）と紐付けられた位置情報は、全て個人情報に該当します。また、氏名等と紐付いていなくても、あるユーザについて長期間の位置情報が蓄積された結果、自宅と勤務先が特定できて、そのユーザ個人を識別できるような情報については、個人情報に該当する可能性があります。こうした個人情報に該当する位置情報については、個人情報保護法にしたがった取扱いが必要になります。具体的には、下記（b）、（c）のような取扱いのほか、漏えい等を防止する措置（安全管理措置）等の対応が必要です。さらに、外国人顧客を含むサービス等の運営状況等によっては、日

34)　Assisted-GPS（補助GPS）

本国内の法令のみならず、EU一般データ保護規則（GDPR[35]）のように、域外適用される法令もありますので、注意が必要です。

なお、携帯電話事業者をはじめとする電気通信事業者（電気通信事業法2条5号）が、位置情報を取得し利用する場合には、個人情報保護法のほか、「電気通信事業における個人情報保護に関するガイドライン」[36]の規定も確認する必要があります。

また、個人情報に該当しない位置情報であっても、上記のとおり、プライバシー性の高い情報ですので、そのデータを活用したり、第三者に提供したりする際には、十分なプライバシー保護の観点から、個人情報に準じた取扱いをすることが望ましいと言えます。特に、上記のように、どこからが特定の個人を識別できる情報（＝個人情報）か、線引きが難しくなるようなケースでは、個人情報に該当する可能性がある前提で取り扱う必要があるでしょう。

(b)　位置情報を利用する方法

個人情報に該当する位置情報を自社で利用する場合には、ユーザに通知等した利用目的の範囲内で利用する必要があります。この範囲を超えて利用するには、原則として、ユーザの同意を改めて得る必要があります。しかし、多くの場合、サービス等の契約締結後のユーザから改めて網羅的に同意を取得することは容易ではありません。そのような場合には、個人を特定できないように匿名化する等して利用することも考えられます。

また、個人情報に該当しない位置情報も含め、あらかじめプライバシーポリシー等を定めてユーザに提示し、そのポリシーにしたがって取り扱うことが望ましいと言えます。位置情報をどのように利用するかについて、法的には同意の取得義務がないケースであっても、利用規約やプライバシーポリシー等で明示し、同意を得ておくことは、ユーザとの

---

35)　General Data Protection Regulation

36)　平成29年4月18日総務省告示第152号（最終改正平成29年9月14日総務省告示第297号）

トラブルやレピテーションリスクを回避する上で有益です。

(c)　位置情報を第三者に提供する方法

位置情報を利用等するパターンとしては、①自社で取得した位置情報を自社のサービス等で利用する場合のほか、②自社で取得した位置情報を第三者に提供する場合、③第三者が取得した位置情報の提供を受けて自社で利用する場合が考えられます。②、③のように、位置情報が第三者に提供される場合、その位置情報が個人情報に該当すれば、原則として、ユーザの同意が必要です。

②の場合には、自社でユーザの同意を取得することになりますが、③の場合には、ユーザとのトラブル防止のため、提供元の第三者がユーザから同意を適切に取得しているかも確認しておいた方がよいでしょう。

また、匿名化する等して個人情報でない形態で、位置情報を第三者に提供することも効率的な方法です。提供先でターゲティング広告等に利用する場合には、個人情報のまま提供せざるを得ないケースも多いと考えられますが、消費者の行動パターンの分析等に用いるだけであれば、必ずしも特定の個人を識別する必要がないケースも十分に考えられます。このように、提供先での利用目的との関係やユーザから同意を取得する煩雑性等を考慮して、どのような方法をとるか選択するとよいでしょう。

⑵　通信の秘密

携帯電話基地局の情報のうち、通話やメール等の通信の際に用いられる位置情報は、通話やメール等の内容自体でなくても、通信の秘密（電気通信事業法4条1項）として保護されます[37)]。一方で、通話やメール等の通信をしていない際に、携帯電話端末と基地局との交信により把握される位置情報は、個々の通信にかかわるものではないため、通信の秘密の対象外となります。

---

37)　東京地判平成14年4月30日（刊行物未登載）

〈個人情報と通信の秘密との関係〉

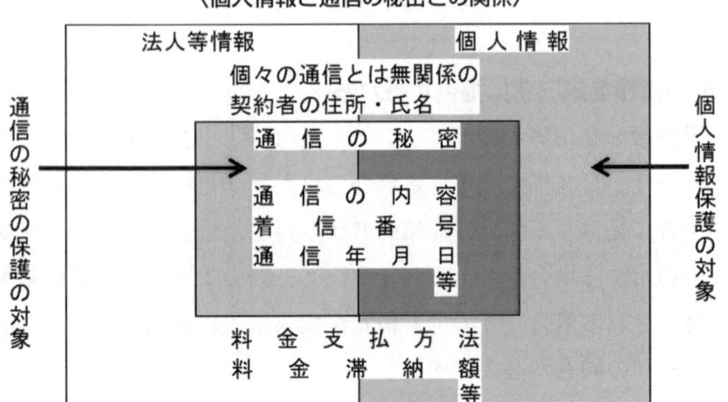

出典：総務省「電気通信事業における個人情報保護に関するガイドライン（平成 29 年総務省告示第 152 号。最終改正平成 29 年総務省告示第 297 号）の解説」
(http://www.soumu.go.jp/main_content/000532672.pdf)

また、電気通信事業者が Wi-Fi のアクセスポイントを設置している場合、端末のユーザが Wi-Fi アクセスポイントを経由して外部と通信する際に取得される位置情報は、通信の秘密に該当します。一方で、端末と Wi-Fi アクセスポイント間の交信により取得される位置情報は、通信の秘密には該当しません。

通信の秘密に該当する位置情報を、通信以外の目的に利用したり、第三者に提供したりするには、ユーザから有効な同意を取得する必要があります。なお、この同意については、利用規約等による包括的な同意では、不十分と考えられており、同意取得の方法については慎重に検討する必要があります[38)]。

⑶　犯罪捜査での活用

GPS、携帯電話基地局等の位置情報は、国内外の犯罪捜査等にも活用されていますが、上記のとおり、プライバシー等との関係で、捜査機関がどのような手続を経る必要があるか問題となることもあります。2017 年には、最高裁判決において、令状なしで行われた GPS による捜査について

38)　「位置情報プライバシーレポート」

違法と判断されています[39]。

また、捜査機関が犯罪捜査のために携帯電話の位置情報を取得する際には、令状に基づき「検証」として行うのが日本国内における実務上の扱いとなっています[40]。

アメリカでは、元CIA職員のスノーデン氏のリークにより、諜報機関である国家安全保障局（NSA）が世界中の50億台の携帯電話の位置情報を追跡していたことが明らかとなっています。海外の捜査機関では、携帯電話基地局になりすまして位置情報を収集するシステムを用いている例も報告されています。海外においても、こうした捜査が令状なしに行えるか、問題となっています。

（永井　徳人）

---

39) 最判平成29年3月15日（刑集71巻3号13頁）

40) 「電気通信事業における個人情報保護に関するガイドライン」34条3項、35条2項。判タNo.35石渡聖名雄「逃走中の被疑者の所在把握等のため、通信事業者内設置の装置から将来の携帯電話の位置情報を探索するために同装置の検証許可状を発布する際留意すべき事項」参照

第3章

情報ガバナンス／ドキュメントレビュー

Q14 不正行為の概念／その背景／具体例

近時、企業の不正行為について内部調査や第三者委員会による調査が一般化しています。不正行為の概念、背景、具体例について教えて下さい。

A

不正行為は、一般的には、「虚偽の事実を伝え又は開示すべき義務に反して真実を秘匿することによって他人を欺もうし、その者に損害を与えること」と定義されます。企業で問われる不正行為の典型的な事例は、財務諸表の不正と資産の流用といった会計に関する不正行為（会計不正）です。不正行為は、「動機・プレッシャー」、「機会」、「正当化」の不正のトライアングルが備わったときに起こりやすいとされ、不正行為の防止には、過去の不正行為の典型例を考慮し、不正の徴候を見逃さないように日常的に留意することが重要です。

1 「不正行為」の概念

(1) 不正行為とは

不正行為は、広義には、「組織体・社会におけるルール・規範に違反すること」と定義され、法律に意図的に反する行為と、社会的、倫理的に望ましくないものとして認識される行為とを含みます。狭義には、「虚偽の事実を伝え又は開示すべき真実を秘匿することによって他人を欺罔し、その者に損害を与えること」をいうと定義されます[1)]。なお、「不正行為」に該当する英語の概念は「fraud」であり、しばしば「詐欺」と訳されますが、「不正行為」の意味で用いられる場合には、日本語の「詐欺」とは

1) "fraud"の意味から、田中英夫編『英米法辞典』（東京大学出版会、1991）363頁

異なる広範囲な概念であることに留意する必要があります。

⑵　会計不正の概念

狭義の不正行為の中で最も一般的なものは、会計に関する不正行為（会計不正）です。会計不正の代表的類型は財務諸表の不正と資産の流用であり、また、汚職（利益相反・利益供与の強要も含む。）もこの類型に含まれます。

財務諸表の不正は、財務諸表を見る者を「欺く」ために諸表上で金額や明細を「意図的に虚偽の記載や脱漏を」して、会社の財務内容を「故意に不当表示する」行為であり、より具体的には、「財務諸表の意図的な虚偽の表示であって、不当又は違法な利益を得るために他者を欺く行為を含み、経営者、取締役等、監査役等、従業員又は第三者による意図的な行為をいう。」（日本公認会計士協会の監査基準委員会報告書第35号「財務諸表の監査における不正への対応」）と定義されます。この類型の不正は、業績に連動する報酬を増加させる、業務上の失敗を隠蔽して会社の損失を隠す、銀行融資のために会社の業績をよく見せるなどの目的で行われ、海外子会社においては、仕入先との間に、従業員の作った会社を介在させて利ざやを稼ぐといったケースがよく見られます。

資産の流用とは、企業の所有する資産を自己の物として流用できる機会に乗じて、自己又は他人の利益のために流用することをいいます。この類型の不正は、個人による利得を図るため等の単純な動機により行われる場合が多いとされています。実際に会社財産の流出を伴う一方、財務諸表の不正に比較して、損害額が少ないケースが多い傾向にあります。

⑶　会計不正以外の不正行為

会計不正以外の不正行為として多い事例としては、情報の取扱いに関する不正行為（情報漏えい[2]・インサイダー取引等）、競争等の秩序に関する

---

[2]　ITに関する内部不正については、システム悪用、情報の持ち出し、破壊行為がある。情報処理推進機構「組織内部者の不正行為によるインシデント調査―調査報告書―」（https://www.ipa.go.jp/files/000014169.pdf）なお、以下、「IPA内部不正報告」といい

不正行為（競争法違反行為、偽装表示、データ改ざん、盗用等）、マネーロンダリングなどがあります。

2 不正のトライアングルと不正の背景

(1) 不正のトライアングル

これらの不正行為がどのような機会に発生するかを考察するに際して示唆に富む概念が「不正のトライアングル」です。

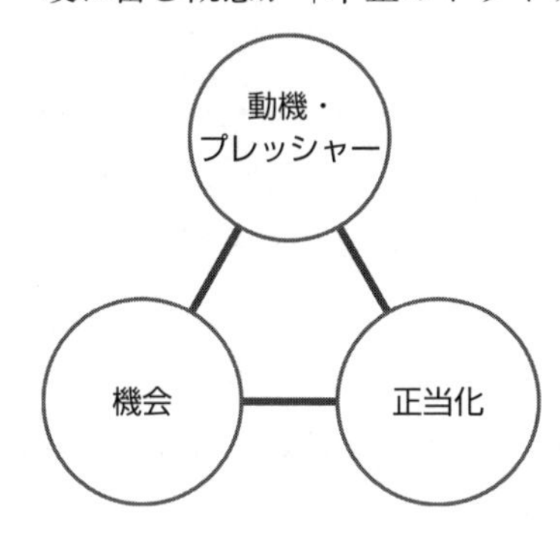

「不正のトライアングル」は、不正の実行者が、「動機・プレッシャー（他人に打ち明けられない経済的な問題）」を抱え、「機会（この問題が自分の経済的に信頼されている立場を利用すれば、秘密裏に解決できること）」を意識し、「正当化（その解決策を実行しても、信頼された人物としての自分のイメージを損なわないで済むような理由付け）」を考えつく時に、不正行為が発生するという考え方です。この「動機・プレッシャー」、「機会」、「正当化」の結びつきが「不正のトライアングル」です[3]。

(2) 不正の背景

例として、システム構築を請け負っていた会社の従業員Ｘが、顧客のデータを自らのスマートフォンに複写し、そのデータを名簿屋に売却したという事案を考えてみます。

Ｘは、もともと、借金に追われる生活をしており（動機・プレッシャー）、システム構築をしている会社の顧客名簿データを売却すれば、その借金を返済することができると認識し（機会）、どうせばれることは

ます。

3) IPA 内部不正報告　10頁

ないとして（正当化）、情報漏えいに走ります。事案によっては、個人的な動機以外に、担当する事業の収益性が低く事業自体が取りやめになってしまうのではないか、現状を顧みずに強引に決められた予算を実現しなければならない、といったことが動機になる場合も考えられます。そこに、取締役会や監査委員会が統制の機能を十分に果たしていない、業務が専門的すぎて他のものには理解できない等の状況が不正の機会を増幅させる効果を有し、内部通報のための制度が完備されていない状況が不正行為を発見する契機を減少させる効果を生じさせることになります。

3　会計不正の態様[4)]

会計不正の主要な態様は、財務諸表の不正と資産の流用です[5)]。

(1)　財務諸表の不正

財務諸表に関する不正は、「時間を稼いで」経営上の問題を解決できるようにしたり、関係者に対して良好な財務諸表を示すことによって、より資金調達ないし借入れの更新をしようとしたりする「動機」に基づくことが一般です。

財務諸表の不正は、①資産・収益過大計上、負債・費用過少計上の場合と②資産・収益過少計上にわけられます。

①　資産・収益過大計上、負債・費用過少計上の場合

具体的には以下のような事例が考えられます。

・　売上計上時期の操作
・　架空売上計上（物品が実際販売されるケースと販売されないケースがあ

4)　株式会社KPMG FASフォレンジック部門編『企業不正の調査実務』（中央経済社、2012）42頁以下

5)　これらと汚職を加えた３類型についてACFE（公認不正検査士協会　Association of Certified Fraud Examiners）が、さらに個別の類型を分析して、「職業上の不正と濫用　不正の体系図」にまとめています。詳しくは、「職業上の不正と濫用に関する国民への報告書」（https://www.acfe.jp/books/report/download-library.php）を参照のこと。

る。)、負債・費用の隠蔽（費用を適切な時期の費用として認識せず、いったん資産とする方法、決算期末近辺に未払い計上すべき費用を計上しないなどにより費用の計上時期を遅らせる方法など）

・　不適正な資産評価（売上債権・棚卸資産の不正、固定資産の不正、投融資の不正、繰延べ税金資産の不正）

・　不適正な情報開示（意図的な連結外しにかかる不正、注記等の開示にかかる不正）

② 資産・収益過少計上の場合

いわゆる逆粉飾ともいわれるもので、利益の平準化（将来の利益の落ち込みを想定して現時点で利益を過少計上する等）や課税回避の目的（多額の納税を回避）などの「動機」が考えられます。

これらの会計不正の代表的な手法としていわゆる循環取引があります。循環取引は、複数の企業・当事者が通謀・共謀し、商品の売買や役務の提供等の相互発注を繰り返すことで、架空の売上高を計上する取引手法です。

(2) 資産の流用

資産の流用は、現金の横領、不正支出、在庫その他資産の横領、権限の濫用に分類されます。具体的な態様は、それぞれ以下のとおりです。

① 現金の横領

・　記帳前の現金の抜取り（現金収納業務／レジスター業務／売上げ回収時）

・　記帳後の現金抜取り（小口現金等／レジ現金／銀行預金）

② 不正支出

・　請求書不正

取引先等に対して請求書を発行した上で不正な支出をさせる行為です。手法として、幽霊会社から実体のない物品等を購入したと仮装する行為、通常の会社からの購入に際して幽霊企業を経由する行為（パススルー・スキーム）、市場価格から乖離した高額の請求を行う行為（通常はキックバックが伴うことが多い）、私的な物品を購入し自己利用するか売却して現金化する行為、意図的に二重払いをしてその返金を不正行為者の口座に振り込ませる行為等があります。

・　経費精算の不正

費用の水増し、申請書における虚偽記載、架空費用の支払、多重申請などの手法があります。

③　在庫その他資産の横領

在庫、固定資産・備品等を個人的に使用するために持ち出したり、転売し、現金収入を得たりする行為です。

④　権限の濫用

幽霊社員の口座への給与振込、労働時間の虚偽報告による給与の不正受領等が代表例です。

4　不正行為の具体例

(1)　事例の類型

過去の不正行為の具体例として、粉飾決算の事案、情報漏えいの事案、競争法違反行為、偽装表示、データ改ざん、盗用などの事例をあげることができます。

(2)　粉飾決算の事例

ア　オリンパスの粉飾決算事件に関する一連の刑事、民事の裁判事例

［刑事事件］

①（当時の）社長、副社長、常勤監査役及び法人に対する証券取引法違反等事件（法人に罰金７億円、社長等に懲役３年、執行猶予５年等を言い渡した事例）

【東京地判平成 25 年７月３日（ウエストロー 2013WLJPCA07036004)】

②　コンサルタントに対する証券取引法違反等事件（証券取引法違反、金融商品取引法違反の幇助を認め、犯罪収益等の取得の仮装・隠匿を認め、被告人らを懲役４年ないし２年（執行猶予を認めた者あり）を言い渡した事例）

【東京地判平成27年7月1日（判タ1426号263頁）／東京高判平成28年9月29日（ウエストロー2016WLJPCA09296011）】

［民事事件］

① オリンパス社とコンサルタントとの間の訴訟についての判決

【東京高判平成29年6月15日（裁判所ウェブサイト）】

② 株主の経営陣に対する損害賠償請求訴訟

【東京地判平成29年4月27日（裁判所ウェブサイト、資料版商事法務400号119頁）】

イ 粉飾決算でその余の注目すべき事例

① ニイウスコー損害賠償請求事件

【東京地判平成26年12月25日（ウエストロー2014WLJPCA12258021）、東京高判平成27年11月4日（ウエストロー2015WLJPCA11046002）】

② アイ・エックス・アイ損害賠償請求事件

【大阪地判平成24年3月23日（判タ1403号225頁）】などがあります。

⑶ 情報漏えいの事例

ア 大手通信販売事業者に関する不正競争防止法違反事件

【東京高判平成29年3月21日（判例タイムズ1443号80頁）】

犯人に対する刑事事件の判決であり、第三者委員会の報告書[6)]も参照ください。

イ 情報漏えいに関するその余の事例

Q18の4を参照ください。

⑷ 競争法違反の事例

ア 国外で合意されたテレビ用ブラウン管の販売価格にかかるカルテルに関する最高裁判決

【最判平成29年12月12日（裁時1690号17頁）】

---

6) 「個人情報漏えい事故調査委員会による調査結果のお知らせ」（https://blog.benesse.ne.jp/bh/ja/news/m/2014/09/25/docs/20140925%E3%83%AA%E3%83%AA%E3%83%BC%E3%82%B9.pdf?_ga=1.74889489.225437772.1412042826）

イ　塩化ビニル管等のカルテルに関する審判取消請求事件

【東京高判平成29年6月30日（判タ1448号76頁）】

ウ　近時、新聞を騒がしている事件として、リニア中央新幹線建設工事に関するゼネコン４社談合事件等

⑸　偽装表示の事例

ア　中国産うなぎ蒲焼を国産のうなぎ蒲焼と偽って販売した不正競争防止法違反事案（中国産うなぎ蒲焼事件）

【神戸地判平成21年4月27日（裁判所ウェブサイト）】

イ　商品の原産地、品質及び内容等と異なる虚偽商事をした精米を顧客に譲渡した事件（「日本ライス」米偽装表示事件）

【大阪地判平成20年4月17日（裁判所ウェブサイト）】

ウ　牛肉に豚肉、鶏肉等の他の畜肉を加えるなどして製造した挽肉等に、牛肉のみを原料とするかのようなシールを貼付して販売した事件（ミートホープ挽肉偽装事件）

【札幌地判平成20年3月19日（裁判所ウェブサイト）】

⑹　データ改ざんの事例

判決例を紹介し得る事案は、具体的にはありませんが、新聞を騒がせた事件として以下のものが挙げられます。

ア　2017年　SUBARU、三菱マテリアル、神戸製鋼所などにおけるデータ改ざん事件

イ　2016年　自動車会社（三菱自動車、スズキ）におけるカタログ燃費の偽装及び不正計測事件

ウ　2015年　東洋ゴム工業の耐火パネル、免震ゴム、防振ゴムなど試験データ偽装などの事件

（高橋　郁夫）

Q15 海外子会社における不正調査

会社の海外子会社の経理に不正があるとの内部通報がありました。この内部通報に対して、どのように対応しなければならないのでしょうか。また、特に海外子会社の調査について留意すべきことについて教えてください。

A

不正行為が行われた相当の疑いがある場合、企業は、不正行為に関する調査を行い、事実を究明し、それをもとに一定の対応をなすとともに再発防止策の提言を行う責務を有しています。不正調査における事実認定では、客観的な証拠を収集することが不可欠で、その際、デジタル証拠も十分に調査することは一般的なプラクティスとなっています。近時は、独立性を確保した第三者委員会を設置して調査を行うことが一般的となり、さらには、それらの報告書の内容を評価する動きもあります。

さらに、海外子会社の不正行為の調査においては、文化の違い、調査の手間、法的な規制の違い、言語対応の必要性などの問題に留意する必要があります。

1　不正調査の概念と目的

(1)　不正調査の概念と対象

不正調査は、まず事実関係を調査し明確化することが出発点となります。

調査の対象となる事実関係は、第一義的には、不正行為の主体・背景・動機、実行行為、被害、被害と実行行為との因果関係であり、これに加えて、事実関係の解明に必要となるコンプライアンス、内部統制、ガバナンス上の問題点も対象としていきます。実際のプロセスでは、上記の調査対象の事実関係を認定しながら、並行してこれらを支える事情を明確にしていくことになります。

⑵　不正調査の目的

不正調査では、その目的を明確に認識することが重要です。一般的に「不祥事への適切な対応を図り、破壊された企業秩序を修復し、企業の社会的信用を回復する」[7]こととか、「経営者等自身のためではなく、…最終的には企業等の信頼と持続可能性を回復すること」（日本弁護士連合会「企業等不祥事における第三者委員会ガイドライン」）とされますが、不正調査の目的をどのように考えるかは、会社として不正をどのように捉えるのか、会社のあり方をどのように考えるのか、という問題であるといえます。

不正調査の目的を「企業自体の健全性を維持・改善し、あわせて企業の説明責任を果たす」と認識する場合、企業自体が健全性を失っている時に発生するのが不正行為であり、不正行為発覚の端緒はその徴候と捉えることができます。不正行為は組織における病巣であり、早期発見、早期治療することこそが不正調査の最大の目的かつ方針となります。

2　不正調査の主体

⑴　主体の概観

不正調査を行う主体として、①企業内既存部署、②企業内調査チーム、調査委員会、③外部専門家／第三者委員会、④親会社等が考えられます。

①　企業内既存部署

不正行為への関与者が少なく、被害額が少額である場合などでは、内部監査部門、コンプライアンス部門などの既存部署による調査が考えられます。

②　企業内調査チーム、調査委員会

事実関係に関わるものが幅広い場合や、事業への影響が大きい場合などは、会社内で不正調査のプロジェクトチームや調査委員会を立ち上げ、調査に当たることが考えられます。

---

[7]　小林総合法律事務所編『詳説　不正調査の法律問題』（弘文堂、2011）７頁（以下、小林「法律問題」）

③　外部専門家／第三者委員会

会社内における組織的な不正行為、経営陣の関与が疑われる場合、外部の専門家を依頼することが考えられます。公認会計士を中心とするチームを構成する場合（「不正調査ガイドライン」が念頭に置くケース）や「第三者委員会」を設置する場合（日本弁護士連合会の第三者委員会ガイドラインが想定するケース）がこれに当たります。

④　親会社

企業集団を形成するグループ企業における不正行為等では、企業集団全体のブランドを守る目的で親会社が不正調査を行う場合も考えられます。

(2)　内部調査か第三者委員会か

不正調査に際して、内部の既存部署や内部の調査委員会等による内部調査とするか、第三者委員会等を設置して外部に依頼するかは、重要な検討課題です。

内部調査の場合、会社の内部に精通した者による詳細かつ迅速な調査が可能となりますが、他方で調査行為は経営陣の指揮命令下にある者が行うこととなり、外部の目から見た客観性、中立性、公正性の面からは劣ることになります。他方で、第三者委員会等では、企業等から独立した委員のみをもって構成され、ステークホルダーに対してより強い説得性を有する一方、外部の者が調査することから、より時間と費用がかかる面があります。

この点、日弁連の「企業等不祥事における第三者委員会ガイドライン」[8)]では、「第三者委員会は、依頼の形式にかかわらず、企業等から独立した立場で、企業等のステークホルダーのために、中立・公正で客観的な調査を行う。」とされ[9)]、「『企業等不祥事における第三者委員会ガイドライン』の策定にあたって」では、「例えば、マスコミ等を通じて不祥事が

8)　https://www.nichibenren.or.jp/library/ja/opinion/report/data/100715_2.pdf
9)　「第１部第２．第三者委員会の独立性、中立性」

大々的に報じられたり、上場廃止の危機に瀕したり、株価に悪影響が出たり、あるいは、ブランド・イメージが低下し良い人材を採用できなくなったり、消費者による買い控えが起こったりするなど、具体的なダメージが生じてしまった企業等では、第三者委員会を設けることが不可避となりつつある。」と記載しています。

3　不正調査のプロセス

不正調査のプロセスは、準備段階、調査段階、報告及び対応の段階にわけることができます。

〈不正調査プロセスの概念図〉

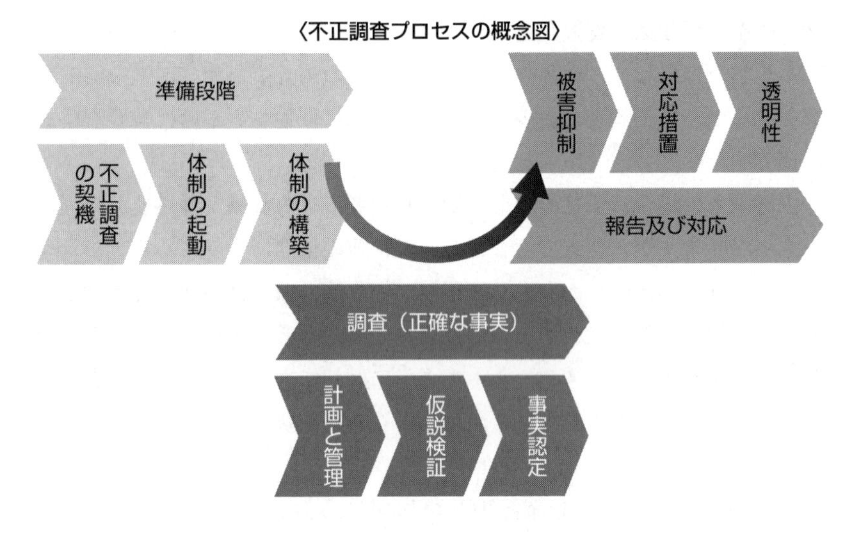

(1)　準備段階

不正調査の準備段階は、不正調査の契機から始まり、不正調査体制の起動、体制の構築にいたる段階をいいます。

①　**不正調査の契機**

企業において不正行為が生じたのではないかとの嫌疑を有するにいたる機会及びその状態です。

不正行為の嫌疑は、企業内で自動的に発生するものではなく、内部監査による判明、内部告発を契機とするもの、取締役等が書類等から気づく場合が考えられます。これらの場合に、企業として不正調査を行うかの判断が求められ、企業秩序として看過できない影響をもたらす可能性がある場合に、不正調査を行います。

②　不正調査体制の起動

不正調査の目的を設定し、どの主体により、どの範囲で調査するかを決定し、これを実際に進行する過程をいいます。

不正調査の目的の設定に当たっては、事実関係の究明に限られず、当該不正行為に対する責任追及、再発防止策までの推奨にいたるかの検討が必要となります。これらの事項は、嫌疑の対象となった不正行為の性質と密接に関係し、不正行為が会社の存在の基盤に対して重大な脅威をもたらす可能性がある場合では、不正行為を生み出すにいたった企業文化などについてまで洗い出す必要があることになります。

また、不正調査は、人的資源、予算、時間的制約の中で行わなければならない一方、中途半端な目的設定・範囲の画定は、問題の本質に迫れない懸念も伴います。したがって、不正調査の目的、対象の決定は、二律背反的要素を有する極めて経営的な判断となります。上記で触れたように、内部の調査体制によるか、独立性を有する第三者委員会を構築するかの判断も求められます。また、国際的な問題も含む場合には、現地における調査体制の構築（例えば、現地の言語のやり取りの解明等）の問題も生じます。

さらに、親会社が上場企業の場合、不正の事実が、「当該子会社の運営、業務又は財産に関する重要な事項であって投資者の投資判断に著しい影響を及ぼすもの」に該当する場合は、発生事実の適時開示[10)]が必要となります。そのため、不正の事実が発覚したときは、どの段階で公表が必要となるかを判断し、公表が必要と判断された場合には速やかに公表することが事態収拾の第一歩となります。

---

10)　東京証券取引所有価証券上場規程403条（1）1

③　不正調査体制の構築

具体的に、調査を行う人的体制、調査の範囲と手法を決定し、最終的に誰にどのような形態の報告を行うかを決定するプロセスです。

人的体制は、どのような能力を有するチームを構築するか、外部の人間にどのような報酬体系で依頼するか、チームが有する権限と責任者の決定等が重要な要素です。会計不正の場合、会計監査に間に合うように不正調査を完了しなければならないという時間的制約が生じる場合もあります。

調査の範囲と手法は、取得する証拠の範囲（保全の有無も含めて)、証拠を判断する手法、具体的な調査進行の管理、さらには守秘の観点からどこで作業を行うのか等を検討する必要があります。また、報告について、どのような範囲の報告を、どのような形態でするかを決定する必要があります。

⑵　調査段階

調査段階では、調査業務の計画と管理、仮説検証のイメージ、事実認定などの検討点があります。

①　調査業務の計画と管理

調査計画は、調査の目的に照らして、調査の対象、調査の手法、調査のスケジュールを定めた調査に関する総合的なプランであり、調査の対象は、調査によって明らかにされるべき仮説とそれに伴って明らかにされるべき課題です。

②　仮説検証のイメージ

不正行為に関する仮説は、「誰が」、「いつ」、「何を」、「どれくらい」、「どうやって」、「なぜ」について一定の回答（イメージ）を準備し、それが成り立つか否かを証拠によって検討します。そして、この課題を明らかにするために、事実の究明を行うことになります。

③　事実認定

事実の究明（事実認定）に役立つ資料が証拠資料であり、書証と人証に分類されます。書証としては、紙の記録とデジタル記録のほかに、過去の事実の記録と調査開始時後の証拠の確保たる性格を持つ「監視」によって取得される記録が存在します。

この中で、デジタル記録は、その量が膨大であることから、どのデジタル記録を調査の対象とするかが検討課題となります。調査の対象とすべき内容は、案件の内容、種類、特殊性等によって大きく異なり、実際の案件では、問題となる事実関係を認定するためにどのような証拠が必要かとの観点から、調査を行う調査委員、関与する弁護士、会計士等の専門家が検討を行い、調査対象を決定します。このような性質上、事案の内容を離れ、どのようなデジタル証拠を調査する必要があるかを議論することはあまり意味がありません。

一方、人証は、誰からどのようにして供述を取り、記録するかという問題になります。複雑な案件であれば、証人等から聴取するほうが、全体像を容易に把握し得る場合がありますが、反面で、関係者は記憶が曖昧であり、不正行為の隠蔽の契機を与えるおそれもあり、帳票やデータを確保した上で行わなければ、十分な供述を引き出すことができないおそれがあります。

さらに、調査によって、確認されていない不正が存在する可能性が伺える場合には、件外調査として、不正の存否についてさらに調査を行う場合もあります。

⑶　報告・公表及び対応

不正調査がなされた場合、調査結果の報告を行います。この報告は、調査手続・調査対象・調査の結果を含みます。調査の結果の客観性は、調査対象と調査手続により担保されるものであることから、調査手続・調査対象も明らかにする必要があります。調査結果は、不正行為に関する事実関係が記されます。これは、不正行為に関する関係者の行為のほか、実際に発生した結果、企業活動に与える影響を含みます。また、原因分析・関係者に対する責任追及を含むことも多く、再発防止策への推奨事項を含む場合もあります。

なお、第三者委員会の調査では、ステークホルダーに対する情報公開、透明性の確保等の要請により、秘密情報を削除した報告書を公表する場合があります。この点、過去に公表された報告書を検討することは、認定した事実関係や、調査手法が記載されており、非常に有益です。

4　海外子会社における不正調査について

Q14で触れた不正のトライアングルの観点からは、海外子会社は、国内より不正行為が起きやすい環境にあるといえます。「機会」の観点からは、本社に比較して独立性が高く本社の統制が及びにくいところがあり、「正当化」の観点からは、国によっては文化、商習慣の違いにより、不正行為に対する抑止が利きにくい場合があり得えます。

海外子会社における不正調査特有の問題点は以下のとおりです。

(1)　子会社における文化の違い

ここでいう文化は、何が望ましいとされるかということに対する意識・活動の総体です。経済活動をめぐる文化は、本社と海外子会社で全く異なることのほうが多く、特に現地の労働観や商慣習に関する違いを十分に認識しておくことが必要です。前者は、上司に対する忠誠心、個人主義の度合い、金銭に関する認識の違いなどに現れ、後者は、特に接待の許容性の問題、キックバック・賄賂に関する認識などに違いが現れます。

(2)　不正の実態の確認の困難性

海外子会社の不正調査を日本の本社の責任で行う場合も多く考えられます。しかし、不正の全体像の把握のためには、海外子会社の従業員への事情聴取を行う必要があり、日本や現地の監査人の意見等を聞く必要も出てきます。これらを行い、事実を確定し、不正の実態を解明することは、極めて、手間と費用のかかる作業です。

(3)　国際的な法規制への留意

近時、GDPR等、個人データ保護に関する法規制の厳格化への対応が議論されています。個人データ保護に関しては、ネットワーク活動をリアルタイムで監視するためには、本人からの具体的な同意が必要であるという法域もあり、具体的な調査によって得たデータをわが国において調査をしようとする場合には、個人データの域外移転の問題を検討する必要が生じる可能性があります（➔Q12）。

他方、公共のデータベースにおいて資産の保有状況が明らかにされている国もあり、その場合には、給与水準では、到底保有し得ないはずの資産を有していることが判明する場合もありますので、そうした各国の事情についても留意する必要があります。

このように、海外における法規制にも十分な留意が必要となる場合があります。

(4) 言語対応の問題

例えば、複数の従業員が不正に関与し、従業員間で現地語、しかもスラングやジャーゴン（jargon：仲間内の専門用語）で不正行為の相談をされていたような場合には、そのメールを分析するために、現地語やそうした用語の分析をする必要が生じます。これらの特性を考えると、海外子会社の調査に当たっては、現地の不正調査専門家・弁護士と本社における不正調査の担当者・弁護士らとで調査チームを構成し、連携して不正調査をする必要が生じ、人的・財的リソースが必要となる場合があることに留意をしなければなりません。

（高橋　郁夫／渥美　雅之）

Q16 不正調査とデジタルデータ

内部調査や外部調査委員会の調査においてデジタルデータに対する調査が一般化しているとのことですが、その手法にはどのようなものがありますか。また、デジタルデータの調査がなされた具体的な事案にはどのようなものがありますか。

A

現在の企業不正等の調査では、電子メール、ファイルサーバ、個人PC等に保存されたデジタルデータを調査することが必要不可欠となっています。他方で、企業が保有するデータ量は飛躍的に増大しており、膨大なデータを短時間で調査しなければならないという困難な課題を抱えています。そこで、調査の現場では、膨大なデータを効率的に調査するための様々な手法が使われています。データ処理による効率的なキーワード検索や、近時はAI・機械学習を用いた調査対象の絞り込みなどの手法があり、調査対象となるデータの分量・納期・予算等にあわせた手法の選択がなされています。

1　不正調査のプロセスとデジタルデータ

企業が不祥事を発見した場合、事実関係を適切に調査し、必要に応じて事実関係の公表、管轄当局への報告、ステークホルダーへの説明を行い、原因究明と再発防止策を講じることが求められます。事実関係の調査は、社内の法務部、社内弁護士や内部監査部などが主導して行う純粋な内部調査から、会社からの独立性を確保して客観的な調査を行う第三者委員会による調査まで方法は様々ですが、どのような方法でも、調査の中核となるのは、客観的・中立的な調査に基づく事実認定であり、そのためには客観的な証拠資料の精査が極めて重要です[11]。そして、客観的な証拠資料の精査のためには、証拠資料を保全し、レビューすることが必要となりますが、現在では、文書類のほとんどがデジタルデータとして存在しているので、デジタルデータを把握して確認し、保全することが必要となります。

このデジタルデータを把握する技術が、デジタル・フォレンジックスです。これは、調査対象者のPCやメールサーバ上のデータ等、関連するデータを削除された状態のデータも含めて完全に複製し（イメージング）、データ処理を行って検索ができる状態にした上で（デジタルデータの保全）、必要な調査を行う技術です。

2　デジタルフォレンジック技術の活用の一般化

近時の第三者調査委員会による調査報告書では、デジタル・フォレンジックスによりデジタル証拠の観点から調査がなされたことが記載されているものが増加しています。上場会社が設置した第三者委員会に関する情報サイトの一つに税理士法人ファーサイトが運営している第三者委員会ドットコム[12]があります。このウェブサイトでは、上場会社の内部調査報告書・第三者委員会調査報告書（又は報告書の概要告知）にアクセスできます。このサイトの情報を利用し、2012年から2017年までの調査報告書のうち、デジタルデータの取扱いについて言及したもの件数、さらに、その言及度で分類して件数を数えたものが以下の表です。デジタルデータについて言及した調査報告書は年々増加し、その言及度も徐々に高くなっており、不正調査の現場でデジタルフォレンジック技術の活用が一般化してきていることが見て取れます。

---

11)　従業員の証言などの供述は、事実関係のストーリーを理解する上で必要であるものの、証言者の記憶に依拠した客観的事実と異なる証言がなされる可能性があること、不正に関与した人物が自己の関与の有無等に関して虚偽の供述を行う可能性があることから、従業員に対するインタビュー、証言の取得のみに依拠した調査は、十分とはいえません。

12)　http://www.daisanshaiinkai.com/

年度	件数	デジタルデータへの言及度※					備考
		A	B	C	D	E	
2012	2				1	1	
2013	18	2	1	4	6	4	未公表1
2014	19	4	2	2	7	4	
2015	43	3	6	10	9	14	未公表1
2016	42	3	4	10	15	7	未公表3
2017	41	7	6	9	10	9	

※言及度[13)]。
A：専門家の協力が明記され、かつ、保全、復元等の調査方法について具体的な記載があるもの
　例として、調査において担当したプロバイダ名、保全の方法、そのソフトウェア、関係者の関係明示の方法、電子メールレビューの手法等についての記載がなされているもの等。
B：専門家の協力が明記されているもの
C：確認対象のメールに関する言及やデータの保全・復元等の抽象的な記載があるもの
　例として、「当委員会は、組織図、社内規定、発注書、請求書、受領書（仮受書）、送付状控え、納品書、関連契約書、伝票資料、A氏のパソコンデータ等の収集、分析、検討を行った。」というものがあげられているもの等。
D：メール等を確認した旨の言及に留まるもの
　例として「6　当委員会の調査方法（1）情報の検証」という記載がなされているにすぎないもの等。
E：デジタル・フォレンジックス技術に言及がないもの

3　フォレンジックスの調査のプロセス

(1)　フォレンジックス的な手法をとらない方法

デジタルデータを確認する最も原始的な方法は、対象者のPCを確保して対象者と同じ環境で当該PCを操作し、PC内部に残っているデータを確認する方法です。小規模かつ単純で、調査対象者が少ない案件では、このような方法も検討の余地がありますが、以下のような問題点があります。

・　調査を効率的に行うためには、膨大なデータの中で関連するデータを検索によって絞り込む必要があるが、様々なファイル形式が存在するPC上で全てのファイルを対象にして検索を行うことは難しく、検索精

13)　原田學植・関口康晴「第三者委員会報告書にみるフォレンジック調査」（平成28年11月11日　公益財団法人日弁連法務研究財団・第一東京弁護士会総合法律研究所IT法研究部会共催シンポジウム「デジタル証拠の最前線—不祥事調査／ Apple v.FBI ／パナマ文書」（配布資料）45頁。なお、今回、出版に当たって原田弁護士によりデータの追加がなされました。

度も著しく低いものとなる。

・　同一のメールが複数の対象者に送付されている場合、同一メールを複数回チェックしなければならず、非効率的な調査となる。

・　PC上で通常ユーザとしてログインした状態で見えるファイルは全てのファイルではないため、重要なファイルの内容を確認できないおそれがある。

・　ユーザが削除したファイルの中には、ユーザが不正行為との関係で問題視をして削除したものが存在する蓋然性が高い。ユーザがPC上で削除したファイルは、完全に削除されずにハードディスク上に存在する場合が多いが、このようなデータを確認することができない。

⑵　フォレンジックス的に適合している調査

これに対し、フォレンジックスとして一般的に採用されるべき過程に準拠して行われる調査を「フォレンジックス的に適合している（フォレンジックス的健全— Forensically Sound）調査」といいます[14]。

以下に、フォレンジックス的に適合するための留意点は以下のとおりです。

①　調査対象者・調査対象時期の合理的な限定

調査対象者や調査対象時期を合理的に限定し、対象となるデータの母数を減らしていくことが重要です。調査の初期段階では、事案の全貌がわからず調査範囲が拡大しがちですが、調査対象の範囲については継続的に再考を重ね、調査のターゲットを絞っていくことが必要です。内部通報者等の情報提供者がいるケースでは、内部通報者とのコミュニケーションを通じて、調査対象者・時期を限定したり、調査過程での事案の解明に応じて無関係の対象者や時期を除外したりする等、柔軟な対応をすることが求められます。

②　検索キーワードの選定

データ処理によって全てのデータを対象とした検索が可能となった場

---

14)　詳細な手順、そのために留意すべき事項などについては、『デジタル証拠の法律実務Q & A』Q40（保管の連鎖）、Q50（標準化の動き）を参照下さい。

合、実際に内容を確認しなければならないデータを絞り込むために、検索キーワードの選定が必要となります。調査対象の限定のためには、効果的なキーワードの選定が非常に重要であり、一般的な用語を選ぶと検索結果が膨大となり非効率的となるため、当該案件固有の用語を上手く選定することが重要なポイントとなります。選定した用語での検索を実際に行い、検索結果を踏まえて更に絞り込みを行う必要があるかを検討し、検索用語を精緻化する手法がよく用いられます。

③　データのレビュー

キーワード検索により絞り込まれたデータは、実際に人の目で確認をし、関連するデータを仕分けることが必要です。効率的なキーワードを選定しても、かなりの量のデータを確認する必要が生じるので、これをどう効率化するかも重要なポイントです。この際の合理的な手法の一つに、データの母集団から、偏りなくサンプリングを行った一部の対象を精査し、実際にどのようなドキュメントを求めるかを具体的にルール化するという作業（このルールをレビュープロトコルといいます。）を早期に行う手法があります。

また、一般的にデータの確認は、案件を担当する弁護士（内部調査事案であれば法務部員・内部監査部員等）によって行われます。キーワード検索を経たデータであっても関連性の低いデータが一定程度含まれている場合も多く、これを全て弁護士がレビューすることは非効率的かつコスト上の問題が生じます。そこで、実際には、全く関係のないことが明らかである文書を除外する第一次レビューの手続をアウトソースし、関連性のあるもののみを弁護士がレビューする手法も取られています。

4　フォレンジックスの合理化と将来

(1)　データ量の爆発と調査リソースの限界

上記のようなフォレンジックスの手法により、デジタルデータの調査はかなり効率的に行うことができるようになりましたが、近時は、企業が保有するデータが膨大となり、フォレンジックス調査の対象となるデータ量も膨大となっています。これらのデータを全て調査の対象とすると、人的なリソースや費用がいくらあっても足らない状況になります。また、多くの企業不祥事の調査案件では、短期間で調査を完了する必要があります。

このような状況から、近時のデジタルフォレンジック調査では、いかに調査対象を合理的に限定し、調査方法を効率化し、短時間で十分な調査を行うかが、極めて重大な課題となっています。

⑵ 調査方法の合理化

調査方法の合理化のためには、上記のような手法に加え、柔軟な対応と、技術支援を用いたレビュー手法なども検討する必要があります。

① 柔軟な対応の必要性

上記のフォレンジックス調査を効率的に行う観点からの手法は、全ての案件で当てはまるものではなく、与えられたデータ量・調査期間・調査費用予算等に鑑み、どのような方法を選択するかを決める必要があります。個別の事案に応じた柔軟な対応が求められ、経験豊富な弁護士等の意見を踏まえ、対応していく必要があります。

② AI・機械学習を用いたドキュメントレビュー

近時、上記のデータレビュー手続から一歩進み、AIが機械学習を通じて文書の関連性を判断する（予測的タグ付け技術：Predictive Coding）という手法が提案されています。これは、全体のデータの中の一部を無作為に抽出し、抽出データを弁護士がレビューして関連性を判断し、その判断をAIに学習させ、AIがそれに基づいて全体のデータの関連性の判断、絞込みを行うという手法です。米国では、実際にこの手法が用いられるケースが増えており、日本でも利用の可能性が検討されています。AIの利用は、データレビューの時間・費用を大幅に削減する可能性を秘めていますが、現時点では、AIや機械学習の精度は不十分とされ、米国でもあくまで弁護士のレビューの補助的な役割を担っていますが、人間によるレビューを完全に代替するにはいたっていません。

（高橋　郁夫／渥美　雅之）

Q17 レビュープロトコル

ドキュメントレビューとはどのようなプロセスによって行われますか。レビューの準備、管理のプロセスについても教えて下さい。

A

ドキュメントレビューは、収集されたデジタルデータの内容を分類・分析するプロセスであり、米国におけるｅディスカバリ参照モデルが参考になります。プロセスは、レビューアーが分類（タグ付け）を行う作業が中心となり、その準備の過程で重複処理・検索語処理などを行い、分類後に証拠としての価値などの具体的分析が行われます。レビューの最終的な判断、及びその過程におけるレビューチームの決定、レビューの実際のやり方（レビュープロトコル）の決定、レビューの品質確保手段の決定、キーワードやフィルタリングの方法などは、弁護士の権能と責任によってなされる必要があります。

１　ｅディスカバリ参照モデル

ドキュメントレビューは、ドキュメントを事件等の関連性などの観点から分類するデジタル証拠の処理のプロセスの一つです。一般的に、このプロセスの全体像として考えられているのが、米国におけるｅディスカバリ参照モデルです。

〈e ディスカバリ参照モデル〉

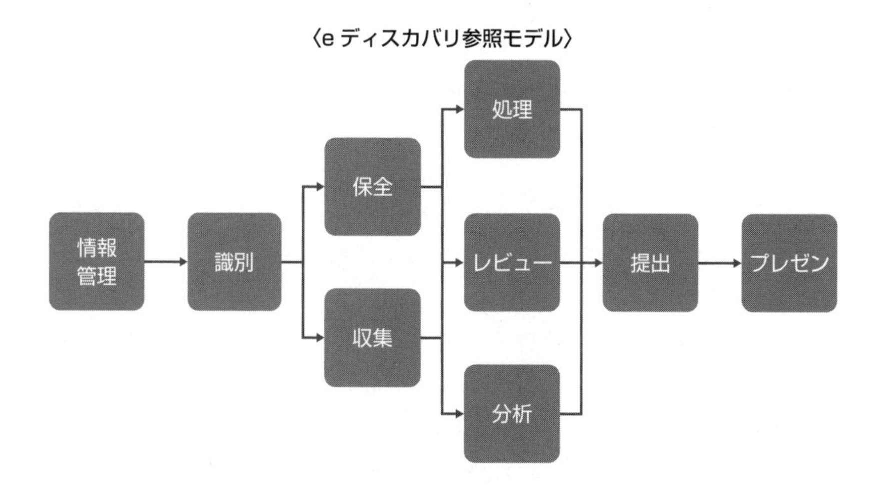

e ディスカバリ参照モデルは、①平時における情報ガバナンスの問題（情報管理）、②一定の紛争に関して、誰が、ドキュメントの保有者（カストディアン）として、関係するドキュメントを保有しているかを識別する問題（識別）、③情報を物理的に変更できない方法で記録し（保全）、保全されたディスクなどから、関連するデータを抽出する作業（収集）、④収集されたデータを処理し、関連性や秘匿特権の有無を調査し、分析する作業（処理・レビュー・分析）、⑤ドキュメントを提出し（提出）、法廷での証拠として利用する（プレゼン）というプロセスをモデルとして示したものです。以下では、このうち中核をなすドキュメントレビューの実際について紹介します[15)]。

2 ドキュメントレビューの実際

(1) ドキュメントレビューのプロセス

ドキュメントレビューは、収集されたデジタルデータの内容を分類・分析するプロセスです。プロセスは、弁護士等のレビューアーが分類（タグ

15) これらの一般論については、『デジタル証拠の法律実務Q＆A』355頁を参照下さい。

付け）を行う作業が中心となり、その準備の過程で重複処理・検索語処理などを行い、分類（タグ付け）後に証拠としての価値などを具体的に分析することが行われます。

(2)　準備

準備段階で行われる作業は以下のとおりです。

①　重複処理

デジタルドキュメントは、全く同じドキュメントが重複して作成されることがあります。これらを技術的に判断して、重複を排除します。

②　検索語等によるレビュー準備処理

多種、多様なドュキメントに対し、事案に関連性のある検索語を指定して検索を行い、レビュー対象の候補とします。どのような用語を検索語として指定するかは技術的な問題です。一般的すぎる検索語では抽出結果が多くなりすぎて絞り込みの意味がなくなります。また、日本では特に省略された用語や仲間うちでの符牒が用いられることがあるので、そうしたことを考慮して適切な検索語により効果的に抽出しなければならないという問題があります。

(3)　分類（タグ付け）

処理されたドキュメントを、最終的に50〜200程度のドキュメントごとに「バッチ」といわれるドキュメントの束に整理します。これらのドキュメントの束をレビューアーがソフトウェアを用いてタグ付けをしていきます。

このタグ付けの過程が、レビューの一連のプロセスの中で最もコストと手間がかかる作業になります。タグ付けは、レビューソフトウェア（後述）を利用し、具体的なドキュメントに対して、①関連性の有無、②ホットか否か、③非開示特権の有無等について、関与する法律事務所の定めるレビューの仕様（レビュープロトコルともいう。）に準拠して行われます。

①　関連性の有無

争点に関連性があるかのタグ付けを行います。争点との関連性は、最終的には、「その証拠の存在もしくは、不存在が、当事者間の紛争について、法的な意味のある事実の存在・不存在について説得する傾向があり得るか、否か」という観点から判断されます。

② ホット・ドック

ドキュメントが、依頼者に不利益に捉え得る事実の存在を示唆し、致命的な証拠となり得る場合には、検討チームに注意喚起します。その場合には、「ホット（Hot）」ボタンがクリックされ、実務的に、このようなドキュメントは「ホット・ドック」と呼ばれています。米国のeディスカバリ制度では、独占禁止法違反・リコール調査などはもちろん、訴訟事件においても、自己に有利なドュキメントのみを選んで、自分たちに有利になるように提出することはありません。そこで、自分たちに不利になりそうなドキュメントが存在する場合、それが相手方に提出されることを前提に訴訟戦略等を立てる必要が生じます。このような「スモーキング・ガン（煙の出ている拳銃、転じて、決定的な証拠）」の候補となるドキュメントをできる限り早期に発見し、訴訟の展望を見通すことが極めて重要となります。

③ 非開示特権等

非開示特権は、関連性を有し開示すべき範囲に該当するドキュメントですが、相手方に対しての開示を免れるものをいいます[16)]。レビューアーは、ドキュメントが非開示特権の対象となる場合にもタグ付けします。

⑷ レビューアー

レビューの作業を行う者をレビューアーといいます。米国では、弁護士、法律事務所のパラリーガル、サービスプロバイダの専門家（米国の場合）などが行います。米国では、法律実務（Practice of Law）は弁護士に独占されており、パラリーガル等がレビューを行う場合でも、その最終的な判断は弁護士の責任によってなされる必要があります。同様に、レ

16) 本書の **Q42**「秘匿特権をめぐる紛争の分析」を参照して下さい。

ビューチームの決定、レビューの実際のやり方（レビュープロトコル）の決定、レビューの品質確保手段の決定、キーワードやフィルタリングの方法などについても、弁護士の権能と責任によってなされる必要があります。

レビューが実際になされる場所は様々であり、外部のネットワークから隔絶された物理的セキュリティによって守られた場所に、専用のレビュールームを準備して、そこで行う場合もあります（オン・サイト・レビュー）。また、データ自体をデータセンターに保存・展開し、VPN 接続（仮想専用線接続）などの安全な回線を用いて、遠隔、すなわちクラウド上でレビューを行う方法も一般化しています。

レビューソフトウェアは、以下のようなビューの組み合わせからできています。

〈レビューソフトウェアの画面例〉

From:乙野二郎(jiroo@kaisya.co.jp)
To:甲野一郎(ichirok@kaisya.co.jp)
CC:
BCC:
Subject:A社社長との情報交換会
Sent:0101/08/2019 10:22:00 AM +0900 (JST)
Attachment

甲野社長

毎年恒例のA社社長との業界情報交換会ですが、本年は、1月15日(木)午後7時より、銀座の料亭 割烹 いちべんで開催されます。

A社からは、丙野社長と秘書室長 丁氏の二名が参加します。
(略)
乙野二郎
甲野モータース 社長秘書室長

BegControl
AA00000000111
ReviewStatus
○ NotReviewed
○ NotResponsive
● Responsive
○ ForFurtherReview
○ TechnicalProblems
Privileged
○ Privileged
● NotPrivileged
Issues
● InfoSharing
○ Collision
○ Evidencedisturb
○ Others
Hot
● Hot
Comments

一般的にこのようなソフトウェアでは、html のプロトコルをベースに、ドキメュントのビューアー（簡易なビューアーと、ネイティブなビューアーを切り換える）、タグ付けの部分、その他の操作部分に分けられています。

レビューは、1次レビューによって絞られたドキュメントを、上級のレビューアーがレビュー・分析し（2次レビュー）、それらのレビューを経て、提出される手続へと進みます。

3 レビュープロトコル

(1) レビュープロトコルの概念

具体的なドキュメントについて、関連性の有無、「ホット」か否か、非開示特権の有無等を定めるレビューの仕様を「レビュープロトコル」といいます。レビュープロトコルは、純粋な内部調査なのか、規制当局対応なのか、訴訟で提出すべき文書として要求項目が存在するか、などによって仕様が変わってきます。

(2) プロトコルの実際

例として、独占禁止法違反の内部調査において、競争関係にある同業者との意思の連絡を調査する場合には、「競業者との連絡」をうかがわせるドキュメントを「関連性あり（Responsive）」とすることになります。しかし、業界が一斉に集まるイベントで競業者と集まること自体を「関連性あり」とするのは合理的ではないので、こうした場合は排除するとの注釈を入れるなどして、定義していきます。

このような作業を、場合によっては証拠となり得るドュキメントもみながら、具体的に策定していきます。

4 レビューの質の維持

(1) 質の維持が必要な理由

レビューがレビュープロトコルに基づいて行われても、レビューアー毎に判断にばらつきが生じることは不可避です。そこで、各レビューアーのレビューの質を維持することが必要となり、この質を維持するための作業を「QC（Quality Control）レビュー」といいます。QCレビューは、一貫性を有し、正確かつその正確性に対する異議を排除できるようにするために、プロセスの各段階で実施される必要があります。QC レビューにより、レビューの不必要な重複を回避し、レビューの効率化が図られます。

⑵　QC レビューの実務

QC レビューは、レビューに精通する経験豊富な弁護士で、実際にいくつかの証拠となるドキュメントから前述のプロトコルを実際に作成するなどして、プロトコルの運用を熟知している者（QC レビューアー）によって行われます。

レビューのモニタリングは、レビューされる文書の全てに対して、又は（ハッシュコード、ベイツ番号、又はその他の手段によって）サンプリングがなされた文書に対して行われます。特に、非開示特権付きや営業秘密等の保護ドキュメントとしてタグ付けされたドキュメントは、確認のため二段階のレビューが行われます。多くの法律事務所では、最初に非開示特権付きとみなされた全ての書類に対して、少なくとも１名以上の経験の豊富な弁護士が審査します。

この二段階のレビューに加え、又はその代わりに、チームのコーディングをランダムにレビューし、レビュープロトコルの適用が一貫しているかをチェックすることも行われます。タグ付けに一貫性がなかった場合にはそれを修正し、必要に応じてレビュープロトコルも修正した上で、他のレビューアーに周知します。特に一貫性のないレビューアーに対しては、トレーニングを課したり、チームから離脱させます。

実際にレビューで利用されるプラットフォームでは、QC 用のレビューのモードで、レビューアーごとの所要時間や他のレビューアーとのブレなどがデータとして把握できるようにされており、これらのデータを活用して、レビューの質を維持できるようにしています。

（高橋　郁夫）

Q18 情報漏えい対応における経営者の役割と訓練

個人情報などの重要な情報の漏えいを防止するために、経営者はどのような対策を行う必要がありますか。また、セキュリティ対策のための訓練としてはどのようなものがありますか。

A

情報漏えい防止の対策として、個人情報などの保護と適切な利用とのバランスを図るために情報セキュリティポリシーを構築することが必要です。その際には、監督官庁等が策定した各種ガイドラインを参照し、ガイドラインを遵守した対策を行うことが、トラブルの予防と現実のトラブル対応のために有用です。

また、セキュリティ対策のための訓練にも、各種ガイドラインや独立行政法人情報処理推進機構のウェブページ、民間の企業が提供する有償訓練等を利用することが有用です。

1　情報セキュリティポリシーとは

(1)　企業が扱う情報のセキュリティの考え方

企業が扱う情報には、顧客の個人情報、従業員等の内部関係者の個人情報、自社の企業秘密（会計情報、市場に関する情報、具体的な取引に関する交渉の情報など）、その他の情報、他社の企業秘密等が存在します。

これらの情報を企業で管理し統治するプロセスが、企業における情報ガバナンスです。その中で、取り扱う情報の機密性に応じて、どのようなリスクがあり、それらのリスクに対してどのようにして軽減措置をとるか、残存するリスクはどのようなものかを総合的に把握していく仕組みを作り、その仕組みが適切に動いているかを確認し、仕組みの動きを向上していく過程が、情報ガバナンスにおける情報セキュリティの側面です。

組織における情報資産の情報セキュリティの対策を、総合的・体系的かつ具体的にとりまとめたものが「情報セキュリティポリシー」です。情報セキュリティポリシーは、企業における情報セキュリティ対策に対する根本的な考え方を表すものであり、どのような情報資産を、どのような脅威から、なぜ保護しなければならないのかを明らかにし、組織の情報セキュリティに対する取組み姿勢を示すものです[17)]。

ITの発展速度は極めて速いため、情報セキュリティ対策は一旦構築しても絶対ではなく技術の発展によってすぐに陳腐化するという特性があります。したがって、情報セキュリティ対策は、情報セキュリティポリシーの策定で終わる一過性のものではなく、それに続く日々の継続的な取組みによって確保される性質のものとなります。そこで、情報セキュリティポリシーの中には、継続的な情報収集及びセキュリティ確保の体制を構築しておくこと、また「いかに破られないか」のみならず「破られたときにどうするか」についての対策も適切に規定し、当該規定に基づいた対策を十分に構築しておくことが重要です。さらに、PDCAサイクルにより、情報セキュリティポリシーと関連する実施手順等の規定類を定期的に見直し、所有する情報資産に対して新たな脅威が発生していないか、環境の変化はないかを確認し、継続的に対策を講じていくことが必要となります。

(2)　関連法令等との関わり

情報セキュリティの検討に際しては、関連する法令等を遵守する仕組みを構築する必要があります。顧客の個人情報や従業員等の個人情報の取得や管理等の取扱いについて規律するのが個人情報保護法であり、マイナンバーに関する番号法（マイナンバー法）も個人番号等に関する企業の情報管理を規律しています。また、自社や他社の企業秘密その他の情報については、不正競争防止法により規律されている場合があります。

ただし、これらの法律は、あくまで情報管理が不適切と認定された場合の法的責任に関して規律したものであり、「どこまで対策をしておけばよ

17)　情報セキュリティ対策推進会議「情報セキュリティポリシーに関するガイドライン」（https://www.kantei.go.jp/jp/it/security/taisaku/guideline.html）

いか」つまりどこまで対策をしておけば不十分と認定されないか、との疑問に答えるものではありません。どこまで対策をすればよいか、という問題に答えるためには、情報セキュリティポリシーの検討の中で、保有している情報の保護と活用のバランスを考慮し、リスクの洗い出し、軽減措置の採用等を考えて検討を行う必要があります。

このバランスを考えるに当たっては、情報セキュリティの基本的な考え方と最低限遵守しなければならない事項とを意識しなければなりません。前者については、経済産業省及び独立行政法人情報処理推進機構が発行している「サイバーセキュリティ経営ガイドライン[18)]」が参考になり、後者については、個人情報保護に関する法律についてのガイドライン[19)]などが参考になります。

2　基本的な考え方の方針について

情報セキュリティに対する考え方の枠組みを構築するに当たっては、どのような情報資産を、どのような脅威から、なぜ保護しなければならないのか、また、想定されるリスクをどのように考えるのかを検討する必要があります。この点で、上述の「サイバーセキュリティ経営ガイドライン」は、考え方の方向性を示すものとして参考になります。

(1)　サイバーセキュリティ経営ガイドライン

サイバーセキュリティ経営ガイドラインは、「経営者が適切なセキュリティ投資を行わずに社会に対して損害を与えてしまった場合、社会からリスク対応の是非、さらには経営責任や法的責任が問われる可能性がある」とした上で、経営者が認識する必要がある3原則及び経営者がサイバーセキュリティ対策を実施する上での責任者となる担当幹部に指示すべき「重要10項目」をまとめています[20)]。なお、後述する、電気通信事業におけ

18)　http://www.meti.go.jp/policy/netsecurity/mng_guide.html
19)　https://www.ppc.go.jp/personal/legal/
20)　http://www.meti.go.jp/press/2017/11/20171116003/20171116003-1.pdf

る個人情報保護に関するガイドラインと異なり、ここにいう「経営者」に業種の限定はありません。

このうち経営者が認識する必要がある「3原則」は、①「経営者は、サイバーセキュリティリスクを認識し、リーダーシップによって対策を進めることが必要」である、②「自社は勿論のこと、ビジネスパートナーや委託先も含めたサプライチェーンに対するセキュリティ対策が必要」である、③「平時及び緊急時のいずれにおいても、サイバーセキュリティリスクや対策に係る情報開示など、関係者との適切なコミュニケーションが必要」である、というものです。①は、経営資源の配分（サイバーセキュリティに必要な予算を割くこと）、②は、自社以外の関係会社等についても広く対策を行うこと、③は、関係者とのコミュニケーションを密にしておくこと、とそれぞれ要約することができるでしょう。

⑵　遵守事項としてのセキュリティのリスク軽減措置

情報漏えい対策の第一の目的は情報漏えいの防止ですが、経営者の立場からは、情報漏えいがあった場合でも法的責任を問われないようにすることも大きな目的となります。すなわち、情報漏えいが発生した際に、「私たちは対策をしていたが不可避だった。」といえる程度の対策が必要となります。逆に言えば、「情報漏えいは自社の責任によるものではない。」と説明できる程度の対策とは、どの程度のものなのかが問題となります。

この点について明確な基準があるわけではありませんが、目安としては、法令やガイドラインを遵守しベストプラクティスを尽くしていたといえる程度、ということができると思われます。例えば、個人情報保護委員会の公表している「個人情報保護法ガイドライン（通則編）[21)]」には情報漏えい対策に関する記載があるので、このようなガイドラインを遵守し、また、業界団体の自主規制には、当該時点の技術水準等が反映されている場合が少なくないことから、これらを参照して実践することが考えられます。現実に、裁判例の中には、類似のガイドラインに言及して「これらの

[21)] https://www.ppc.go.jp/files/pdf/guidelines01.pdf

ガイドラインは、直ちに不法行為における注意義務を構成するものでないが、そこで要請されている個人情報保護の必要性にかんがみると、…その事業内容等に応じて、個人情報保護のために安全対策を講ずる法的義務が課せられていた[22]」とするものがあり、ガイドライン遵守の有無は、情報漏えい時の法的責任を問われた際の裁判所の判断に影響を及ぼし得るといえます。

上記ガイドラインは、法20条（安全管理措置）の解説において、「当該措置は、個人データが漏えい等をした場合に本人が被る権利利益の侵害の大きさを考慮し、事業の規模及び性質、個人データの取扱状況（取り扱う個人データの性質及び量を含む。）、個人データを記録した媒体の性質等に起因するリスクに応じて、必要かつ適切な内容としなければならない。」としており、具体的な事項が、同ガイドラインの、「8（別添）講ずべき安全管理措置の内容」で論じられています。この内容には、「基本方針の策定」、「個人データ等の取扱いに係る規律の整備」、「組織的安全管理措置」、「人的安全管理措置」、「物理的安全管理措置」、「技術的安全管理措置」が挙げられており、参考となります。

3　セキュリティ対策のための訓練

(1)　訓練として想定される状況

情報セキュリティポリシーをいかに緻密に構築しても、それが実際に身につかなければ絵に描いた餅です。情報セキュリティポリシーに記載されている具体的な対応策が組織の構成員によって現実に遵守されているかを確認し必要な訓練を行うことは、極めて重要かつ有意義です。

情報漏えいのケースは、内部従事者による持ち出しと、外部からのサイバー攻撃によるものの2種類に大別できます。これらに対応する訓練としては、①通常時の訓練として、外部からのサイバー攻撃が行われたがまだ漏えいにいたっていない状況に備えた訓練、②漏えい時の訓練として、内

22)　東京地判平成19年2月8日（判時1964号113頁）

部従事者による持ち出しや外部からのサイバー攻撃により情報漏えいが既に起こってしまった場合の事後対応訓練が考えられます。

(2) 通常時の訓練

サイバー攻撃時の漏えいを防ぐための訓練としては、標的型攻撃メールに似せたメールを作成し、従業員に送付して対応をみることなどが考えられます。この点、独立行政法人情報処理推進機構が、サイバー攻撃時の訓練方法として「『高度標的型攻撃』対策に向けたシステム設計ガイド」等をウェブサイト上で発行しており[23)]、これらを参考にして自社で訓練を行うことも可能です。他方、社内のリソースだけで想定される攻撃のシチュエーションを作り出すことが難しい会社もあるので、近時は、民間のセキュリティ会社による有償での訓練も多く提供されています。

いずれにせよ、十分な訓練を行ってきたという実績は、訓練の効果に加え、漏えいの責任を問われた際に責任を免れる理由の一つにすることができるという副次的効果も考えられます。

(3) 漏えい時の訓練

情報漏えいが実際に起きた場合にどのように対応するかを事前に準備し、また、事前の準備どおりの対応を行えるように訓練をすることも有意義です。

前述のサイバーセキュリティ経営ガイドラインでは、経営者が認識すべき「3原則」に加えて、経営者がサイバーセキュリティ対策の責任者に指示すべき「重要10項目」が記載されています。そのうち、指示7には「インシデント発生時の緊急対応体制の整備」が、指示8には「インシデントによる被害に備えた復旧体制の整備」が記載され、これらの具体例として、インシデント発生時の対応についての実践的な演習の実施や、業務停止等からの復旧対応についての実践的な演習の実施が推奨されています。

これらの対策については、独立行政法人情報処理推進機構が、ウェブサ

---

23) https://www.ipa.go.jp/security/vuln/newattack.html

イト上で多くの具体的な対策ツールを発表しており、有効活用することをおすすめします[24)]。

4　情報セキュリティ対策についての裁判例

最後に、経営者が情報セキュリティ対策を怠ったと認定されて法的責任を問われた裁判例を紹介します。

事案の概要は、インターネット接続等の総合電気通信サービス会社が、顧客情報として保有管理されていた顧客の氏名・住所等の個人情報について外部に漏えいしたことにつき不法行為責任が問われたというものです。大阪地裁は、当該会社について、同サービスを提供していた株式会社には外部からの不正アクセスを防止するための相当な措置を講ずべき注意義務を怠った過失があるとして不法行為に基づく慰謝料の請求を認めるとの判決を下しました[25)]。

この判決内容を具体的に検討すると、会社が取るべきであった対策がどのようなものであるかが見えてきます。この事案では、会社は、以前に当該会社の業務委託先から派遣された内部従事者（派遣で当該会社の業務についており、当該会社の従業員ではない。）に対して、当該会社のサーバへのリモートアクセスを業務上認めており、リモートメンテナンスサーバの管理者権限を有するユーザ名やパスワードを与えていました。その内部従事者が、当該会社での派遣業務を終えた後に、このアカウントを用いて知人とともに顧客データベースサーバへリモートアクセスし、顧客情報を不正に取得しました。

判決は、①当該会社のリモートアクセスの管理体制は特定のコンピュータ以外からはリモートアクセスできないようにするものではなく、ユーザ名とパスワードにより規制するだけでありその他の措置を講じていなかったこと、②ユーザ名とパスワードが同じ文字列でありしかも複数人でアカ

---

24)　『デジタル証拠の法律実務Q＆A』中のQ46「情報漏えい対応の基本方針」、Q47「情報漏えい事件における法的問題」でも解説を行っています。

25)　大阪地判平成18年5月19日（判時1948号122頁）

ウントを共有していたこと、③従業員の退職時及び定期的にパスワード等の削除・変更をしていなかったこと、等を指摘し、不正アクセスを防止するための管理が極めて不十分であったとして、不正アクセスを防止するための相当な措置を講ずべき注意義務を怠ったと認定しました。

この事案で経営者が行っておくべきであった対策は、アクセス管理・アクセス状況の監視体制の構築、及び安全管理に関する従業員の責任・権限の明定、従業員との秘密保持契約の締結等だったといえます。これらの対策については、電気通信事業における個人情報保護に関するガイドラインの解説「講ずべき安全管理措置の内容」のうち、「技術的安全管理措置」及び「組織的安全管理措置」として記載されており、このような裁判例からも、同ガイドラインに沿った対策は有用だといえるでしょう。

（山本　祥平）

Q19 独占禁止法違反事件と不正調査

当社は自動車部品の製造会社ですが、同業者が、欧州委員会や米国司法省から、独占禁止法違反で調査を受けたという報道を見ました。当社としてはどのように対応すればよいのでしょうか。EU 及び米国の独占禁止法と日本の独占禁止法との実務上の違いなどにも留意して教えてください。

A

同業者が独禁法違反の調査を受けたという報道に接した際には、自社が違反行為に関与しているか否かを確認する必要があるといえます。仮に自社が関与しているとの疑いが出てきた場合には、当該事実を当局に申告することによって、制裁の緩和を求めていくことを検討する必要があります。

EU 及び米国の当局は、独禁法違反行為に対する執行を積極的に行っており、注意が必要です。調査手法についても、客観的証拠を重視する姿勢があり、デジタルフォレンジック調査等の必要性が高いといえます。

1　各国独占禁止法調査対応の重要性

(1)　独禁法執行強化の国際的潮流

独占禁止法（競争法：Competition Law と呼ぶ法域も多い。）は、市場における事業者間の競争を促し、よりよい製品・サービスをより安価に提供させることにより、消費者の利益を保護することを目的とする法律です。日本をはじめ、主要国のほとんどが、細かい制度の差異はあれ、独禁法を制定しています。

独禁法が禁止する行為類型は様々ですが、各国において独禁法当局が規制をもっとも強化しているのはいわゆる「カルテル・談合」と呼ばれる行為です。競合他社同士で製品・サービスの価格・供給量などの条件を話し合い、決定してしまうカルテル・談合行為は、それによって競争を消滅させてしまう極めて悪質な行為であり、各国当局が厳しく取り締まっています。

とりわけ、米国及びEUにおいて、当局による執行が最も活発となっています。米国では、カルテル・談合行為は刑事事件となり、米国司法省による調査が行われます。企業に対して多額の罰金が科せられるほか、カルテル・談合行為に関与した個人も刑罰の対象となり、米国の刑務所に収監される事例も増えてきています。EUでは、欧州委員会による行政手続であるため、刑務所への収監の可能性はないものの[26)]、制裁金の額が著しく高額となる傾向にあり、企業にとって大きな打撃となります。

さらに、近時の傾向として、日・米・EU等の主要な当局が執行した案件について、その他の国の当局が追随して執行活動を開始し、執行活動が波及していくことが多くあります。例えば、日・米・EUの当局による調査開始に端を発した自動車部品カルテル事件では、これらの当局に加えて中国、韓国、カナダ、ブラジル等の当局も調査・法執行を行っています。

それでは、なぜ日本企業が、このような海外の独禁法当局による執行に注意しなければならないのでしょうか。あるカルテル・談合行為が国外で行われたとしても、当該行為の影響が国内に及ぶ場合には、当該国の独禁法が適用されることになるからです。このような考え方は「効果主義」と呼ばれ、程度の差はあれ日・米・EUの独禁法において共通の考え方となっています。効果主義に基づく場合、仮に日本企業同士が日本においてカルテル行為を行ったとしても、カルテルの対象となった製品が米国・EUに販売された場合には、これらの国の需要者がカルテルによって価格が高止まりした製品を購入するという「効果」が生じることとなるため、これらの国の独禁法が適用されることとなります。事実、米国司法省、欧州委員会ともに、国際的なカルテルに対する執行を強化しており、日本の

---

26)　ただし、加盟国レベルでは刑事事件として処理される国もあるため、そのような国における刑務所収監の可能性は否定できません。

企業や個人が法執行の対象となっています。2018年6月現在、米国において罰金1億ドル以上もの罰金を科された日本企業は12社にも及び、カルテルに関与した多数の日本人個人が有罪答弁を行い、実際に米国の刑務所に服役しています[27]。

⑵　リニエンシー制度

カルテル・談合行為は、密室で行われる行為で証拠が残りにくいという性質があり、当局による発見が難しい類型であると理解されています。発見が困難であるが競争への悪影響が強く看過できないカルテル・談合行為の摘発を容易にするため、日・米・EUや、その他の主要国・地域において、リニエンシー制度が採用されています。これは、カルテル・談合行為を自主的に申告することと引き換えに、本来科される制裁金・罰金等を免除又は減額する制度です[28]。カルテル・談合に参加した企業に対して当局に調査協力をするインセンティブを与えることによって、当局による違反行為の探知を容易にしているのです。

リニエンシー制度は各国において大きな成功を収め、国際的なカルテル・談合行為に対する執行の強化に大きく貢献しています。カルテル・談合行為に参加した企業としては、他の参加者がリニエンシー制度を利用する可能性があることから、早急に自身が同制度を活用して制裁の減免を求めることが当該企業の利益にかなうことになります。

したがって、企業としては、カルテル・談合行為に参加した疑いが生じた場合には、速やかな社内調査を行い、リニエンシー制度の活用を検討しなければならないといえます。この際、⑴で説明したとおり、カルテルの「効果」が及ぶ国における摘発が想定されることから、場合によっては複数の当局にリニエンシー申請を行う必要が出てくることもあります[29]。

---

27)　米国司法省ホームページ
（https://www.justice.gov/atr/sherman-act-violations-yielding-corporate-fine-10-million-or-more（最終閲覧日：2018年8月31日））

28)　リニエンシー制度の詳細は国によって異なっており、詳細な説明はここでは省略します。

29)　リニエンシー制度を適時に活用して課徴金の減免を求めなかったことが、取締役の

2　同業者に対する調査が開始されたら（設問前段）

１で説明したとおり、独禁法違反に対して、世界の当局は監視の目を強めており、数百億円単位の制裁金・罰金を科すケースが増えてきています。設問のような事例において、同業者が調査の対象となったという情報に接した場合には、自社に対して火の粉が及ぶ可能性がどれだけあるかについて、可及的速やかに事実確認を行い、対応を検討していく必要があります。

⑴　対象製品の特定

まず、報道等の情報に基づき、問題となっている製品が何であるか、自社が当該製品を製造・販売しているかについて確認する必要があります。自動車部品といっても多数の部品があり、部品によってそれぞれ製造・販売している事業者が違うでしょうから、これを特定することにより、自社が関与している可能性があるか否かについて判断をする必要があります。

報道において対象製品が特定されていない場合には、調査の対象となった同業他社との間で、実際に競合している商品が何かについて確認する必要があります。実際の営業活動において競合した事案がある製品が何であるかを特定することにより、調査の対象となる可能性のある製品について特定することができる場合もあります。

⑵　内部調査の実施

対象製品（又は製品群）を特定した後、当該製品に係る営業活動において、独禁法違反行為を疑われるような事実があるかにつき、速やかに内部調査を行う必要があります。当該製品の担当者（特に営業の担当）が保有するデータ・電子メールの確認、担当者へのインタビュー等を通じて、自社が調査対象となっている行為に関与しているか否かを検証する必要があります。

善管注意義務違反として株主代表訴訟が提起されることもあります。

内部調査を行うに当たり、調査の対象となる役職員に対して、関連するデータの保全を要求する文書保全通知（Litigation Hold Notice）を発行するのが一般的です。これによって、対象者が関連文書を削除することを禁止し、当局に対して適切な文書保全措置を行っていると説明できるようにしておく必要があります。また、削除の禁止については、システム的な担保措置（例えば、メールの自動削除設定の解除、データバックアップの取得等）を講じておく必要もあるでしょう。

当該内部調査を行う上で、米国・EUの当局調査が関係する場合には、外部弁護士に調査を依頼することが一般的です。これは、米国法・EU法上、外部弁護士と依頼者との間のコミュニケーションについては、弁護士依頼者間秘匿特権（Attorney-Client Privilege）の対象となり、当局や訴訟の相手方に対して開示する必要がなくなるからです。これを社内だけの内部調査にしてしまうと、調査において作成された報告書、担当者とのやり取りなどが秘匿特権の対象から外れ、全て当局に対して提出を求められるリスクが出てきてしまいます。これを避けるために外部弁護士への依頼が必要となる場合が多いといえます。

(3) 調査結果のとりまとめ、当局対応

上記調査の結果をとりまとめた後、今後のアクションについて検討する必要があります。調査の結果、特に当局調査の対象となるような行為が発見されなかった場合には、それによって内部調査を終了させ、仮に当局からコンタクトがあった場合には、内部調査を行ったが関与事実は発見されなかったということを当局に対して主張していくことで足りると考えられます。

それでは、調査の結果、仮に当局調査の対象となった行為に関与していた事実が発覚した場合にはどうすべきでしょうか。現状自社に対する当局調査が開始されていない以上、特に何もしないという選択もあり得ますが、当局による同業他社の調査の過程で自社の関与事実が出てくるのは時間の問題でしょうから、いずれ調査の対象となる可能性が非常に高い状態であるといえます。

そのような場合には、１で説明したリニエンシー制度を活用し、当局に対して積極的に違反事実を報告する手段を検討すべきでしょう。各国において制度設計は異なりますが、違反事実を自主的に申告し、その後の当局調査に協力した事業者に対しては、制裁金・罰金の減免が受けられる場合がありますので、その可能性を検討し、自社が被る経済的損失を可能な限り限定していくことが望ましい対応であるといえます。

3　米国・EUにおける独禁法当局対応の留意点（設問後段）

米国では米国司法省（DOJ)、EUでは欧州委員会競争総局（EC DG-COMP）がそれぞれ独禁法の執行を担当しています。いずれも制裁金・罰金の額が非常に高額になる傾向があり、また、調査手法の点でも留意すべき点が多く、当局対応には注意が必要です。以下では、調査手法の観点から実務上の注意点をいくつか紹介します。

(1)　デジタルフォレンジック調査

欧米の調査実務では、電子データ等の客観的な証拠を重視する傾向があり、その意味でもデジタルフォレンジック調査は非常に重要となります。

欧米では、日本と異なり、データの保全方法・処理方法・提出方法等についても細かいルールがあります。これらは一度失敗してしまうと取り返しのつかないことになる可能性もありますので、当局に対するデータ提出に関する経験豊富な業者のアシストが不可欠となります。

(2)　全面的な調査協力の必要性

欧米では、前述のとおり、調査協力によって制裁金の減免が認められる場合がある反面、そのためには全面的な調査協力が必要となります。協力の際には、弁護士が内部調査で判明した事実をとりまとめ、関連する証拠を全て整理した上で提出を行う必要があります。また、当局側による対象者のインタビューに対しても協力する必要があります。

日本の独禁法では、諸外国に比して、公取委による調査に対して対象企業が協力するインセンティブが十分ではなく、これによって公取委による迅速かつ効率的な調査が阻害されているとの問題点が指摘されています。これに対応するため、公取委は、課徴金制度を見直し、調査対象企業に対して、従来のリニエンシー制度を拡充することによって、より一般的な調査協力へのインセンティブを与える法改正を検討しています。詳細については、公取委が当該検討のために開催した独占禁止法研究会の報告書（https://www.jftc.go.jp/houdou/pressrelease/h29/apr/170425_1_files/170425_1houkokusyo.pdf）をご参照ください。

(3)　司法妨害に対する厳格な法執行

欧米では、証拠隠滅行為に対して厳しい法執行が行われており、対象者が関連メールやデータを削除した場合には、それだけで多額の罰金が科されるばかりか、調査協力による罰金減額が受けられない事態にも発展します。したがって、対象役職員に対しては、関連データの削除、従業員間で口裏合わせ等は絶対にしないことを誓約させ、それを担保するために前述のようなシステム上の措置を講ずる必要があります。

（渥美　雅之）

Q20 情報ガバナンスと海外紛争解決手続対応

海外において事業展開をしていく中で訴訟リスクは常に存在し、特に海外訴訟におけるディスカバリ手続に苦労するとの話をよく聞きます。平時からディスカバリ手続に備えるための対応としてどのようなものがあるのでしょうか。また、国際仲裁を選択した場合に対応が大きく異なるのでしょうか。

A

海外訴訟、特に米国における訴訟では、ディスカバリと呼ばれる証拠開示手続において広範囲のデータ・文書を提出するよう求められる証拠開示手続があります。関連文書・データを提出しなかった場合の制裁も強力です。対象データ量が多ければ多いほどディスカバリ対応のコストが増額される傾向にあることから、日頃より、文書管理規定等において、不要な文書・データを定期的に削除するなどの対策が必要と考えられます。

クロスボーダーの紛争解決手段として、裁判所における解決以外に、国際仲裁を選択する日本企業が増えてきています。ディスカバリ手続との関係でも、裁判手続よりも柔軟に開示対象を議論することができるなど、メリットが多く存在します。

1　海外訴訟におけるディスカバリ手続

(1)　ディスカバリ手続への対応

国境をまたいで事業活動を行っている企業は、例え日本企業であっても、海外において訴訟提起されるなどの訴訟リスクが存在します。特に、欧米では、訴訟提起を容易にする様々な制度が存在し、企業に対する訴訟は非常に多いといえます。

欧米において、被害者（原告）による訴訟提起を容易にする制度の一つとして、証拠開示手続（ディスカバリ手続）が存在します。日本において訴訟提起をする場合には、被害者は、原則として、自身で主張を裏付けるための証拠を収集しなければなりません。一定の要件を満たす場合には、裁判所による証拠保全手続、文書提出命令等の手続により、相手方から証拠を提出させる手続を利用できますが、その範囲は限定的です。原告側が自身で十分な証拠を集めることができなければ、立証責任を負う原告側の敗訴となってしまいます。

これに対して、米国・英国等のコモンロー諸国では、ディスカバリ手続を利用して、相手方に対して関連する証拠の提出を義務付けることができます。訴訟提起段階で、原告による主張に一定の確からしさが存在すれば、当該主張との関連で被告が有している証拠の提出を義務付けることができます。各国によって提出義務の範囲は異なり、一般的に、米国におけるディスカバリが、最も原告有利であり、広範な証拠の開示を義務付けることができると言われています。また、仮に日本企業が米国において訴えられた場合、米国外（日本）に所在する文書・データについても提出の対象となるとのプラクティスが確立しつつあり、日本企業は、これに対応しなければなりません。

⑵ 海外訴訟対応における一般的な留意点

ア 法的な文化の違い

この訴訟対応においては、問題となる手続法が、訴訟において開示手続が広範に認められているのか、また、依頼者と弁護士との間の非開示特権が認められているのか、という点で相当程度異なってくるということができます。

前者については、コモンローの国においては、開示手続は、「トランプを表に（Cards face up on the table)」との理念に基づいて、極めて広汎に行われています。わが国においては、手持ちの証拠から自らの立場を有利にする証拠を如何に裁判官に印象づけるかが裁判のポイントであるとされているのに比較して、大きな違いであるということができます。この点については、『デジタル証拠の法律実務Q＆A』の350頁を参照ください。

後者に関しては、さらに、非開示特権（狭義）とワークプロダクトの法理にわけて論じることができます。わが国においては、弁護士と依頼者の間のコミュニケーションが裁判所の開示から免れるという考えは存在しないのですが、この点については、特に近時では、わが国でも採用すべきではないか、とされるようになりました[30)]。

イ　制裁の重さ

米国におけるディスカバリの怖いところは、それに要するコストのみならず、開示請求に違反した場合の制裁が非常に重い点です。ディスカバリ手続違反は裁判所に対する侮辱（Contempt of Court）と判断される場合もあり、裁判所は、違反行為に対する効果的な制裁を科すための広範な裁量を有しています。例えば、裁判所は、開示請求に違反した企業に対して制裁金を科すことを命じたり、重大な違反行為の場合には、争点となっている事実について、開示をしなかった当事者に不利な事実認定をすることも行います。このようにディスカバリ対応は、訴訟の帰結を左右するような重大な手続であることを意識する必要があります。

ウ　コスト管理の問題

国際的ドキュメントレビューには、コストの負担の問題があります。ドキュメントレビューは、データの収集・保管・処理、レビューアーによるレビュー、翻訳などの種々のプロセスから構成され、各プロセスにかかるコストの総計は多大なものになる可能性があります。現在は、予測的タグ付け（ドキュメントの一部をタグ付けし、それから残りの重要性を判断する技術）などを利用することにより、コストを削減する試みがなされています。

エ　日本特有の問題

訴訟対応の観点からは、企業内における内部連絡も、事件に関連性がある限りで、紛争の相手方に提出しなければならない制度があることを念頭に置いて行う必要があります。そのような考慮をせずに、企業内に

---

30)　本書 **Q42**「秘匿特権をめぐる紛争の分析」でこの点について詳論しています。

おいて不用意にフランクな意見交換をすることは、場合によっては、その意見交換が、その企業にとって不利に解釈される可能性があり、極めてリスクが高い行為となり得ます。例えば、企業内で電子メール等で上司抜きで上司の判断の妥当性をチャットすることは、書いた本人にとっては上司の普段の行動に対するちょっとした愚痴や批判のつもりであっても、紛争の過程で、致命的な結果をもたらす可能性があります。また、電子データのみが開示の対象となるわけではなく、紙の配布資料になにげなく書かれたメモも、一般に記載した者の本音を示していると考えられることが多く、会社にとって決定的な不利益となる場合があります。日本の会社にとって、これらの点は、特に留意する必要があります。

2　情報ガバナンスとディスカバリ対応

情報ガバナンスの一環として、ディスカバリ対応のために平時から気を付けておくべき事項としては文書の管理と文書の適切な処分が考えられます。起こるかどうかわからないディスカバリ対応のためだけに文書管理の対応を変更することは、現実には社内の理解をなかなか得られにくい場合もありますが、平時での対応如何によりディスカバリの際のコストが大きく変わり得ることを理解し、適切な対応をしていく必要があります。

(1)　文書管理の必要性

ディスカバリでは、紛争の争点に関連する文書を有利・不利に関係なく相手方に提出することを求められるので、一般的に、文書・データの適切な管理をする対策が、ディスカバリ対応において最も効果的です。対象となるデータがサーバで一括管理されているか（個人の PC におけるローカルデータは最小限に抑えられているか)、紙媒体の文書についても共有資料として一括管理されているか、資料の所在・種類が一覧性を持ってわかる目録を作成しているか等がポイントとなります。原告から求められた情報が一元的に管理されておらず、データの所在を探すために不必要な時間・コストがかかってしまったり、不必要に広範な対象者のデータを提出しなければならなくなったりすることはしばしばあります。そのようなことにならないためには、日頃からデータ・文書の適切な管理を行うことが有益です。

(2) 文書の「適切な処分」

適切な管理に加えて、文書・データを定期的に処分することも重要です。訴訟が提起された後、又は訴訟提起が合理的に予測できた時点より後に文書を処分することは証拠隠滅行為としてディスカバリ手続違反に該当するため厳に慎まなければなりません。しかし、訴訟が提起される前、すなわち平時の際には、各社の文書管理規定に則り、不必要なデータ・文書を保持せず、一定の保管期間を経過したものを処分することが重要となります。ディスカバリ手続のコストが増額する要因の一つは、訴訟の対象に関連する文書・データが膨大となっていることですが、かなり過去の文書・データまで保存されていることによりそのコストをさらに増大させている例はしばしばみられます。法律等で求められる文書保管期間を経過した文書は、定期的に処分し、文書・データの全体の分量を適切に管理することが重要です。

3 国際仲裁における証拠開示との違い

渉外契約では、当該契約に関連する紛争は国際仲裁によって解決するとの紛争解決条項を入れる場合が増えています。裁判所での紛争解決と比較しての国際仲裁の有用性については様々な議論がありますが、証拠開示の観点からは、国際仲裁には一定の有用性があるとされています。

すなわち、仲裁手続は当事者の合意に基づいた紛争解決手続であり、証拠開示の範囲も、その目的に応じた合理的な範囲に限定するために、当事者間で柔軟に議論することが可能となります。例えば、関連メールの提出に関する手続の場合、提出対象者となる担当者の範囲、提出対象の期間等を柔軟に限定することが可能となります。また、関連性による絞り込みについて、例えば、予測タグ付け技術を用いたレビューを認めて効率化を図るなど、様々な面で柔軟な対応をすることが可能となります。

これに対して、米国の訴訟手続では、基本的に当該訴訟に関連する事項に「関連」する証拠で、一部の例外を除いた全ての提出を求めることができます。開示範囲は、原告・被告間での議論に基づいて決定されるものの、原則としては全ての関連証拠が対象となり得る点で、対象が広範になりがちです[31)]。英国でも、米国ほどではないものの、相手方当事者に対するディスカバリ請求は、必要性に応じて認められており、開示資料が広範になる場合が想定されます。

このように、国際仲裁には、証拠の開示対象を当事者間の協議によって合理的に限定し、証拠開示の手続に係る費用を大きく節約できる可能性が高いというメリットがあるとされています[32)]。

（渥美　雅之／高橋　郁夫）

---

31)　なお、この点については、米国の裁判所においても、ディスカバリの負担が重たいことによって不必要な訴訟提起がなされている点が問題視されており、近時の米国民事訴訟規則においては、関連性のほか、証拠開示によって当事者が負担しなければならない費用と比して必要性が低いような場合には、提出を免れるといった例外事由が明文化されています。

32)　ただし、仲裁においても、例えば仲裁人が英米法をベースとした弁護士・元裁判官のようなバックグラウンドを有している場合、英米の裁判とあまり変わらないような広範なディスカバリを要求される可能性があること、当事者間での交渉においても不合理な当事者から広範なディスカバリを要求される可能性がある一方で、裁判においても当事者間である程度合理的に対象を絞り込むことも可能であることなどから、正式な裁判と比べて有意な差はあまりないのではないか、との議論も存在します。

Q21 国際的レビュー

国際的な訴訟案件や調査事件でドキュメントレビューを行う際に注意すべき点にはどのようなことがありますか。

A

国際的なドキュメントレビューにおいては、各国の管轄との関係やデータ保護法との関係などにも留意する必要があります。また、これらによって生じる問題について、米国でのCLOUD法の制定をはじめとして、様々な法的な動きがあるので、留意することが必要です。

1　国際的なドキュメントレビュー

(1)　国際的なドキュメントレビューが必要になる事例

企業活動の国際化に伴い、様々な局面でドキュメントレビューの手法が用いられるようになってきています。具体的には、海外子会社の不正調査、外国での訴訟、外国の官庁対応などをあげることができます[33)]。

近時は、腐敗防止法への対応が重要となっており、業種によっては、特定の官庁からの調査への対応を迫られるケースも増えています。例えば、自動車産業におけるリコール対応がその例であり、米国運輸省国家道路交通安全局（NHTSA）は、2015年11月には、エアバッグの欠陥で適切なリコール（無償回収・修理）や当局への情報開示を怠ったとして、タカタに対して最大で２億ドル（約240億円）の民事制裁金を科すと発表しました。また、同年12月には、BMW傘下のMINIが米国で実施したリコール（回収・無償修理）に関する対応に不備があったとして、BMWノース

33)　このうち、海外子会社の不正調査については**Q15**、官公庁対応のうち独占禁止法違反に対する対応については**Q19**を参照してください。

アメリカに対して、最大4,000万ドル（約48億円）の民事制裁金を科すと発表しています。こうした事案では、まずは、企業自らの手によって不正の有無・関係証拠の有無を調査し、それらに該当するものがある場合には規制当局に対して提出することが求められるので、いずれの事案でも、各企業は案件対応のために膨大な調査を迫られています。

2 国際的なドキュメントレビューにおける現代的な論点

(1) 法的問題についての検討についての世界的な動向

国際的な案件におけるドキュメントレビューの法的問題については様々な議論がされており[34]、以下では、各国の管轄との関係、データ保護規定との関係、主権の相剋との関係について記載します。

(2) 各国の管轄との関係

管轄とは、ある国の法廷（具体的には、米国の法廷）でなされた判断（命令等）が、当該訴訟の当時者の海外での行動に対して効力を有し得るかという問題です。

管轄で大きな問題となるのは、ある国の裁判所等が、その国以外の場所に存在する記録装置に記録されているデータの提供を命令できるかという点です。

米国の連邦民事訴訟法の規定は、当事者は、任意で当事者が「保持、保管又は管理している」文書、電子情報及び有形物のコピーを原則として提供しなければならないと定めています[35]。この「管理」（control）の解釈

[34] セドナコンファレンスWG6が国際的ドキュメントレビューについていくつかの報告書を提出しており、この報告書のうち、「Framework for Analysis of Cross-Border Discovery Conflicts: A Practical Guide to Navigating the Competing Currents of International Data Privacy and e-Discovery」は、世界的なディスカバリの相剋を分析するための枠組みを提供しています。
http://www.thesedonaconference.org/content/miscFiles/publications_html?grp=wgs160

[35] 連邦民訴規則26条（a）（1）（A）（ii）

についての有力な立場は、「実務的可能性」の有無で判断するというものです。一般的には、「米国の裁判所は、そのデータの所在地にかかわらず、そのデータについて管理をなし得るデータ管理者に対して、米国の法廷でなされた判断にしたがうことを要請し得る」とされています。これは、データの作成・記録が米国内でされているか米国外でされているかにかかわらず、米国内で管理がなし得るのであれば、データの記録された記録媒体の物理的位置は関係がないという意味を含むとされています[36)]。したがって、米国外で活動をする企業も、原則として米国のｅディスカバリに応じなければならず、その際、米国外のサーバ・PC 等に保存されているデータも提供を命じられる可能性があり、ドキュメントレビューの実際では、米国外に保存しているデータがどの範囲で提出の義務があるのかが論点となっています。

この点、刑事事件である“Microsoft Ireland”事件では、米国の裁判所が米国外のサーバに保存されているデータに対して押収令状を発行し執行する権限を有するのかが争われました。この事件では、麻薬捜査に関連して、保存通信法に基づいて捜査令状が発付され、マイクロソフト社に対して電子メールサービスのユーザに関するデータやユーザが送受信したメッセージの内容などの開示が要求されました。しかし、このユーザのデータ自体は、アイルランドのサーバに保存されていたため、マイクロソフト社は、捜査令状の破棄及び民事裁判所侮辱への異議を唱えました。治安判事及び連邦地裁は、マイクロソフトの訴えを退けましたが、第２連邦高等裁判所は、2016 年 7 月 15 日、保存通信法 2703 条は、裁判所に対して、排他的に海外に保存されている顧客の電子メールの米国ベースのプロバイダへの押収令状を発行し、執行する権限を持たないとの判断を下しました。この件については、その後、2018 年 3 月に CLOUD 法（Clarifying Lawful Overseas Use of Data Act、データの国際的な適法利用の明確化法）が成立しました。同法は、電気通信プロバイダは、データの保存場所に関連なく

36)　米国でのリーディングケースは、Strauss v. Credit Lyonnais, S. A., 242 F.R.D. 199（E.D.N.Y. 2007）である。

データの提出命令に応じるべき義務があることを認めるとともに、(データの保存場所たる) 外国の法に違反する場合には、救済を求め得る場合があることを述べています。この救済については、国家の相互の礼譲 (comity) などを判断の要素として判断するとされています。CLOUD法のもとでは、提出を命じられた場合には、データを提出しなければならなくなるので、前述のマイクロソフト事件においては、同法に基づいてデータが提出されて、事件としては解決を見ています[37]。

また、2010年12月には、米国の第9巡回控訴裁判所の判決において、司法省による独占禁止法違反の刑事調査に関し、米国の法律事務所が保持する外国企業の文書が大陪審による文書提出要請 (subpoena) の対象となり得る、との判断がなされました[38]。この判断を受け、近時は、米国外に保存されているデータをレビューするに際しては、米国の法律事務所からはその米国外のデータに対するアクセスを遮断してドキュメントレビューをするといった対抗策がとられるようになっています。

(3) EUデータ保護法との関係

EUでは、近時、国際的なディスカバリとデータ保護法との関係が議論されています。

従前、データ保護指令25条は域外移転の禁止を定めており、この原則はGDPR (一般データ保護規則) 第44条 (移転に関する一般原則) に引き継がれました。この原則に照らし、EU域内の企業が保有する個人データ

---

37) Devin Coldewey「Microsoftのデータ保護問題に決着――米最高裁、CLOUD法成立により過去のデータ提出命令を無効と決定」(https://jp.techcrunch.com/2018/04/18/2018-04-17-supreme-court-dismisses-warrant-case-against-microsoft-after-cloud-act-renders-it-moot/)

38) 日本企業を含む液晶パネル業界の独占禁止法違反に関して司法省が2006年に開始した調査に端を発した事件に関する判決です。司法省による刑事調査が明らかになったことで、多数の関連する民事訴訟が提起され、被告の外国企業は、大量の文書を証拠として提出しており、司法省は、当該企業の代理人として文書を国内に保管していた4つの法律事務所に対して大陪審による文書提出命令を発行することで入手を試みました。カリフォルニア州控訴裁判所は、政府は大陪審の管轄下に移った文書を入手することができるとして、本文中の判断を下しました。

が、ディスカバリ手続の過程で米国やわが国で取り扱われる場合には、域外移転の問題が生じていることとなります。

この点に関し、EUのデータ保護指令と関連する29条作業委員会（当時）は、「国際的民事訴訟のための前トライアル・ディスカバリに関する作業文書」(Working Document 1/2009 on pre-trial discovery for cross border civil litigation"（wp158)）を公表しています。この作業文書は、EU法に従うデータ管理者が、民事訴訟で利用するために他の法域に個人データを移転することを求められた場合のガイダンスを提供するものです。また、データ保護指令は訴訟目的での移転を防ぐものではないとしつつ、データ管理者が移転を認めるかの判断基準についてのガイドラインを提案しています。具体的には、維持期間の関係、訴訟目的の処理の合法性の問題、同意の問題、必要性の問題、機微個人情報、比例原則、透明性、アクセス権、データセキュリティなどの問題等を考慮した上で移転を認めるというものです。

また、GDPR48条でも、「EU法によって認められていない移転又は開示」とのタイトルで、「第三国の裁判所又は法廷のあらゆる判決及び行政機関のあらゆる決定は、その要求をする第三国とEU又は加盟国間で有効とされている共助条約のような国際協定に基づく場合に限り」認められるか又は執行力を有することができることが規定されています。この条項に関しては、例えば、米国の会社がハーグ証拠条約等に基づかずに個人データを移転できるかが問題となりますが、自発的な提供や、内部調査は、この規定の適用範囲に含まれずに、通常の移転の解釈によると考えられています[39)]。したがって、上記作業文書の趣旨は、GDPRの下においても同様に考えることができるとされています。

上記問題は、日本でのドキュメントレビューにおいて、EU内のサーバ

---

39)　この点については、前述したセドナコンファレンスが「米国からの国際的ディスカバリにおけるGDPR48条の潜在的インパクト（The Potential impact of Article 48 of the General Data Protection Regulation on Cross Border Discovery from the United States)」(http://www.nortonrosefulbright.com/files/20170126-the-potential-impact-of-article-48-of-the-general-data-protection-regulation-on-cross-border-discovery-from-the-united-states-146095.pdf）参照。

に保存されているデータに日本からアクセスして分析する場合にも問題となり得ます。GDPRの下で日本が十分性認定を受けていない状況下においても、訴訟目的の場合には、上記ガイドラインに基づいていれば許容される場合があると考えられます。

(4) eディスカバリと国家主権

大陸法諸国では、英米法諸国のディスカバリ制度に対しては許容できない広範な開示手続であると考え、手続を制限する動きがあります。具体的には、「民事又は商事に関する外国における証拠の収集に関する条約」（ハーグ証拠収集条約）によらない証拠収集手続であるとして、米国でのディスカバリを制限しようとする動きや、対抗立法[40]によって制限しようとする動きです。対抗立法には、民間当事者による外国訴訟によるディスカバリを求める行為を刑事罰の対象にするもの[41]、特定の形態の情報を外国の当局からの開示要請に対して保護するもの[42]があります。

これらの対抗立法と法廷係属国との間で民間企業が板挟みとなった事例もあり、例えば、英国のデータ保護法の適用を理由にして、ディスカバリ命令からの救済を求めたLaydon v. Mizuho Bank, Ltd.事件やベルギーの

---

40) 対抗立法とは、主として特定の国からの文書の開示、複製、検査、除去を禁止するものであったり、他の国家の越境的な干渉から商業的な利益を保護しようとしたりするものをいいます。

41) 代表的な例はフランス刑法No80-538であり、同条は、「国際条約、協定、法及び規則にしたがい、いかなる人も、外国の司法、行政手続もしくはかかる手続に関するつもりで証拠を構成する、（口頭にせよいかなる形にせよ）経済、商業、産業、財政的もしくは技術的性質を持った書面、文書、情報を、要求し、探索し、もしくは通信することは禁じられる」としています。カリフォルニアのアメリカの法律事務所と仕事をしているフランスの弁護士が、係属中の役員生命保険訴訟の被告であるMAAFから、非公式に情報を取得しようと電話をかけて、罰金に処せられた事件があります。Cour de Cassation Chambre Criminelle [Cass. Crim.], Paris, Dec. 12, 2007, Juris-Data no. 2007-332254.

42) この代表として、スイス銀行法47条があります。同条は、「銀行の役員、従業員、清算人、コミッショナー、銀行コミッションの代表者、認可された監査法人の役員、従業員としての役割において、信託された秘密を漏らそうとする者は、6月以下の禁錮もしくは5万スイスフラン以下の罰金に処す」としています。また、スイス刑法271条は、司法共助によってなされる手続以外の手段による証拠の収集を禁止しています。

データ保護法との相剋が問題となったRoyal Park Investments SA/NV v. HSBC Bank USA, N. A.事件などが挙げられます[43]。

これに対して、米国では、海外の法執行機関・裁判所からなされる命令と国内の規定との矛盾を解消すべく前述のCLOUD法が制定されました。

（高橋　郁夫）

43）これらの事件については、"GDPR and U.S. eDiscovery - Who Will Win the Game of Chicken"（https://www.foley.com/gdpr-and-us-ediscovery—who-will-win-the-game-of-chicken-06-20-2018/）を参照のこと。

第4章

FinTech／ブロックチェーン／スマートコントラクト

Q22 ブロックチェーン技術

ブロックチェーン技術とは、どのようなものですか。今後社会にどのような影響を及ぼすものと考えられますか。また、具体的に、どのように利用されるのでしょうか。

A

ブロックチェーン技術とは、P2Pネットワークを利用して、不特定又は多数に対して、データをその生成からの時系列を伴い公示するものであって、デジタル技術を用いて、その情報を検証するものです。今後社会に対しては、価値のやり取り、流通過程の透明化、正確な情報の共有、シェアリングエコノミーの促進といった点で大きな影響を与えます。ブロックチェーン技術は、具体的には、ビットコイン、イーサリアムを代表とする仮想通貨、流通のトラッキングなどに利用されています。

1　ブロックチェーン技術とは何か

ブロックチェーン技術は、P2Pネットワークを利用して、不特定又は多数に対して、データをその生成からの時系列に伴い公示するものであって、デジタル技術を用いて、その情報を検証するものです。より具体的には、ブロックチェーン技術は、分散型台帳技術（Distributed Ledger Technology）の一種であり、世界中に点在するコンピュータにデータを分散させ、ネットワーク参加者全員で取引内容にかかるデータのブロックを鎖状につなげることで、中央集権を置かずに破壊・改ざんが困難なネットワークを作る技術です。

ブロックチェーンで記録されているのは、取引の履歴（トランザクション）です。トランザクションは、ブロックチェーン上で、時系列に記録、公示されています。そして、ブロックチェーン上に記録されるトランザクションが改ざんされないように、公開鍵暗号方式、ハッシュ関数、電子署名を用いて、暗号化を図っています（データ同一性）。

ブロックチェーンの特徴は、分散システムをとっていることであり、P2P ネットワークの全てのノード（コンピュータ）において同じデータを共有し、同じ機能を果たしているノードが複数存在する（冗長化）ため、一部のノードが機能停止に陥ったとしても、システム自体が機能しなくなることはありません（高可用性）。すなわち、ブロックチェーンのようなデータを分散させるシステムにおいては、各参加者が取引台帳を管理し、

〈ブロックチェーンとは〉

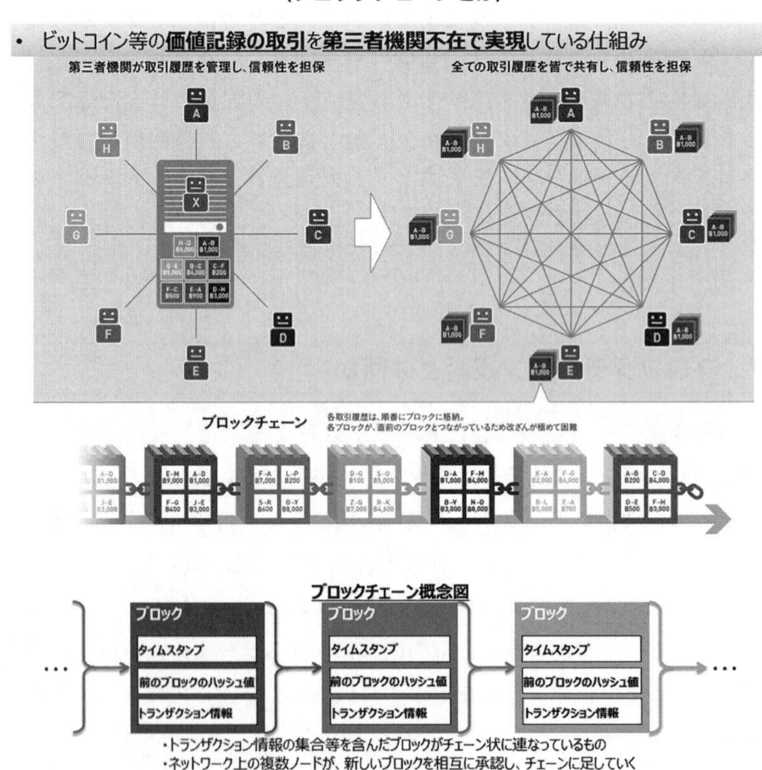

出典：「ブロックチェーン〔分散型台帳〕、シェアリングエコノミーを活用した新たな産業社会に向けて」（平成28年6月3日、経済産業省商務情報政策局）(www.meti.go.jp/committee/sankoushin/shojo/johokeizai/bunsan_senryaku_wg/pdf/004_02_00.pdf)

同じデータが記録されたデータベースが複数、そして同時に存在するため、1か所のデータが破壊されても、他のコンピュータに存在する記録から真正をチェックし、復活させることができます。

ブロックチェーンでは、全ノードが同じ計算を行い（プルーフ・オブ・ワーク）、全ての所に取引情報を整合的に更新します。この更新する作業を「合意形成」（マイニング）と呼びます。マイニングは、データベースの維持管理に参加している者（マイナー）が取引台帳に記録するデータを合意して決定する工程で、データの更新が発生する都度、計算問題への解を最初に見つけることで更新権限を得る1名のマイナーの更新内容に従い、他のマイナーが一斉に記録を更新することで、分散して存在している複数の取引記録を整合的に更新することを可能にします。しかし、複数のノードがほぼ同時に計算結果を出してしまうことがあります。この場合、ブロックチェーンは分岐することになりますが、分岐後最も長いブロックチェーンを正しいブロックチェーンだと判断します。

2　ブロックチェーン技術が今後社会に与える影響

ブロックチェーン技術を利用することで、①データの改ざんが困難で、②システムとして高可用性が認められ、③安価に構築可能なシステムとすることができます。そういった利点のあるブロックチェーン技術は、①価値の流通、②権利証明行為の非中央集権化、③遊休資産ゼロ、高効率シェアリングの実現、④オープン、高効率、高信頼なサプライチェーンの実現、⑤プロセス・取引の全自動化・効率化の実現の点で、今後社会に影響を与えると考えられています。

まず、①ブロックチェーン技術は、データの改ざんを困難にしますので、情報に対して価値を付与すれば、企業通貨（企業トークン）、地域通貨の実現も可能となります。

そして、②ブロックチェーン技術は、データの改ざんが困難であり、時系列のデータ管理が可能ですので、これまで中央集権的に行っていた登記などの権利証明行為がブロックチェーンによって行うことができるようになります。

また、③遊休資産の利用権限管理がブロックチェーンによってなされれば、管理の効率化、低コスト化が実現できます。遊休資産情報を適時に把握できるようになれば、遊休資産の稼働率を上げることができます。そして、ブロックチェーンにより在庫管理、貸出管理の高効率化、低コスト化が実現されれば、シェアリングを促進することにもつながります。

さらに、④商品の製造・販売過程がブロックチェーンにおいて管理されれば、製造元が正確な需給管理を行うことができます。また、製造・販売過程のトラッキングが容易となり、消費者の観点からは、商品の流通過程が透明になるといえます。

⑤スマートコントラクト（➔ Q26「スマートコントラクト」参照）と組み合わせれば、企業におけるバックオフィス業務の一部が全自動化されます。

〈ブロックチェーンの可能性〉

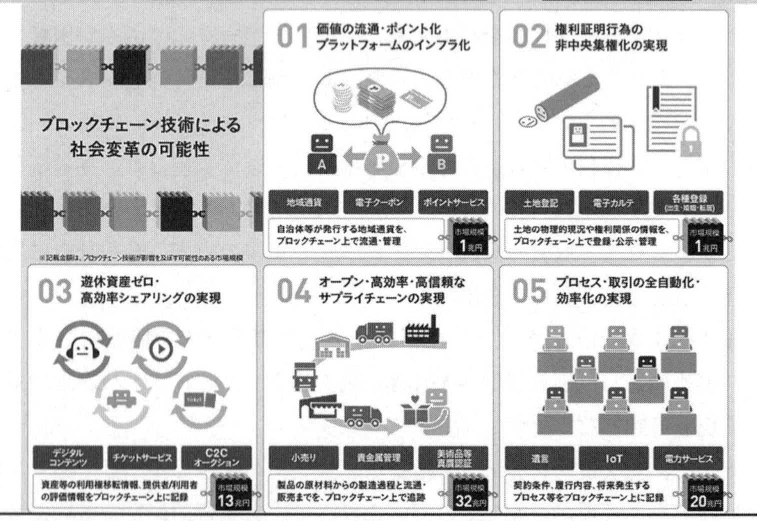

出典：「ブロックチェーン〔分散型台帳〕、シェアリングエコノミーを活用した新たな産業社会に向けて」（平成28年6月3日、経済産業省商務情報政策局）（同上）

3 ブロックチェーン技術が具体的にどのように利用されるのか

ブロックチェーン技術が実装された代表的な例としては、ビットコインをはじめとする仮想通貨があげられます（仮想通貨については、**Q23**を参照）。ここでは、ロンドンのエバーレッジャー社（Everledger）、ID2020の取組み及びICOについて紹介します。

エバーレッジャー社[1]は、ダイヤモンドの形状等に関する情報と取引履歴をブロックチェーンで管理することで、クリーンで透明性を高めたダイヤモンド取引を実現しています。クリーンというのは、ダイヤモンドの取引履歴がきちんと管理されることで、紛争ダイヤモンドを排除することが可能になるからです。現在、エバーレッジャー社は、100万個を超えるダイヤモンドをブロックチェーンによって管理しています。

ID2020[2]は、アクセンチュア社とマイクロソフト社が共同開発したブロックチェーンとバイオメトリクス認証技術を活用したソリューションを利用して、世界に11億人以上いると言われている自身の存在について公的な証明を持たない人々に、公的な個人認証を行い、社会活動への参加を促すことを目的とした国際的な官民パートナシップです。個人認証の点では、ライフログをブロックチェーンにおいて管理する方向での期待もされます。これは、日本における戸籍制度を代替する可能性があります。

ICO（Initial Coin Offering）は、企業や事業が独自の仮想通貨やトークンを発行して、資金調達をすることをいいます（詳細は**Q25**「ICOの法律問題」を参照）。企業は、これまで、エクイティファイナンスやデッドファイナンスを行う際には、上場コストを負担する、借入利率を支払うなど、資金調達コストを負担せざるを得ない状態にありました。しかし、ICOでは、証券取引所を通じてやり取りする必要はなく、借入利率を必要としないトークンを発行することも可能です。

なお、金融庁は、ICOの仕組みによっては、資金決済法や金融商品取

---

1) https://www.everledger.io/
2) https://www.accenture.com/jp-ja/company-news-releases-20170629 及び https://id2020.org/

〈ICO のイメージ〉

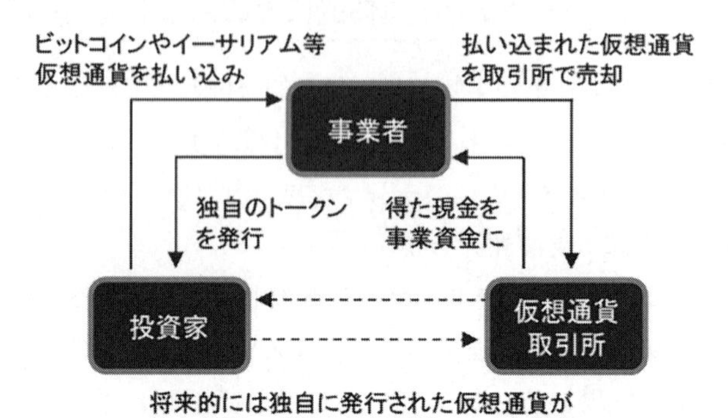

出典：日本政策投資銀行
(http://www.dbj.jp/ja/topics/report/2017/files/0000028355_file3.pdf)

引法等の規制対象となると[3)]、米国証券取引委員会（SEC）は、2017 年 7 月に ICO は連邦証券取引法の適用対象になり得ると、それぞれ注意喚起しています[4)]。また、中国政府は 2017 年 9 月に ICO による資金調達を禁止すると発表しています。このため、ICO を行う場合には法規制に十分留意する必要があるといえます。

（唐澤　貴洋／斎藤　綾）

---

3)　https://www.fsa.go.jp/policy/virtual_currency/06.pdf
4)　https://www.sec.gov/ICO

Q23 仮想通貨と法規制

仮想通貨とはどのようなものでしょうか。また、ビットコインとはどのようなもので、それは、どのような技術的な基盤を持っているのでしょうか。また、それに対する法的な規制の枠組みを教えてください。

A

仮想通貨とは、〈いつでも、どこでも、誰とでも〉支払いの手段として利用し得る価値あるデータと認識し得ることができます。その中で代表的なものがビットコインです。

ビットコインとは、仮想通貨の一種で、ブロックチェーン技術を技術的基盤として持っています。ビットコインに対する法的な規制としては、資金決済法により、ビットコイン取引所は仮想通貨交換業として内閣総理大臣の登録を受けなければならず、行為規制をされます。また、犯罪収益移転防止法により、本人確認義務等の義務を負うことになります。

1　仮想通貨とは何か

(1)　デジタル現金・電子マネー・仮想通貨

情報通信技術を用いて現金の機能[5]を代替できないかという問題については、1980年頃から常に議論され続けられてきました。初めに暗号技術を応用することによる実現可能性が議論され、1990年代には、電子マネーの実証実験が行われるとともに、理論的な研究もかなり進みました。2000年代には、電子マネーが一般化するにいたりました。

[5]　現金の性質は、(1) 流通性、(2) 連続譲渡性、(3) 汎用性、(4) 完了性、(5) 安全性、(6) 匿名性などであるとされています。

現在は、「〈いつでも、どこでも、誰とでも〉支払いの手段として利用し得る」仮想通貨が使えるようになってきました。この代表的なものとして、ビットコインがあります。学問的には、仮想通貨は、「国家の裏付けがなく、ネットワークを通して流通する支払手段」と定義することができるでしょう。

「支払手段」として利用し得るというのは、法的には、いろいろな考え方がありますが、本書においては、それ自体が価値を有しており、原因関係や真の権利者は誰か、といった問題には左右されないで、データの保有者が、一定の価値を有するとされる場合をいいます。それゆえに、データの保有者からデータを受け取る者は、原因関係や真の権利者から、価値を剝奪される心配なく、価値を受け取ることができます。

以上の考え方を前提とすると、単に銀行口座における決済を電子的に行うというデビットカードのようなものは、最終的な決済手段は、銀行口座であると考えられるので、それ自体が仮想通貨として考えられるわけではないことになります。

また、〈いつでも、どこでも、誰とでも〉というのは、時間的・地理的・人的な制限に惑わされることなく、データを支払手段として利用できるということになります。したがって、地域通貨のようなものは、仮想通貨としての検討に値しないでしょうし、特定のゲームの中のみで利用される価値は、仮想通貨として考えるべきものではない、ということになります。

Suica・PASMOなどの電子マネーについても、その保有者から保有者に対する譲渡（連続譲渡性）というのは、考えられていないので、仮想通貨とはいえないと考えられます。以前は、非常に広く電子マネーの概念を捉え、連続譲渡性の有無を含むか否かにかかわらず電子マネーとして考えられていましたが、現在では、連続譲渡性のないものを電子マネー、連続譲渡性のあるものを仮想通貨と論じることが多くなっているように思えます。

なお、仮想通貨は、デジタル通貨、クリプト通貨、暗号通貨などと呼ばれることがありますが、いずれも同義として使用されます。

(2) 限界

仮想通貨が〈いつでも、どこでも、誰とでも〉支払手段として利用可能だといっても、ある程度の利用者が実際に利用する場合において、その仮想通貨が〈いつでも、どこでも、誰とでも〉というレベルに達しているのか、という問題があります。この限界に関する問題として、以下で説明するゲーム内通貨の問題やICO詐欺の問題（➔Q25参照）があります。

ゲーム内通貨の問題というのは、資金決済法は、前払式支払に対して、利用者保護の観点から、その発行者に対して、発行保証金を供託する義務を定めているのですが、この規定が、ゲーム内で発行・利用されているアイテムに対しても適用されるかどうかという問題です。例えば、パズルゲーム「LINE POP」では、有料のルビーを介して手に入れる、もしくは、ゲーム中にプレーを通じて獲得する「宝箱の鍵」と呼ぶアイテムが発行されています。このようなアイテム自体も、法の予定する前払式支払として供託金を準備しなければならないのではないか、ということが問題になります。資金決済法の14条1項は、「前払式支払手段発行者は、基準日未使用残高が政令で定める額（以下この章において「基準額」という。）を超えるときは、当該基準日未使用残高の二分の一の額（以下この章において「要供託額」という。）以上の額に相当する額の発行保証金を、（略）主たる営業所又は事務所の最寄りの供託所に供託しなければならない。」としており、ゲーム内のアイテムが前払式支払手段に当たる場合には、供託金（もしくは、保証金）を供託しなければならないことになります。法律の細かい解釈については、省略しますが、前払式支払手段に当たるか否かは、①対価を払って入手し、②その入手したものの価値が保存され、③それを利用して何らかのアイテム・サービスを受けることができるものか、で評価されることになります。「LINE POP」におけるアイテムの前払式支払手段該当性については、法令適用事前確認手続制度が活用されており、この点に関する回答は、「金融庁における法令適用事前確認手続（回答書）平成29年9月15日」[6]において公開されています。この回答書では、

[6] https://www.fsa.go.jp/common/noact/kaitou/027/027_05b.pdf。なお、この回答に

「ネットワークゲーム内に存在する対象コンテンツ…のうち、今後予定している対応…を行ったものについては、資金決済法第３条第１項に定める前払式支払手段に該当しないものと考える。」とされていますが、ここでいう「今後予定している対応」というのは、「ネットワークゲームごとに、その利用者に対して、当該ネットワークゲーム内に存在する対象コンテンツの取得をもってこれに係る商品・サービスの提供がなされたものとし、前払式支払手段に該当しない旨を利用者に周知し、利用者がこれに同意していただく仕組みを設ける」ことであり、前払式支払手段に該当するかどうかというのが、利用者の認識にも左右されるということが明らかにされています。

⑶　仮想通貨の種別

仮想通貨においては、中央集権的な処理をなす仮想通貨とそのような仕組みがないいわば分散型仮想通貨があります。中央集権的な仮想通貨としては、リバティ・リザーブ社（Liberty Reserves）の発行していたLR通貨がありました。分散型仮想通貨については、ビットコインがいわば代表的なものといえます。そして、現在においては、この分散型仮想通貨が、極めて注目されています。

以下、このビットコインを例にとり、分散型仮想通貨について検討していくことにしましょう。

2　ビットコインとは何か

⑴　ビットコインの契機

ビットコインは、サトシ・ナカモトと名乗る人物によって2008年に発表された「Bitcoin: A Peer-to-Peer Electronic Cash System」というタイトルの論文をきっかけとして誕生した仮想通貨です。ビットコインは、

関しては、NBL「ゲーム内アイテムと『前払式支払手段』」（NBL1118号）において解説がなされています。

BTCという単位で表記されます。仮想通貨は、2018年8月現在は、1,700以上あると言われており、ビットコインは、その一つです。

法定通貨である円は、紙幣は日銀、貨幣は政府が発行し、国家による信用力を背景として法律上強制通用力があり、総発行量にも上限がありません。これに対して、ビットコインは、日銀や政府のような発行元は存在せず、マイニングという行為を通じてビットコインは新規に発行され、総発行量が決まっています（総発行量は、約2,100万BTC)。平成30年4月26日現在では、約1,700万BTCが発行されています。

ビットコインは、P2Pネットワークにおいて運用されています。そこでは、仲介者なしに参加者間でビットコインのやり取りができます。例えば、円を遠隔地の人とやり取りをしようとした場合、銀行を利用して送金し、銀行に送金手数料を支払わなければいけません。これに対して、ビットコインをやり取りするウォレットを利用すれば、銀行等を利用せずにビットコインの移転ができます。手数料の点では、マイナー（採掘者）に対して手数料を支払うことになりますが、銀行を利用した送金手数料よりも低い金額で済みます。

ビットコインは、ビットコイン取引所を通じて、円への交換も可能であり、現在では、ビットコインそのもので、商品やサービスの購入が可能な場面も増えてきています。ビットコインは、平成30年6月1日現在、1BTCが80万円を超える交換価値があるとされています。

(2) ビットコインの技術的な基盤

ビットコインは、ブロックチェーン技術を基盤としています。ブロックチェーン技術については、**Q22**を参照してください。

ブロックチェーンでは、取引履歴であるトランザクションを記録し、公示していますが、トランザクションは承認されなければ、ブロックチェーンに記録されることはありません。承認の際に行われるのが、プルーフ・オブ・ワーク（Proof of Work（PoW））です。PoWでは、高度な計算処理の結果、ある問題についての解を最初に得た人が、複数のトランザクションが入ったブロックをブロックチェーンに連ねることを許されるとともに、新たにビットコイン発行を受けることができます。この計算競争を行う人のことをマイナー、計算競争を行うことをマイニング（採掘）と呼びます。マイニングについては、専用の機器を大量に備えたファーム（工場）で、営利目的で行っている企業が存在しています。日本でも、GMO[7]やDMM[8]がマイニングファームを運営しています。

3　ビットコインをめぐるリスク・アプローチ

⑴　ビットコインに関して対応すべきリスク

ビットコインを利用するに当たって、どのような観点が必要とされるべきでしょうか。

人々の決済が国境をまたいで、電子技術を用いて瞬間的に行われるようになれば、非常にメリットが大きいということができるでしょう。そもそも、世界では、私たちが享受している銀行のサービスを利用できない人々が多数いるということを忘れることはできないと思います。

しかしながら、その一方で、種々のリスクも存在します。これらのリスクに対しては、法的な手法によって規制することで、そのリスクを低減することができるでしょう。そこで、リスクを洗い出し、それに対して、リスクを低減させる措置を講じて、残存リスクを分析し、場合によっては、それを甘受するというリスク・アプローチの手法を採用することは極めて合理的なものといえるでしょう。

法的リスクを発生させる要因として仮想通貨にどのような要素があるのか、また、それらの法的リスクに対して、社会としては、どのような観点から、どのように対応すべきかという観点（リスク・アプローチ）をもとに、⑵ 金融に関する問題、⑶ 情報通信技術の問題にわけて、分析することができます。以下、個別のリスクについて考えていきましょう。

---

7)　https://www.gmo.jp/news/article/?id=5775
8)　https://dmm-corp.com/press/press-release/17477sp

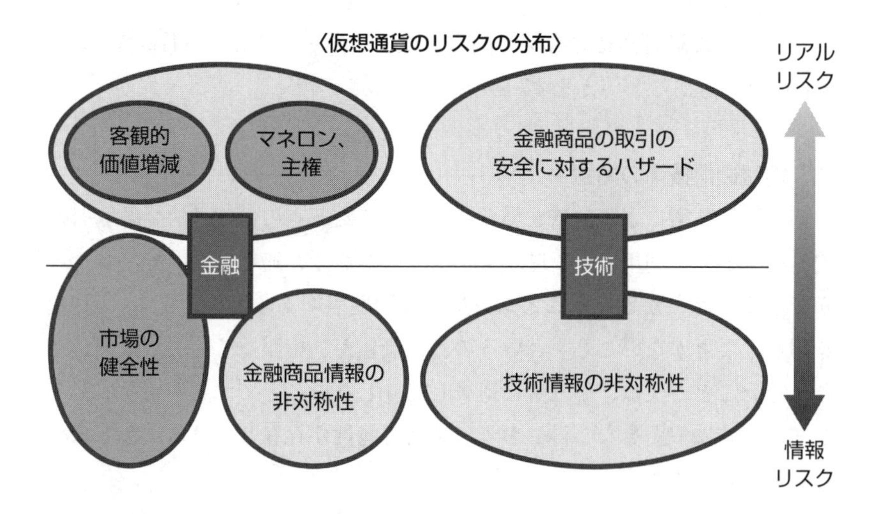

⑵　金融に関する問題

金融に関する問題は、それが、(a) 金融商品であること、また、(b) 金融が、社会のインフラの一つといえること、にわけて考察することができます。金融商品は、①発行者等の活動によってその商品の客観的な価値が変動するということ、②サービスの範囲が広汎で種々の業者がサービスの種々の側面を担っていること、③一般の購入者は、その商品の価値についての情報を十分に知り得ないということ、を特徴とします。

また、社会のインフラであるという観点からは、犯罪等の経済的対価として利用されないこと、マネーロンダリングに利用されないことがあります。世界的にみて、G7エルマウ・サミット首脳宣言[9]や金融活動作業部会（FATF）のガイダンス[10]、また、事件としては、シルクロード事件[11]、アルファベイ事件[12]、イスラム国対応問題[13]等があります。

---

9)　http://www.mofa.go.jp/mofaj/ecm/ec/page4_001244.html

10)　Guidance for a Risk-based Approach to Virtual Currencies

11)　シルクロードというのは、悪名高き「違法取引」サイトの名称。詳しくは、岡田仁志・高橋郁夫・山﨑重一郎『仮想通貨　技術・法律・制度』（東洋経済新報社、2015）148頁参照。

12)　2017年7月に闇サイト「アルファベイ」が閉鎖された事件。

13)　2015年、G7が、過激派組織「イスラム国」による資金移動に仮想通貨が利用されそれ以外に通貨高権の意味、国家主権とのハーモナイズ（行政権、司法権）の論点もあるといえます。

(3)　情報通信技術の問題

情報通信技術による決済ということを考えたときに、電子的金融取引の安全のもとに、利用者が、財産を損なうことなく、適切に取引をなすことができるかどうかということは、最大の問題点であるといえます。「財産を損なうことがないこと」というのは、価値が、権限なく消失／滅失したりしないこと、又は、第三者に帰属したりしないことです。適切な取引として、適時に取引をなし得ており、利用可能性が存在し続けることも求められるといえます。

4　リスクの対応のために

(1)　対応の枠組み

これらのリスクに対応するために、「情報通信技術の進展等の環境変化に対応するための銀行法等の一部を改正する法律案」（以下、「FinTech 法」という。）が国会に提案され可決されました。かかる法律案は、金融グループにおける経営管理の充実、金融グループ内の共通・重複業務（システム管理業務、資産運用業務等）の集約、ＩＴの進展に伴う技術革新への対応、仮想通貨への対応が提案され[14]、平成28年5月25日に成立しました[15]。

ている疑いがあるとして規制強化に向け協議を行いました。

[14]　わが国において、これらの問題については、参議院において、参院質問事項（第186回国会、平成26年2月25日、質問第28号、以下、「参質28号」という）において、具体的な仮想通貨のアプリケーションであるビットコインについて質問がなされています。そして、これに対して回答がなされています（第186国会答弁書28号、平成26年3月7日、以下、「答弁書28号」と言う。）。また、ビットコインに関しては、再質問もなされており（http://www.sangiin.go.jp/japanese/joho1/kousei/syuisyo/186/syup/s186039.pdf）、これに対する回答もなされています（http://www.sangiin.go.jp/japanese/joho1/kousei/syuisyo/186/toup/t186039.pdf）。

[15]　改正法に関する解説として片岡義広「仮想通貨の規制法と法的課題（上）」

FinTech法による仮想通貨への対応部分についての基本的な枠組みとしては、仮想通貨と法定通貨の交換業者に登録制を導入することによって、マネーロンダリング・テロ資金供与対策と、利用者の信頼の確保に役立てようとするものです。

なお、その他のリスクとの関係では、すでに1990年代から、外国為替管理法において電子マネーにおいて規制をなし得る体制になっているのは、興味深いといえるでしょう。また、破産事件等における法的制度を反映し得ない問題点については、別途、論じています（➔ Q24参照）。

⑵　登録制の導入と監督

「仮想通貨交換業は、内閣総理大臣の登録を受けた者でなければ、行ってはならない。」とされていることから、交換業者となるには、登録が必要であるということになります（資金決済法63条の2）。この登録に当たっては、商号及び住所、資本金の額、仮想通貨交換業に係る営業所の名称及び所在地、取締役及び監査役の氏名、会計参与設置会社にあっては、会計参与の氏名又は名称、外国仮想通貨交換業者にあっては、国内における代表者の氏名、取り扱う仮想通貨の名称、仮想通貨交換業の内容及び方法、その他内閣府令で定める事項などを明らかにしなければなりません（同法63条の3）。登録の拒否ができる場合（同法63条の5）以外は、登録しなければならないとされており、かかる事項は、仮想通貨交換業者登録簿に記載され、公衆の縦覧に供されます（同法63条の4）。

仮想通貨交換業者の監督のための規制の枠組みとしては、主務大臣による監督の権限が定められています（同法第3章の2第3節）。まずは、仮想通貨交換業者に対して、帳簿書類の作成・保存義務（同法63条の13）、報告書作成・提出義務（同法63条の14）が命じられています。そして、「内閣総理大臣は、仮想通貨交換業の適正かつ確実な遂行のために必要があると認めるときは、仮想通貨交換業者に対し当該仮想通貨交換業者の業務若

（NBL1076号53頁）、遠藤元一「仮想通貨に関する新たな法規制（FinTech法）の枠組み」（ITUジャーナル）（https://www.ituaj.jp/wp-content/uploads/2016/07/2016_07-04-spotFinTech1.pdf）などがあります。

しくは財産に関し参考となるべき報告若しくは資料の提出を命じ、又は当該職員に当該仮想通貨交換業者の営業所その他の施設に立ち入らせ、その業務若しくは財産の状況に関して質問させ、若しくは帳簿書類その他の物件を検査させることができる。」とされています（同法63条の15)。そして、「業務の運営又は財産の状況の改善に必要な措置その他監督上必要な措置をとるべきことを命ずることができ」ます（同法63条の16)。また、内閣総理大臣は、特定の場合に、登録の取消をなすことができます（同法63条の17)。

⑶　マネーロンダリング対策

仮想通貨がマネーロンダリングに利用されるのを防止するために、FinTech法は、仮想通貨交換業者に口座開設時における本人確認、本人確認記録、取引記録の作成・保存、疑わしい取引に係る当局への届出、社内体制の整備を求め、「犯罪による収益の移転防止に関する法律」（以下、犯罪収益移転防止法という。）についての改正をなしています。具体的には、仮想通貨交換業者を犯罪収益移転防止法上の「特定事業者」とし（犯罪収益移転防止法２条２項31号)、本人確認義務（同法４条)、確認記録の作成義務（同法６条)、取引記録等の作成義務（同法７条）や疑わしい取引の届出義務（同法８条）等を負うとしています。

⑷　代理人リスク対応

仮想通貨について、信頼の維持とは、客観的な価値の維持[16)]ということではなく、金融商品についての代理人リスクの軽減及び金融商品販売業者（以下、「業者」という。）に比べて知識・情報が乏しい顧客に対して業者の

16)　仮想通貨についての客観的価値の維持という観点は、分散型仮想通貨においても該当します。もっとも、その客観的価値は、その価値の発生についての規約に対する信頼と価値の維持の仕組みに対する関与者の信頼によって成り立っているということができます。したがって、この客観的な価値の維持は、規約及びその価値の維持の仕組みをどう客観的に保つのか、という形で問題になるということになります。その意味では、発行体の信用の維持を図るという資金決済法の仕組みは、相当ではない、ということになります。

説明が不十分なために起きる問題に対する対応という観点から規制がなされています。

代理人リスクの軽減について、資金決済法63条の11では、利用者財産の管理について、「仮想通貨交換業者は、その行う仮想通貨交換業に関して、内閣府令で定めるところにより、仮想通貨交換業の利用者の金銭又は仮想通貨を自己の金銭又は仮想通貨と分別して管理しなければならない。」として、仮想通貨交換業者に分別管理義務を課しています。そして、管理の状況については、公認会計士・監査法人の監査を受けなければならないとされています。また、仮想通貨交換業者の名義貸しが禁止されています（同法63条の7）。さらに、外国に所在する交換業者は、仮想通貨交換業者としての登録を受けていない場合には、日本国内での勧誘が禁止されています（同法63条の22）。

⑸　利用者の保護と情報の安全管理

情報の非対称性から生じる問題について、利用者の保護等に関する措置として、資金決済法63条の10では、「仮想通貨交換業者は、内閣府令で定めるところにより、その取り扱う仮想通貨と本邦通貨又は外国通貨との誤認を防止するための説明、手数料その他の仮想通貨交換業に係る契約の内容についての情報の提供その他の仮想通貨交換業の利用者の保護を図り、及び仮想通貨交換業の適正かつ確実な遂行を確保するために必要な措置を講じなければならない。」としています。

また、情報通信技術が関係する安全に対するリスクについて、同法63条の8は、情報の安全管理のために「仮想通貨交換業者は、内閣府令で定めるところにより、仮想通貨交換業に係る情報の漏えい、滅失又は毀損の防止その他の当該情報の安全管理のために必要な措置を講じなければならない。」としています。

⑹　その他

これら以外に、仮想通貨交換業者の適切な実施を確保し、並びにこれらの健全な発展及び利用者…の利益の保護に資することを目的とする一般社団法人について、認定資金決済事業者協会として認定することができるという定めもなされています（資金決済法87条）。

なお、2018年4月現在、改正資金決済法の施行の際に現に仮想通貨交換業を行っている者については、一定期間、「みなし仮想通貨交換業者」として仮想通貨交換業を行うことができるとされています（平成28年6月3日法律第62号附則8条）。もっとも、コインチェック株式会社に対する立入検査の着手に関連して、これらのみなし仮想通貨交換業者に対しても、報告徴求命令が発出されています[17)]。

（高橋　郁夫／唐澤　貴洋）

17)　http://www.fsa.go.jp/policy/virtual_currency/09.pdf

Q24 仮想通貨と破産手続

仮想通貨の交換業者Ａ社が、Ａ社の保有していたビットコインが盗難にあったので、経営が立ちいかなくなったとして東京地方裁判所に破産申立てをしたところ、私が破産管財人に選ばれました。なお、Ａ社は、世界的に財産を保有している一方、債権者もその居住地が、世界中にわたっています。

また、そうしているうちに、破産手続の途中において、ある債権者が、「自分は、自分の口座にビットコインで、100 BTC を保有しているはずである。口座内の 100 BTC は、私のビットコインなので、私に引き渡してほしい」として訴訟を提起してきました。

ところで、Ａ社の保有ビットコインの盗難は、社長が個人的な判断によって、情報セキュリティに十分な投資をしないことによるものであったことが判明しました。なお、彼の資産としては、彼の名義で保有するビットコインしかないこともわかりました。

このような事実関係のもとで、私の破産管財手続の中で、どのような問題について処理していかなければならないでしょうか。

A

破産財団の保全、オンラインでの債権届出、国際破産手続で考慮すべき事項、債権額の確定、ビットコインの差押等の種々の問題を処理する必要があります。

1　Mt.Gox 事件とは

ビットコインとは、分散型の仮想通貨の代表的なものです。本稿は、

Mt.Gox（マウントゴックス）事件を参考にしていますので、まずは、Mt.Gox事件について説明します。

Mt.Gox社は、2009年に設立されたトレーディング・カードの交換所を起源とします。その後、ビットコインの交換所となり、一時期は、世界のビットコイン取引の70パーセントを取り扱っていたこともあります。しかしながら同社は、2014年の初めころ、その保有していたビットコインが盗まれたとして、取引が行えなくなり、同2月24日には、全ての取引を停止しました。そして、同2月28日に、Mt.Goxの運営会社である株式会社MTGOXは、東京地方裁判所に民事再生申立手続を行い、東京地方裁判所は、同日、調査委員・監督委員を選任するとともに、保全処分、包括的執行禁止命令、監督命令、調査命令を発令しました。その後、4月24日に、東京地方裁判所は、破産手続開始決定をしました（なお、その後2018年6月22日に東京地方裁判所は、民事再生手続開始決定をなし、破産手続を中止することとしました。）。

また、この事件に関しては、同社の代表取締役が、社内システムを不正操作し、自分名義のウォレット残高を水増ししたのではないかとして、電磁的記録不正作出・同供用で逮捕され、その後、顧客がビットコイン売買のために預けた資金を着服した業務上横領の疑いで、逮捕・起訴されたという報道がなされています。

2　破産財団の保全

破産管財人に選任されれば、まず最初に破産財団の財産の保全を行う必要があります。破産会社がビットコイン等の仮想通貨を保有していれば、そのアカウントアクセスの秘密鍵の確保、場合によっては、専門家の助力を得ての安全な保管が必要になります（Mt.Gox事件の破産管財人の報告によると、管財人の管理するアドレスへビットコインを移転したとされています。）。

3 債権届出の手続

Mt.Gox 事件においては、大多数の債権者がしかも世界中に存在していました。これを受けて、東京地裁及び管財人が債権届出のために「編み出した方法」は、ユニークなものであったといえるでしょう。

破産法では、債権者が破産債権を届け出ることとなっており、その届出は、書面により裁判所に対してする（破産規則1条1項）となっています。しかしながら、Mt.Gox 事件においては、大多数の国際的債権者（数10か国、10万人以上の債権者）がいたため、裁判所は、何らかの電子的手法を用いて合理化しなければなりませんでした。そこで、破産管財人は、破産手続の円滑な進行と全破産債権者の利益のため、東京地方裁判所と協議をしつつ、サービス提供業者の協力を得て、破産債権の届出等をオンライン上で行うことができるシステムを開発しました。本システムにより破産債権の届出をする場合、破産債権者が実際に書面を破産管財人に郵送する手続は不要であり、また、本システムを通じて本破産手続に関する情報を把握できるなど、書面による破産債権の届出に比して、破産債権者の負担が大幅に軽減されると考えられました。

このシステムを利用するに当たって、破産債権者は、「一定の同意事項に同意する」という条件を満たさなければなりませんでした。この一定の同意事項は、基本的には、システムの問題・障害等による不利益、ビットコインによる配当を適切に受領することができなかった場合の損害については、裁判所を免責すること、本システム利用上のルール、又は当該ルールを変更した場合には変更後の当該ルールに従うこと、Eメール等の電子的方法により破産管財人が、当該メールアドレス宛にEメールを送信した場合には、日本時間で送信した日の翌日に債権者に届いたものとみなされること、などに応じるとするものでした。

4 国際的破産申立の効力

かつて、国際破産事件において、日本国内の裁判所の破産開始決定の効力は、他国においてどのような意味を持つのかという問題がありました。以前は、「破産宣告」の効力は、日本国内に限り効力を有するものでしたが、現在では、破産法34条により、「破産者が破産手続開始の時において有する一切の財産（日本国内にあるかどうかを問わない。）は、破産財団とする。」とされています。これは、日本国内における破産手続開始決定は、他国においても効力を有することを意味するといえます。もっとも、それが、例えば、米国の裁判所で認められるかは別問題です。

2014年2月には、米国で、同3月には、カナダでMt.Gox社に対してクラスアクション訴訟が提起されました。これに対して、Mt.Gox側は、2014年3月10日に、米国テキサス州北部地区連邦破産裁判所に対して米国連邦破産法第15章（以下「Chapter 15」という）に基づく上記東京地方裁判所の民事再生手続の承認（Recognition Order）の申立てを行いました。そして、同日当該申立てに基づき仮救済命令が発令されています。同社は、同年3月11日（米国中部時間）、Chapter 15に基づいて、東京地方裁判所の民事再生手続の承認の申請と併せて、米国内で係属している訴訟手続の進行を停止することを求める申立ても行っています。その後、米国において、6月17日には、破産の保護が認められるとして、Mt.Gox社の東京地裁の破産管財人が、米国においても訴訟を遂行することが認められました。もっとも、米国におけるクラスアクション事件は、銀行に対しても不正取引を知りながら、利益を得ていたことを理由にして提起されており、さらに、2018年1月に新たな創業者と銀行に対するクラスアクション訴訟も提起され同時に進行しています。

なお、カナダのオンタリオ上級裁判所は、カナダの債権者のためのクラスアクション訴訟を一部、認めましたが、結局、この訴訟は、2016年6月17日に棄却されています。

5　破産手続とビットコイン「保有」者の地位

破産法62条は、「破産手続の開始は、破産者に属しない財産を破産財団から取り戻す権利（第64条及び第78条第2項第13号において「取戻権」という。）に影響を及ぼさない。」と規定します。

ビットコイン「保有」者が、ビットコインについて取戻権を主張した場合について、東京地裁平成27年8月5日の判決の事案は、興味深い内容となっています。この事案では、Mt.Gox社を利用していた原告が、そのアカウント上に記録されているビットコインについて、原告はそのビットコインを所有しており、そのビットコインは、破産財団を構成しないとして、ビットコインの所有権を基礎とする破産法62条の取戻権にもとづいて、その引渡しを求め、管財人が原告にそのビットコインを引き渡さないことについて、損害賠償を求めたという事件です。東京地裁の判決は「個々のビットコインを表象する電磁的記録はなく、ビットコインは純粋に観念的な存在であるから、『有体物』には該当せず、所有権の客体とならない。したがって、原告が本件ビットコインの所有権を有することはなく、これを基礎とする取戻権を有することもない。」と判断しています。

なお、もし破産会社が、各ユーザのブロックチェーン（ビットコインの取引を公示する分散元帳）のアドレスをそれぞれブロックチェーン上に作成しており、そのアドレスにビットコインの貨幣価値が紐づけられ、各ユーザが、ブロックチェーン上のアカウントで貨幣価値の操作ができた場合、異なった結論となるのでしょうか。

6　債権届出・換価・配当の諸問題

債権者の債権届出に対しては、いつの時点での評価額で、いつの時点で配当がなされるかが問題となりますが、この点については、破産法103条は、以下のように定めています。

「破産債権者は、その有する破産債権をもって破産手続に参加することができる。

2　前項の場合において、破産債権の額は、次に掲げる債権の区分に従い、それぞれ当該各号に定める額とする。

一　次に掲げる債権　破産手続開始の時における評価額

イ　金銭の支払を目的としない債権

ロ　金銭債権で、その額が不確定であるもの又はその額を外国の通貨をもって定めたもの
ハ　金額又は存続期間が不確定である定期金債権
ニ　（省略）」

したがって、日本の破産法上、届け出られた日本円以外のビットコインの債権は、全て日本円に換算する必要があるということになります。Mt.Gox事件において、破産管財人は、この換算レートは、東京地方裁判所と協議の上、日本の破産法にしたがって、破産手続開始日の直前（2014年4月23日、日本時間23時59分）のCoinDesk BITCOIN PRICE INDEXのビットコイン相場（1ビットコイン＝483ドル＝50,058.12円）になるとしています。

次は、破産配当の方法については、破産法は、「破産管財人は、配当をしたときは、その配当をした金額を破産債権者表に記載しなければならない。」（193条3項）とするので、配当は金額評価ができるものであることのみが要件であり、日本円で配当しなければならない、とはなっていないといえます。Mt.Gox事件においては、ビットコインで破産配当を受け取ることを希望するか否かについて、ユーザの意見を伺い、破産管財人は、当該意見も踏まえて、破産配当の方法を決定する、とされました。そうすると、日本円での支払い、ビットコインでの支払い、それらの組み合わせでの支払いが考えられます。

7　破産手続中の民事再生法申立て

裁判所は、民事再生の申立てがあると、再生債務者についての破産手続・特別清算手続を中止することができます（民事再生法26条1項）。また、再生手続開始決定時に、すでに破産手続中の場合には、破産手続は効力を失うことはないが、手続が中止となり（同法39条1項）、再生計画の認可決定が確定した段階で、中止していた破産手続が失効することになります（同法184条1項）。

Mt.Gox事件においては、ビットコイン債権者が民事再生の事件を申し

立てました。これは、その後ビットコインの価値が上昇し、破産手続開始時のレートで決済された場合には、2017年11月時のレートの約20分の1での救済となってしまうためでした。具体的には、債権者が破産手続開始時のレートで救済を受けた、残余が発生した場合には、その残余分が株主に返還される可能性があることが懸念されました。

8　社長個人財産の差押えの可否

破産法178条は、「裁判所は、法人である債務者について破産手続開始の決定があった場合において、必要があると認めるときは、破産管財人の申立てにより又は職権で、決定で、役員の責任に基づく損害賠償請求権の査定の裁判（以下この節において「役員責任査定決定」という。）をすることができる。」と定めています。

本設問の事例において、社長のセキュリティに関する判断の懈怠が、損害を惹起したということであれば、社長の責任が確定するということも考えられます。ここでは、そのような責任が確定していることを前提として、どのようにして、社長の財産を確保していくかについて検討します。

ここで仮想通貨の差押えの問題がでてきます。この件については、東京地判平成28年10月14日（公刊物未登載）をもとにした返還請求権の差押えの事件が参考になります。このもととなる事件は、高齢者に対してビットコインを「転売すれば、利益を得ることができる」などと次々に勧誘し、通常の価格の約30倍の単価で販売し、1,500万円ほどをだまし取ったという事件です。被害者が、詐欺を行った者（詐欺者）に対して返還請求訴訟を提起し、確定したので、この判決をもとに差押えを行いました。この差押えの申立に関し、裁判所は、第三債務者たる仮想通貨交換業者に対して詐欺者の有する仮想通貨等の返還請求権を差し押さえるとの命令を発しました。

この案件について、論者によれば、「第三債務者への送達以後も債務者がネットワーク上のアカウントやウォレット等のサービスを自由に利用できるとなれば、債務者の処分禁止効や第三債務者の弁済禁止効がない（ダダ洩れ）状態になる。そこで、第三債務者となった仮想通貨交換業者としては、民事執行法145条１項違反や執行妨害などの無用な争いに巻き込まれないためには…、民事執行法上の弁済禁止義務の付随義務として、提供しているアカウントやウォレット、サービスを中断、停止、あるいは削除することが必須である。」との指摘がなされています[18)]。

なお、債務者の唯一の資産が、ザ・ブロックチェーン上で保管されている場合は、現実的な強制執行の方法が見当たらないことから[19)]、司法権の行使から免れる財産を認容することになるのではないかという問題もあります。

（高橋　郁夫）

18) 藤井裕子「仮想通貨等に関する返還請求権の債権差押え」金融法務事情2079号７頁
19) 高松志直「電子マネーおよび仮想通貨に対する強制執行」金融法務事情2067号50頁

Q25 ICOの法律問題

「今度、将来性のあるスタートアップ企業が、ICOをするので、投資して欲しい。投資すれば、間違いなく値上がりする。」、と知り合った人から勧誘されています。ICOというのは、何でしょうか。どのような法律が適用されるのでしょうか。また、クラウドファンディングとの関係は、どうでしょうか。

あと、ICOや仮想通貨に関しての詐欺事件として、具体的には、どのような事件があって、どのような警告がなされているのでしょうか。

A▸▸▸

ICO（Initial Coin Offering）というのは、発行体が、事業計画や資金使途を示した上で、当該事業等に賛同・共感する、あるいは出資を求める投資家から資金調達を行い、その対価としてトークンを発行するものです。このトークンの法的性質は、汎用性の観点、法的な管理の観点から分析されます。もっとも、複雑な性格を有していることもあり、その発行に際して、正確な情報開示がなされない懸念や、なされても正確に理解されない懸念があり、関連する詐欺事件が非常に多いのが現状です。

1　ICOの概念

ICOとは、Initial Coin Offeringの略であり、事業計画や資金使途を示した上で、当該事業等に賛同・共感する、あるいは出資を希望する投資家から資金調達を行うために、対価としてコインを発行するというのが標準的な仕組みとなります。株式を取引所に上場することをIPO（Initial Public Offering）といいますが、そのPをCに変えたものということになります。代表的なICOの例は、スマートコントラクトのプラットフォームであるイーサリアムのICOです。イーサリアムは、2014年にサービス内のトークンとなるイーサを初期の投資家兼利用者に販売し、これによって16億円を調達しました。一方、投資家は、このトークンをイーサリアムのサービスで利用することができるとともに、その後、トークンの値上がり益を享受することもできることになりました。現に、1イーサ（ETH）の価格は、ICOの時点では0.40ドルであったところ、2018年5月現在では678ドルになっています。

わが国においても、いろいろなICOがなされています[20)]。

また、類似の資金調達方法として、クラウドファンディングが存在します。クラウドファンディングとは「新規・成長企業と投資家をインターネットサイト上で結びつけ、多数の投資家から少額ずつ資金を集める仕組み」とされています。ICOは、このクラウドファンディング[21)]にトークンの発行を組み合わせたものと考えることもできます。

2　ICOの法的位置付け

ICOが法的にどのように位置付けられるのか考えに当たっては、ICOが実際にどのようなものか、分類して検討することが有意義です。

20)　具体的なものとしては、ICOのプラットフォームを提供するためのプロジェクトを作る資金調達のためのCOMSA、世界中の売買注文を掲載しているオーダーブックというものを一つにまとめ、どこの国の人も同じ条件で仮想通貨を売買することを可能にするLIQUID、ソーシャルプラットフォームを作るプロジェクトに関するALISなどがあります。

21)　クラウドファンディングにおいては、現在、寄付型、購入型、金融型の三つがあります。それらによって、法的に位置付けというのが大きく異なってきています。寄付型というのは、資金調達者が、出資者から寄付金を受けてプロジェクトを行うものをいいます。この場合、プロジェクトの成功・失敗にかかわらず、金銭のバックといったリターンがない仕組みになります。購入型とは、資金調達者が、ある商品・サービスの開発費用の出資を募り、集まった資金が開発した消費・サービスを出資者にリターンするものをいいます。金融型とは、資金調達者が、調達した資金を使って、金融に利用する場合をいいます。有価証券投資を行う場合には、投資運用業の登録が必要になりますし、また、不動産の売買、交換等を行う場合には、不動産共同特定事業者の許可が必要になったりします。

仮想通貨交換業等に関する研究会の資料[22]によると、ICOによって発行されるトークンは、保有者の権利のある場合と保有者の権利がない場合にわけられ、権利がある場合においては、有価証券型（債権型）、会員権型、プリペイド型があるといいます。また、トークンを仮想コモディティ提供型、クラウドファンディング型、ファンド持分型、会社の持分型に分類する場合もあります[23]。

これらの分析をふまえた上で、本稿においては、トークンの性質は、トークンの汎用性の観点（仮想通貨概念との関係）と権利との関係（有価証券概念との関係）の二つの観点から分析できると考えます。トークンの汎用性とは、トークンが不特定多数のものに対して使用することができるのか等の問題です。また、権利との関係とは、トークンが財産的価値のある私権を表章するものであるかどうか、そして、その権利の発生、移転又は行使の全部又は一部にトークンが必要なものであるかどうかという問題です。

これらの観点から、具体的な法的な問題点について検討していきましょう[24]。

(1)　トークンと汎用性の観点

上述のように、トークンが、いつでも、どこでも、誰／何とでも交換可能かという観点から検討されることになります。例えば、サービス開始時にブロックチェーン上の一定のサービスを利用できる権限がトークンとして発行されたとしましょう（上述のイーサリアムの場合）。このトークンが非常に一般化して、他の物との交換が可能になったり、支払に利用することができるようになった場合に、どのような法的規制を受けるのでしょうか。

---

[22]　みずほ証券株式会社「ICO（Initial Coin Offering）のご説明」（https://www.fsa.go.jp/news/30/singi/20180410-4.pdf）

[23]　“Legal analysis of the ICO Market”（https://steemit.com/steemit/@keleman/legal-analysis-of-the-ico-market）

[24]　この点について検討するものとして、金融庁「事務局説明資料」（2018年4月10日）資料（https://www.fsa.go.jp/news/30/singi/20180410-2.pdf）があります。

この観点からは、トークンが、仮想通貨として資金決済法等の規制を受けるのかという問題があります。

まず、仮想通貨としての規制を受けるかについて検討します。仮想通貨の概念については、**Q23** で解説していますが、①物品の購入、レンタル又はサービスの代価弁済のために不特定多数の者に対して使用することができ、②不特定の者を相手方として購入及び売却を行うことができ、かつ③法定通貨又は通貨建資産でない場合には、「仮想通貨」（1号仮想通貨）に該当することになります（資金決済法2条5項1号）。また、不特定の者を相手方として1号仮想通貨と相互に交換を行うことができるトークンが法定通貨又は通貨建資産でない場合も「仮想通貨」（2号仮想通貨）に該当します（同法2条5項2号）。仮想通貨の交換業者については、登録制が採用されており、それをもとに、種々の規制を受けます。これらの規制の詳細については、**Q23** を参照ください。

トークンが、対価を得て発行され、かつ、ブロックチェーン上の一定のサービスに利用できる権限を有するものである場合には、「前払式支払手段」の該当性も問題となります。前払式支払手段に該当するとなった場合には、**Q23・29** でゲーム内通貨を例に解説しているとおり、供託等をしなければならないことになります。仮想通貨に該当する場合には、仮想通貨交換業事業者は、顧客と取引を行う際に、犯罪収益移転防止法に基づく取引時確認（いわゆる本人確認）を行うことも必要となります（犯罪収益移転防止法2条2項31号、4条）。

(2)　トークンと権利の関係

ICOに伴って発行されるトークンは、そのトークンによらなければサービスにおける一定の価値を受領し得ないとされています。いわば、トークンが、財産的価値のある私権を表章しているということになります。したがって、トークンと金融商品取引法による有価証券概念との関係が問題になります。有価証券について、金融商品取引法は、開示規制や業規制を準備しているので、それらの規定をICOについても適用すべきではないかというのが実質的な問題点になります。具体的には、有価証券の募集・売出しを行おうとする場合、有価証券届出書の提出が義務付けられ（金融商品取引法5条1項）、その後、継続的に有価証券報告書の提出が義務付けられています（同法24条1項）が、トークンを取り扱う業者についても同様の義務を課し、また、登録を必要とすべきではないかということが考えられます。

現行法に即して解釈すれば、一定のプロジェクトを前提にトークンを発行し、調達した資金を用いて事業を行い、その事業からの収益をトークンの保有者に分配する場合、トークンで表されている権利が、「出資又は拠出をした金銭…を充てて行う事業（…「出資対象事業」という。）から生ずる収益の配当又は当該出資対象事業に係る財産の分配を受けることができる権利」であるということができ、集団投資スキームに係る有価証券（同法2条2項5号）に該当するということができます。この場合は、原則として開示規制の適用はありませんが（同法3条3号）、業として募集を行う場合には、第2種金融商品取引業に該当し、自己運用をする場合には、投資運用業に該当します（同法29条）。また、集団投資スキームに係る団体については、種々の不公正取引規制が課されており（同法165条の2）、金融商品販売法の適用も受けることになります（金融商品販売法2条1項5号）。さらに、金融商品取引業者については、犯罪収益移転防止法に基づく取引時確認（いわゆる本人確認）を行うことも必要となります（犯罪収益移転防止法2条2項21号、4条）。

⑶　トークンが法的価値とは何ら関係のない場合

ICOに伴って発行されるトークンが、それ自体、何ら権利との関係を有しない場合も考えられます。例えば、クラウドファンディングで寄附とされているような場合、その寄附の証であるような場合にトークンを発行するということが考えられ、トークンが単なる購入の証拠である場合もあるでしょう。この場合、資金調達者と出資者の間では、単なる売買がなされたことになります。

3　ICOと詐欺

このようにICOの法的性質を見てきましたが、ICOで発行されているトークンは、千差万別であり、一概に経済的価値が一定のものとして裏付けられているというものではないことがわかったかと思います。しかしながら、実際の社会においては、発行されるトークンが法的な権利と実際にどのような関係にあるのか、という明確な説明をなさないままに発行されているという例が多々あるように思われます。アメリカの証券取引委員会（SEC）の「投資家掲示板・2017年の（投資家の注意すべき）トップ10」[25]の１位は、ICOであり、２位は、公開会社におけるICO関連犯罪でした。

米国の例ですが、実際の事案をいくつか紹介します。

(1)　ICO関連差止事案

SECは、詐欺的なICOであるとして、2017年12月にPlexCoinというトークンを発行してICOを行ったPlexCorpという会社の資産の緊急差止命令を得ています。さらに、2018年１月には、テキサス州に拠点を置くアライズバンクが６億ドル（約653億円）余りを調達したと主張している新規仮想通貨公開（ICO）について、資産凍結の裁判所命令を得ています。

また、超小型株などの発行会社が、ICOを企画しているというプレスリリースを行い、資金を調達しようとしているのに対して、SECが、これらの会社の株式の取引の一時停止を命じたという事案があります。具体的な例としてFirst Bitcoin Capital Corp事件[26]、CIAOグループ事件[27]、Strategic Global Investment事件[28]、SCNP事件[29]などがあります。

---

25)　https://www.sec.gov/oiea/investor-alerts-and-bulletins/ib_topten2017
26)　https://www.sec.gov/litigation/suspensions/2017/34-81474.pdf
27)　https://www.sec.gov/litigation/suspensions/2017/34-81367.pdf
28)　https://www.sec.gov/litigation/suspensions/2017/34-81314-o.pdf
29)　https://www.sec.gov/litigation/suspensions/2017/34-80435.pdf

(2) ICO詐欺事件

2018年4月には、Centra Tech社のICO自体が詐欺であるとして、SECが、Centra Tech社を起訴しています[30)]。大手金融機関と関係を持っているなどと虚偽の宣伝をしていたこと、Centraの宣伝用資料には、虚構の役員が複数掲載されていたことなどを理由として、差止命令を求め、同時に、検察局が刑事罰を求めたという事案です。

4　ICOに対する規制動向

ICOに対する規制動向を米国及びわが国の動向は、どのような状況でしょう。

(1) 米国における動向

SECは、2017年7月に、投資家向けの報告として、ICOがはらんでいるリスクについて注意しています[31)]。また、同月、個別のICO事案（“The DAO”）に係るトークンが「有価証券」（securities）に該当し、証券規制（登録及び完全かつ公平な開示）が適用される旨を述べた報告書を公表しています[32)]。同8月には、公開会社がICOを公表するといった情報を利用しての「Pump-and-Dump（風説の流布）」が詐欺／相場操縦に利用されるリスクがある旨、投資家に対し警告しています[33)]。

また、同年11月には、有名人がSNSなどで推奨するICOに対して、十分に注意すべきであり、また、もしICOのトークンが有価証券に該当する場合には、その推奨行為についても、その性質、範囲、報酬の費用額

---

30)　https://www.sec.gov/news/press-release/2018-53

31)　https://www.investor.gov/additional-resources/news-alerts/alerts-bulletins/investor-bulletin-initial-coin-offerings

32)　“Report of Investigation Pursuant to Section 21(a) of the Securities Exchange Act of 1934: The DAO”（https://www.sec.gov/litigation/investreport/34-81207.pdf）

33)　https://www.investor.gov/additional-resources/news-alerts/alerts-bulletins/investor-alert-public-companies-making-ico-related

を開示しなければならない旨のステートメントを明らかにしています[34)]。その上、SECは、同年12月に、一般投資家と市場の専門家それぞれに対して、暗号通貨（仮想通貨）・ICO市場は伝統的な証券市場と比較して投資者保護が非常に脆弱で注意すべき旨や、トークンに証券規制が適用される可能性がある旨などを述べた警告を公表しています。

⑵　わが国における動向

わが国においても、ICOが極めてリスクをはらんでいるものであるという議論がなされています。自民党議員などが所属するICOビジネス研究会は、「ICOビジネス研究会　提言レポート」でそのリスクについて明らかにしています[35)]。また、金融庁は、「ICO（Initial Coin Offering）について～利用者及び事業者に対する注意喚起～」[36)]を公表するとともに、「仮想通貨交換業等に関する研究会」[37)]において、ICOの仕組みやトークンの性質によっては、資金決済法や金融商品取引法の適用対象になる場合があることを明確にしています（前掲注37）。この研究会が、今後の報告書により法的規制の可能性を明確にすることは、十分に予測されることになります。

（高橋　郁夫）

34)　“SEC Statement Urging Caution Around Celebrity Backed ICOs”（https://www.sec.gov/news/public-statement/statement-potentially-unlawful-promotion-icos）

35)　多摩大学　ルール形成戦略研究所「ICOビジネス研究会　提言レポート」（https://www.tama.ac.jp/crs/2018_ico_ja.pdf）

36)　https://www.fsa.go.jp/policy/virtual_currency/06.pdf

37)　https://www.fsa.go.jp/news/30/singi/kasoukenkyuukai.html

Q26 スマートコントラクト

スマートコントラクトとはどのようなものですか。どのような点が法律上問題となるのでしょうか。

A▸▸▸

スマートコントラクトとは、ブロックチェーン技術を利用し、あらかじめプログラム化された契約内容を自動的に執行することができる契約をいい、取引コストの削減、取引の効率化、取引相手にかかるリスクの低下を実現できるものとして注目されています。スマートコントラクトに関して法律上問題となる点としては、スマートコントラクトの法的な位置付けや有効性、また、証拠としての取扱いです。また、プライバシーや秘密の保護などについても留意が必要になります。

1　スマートコントラクトの概要

(1)　スマートコントラクトとは

スマートコントラクトは、契約内容がプログラム化され、自動的に執行することができる契約を指します。スマートコントラクトの典型例として、自動販売機がよくあげられます。設置されている自動販売機に、代金を投入し、商品を選択すれば、売買契約が成立したとして、自動的に商品を提供する仕組みがスマートコントラクトといえます。

このように、スマートコントラクトを契約の締結や履行が自動化と考えれば、スマートコントラクトの概念は必ずしも新しいものではありません。現在のスマートコントラクトの利用の広がりは、契約内容をプログラム化し、それをブロックチェーン上で実行することが可能となったためで

〈スマートコントラクトの流れ〉

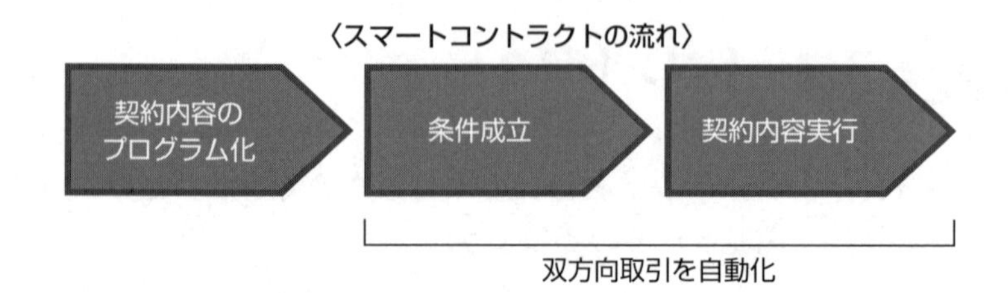

す[38]。そのため、スマートコントラクトはブロックチェーンを利用する形態を指すものとして議論されているのが現状です。

スマートコントラクトは、単に取引を記録するものから、取引内容を自動的に執行することを可能とすることで、金融取引のための手段から、汎用的に利用可能な技術へとブロックチェーンを進化させることが期待されています。また、ブロックチェーンを利用するスマートコントラクトは、契約内容のプログラムコードから生じる行為を、ネットワークを介した合意形成により決定するため、改ざんのおそれがなく、自動的に執行される契約が可能とされています。

⑵　スマートコントラクトの効果

スマートコントラクトを利用することにより、次の利点があるといわれています。

①　コスト削減

スマートコントラクトにおいては、エスクローなど取引が確実に履行されるためのサービスを提供する第三者機関その他信用を担保するための第三者の介在が不要なため、取引に要するコストを低減することができます。

---

38)　ブロックチェーンプラットフォームのイーサリアム（Ethereum）により、スマートコントラクトが普及したとされています。ビットコインでは、スマートコントラクト機能がなく、「AからBへビットコインを移転した」という台帳記録となるのに対し、イーサリアムでは、アルゴリズムの形が決められていないため、「条件成立時に取引を実行する」というプログラムを台帳に記述し、より広範で複雑な指示をプログラムすることができ、単なる価値の提供にとどまらない取引を可能としています。

②　取引の効率化

スマートコントラクトにおいては、通常人が行う作業をプログラムにより自動的に執行できるため、多くの業務においてより迅速な業務処理が可能となり、また、ミスなどを防ぐことができます。

③　取引相手にかかるリスクの低下

スマートコントラクトにおいては、契約がプログラム化され、そのプログラムに従って機械的に実行されるため、取引が確実に実行されます。また、ブロックチェーン技術を利用することで、過去の取引履歴が全て記録・公開され、透明性があります。そのため、改ざんや不履行などのリスクを回避することができ、信頼のない取引相手との取引のリスクも低くなります。

2　スマートコントラクトの使用例

では、具体的にスマートコントラクトはどのように活用できるのでしょうか。いくつか例を紹介します。

①　レンタカー・カーシェアリング

レンタカーやカーシェアリングにおいて、スマートコントラクトを組み込んだロックを車に搭載することで、そのスマートコントラクトにおいて定められたルールに従い、借主が仮想通貨で代金の決済を行うことで車のエンジンを始動でき、車を利用できるようになります。逆に、スマートコントラクトで定められたルールに従い車が返却されない場合には、貸主はエンジンをロックすることができます。

なお、住居の賃貸借契約においても、同様に、賃料が支払われると住居のロックが解除され利用できるようになるモデルが考えられます。

②　保険契約

保険契約においては、契約から保険金の支払いまでの一連の処理をスマートコントラクトで実行することができます。履行実施日、履行条件などの契約内容のデータをブロックチェーンに記録し、「オラクル」と呼ばれる関連する外部データとその契約データの履行条件と突き合わせ、支払金額を判定し、決済までを自動的に行うという流れです。

③　ロイヤルティ支払い

スマートコントラクトは、著作権やアーティストへの対価を支払うためにも使用されています。楽曲を選択したユーザが仮想通貨で支払いすると、ライセンスが自動執行され、アーティストは、レコード会社などを介さず、直接支払いを受けることができます。例えば、Ujo Music社は、イーサリアムのスマートコントラクトを利用して音楽をダウンロード販売し、購入者がアーティストに直接仮想通貨イーサ（ETH）を送金するというシステムのサービスを提供しています[39]。

④　貿易金融

多くの関係者が介在し、その間で書面でのやり取りが多い貿易業務において、Letter of Creditの自動発行や貿易決済をスマートコントラクトで行うことにより、より迅速かつリスクの低いプロセスで処理することができるとされています。

⑤　デリバティブ取引

スマートコントラクトにより、デリバティブについてあらかじめ定められた取引条件を満たしたと判断すると、商品の売買や交換等を自動執行し、瞬時に決済を実施することができます。

3　スマートコントラクトに関する法的問題点

このように様々なメリットや活用方法があるとされているスマートコントラクトですが、法的にはどのように取り扱われるのでしょうか。また、利用するに当たって、どのような法的問題を考慮すべきでしょうか。

(1)　スマートコントラクトの位置付け

スマートコントラクトは、ソフトウェアプログラムであり、コードに記述された条件と命令に従うのみです。そのため、スマートコントラクトが

39)　https://ujomusic.com/

行うべき処理については、全て事前に実装しておかなければなりません。その実行において、特別な事情などは考慮されません。したがって、権利義務の交換とそれにかかる条件が単純な取引においては、取引にかかる合意内容全体をコンピュータコードに記述し、スマートコントラクトによることは十分可能といえます。

一方、通常の契約書には、取引の目的物や対価、履行時期などに加え、当事者に関する事項、前提条件、守秘義務などの制約事項、違反時の責任や紛争発生時の解決方法など、様々な内容や契約の実行にかかる事情を反映させます。また、柔軟な対応が必要となる場合に備えて、自然言語による取決めを必ず定義するものではなく、「合理性」など解釈を伴う概念や基準を盛り込むことがあります。プログラムを曖昧な内容とすることは難しく、また、発生し得るあらゆるパターンを想定して契約内容をプログラムすることも現実的には難しいため、スマートコントラクトは複雑な取引や客観的な合意形成によらない要素を前提とする取引には、適さないと考えられます。さらに、契約内容に変更が生じる場合や、取引を取り消す必要がある場合など、記述されたプログラム自体とその処理内容を変更する必要が生じることも考えられ、そのような場合にスマートコントラクトにおいて対応することは難しいと考えられます。

このようにスマートコントラクトは、その取引にかかる当事者の全合意内容を反映した契約書に相当するというのは難しいと考えられますが、取引における特定部分について当事者の合意内容を記述し、その自動執行まで行う機能を有するプログラムあるいは契約を実行するための処理システムだと考えると、支払いや決済手段として、通常の書面による契約に取り込むことは可能と考えられます。スマートコントラクトのみで成り立つ単純な取引に加え、書面による契約書を補完するものとしても、スマートコントラクトの普及が期待されます。

⑵　スマートコントラクトの契約としての有効性

通常の契約においては、当事者間の意思の合致をもって、契約は有効に成立し、その内容を示したものとして契約書を作成します。また、不特定多数を相手として行う種類の取引については、サービスや製品の提供者が提示する事業者が約款などをもって画一的な契約条項を提示し、これに合意すれば契約が成立すると考えられています。インターネットからダウンロードするソフトウェアを利用する場合やオンライン上のサービスを利用する場合には、書面でのやり取りではなく、画面上で提示された利用条件に「同意する」とクリックすることで契約が成立する実務（click-wrap agreement）があります。いずれの場合も、契約当事者は、これらの書面や表示内容を確認することで、契約内容を把握することができます。

一方、スマートコントラクトにおいては、契約の内容がプログラムコードで記述されるため、契約内容を当事者が正確に理解しているか否かの判断が難しいと考えられます。特に当事者が一般消費者である場合には、契約内容を理解していなかったとして、契約の有効性が争われることが考えられます。スマートコントラクトが当事者の意思の合致がされた有効な契約として取り扱うためには、その内容をどのように通知し、理解を得たのかが問題になります。もっとも、前述のとおり、スマートコントラクトを通常の契約の実行手段として活用する場合には、契約内容自体の理解は問題にならないものの、スマートコントラクト上のプログラムコードが契約内容どおりであるかについての確認、検証方法が問題になると考えられます。

また、法律上、一定の行為については、決められた要式によらなければならないものがあります。例えば、保証契約は、民法446条２項により、書面、すなわち保証契約でしなければ、その効力を生じないとされていますので、現在の法律の下では、スマートコントラクトによる保証は有効になり得ない、と考えられます。

さらに、契約の締結自体が自動化されているようなスマートコントラクトにおいて、プログラムが自動的に行った契約に当事者が拘束されるのかについても、問題になり得ると考えられます。IoTソリューションにおいて、例えば、冷蔵庫の内容を分析し、少なくなった商品を自動的に購入するようなサービスが考えられていますが、当事者が望まない購入がされた場合に、その売買契約は有効性が問題になり得ます。この場合、当事者の管理の及ぶ程度により判断することが考えられますが、ソリューションを提供する事業者は、人為的に望まない契約を取り消す手段を実装することが必要と考えられます。

なお、スマートコントラクトを契約と考えるのであれば、実体法上有効な契約となるための要件のほか、電子契約として成立するための要件を満たす必要があると考えられます。

⑶　スマートコントラクトと現実世界との連携

スマートコントラクトは、あらかじめ定めた契約条件を満たした場合に自動的に契約を執行するという仕組みですが、その実行のための条件が現実世界の事象である場合には、スマートコントラクトにおいてその認知方法や取り込みの方法が問題になるといえます（例えば、スマートコントラクトによる取引が「株価が○○円になった」という条件により執行される場合、株価情報を外部から取り込む必要があります。）。また、スマートコントラクト上の取引の結果が現実世界に影響を及ぼし、これを反映させることが必要な場合も考えられ、スマートコントラクト外の現実世界との連携ややり取りが発生した場合の対応も問題になります。

契約条件がスマートコントラクト外のデータに依存する場合、信頼できる外部データ、及び仮にその外部データが利用できなかった場合の予備データを定めて、プログラムしておく必要があります。また、外部データとの連携方法についても、スマートコントラクトの信頼性を害しないような技術的に安全な方法を定めておく必要があります。なお、このように、スマートコントラクトを実行するために必用なデータを外部から連携するためのアルゴリズムを「オラクル」と呼びます。

スマートコントラクトの実行の結果を現実世界へ反映させる場合については、スマートコントラクト外で必要となる対応を、信頼できる第三者に依頼しなければならないと考えられます。ブロックチェーンは、その性質上、そのブロックチェーン内で取引が完結するため、ブロックチェーンを利用したスマートコントラクトにおいては、ブロックチェーン外の処理は外部で対応するしかないからです。例えば、不動産の売買をスマートコントラクトで実施した場合、売買取引自体はスマートコントラクト上で完結しますが、所有権の移転登記については自動執行されないため、別途対応が必要になります。なお、ブロックチェーンの用途には、土地などの権利の登記も考えられていますので、これが実現すれば、スマートコントラクト上での自動執行も実施可能になると考えられます。

⑷　プライバシー・秘密性

ブロックチェーンを利用したスマートコントラクトでは、その性質上、以前の取引記録が全て公開されるため、短期間で大量の取引データへのアクセスが可能となります。これはブロックチェーンの公開台帳の性格に内在する問題といえますが、プライバシーや秘密保持の観点から、監督官庁や取引に関係のない第三者による取引データの閲覧を制限する必要があると考えられ、その場合の制限の程度や方法が問題となります。

もちろん、ブロックチェーンのデータを暗号化することは可能ですが、これで必ずしも解析されないとは限りません。また、当事者を匿名化し、金額を開示しないための技術も開発されていますが、コストがかかり、相手を知ることが重要な場合には不向きとされています。

現時点、誰でも参加可能なブロックチェーンネットワークではなく特定の関係者のみが参加可能な「許可制」のブロックチェーンネットワークを利用することで、アクセス可能な者を制限することが、秘密保持やプライバシーの観点からもっとも有効な措置と考えられます。とはいえ、そもそもその取引がブロックチェーン技術を利用したスマートコントラクトを利用することが適切であるか、検討する必要がありそうです。

⑸　証拠としての取扱い

スマートコントラクトが関連する紛争が生じた場合、訴訟等においてスマートコントラクトを証拠としてどのように取り扱うかが問題となります。

この点について、アメリカ・バーモント州では、ブロックチェーンを利用した記録に関する有効性、許容性及び推定に関する法律が2016年に可決されました[40]。この法律では、有効なブロックチェーンにより維持された記録については、バーモント州の裁判所において証拠として許容されるための条件として、その真正を証明する外部証拠は不要とし、スマートコントラクトの条件や当事者などの基本的な内容の許容性及び真正について反証可能な推定を定めています。

なお、アメリカ・アリゾナ州では、ブロックチェーン上のデジタル署名を法的な署名と定めており、したがって、スマートコントラクトも法律上の契約と位置付けられます[41]。アメリカの他のいくつかの州においても、ブロックチェーンやスマートコントラクトの位置付けについて議論されており、今後その法的位置付けについても定義されていくことが期待されますが、スマートコントラクトの用途等を考えると、スマートコントラクトの証拠としての取り扱い方については、画一的なルールが設けられることが望ましいと考えられます。

（斎藤　綾）

---

40) Vermont House Bill 868
41) Arizona House Bill 2417

Q27 APIの公開

APIの公開（オープンAPI）というのは、どのようなものですか。それが、FinTechの分野で、活用されているものにはどのようなサービスがありますか。

A

オープンAPIとは、あるアプリケーションの機能や管理するデータなどを他のアプリケーションから呼び出して利用するための接続仕様等がサードパーティからアクセス可能なものをいいます。平成29年5月に成立した改正銀行法では、金融機関にAPI公開の努力義務が課されています。

家計簿アプリやクラウド会計ソフトを提供するFinTech企業等と金融機関によるオープンAPIによる連携が進んでおりますが、様々な分野でのAPI連携によるFinTech企業と金融機関の連携が進むことが期待されています。

1　オープンAPIとは？

近年、FinTechの進展により従来見られなかった利便性の高い金融サービスが提供され、注目が集まっています。このようなサービスは、仮想通貨等の決済に関するサービス、ロボアドバイザー等の投資に関するサービス、AI（人工知能）による与信判断等の融資に関するサービス、PFM（Personal Finance Management、個人資産管理）等の資産管理に関するサービス等様々な領域にわたって見られますが、これらのサービスではIoT、ブロックチェーン、ビッグデータ、オープンAPI等のテクノロジーが用いられています。本問では、近年法改正がなされFinTech領域でさらなる利用が期待されているオープンAPIに着目して解説します。

(1)　オープンAPIとは

APIとは、Application Programming Interfaceの略語で、全国銀行協会（以下、「全銀協」という。）の報告書[42]では、「あるアプリケーションの機能や管理するデータ等を他のアプリケーションから呼び出して利用するための接続仕様等」を指し、「このうち、サードパーティ（他の企業等）からアクセス可能なAPIが『オープンAPI』と呼ばれる」とされています。

オープンAPIの特徴を、金融機関とユーザの間に立ってサービスを提供する「中間的業者」の一つである家計簿アプリを提供するFinTech企業（いわゆるPFM事業者）を例として説明します。家計簿アプリは、複数の銀行口座やクレジットカードの情報を取得し、これらを統合して家計簿を作成することを主要な機能として有するアプリですが、オープンAPIによって口座やカード情報の取得の仕方が大きく変わることになります。APIが公開されていない場合にはスクレイピングという方法を使って口座やカード情報を取得するのが一般的です。それぞれの仕組みは次の図のとおりです。

〈スクレイピングによるログインの例〉

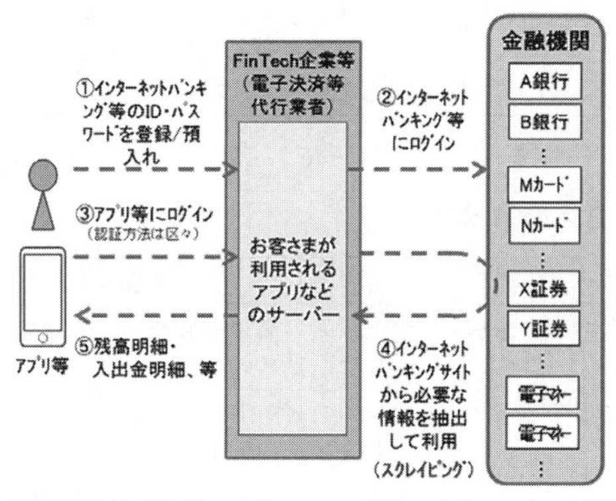

出典：金融庁データ流通環境整備検討会　「AI、IoT時代におけるデータ活用ワーキンググループ～金融分野におけるオープンAPIに関する取組み～」（https://www.kantei.go.jp/jp/singi/it2/senmon_bunka/data_ryutsuseibi/detakatsuyo_wg_dai8/siryou2.pdf）

---

42)　全銀協「オープンAPIのあり方に関する検討会報告書　―オープン・イノベーションの活性化に向けて―」（https://www.zenginkyo.or.jp/fileadmin/res/news/news290713_1.pdf）

〈オープン API による場合〉

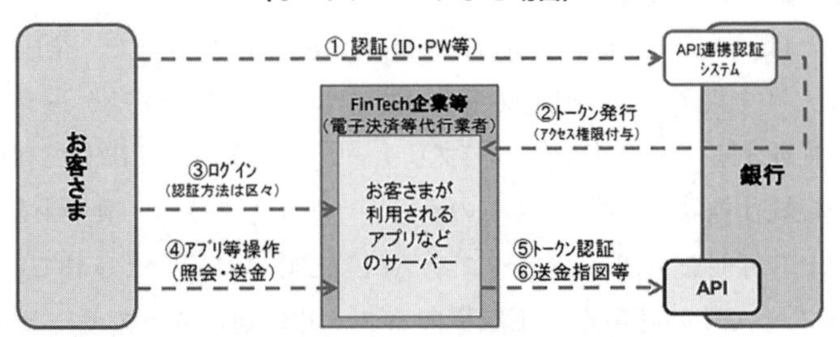

出典：同上

上記図に表れているように、両者には次のような違いがあります[43]。

	API	スクレイピング
ユーザのID・PWのFinTech企業による利用の有無	× ※金融機関が中間的業者にアクセス権限を付与。	○
中間的業者のセキュリティ水準に対する金融機関の関与	有 ※金融機関がセキュリティ対策等を評価した上でアクセス権限を付与。	無
中間的業者のメンテナンスコスト	小 ※金融機関のインターネットバンキング画面更改の影響なく安定的なデータ連携	大 ※金融機関のインターネットバンキング画面更改ごとにプログラム変更が必要

このようなオープン API によって、各プレーヤーには次のようなメリットがあると考えられます。

プレーヤー	メリット
API をオープン化する金融機関	・サービスの高付加価値化 ・新規サービスの誕生
オープン API を利用する FinTech 企業	・開発のスピードアップ ・開発コストの低下
一般のユーザ	・利便性の高いサービスや革新的サービスが利用可能 ・サービス利用時のセキュリティの向上

43)　上記金融庁資料を参考に作成。

⑵ 平成29年改正銀行法

金融庁では2016年7月にオープン・イノベーションを推進するために金融審議会において「金融制度ワーキング・グループ」を設置し、オープンAPIに関する議論等がなされました。このワーキング・グループにおいて取りまとめられた報告書[44]を踏まえた「銀行法等の一部を改正する法律」が平成29年5月に成立し、改正事項の一つとして金融機関にオープンAPI導入に係る努力義務が課されることになりました（同附則11条）[45]。

この改正法によって、金融機関がAPIをオープン化することでFin-Tech企業との連携が促進されることが期待されています。

⑶ オープンAPI活用促進に向けた業界団体における取組み状況

オープンAPIを利用したイノベーションをより促進するためには、オープンAPIの使いやすさを高め、セキュリティ水準を確保し、利用者保護を図る必要があります。これらの点について検討するため、全銀協を事務局として「オープンAPIのあり方に関する検討会」が設けられ、平成29年7月に報告書が公表されています[46]。本報告書では、①API仕様の標準化、②セキュリティ原則、③利用者保護原則について取りまとめられています。

また、報告書において、「複数の銀行とAPI接続する企業等における審

---

44) 金融審議会　金融制度ワーキング・グループ報告―オープン・イノベーションに向けた制度整備について―（http://www.fsa.go.jp/singi/singi_kinyu/tosin/20161227-1/01.pdf）

45) 条文は、「電子決済等代行業者等（筆者注：PFM事業者等）との間で新銀行法第52条の61の10第1項…の契約を締結しようとする銀行等は、…当該電子決済等代行業者等が、その営む電子決済等代行業等…の利用者から当該利用者に係る識別符号等（筆者注：ID・PW等）を取得することなく当該銀行等に係る電子決済等代行業等を営むことができるよう、体制の整備に努めなければならない」。なお、経過措置として、施行日から起算して2年を超えない範囲の政令指定日までに導入できるよう体制整備に努めるとされている。

その他の改正事項として、家計簿アプリを提供する企業等の電子決済等代行業者に対する登録制の導入（銀行法52条の61の2）、電子決済等代行業者の体制整備・安全管理に係る措置（銀行法52条の61の8）、電子決済等代行業者の銀行との契約締結義務（銀行法52条の61の10）等が挙げられる。

46) 報告書は、前注42のとおり。

査対応負担を軽減する観点から、情報セキュリティ関連機関において、銀行がAPI接続先の適格性を審査する際に使用する、必須確認項目と独自確認項目からなる『API接続先チェックリスト』（仮称）を制定することが期待される」とされたことを踏まえ、FISC[47]では、現在、「API接続チェックリスト（試行版）」が公表されています。

このように、業界団体においてもオープンAPIの活用が促進されるための環境整備が進められているのです。

2　オープンAPIの活用

FinTech企業と金融機関の関係について、FinTech企業は金融機関から顧客を奪う存在なのではなく、両者が協働することでWIN-WINの関係を築いて行けると言われています。そして、現にオープンAPIによる連携を通じて金融機関とFinTech企業との協働が進んでおり、ユーザにとってより利便性の高いサービスが提供されています。

APIには、次の表のような特徴を持つ参照系APIと更新系APIとがありますが、参照系のみならず更新系での連携の事例も見受けられるようになっています。

	参照系API	更新系API
概要	オープンAPIに接続されたアプリから、金融機関のデータを参照。	オープンAPIに接続されたアプリから、アクセスしたデータを更新。
例	家計簿アプリでの残高照会、入出金明細の照会。	FinTech企業のアプリ上の操作による口座開設や振込。
セキュリティ要件のハードル	（相対的に）低	（相対的に）高
ユーザ目線での利便性	（相対的に）低	（相対的に）高

47)　公益財団法人金融情報システムセンター（The Center for Financial Industry Information Systems）

⑴ PFM事業

前述した家計簿アプリでは、一部の銀行とオープン化された参照系API での連携がなされ、アプリがネットバンキングのログインIDやパスワードを取得することなく銀行口座の残高や取引明細等の口座情報を取得可能なものがあります。当然のことながら、API連携している銀行以外の銀行の口座情報を取得するにはスクレイピングによらなければならないため、セキュリティを高め、またメンテナンスコストを低減する観点からAPIを公開する銀行が増加することが望まれます。

⑵ クラウド会計ソフト

FinTechによるサービスの中には、クラウド上で銀行口座やクレジットカードの取引明細を自動で取得し、これらの情報を自動で仕訳けし、帳簿を作成してくれる等の機能を持つクラウド会計ソフトがあります。このクラウド会計ソフトでは、取引明細等を取得できる参照系APIによる連携に加え、会計ソフト上の操作で振込みが行える更新系APIによる連携も見られます。

⑶ クレジットカード事業者

クレジットカード事業者に関しては、FinTech企業とのAPI連携を通じて、次頁のようなサービスを生み出すことが経済産業省の検討会にて検討されています。

⑷ オープンAPIによる金融機関の変化の展望

それでは、オープンAPIによる金融機関とFinTech企業との連携が進むことによって、どのような変化が起きているのでしょうか。

考えられる変化の一つは、金融機関へのアクセス方法です。従来、金融機関の利用方法は、店舗・ATMを訪れる、当該銀行のネットバンキングへアクセスするというものでしたが、スマホにダウンロードされたアプリを利用することで店舗・ATMを訪問することなく、また一つのアプリ上の操作で複数の金融機関に対する操作をすることが可能になります。

サービス名	サービス内容	消費者のメリット例	カード会社のメリット例
家計簿アプリ	カード履歴を即時に取得して、銀行口座等、複数の情報と集約して提供するサービス	効率的な家計管理の実現	会員のカード利用促進
ポイント利活用サービス	カード会社以外が提供するサービス（ECサイト等）上で、ポイント利用・交換可能なサービス	ポイント利用機会の拡大	会員のカード利用促進
支払手段変更サービス	カード会社外のサービスから支払い方法（リボ払い、分割払い）を手軽に申込・変更するサービス	支払い方法の手軽な切替	会員のカード利用促進
最適カードのマッチング	カード会社が商品情報や与信審査システムを外部企業に提供することで、当該企業が消費者に最適なカードをおすすめするサービス	消費者自身に最適なカードへの入会	新たなチャネルからの顧客獲得
カードセルフコントロール	カードの有効・無効や決済可能条件（利用エリア、加盟店業種、店舗／EC等のチャネル）の設定サービス	使い過ぎの防止効果	不正使用防止コストの削減
残高不足アラート	カード情報と銀行口座情報の紐付けによる、カードの引落金額に対する口座残高の不足をアラートするサービス	延滞の防止	督促業務コストの削減
CLO（Card Linked Offer）	クレジット利用明細を基に、利用者の趣味嗜好に合った商品・サービスのレコメンドやクーポンを提供するサービス	割引サービスの享受	会員のカードの利用促進
カード明細精緻化サービス	カード明細をカード会社以外の企業が加工することで、カード利用明細を精緻化するサービス	カード明細等の情報の精緻化	データ価値向上

出典：経済産業省　商務流通保安グループ「クレジットカードデータ利用に係るAPI連携に関する検討会　中間取りまとめ」（http://www.meti.go.jp/press/2017/06/20170628002/20170628002-1.pdf）

また、従来金融機関はクローズドなシステムでクローズドな業務を行ってきましたが、オープン化して外部と連携し、プラットフォームとしての役割を果たし、よりユーザ目線に立ったイノベーティブなサービスを促進することになると考えられます。

（森　大輝）

Q28 FinTech 利用の証券取引の法律問題

証券取引に関するハイテク企業の株式取引特有に適用される一定のアルゴリズムを開発したので、私の会社で、そのアルゴリズムを、API を通じて、提供することとして、顧客の証券会社のアカウントと連結して、アルゴリズムにもとづいて取引ができるモデルを実用化したいと考えています。どのような法的な問題が関係してくるのでしょうか。

A

アルゴリズム取引を利用者に提供する場合においては、投資家の自主的な判断をアシストするものに過ぎない場合には、投資助言・代理業の登録が必要になることはありません。しかしながら、ソフトウェアの利用に当たり、販売業者等から継続的に投資情報等に係るデータ・その他サポート等の提供を受ける必要がある場合には、登録が必要となる場合があり得ます。また、プログラムを提供している会社が、投資家から売買の発注を完全に委ねられている場合には、投資運用業に係る業務を行っているものとされる場合があります。

1　FinTech 時代の証券取引

FinTech という用語が人々の注目を集めていて、FinTech という言葉やそれを支える技術を解説する書籍が多数出版されています[48)]。政府関係

48)　加藤洋輝・桜井駿『決定版　FinTech ―金融革命の全貌』（東洋経済新報社、2016）、辻庸介・瀧俊雄『FinTech 入門』（日経 BP 社、2016）、隈本正寛・松原義明『Fintech とは何か―金融サービスの民主化をもたらすイノベーション』（きんざい、2016）、楠真『FinTech 2.0 ―金融と IT の関係がビジネスを変える』（中央経済社、2016）など。

の報告書[49]もたくさん公表されています。これらの動向は、世界的にも、同様です[50]。

FinTechは「経済活動に関して技術を利用し、その有用性・利用の容易性を増そうとするプロセス」として幅広くとらえることができますが、「FinTech Futures」[51]という報告書によれば、FinTechの中心となる技術として①ブロックチェーン（及びP2P）、②モバイル、③人工知能、④ビッグデータがあげられ、また、特に近時、FinTechとの関連ではAPIの公開という技術的な動向が注目を浴びているといえます。

本稿では、このような動向の中で、FinTechによる証券取引に着目して検討します。

2　技術化の進展と証券市場のリスク[52]の変貌

株式売買委託手数料の自由化（1999年）以降、オンライン証券取引が一般化し、証券取引をめぐる状況は、一変しました[53]。それが、現代のFin-Tech時代において、どのように変貌し、また、それに対する法的な枠組みが、どのように変貌しているか、さらに、将来に対してどのような議論

[49] 経済産業省が「産業・金融・IT融合に関する研究会（FinTech研究会）」を開催し、また、委託研究として、「ブロックチェーン技術を利用したサービスに関する国内外動向調査」を公表している。金融庁金融審議会は、「決済業務等の高度化に関するワーキング・グループ報告～決済高度化に向けた戦略的取組み～」を公表しており、また、日本銀行は、「ITを活用した金融の高度化に関するワークショップ報告書」を公表している。

[50] さらに国際的には、World Economic Forum “The Future of Financial Services How disruptive innovations are reshaping the way financial services are structured, provisioned and consumed”（http://www3.weforum.org/docs/WEF_The_future__of_financial_services.pdf）

[51] Government Office for Science “FinTech Futures : The UK as a World Leader in Financial Technologies”（https://assets.publishing.service.gov.uk/government/uploads/system/uploads/attachment_data/file/413095/gs-15-3-fintech-futures.pdf）

[52] 丹羽大輔「AIによるアルゴリズムトレードの法的問題点」（ビジネス法務2016年11月号）

[53] オンライン証券取引の問題点については、髙橋郁夫「オンライン証券業務の法的問題」正協レポート　5（3）、17-31、2001-08。

がなされているか、時系列的に見てみましょう。

(1) オンライン取引の一般化と市場の断片化

1999 年 10 月の株式売買委託手数料完全自由化と前後して、証券取引がオンライン化しだしたのに対応して、個人投資家の間で、オンライン取引が、極めて一般化するにいたりました[54)]。2006 年段階では、個人による証券取引の 90%以上がオンライン化されていました。

その後、証券市場全体が技術の進展による洗礼を受けるにいたりました。電子通信技術の発展、金融技術の革新に伴い、様々な取引形態が可能となってきたということを背景に、多数の市場が開設されるとともに私設取引システムも開設されるにいたりました。証券市場が多数のニッチなマーケットから構成され、そのニッチが非常に小さく、かつニッチな市場の間においてほとんどつながりのない状況になったのです。これが、証券市場の断片化[55)]と呼ばれる問題です。また、海外では、電子的にアクセス可能で、取引の透明性のない（気配情報を公表しない）取引の場であるダークプールが発展しました。

(2) アルゴリズム取引の一般化[56)]

アルゴリズム取引とは、一般的に、事前に策定していたプログラムに応じて、株式売買のタイミングや数量を決めて注文をなす取引と定義することができます。アルゴリズム取引を用いてなされる投資戦略として、受動的マーケットメイク、アービトラージ（裁定取引）、トレンド・フォ

---

54) 「インターネット社会とオンライン取引」(https://www.nttcom.co.jp/comzine/archive/newdragnet/newdragnet08/index.html)

55) Report from the Technical Committee of the International Organization of Securities Commissions “Transparency and Market Fragmentation” (https://www.iosco.org/library/pubdocs/pdf/IOSCOPD124.pdf)

56) この状況を明らかにしたものとしてスコット・パタースン著・永野直美訳『ウォール街のアルゴリズム戦争』（日経 BP 社、2015)、マイケル・ルイス著　渡会圭子・東江一紀訳『フラッシュ・ボーイズ―10 億分の 1 秒の男たち』（文藝春秋、2014）など。また、約定株数ベースでは、米国では、およそ 50%にいたるものと考えられている（2014 年当時)。

ロー、ニューストレーディング、他者の注文動向を察知する戦略、価格の急変動を起こさせる戦略があります。また、代表的な取引としては、TWAP注文、VWAP注文、アイスバーグ注文、ステルス注文、などがあります。これらは、金融庁総務企画局の取引の高速化に関する資料[57]によるので、詳しくは資料を参照ください。

⑶　高頻度取引の跋扈

このようなアルゴリズム取引のうち、高速・高頻度でなされる取引の全体を高頻度取引（High Frequency Trading（HFT））と呼んでいます。機関投資家等が、このような取引を行うようになっており、現実の証券取引において、きわめて大きな存在感を示すようになってきています[58]。このような取引は、価格発見機能の効率化、流動性の提供などのメリットがある一方で、この取引によるリスクの代表的なものとしては、市場の弾力性の欠如（具体的な例として、フラッシュ・クラッシュ事件[59]）とプログラムの不備による多大な損失の発生（具体的な例として、ナイトキャピタルグループ事件[60]）があります。

これらの問題を受け、制度的・法的対応をめぐる議論がなされました。世界的には、IOSCO（証券監督者国際機構）が「技術革新が市場の健全性・効率性に及ぼす影響により生じる規制上の課題（原題は、“Regulatory

---

57)　この点については、http://www.fsa.go.jp/singi/singi_kinyu/market_wg/siryou/20160513/02.pdfを参照した。

58)　野村證券の証券用語解説集「アルゴリズム取引」（https://www.nomura.co.jp/terms/japan/a/algorithmic.html）、また、金融庁金融審議会　市場WG第一回事務局説明資料２（http://www.fsa.go.jp/singi/singi_kinyu/market_wg/siryou/20160513/02.pdf）２頁。

59)　一般的には、フラッシュ・クラッシュ事件とは、2010年５月６日、わずか数分の間にダウ平均が1,000ドル近く下落した事件をいう。2015年４月に容疑者が逮捕され、容疑者は、事件の当日、ＥミニＳ＆P500株価指数先物の市場で「売買注文に極端な不均衡を」生じさせる注文を執行し、約１億7,000万ドル（約200億円）から２億ドル超の注文で、価格に「執拗な下落圧力」をかけたとされ、これが、この急落事件のきっかけとなったとされている。

60)　これは、2012年８月１日、ニューヨーク証券取引所（NYSE）において、ナイト・キャピタル社による大規模な誤発注が発生した事件である。

Issues Raised by the Impact of Technological Changes on Market Integrity and Efficiency")」という報告書を公表しており、同報告書は、市場の効率性のリスク、市場の公正性・堅牢性に対するリスク、市場の弾力性・安定性に対するリスクを述べています。また、これら以外にも、最良執行上の問題、市場参加者の範囲を狭める、プログラムによる市場操作、規制コストの問題などが指摘されています。また、わが国においても、金融審議会市場 WG の報告書（「金融審議会市場ワーキング・グループ報告～国民の安定的な資産形成に向けた取組みと市場・取引所を巡る制度整備について～」）において、「第３章　取引の高速化」の問題のもとで論じ、さらには、金融商品取引法が改正されています。詳しくは、**3**⑵「人工知能取引の進展に伴うリスク」以下のところで考察しましょう。

3　人工知能による証券取引について

⑴　人工知能の概念

本書において、いわゆる人工知能技術（AI 技術）は、デジタル社会を基礎づける基礎的な技術として、**Q4** をはじめとして幾度か解説しています。そして、現実に人工知能技術を証券取引に用いるという動きが FinTech という用語とともに注目を浴びています。もっとも、この場合には、大きくわけて、二つの方向性があります。一つは、顧客に対して資産運用のアドバイスを行うために人工知能を用いるものであり、今一つは、人工知能による分析結果を利用し得るものにするということです。

前者については、いわゆるロボアドバイザー・サービスという名称で、その法律問題が検討されています[61)]。後者については、現在、種々の手法が提案・議論されているところであり、株価騰落予測システム[62)]、時系列株価データを RNN（リカレント・ニューラル・ネットワーク）により解析す

61)　長谷川紘之「証券分野にみる FinTech とその法的課題」NBL1081 巻 71 頁（商事法務、2016）
62)　「ディープラーニングの原理とビジネス化の現状　第７回」(http://news.mynavi.jp/article/deeplearning/-7/)

るシステム[63]などが公表されています。また、学術的には、モメンタム取引戦略への応用[64]、自然言語解析を用いたイベント基盤の株価予測への応用[65]などが明らかにされています。

(2)　人工知能取引の進展に伴うリスク

上述のようなAI技術とりわけディープラーニング技術が今後、進化すると、証券市場においては、どのようなリスクに直面するのでしょうか。ここで、証券取引システムの自律性、証券取引システム自体の問題、証券取引と市場との関連にわけて検討することにしましょう。これらの問題の大部分は、HFTにおける問題点（前掲２(3)）としてふれたものですが、さらに、自律的なAI技術の進展という観点からすると大きな問題として認識されるでしょう。

ア　証券取引システムの自律性

この問題は、自律的な証券取引システムを利用して投資家が証券取引を行う場合に、その取引は、その投資家が、自らの責任で運用しているのか、そのシステムの提供者が運用しているのか（この場合、システムの提供者は、投資一任業務を行っていることになる）、という問題です。ここでのポイントは、投資判断を投資家が自ら行っているのか、ということになり、ロボアドバイザーサービスにおける法的な論点も、この観点から意識されます。具体的には、金融商品取引法２条８項の定める金融商品取引業（具体的には、投資助言・代理業、投資運用業、第一種金融商品

---

63) http://qiita.com/icoxfog417/items/2791ee878deee0d0fd9c

64) Takeuchi, Lawrence, and Yu-Ying (Albert) Lee. “Applying Deep Learning to Enhance Momentum Trading Strategies in Stocks.”（http://cs229.stanford.edu/proj2013/TakeuchiLee-ApplyingDeepLearningToEnhanceMomentumTradingStrategiesInStocks.pdf）

65) Ding, Xiao, et al. “Deep learning for event-driven stock prediction.” Proceedings of the 24th International Joint Conference on Artificial Intelligence (ICJAI'2015).（http://ijcai.org/Proceedings/15/Papers/329.pdf）

吉原輝ほか「深層学習による経済指標動向推定」人工知能学会全国大会論文集28、1-4、2014（https://www.ai-gakkai.or.jp/jsai2014/webprogram/2014/pdf/774.pdf）

取引業）に該当するのではないか、ということです。この解釈上の詳細は、別の機会に譲りますが、一般論としては、「不特定多数の者を対象として、不特定多数の者が随時に購入可能な方法により、有価証券の価値等又は金融商品の価値等の分析に基づく投資判断を提供する行為」は、投資家の自主的な判断をアシストするものに過ぎない、と解されます。すなわち、投資判断は、投資家が自ら行っているものと考えられます。したがって、そのような判断をアルゴリズムに基づいてプログラムとして提供していたとしても、その提供者は、投資助言・代理業の登録が必要になることはありません。そのプログラムに基づいて取引を行ったことで投資家に損害が出たとしても、その責任を何人からも追及されることはありません。一方、ソフトウェアの利用に当たり、販売業者等から継続的に投資情報等に係るデータ・その他サポート等の提供を受ける必要がある場合には、登録が必要となる場合があり得ます[66)]。さらに、そのようなプログラムを提供している会社が、投資家から取引に使用する口座のID及びパスワードを預けられており、その会社がそのID及びパスワードを利用してそのシステムで売買の発注を行っている場合には、具体的な発注の権限を委任される状況になっているものと考えられます。この場合には、このプログラム提供会社は、単にプログラムを顧客に提供しているというのみではなく、投資運用業に係る業務を行っているものと考えられます（株式会社インベストメントカレッジに対する行政処分について　平成27年10月20日　金融庁）[67)]。

イ　証券取引システム自体の問題

証券取引システム自体の問題というのは、自律的な証券取引システム自体に財産を損なうような問題点が発生した場合、それを防止する仕組みを準備しておくべきではないかという論点です。

具体的に、この問題点は、後述の証券取引と市場の関連の問題点とと

66)　金融庁「金融商品取引業者等向けの総合的な監督指針」（平成28年9月）　Ⅶ-3　諸手続（投資助言・代理業）　Ⅶ-3-1　登録（http://www.fsa.go.jp/common/law/guide/kinyushohin/07.html#07-03）

67)　http://ogb.go.jp/okizaimu/kinyu/20151020.pdf

もに、わが国においては、金融審議会市場WGの報告書において、取引の高速化の問題のもとで触れている論点になります。報告書の第3章の「取引の高速化」では、「東京証券取引所の全取引に占めるコロケーションエリアからの取引の割合は、約定件数ベースで4〜5割程度、注文件数ベースで7割程度に達して」いるとされ、欧米の動向を確認したのち、「アルゴリズム高速取引を行う投資家に対するルール整備」の必要性が高いものとしています。そして、同報告書では、「市場でのイベントにアルゴリズム高速取引が加速度的に反応し、マーケットが一方向に動くことで、市場を混乱させるおそれがないか」、「異常な注文・取引やサイバー攻撃など万が一の場合、その影響が瞬時に市場全体に伝播するおそれや、その他システム面でのトラブルが市場に大きな問題を引き起こすおそれがないか」という問題点が議論されています。また、今後、証券取引システムが、情報セキュリティ上の問題点（脆弱性）などを有していることが判明した場合にどのように対応すべきかという問題も検討しておく必要があるでしょう。

⑶　証券取引と市場との関連

証券取引の自律的なアルゴリズムが、証券市場との関係で、規制の対象となるのかどうか、また、アルゴリズムが原因となって投資家が損害を被った場合の責任はどうなるのか、また、そのアルゴリズムが市場において、市場力を持つにいたった場合については、どのように考えるべきでしょうか。前述の金融審議会市場WG報告書においては、個人や中長期的な視点に立って投資を行う機関投資家に、不公平感を与え、一般投資家を市場から遠ざけてしまうのではないか、アルゴリズム高速取引のシェアが過半を占める株式市場では、中長期的な企業の収益性（本来の企業価値）に着眼した価格形成が阻害されるのではないか、アルゴリズムを用いた相場操縦等の不公正取引の事案等が報告されている中、市場の公正性に影響を与えるおそれはないか、という問題点が指摘されています。証券取引のアルゴリズムが、金融商品取引法において禁止されている行為、具体的には、「取引を誘引する目的をもつて」「有価証券の相場を変動させるべき一連の有価証券売買等又はその申込み、委託等若しくは受託等をすること」をなすことはできない（同法159条2項1号）のは、当然のことです。これが、具体的に問題となった事件として、北越紀州製紙株式に係る相場操縦事件[68]があります[69]。具体的な取引行為については、証券取引等監視委員会の事実認定を参照してもらいたいですが、決定では当然にアルゴリズム取引にも上記禁止が適用されたことを明らかにする一方で、このような「見せ玉」がむしろ、通常に行われていたのではないか[70]とされています。

将来、プログラム自体が、市場参加者のアルゴリズムを予測し、その予測したアルゴリズムのいわばウラをかく形で、取引を成立させるのが合理的になるでしょう。現実でも、表示される指し値注文を利用して相場操縦を行ったり、膨大な注文を形成し、その後、90%以上の割合で取り消すという取引がなされたりすることがあると指摘されています。これらの場合に、上記の相場操縦に関する法規制が対応しきれるのか、問題になるでしょう。

4 「金融商品取引法の一部を改正する法律」

わが国においては、平成29年5月に「金融商品取引法の一部を改正する法律」が提案され、国会で可決され、成立しました。同法は、①フェア・ディスクロージャー・ルールの導入、②株式等の高速取引（アルゴリズム高速取引、HFT）に関する法整備、③金融商品取引所グループの業務範囲の柔軟化などを盛り込んでいます。ここでは、②の高速取引についての法整備をみていくことにします。

---

68) 証券取引等監視委員会「北越紀州製紙株式に係る相場操縦に対する課徴金納付命令の勧告について（アルゴリズム取引の特性を利用することを意図した相場操縦）」（http://www.fsa.go.jp/sesc/news/c_2011/2011/20110125-1.htm）

平成23年2月16日　決定要旨（http://www.fsa.go.jp/policy/kachoukin/05/2010/46.pdf）

69) 芳賀良「高頻度取引と相場操縦規制」横浜法学　22（3)、171〜204頁（2014）

70) 社会的に認識されたとしたら「取引を誘引する目的をもつて」という誘引目的の要件を満たすことがなくなるのではないかと議論されています。

高速取引とは、株式等の取引を行うことについての判断をプログラムに従って自動的に行っているということと、コロケーションエリアからの発注など、判断に関する情報の伝達に要する時間を短縮するための方法を用いていることという二つの要件を満たしたものです（金融商品取引法２条41項）。

そして、アルゴリズム高速取引を行う投資家（高速取引行為者、同法２条42項）に対する登録制が導入されました（同法66条の50）。具体的には、そのような投資家に対しては、①体制整備・リスク管理に係る措置、②当局に対する情報提供等に係る措置、③その他の規定に従うことを求めています。具体的には、①業務管理体制の整備（同法66条の55）・リスク管理に係る措置として、取引システムの適正な管理・運営（同法66条の57）、適切な業務運営体制・財産的基礎の確保（同法66条の58）、（外国法人の場合）国内における代表者又は代理人の設置、②当局に対する情報提供等に係る措置として、高速取引を行うこと・取引戦略の届出、帳簿書類の作成・保存（同法66条の58）、業務改善命令（同法66条の62）、当局による報告徴取・検査等（同法66条の67）、③その他の規定として、無登録で高速取引を行う者等から証券会社が取引を受託することの禁止、高速取引を行う者に対する取引所の調査（同法85条の5）が定められています。

5　証券取引市場の将来

本問では、HFTやアルゴリズム取引が、極度に発達している現代の市場を見てきました。このような最新のアルゴリズムを利用できるものと利用できないものとの間の格差が広がってしまえば、市場自体の厚みという意味でも問題が発生するでしょう。一般投資家が、参加できなくなってしまい、特に、設備的に物理的にアクセスできない場所ができてしまうと、この問題はより一層、深刻さを増すといえます。

そのようなデメリットがあるとしても、現時点をみる限りでは、アルゴリズム取引も、株式市場のいわゆるテクニカルな側面に注目して、取引において、優秀な成績を収めようとしているように思われます。その限りで、市場全般からみるときに、参加者の多様性を確保し、市場に厚みを持たせるという見地からすると、大きな流れとしては、肯定的に評価すべきように思われます。もっとも、そのためには、許容し得ないリスクに対してどのように対応するのかを考えておく必要があると考えられます。

（高橋　郁夫）

Q29 オンラインゲームとe-Sports

オンラインゲームの提供、e-Sports 大会の実施に当たって法務上留意すべき主要チェック項目を教えて下さい。

A

オンラインゲームのビジネスにおいては、①コンテンツ制作時には、権利処理を適切にしていることが大事です。②運用との関係では、コンプガチャ、ガチャ割合、未成年者課金、リアルマネートレード／賭博、資金決済法等に留意が必要です。③プロモーションに際しては、景品表示法、特定商取引法、特定電子メール法や、ステルスマーケティングに留意が必要です。

e-Sports の大会の開催に際しては、賭博、景品表示法、風営法等の関係に留意が必要です。

1　コンテンツの制作について

(1)　ゲームタイトル

ゲームタイトル決定に際しては、次の点をチェックすることが有用です。

- ゲームのタイトルが、他社の商標権を侵害していないか
- リリースするゲームタイトルに係る商標を日本及び他国で取得するか

ゲームタイトルが他社の商標（ゲームタイトル名）を侵害するとして数千万円の損害賠償が認められた裁判例等もあります。

(2)　コンテンツ

ゲームのコンテンツについては、次の点をチェックすることが有用です。

➢　権利処理が適切になされているか ➢　配信国の法律・文化的背景等に鑑み、違法・不適正でないか

写真については、撮影者の著作権、被写体の人格権・プライバシー権・パブリシティ権等が問題となり得ます。音楽、画像、キャラ、動画等では著作権等が問題となり得ます。

権利処理が適切になされていなかった事例として、例えば、「刀剣乱舞―ONLINE」（DMM.com社）というゲームで、画像の無断使用が判明し、謝罪に至った件等があります[71)]。

また、釣りゲームにおいて画面デザインに類似性があるとして著作権法違反が主張された訴訟（グリー対DeNA事件）では、地裁では、著作権侵害が認められたものの[72)]、高裁・最高裁では、著作権侵害が認められず[73)]、グリー社が敗訴しました。画像が酷似しているということではなく、単に、アイデア、コンセプト、配置等が似ているに過ぎない場合は、著作権侵害の主張が認められにくい傾向があるかもしれません。

なお、JASRAC管理楽曲を利用する場合は、JASRACへ使用許諾申請をすることとなりますが、利用条件が硬直的で制約が重いなどとして、JASRAC管理楽曲を避けるゲーム開発者もあるようです。

(3)　プログラム

ゲームプログラムについては、次の点をチェックすることが有用です。

➢　どのOSS（Open Source Software）が含まれるかを確認しているか ➢　含まれるOSSの利用条件を遵守しているか

OSSとは、ライセンス料の負担なく、ライセンス条件を遵守する限

71)　http://www.dmm.com/netgame/top/guide/tohken_html/=/ch_navi=none、http://www.nitroplus.co.jp/news/2015/07/150710_4536.php
72)　東京地判平成24年2月23日（平成21年（ワ）第34012号）
73)　知財高判平成24年8月8日（平成24年（ネ）第10027号）、最決平成25年4月16日（平成24年（オ）第1948号、平成24年（受）第2421号）

り、自由に使えるプログラムのソースコードです。

OSSのライセンスの種類にも色々とあります[74]が、例えば、MITライセンス[75]の場合は、組み込んで配布するアプリ等においてユーザにライセンス表記をすれば足りるのに対し、General Public License（GPL）系のライセンスでは、配布するユーザにソースコードを開示等する義務が生じます。

そこで、①OSS検出ソフトを使う、②GPL系のライセンス等の危険な種類のOSSは排除する、③ライセンス表記が必要なOSSについてはライセンス表記を徹底する等の対応が必要となります。大手ゲーム会社のゲームソフトで、このような対応が徹底できておらず、GPL系のOSSを組み込んでしまっていたことが発売後に判明し、生産が中止となったゲームが国内でも過去にあります。また、海外では、OSSのライセンス違反を理由とした訴訟が多数提起されています。

⑷　他社へのIP（知財）ライセンス［ライセンス先がゲームタイトルを提供］—

過去にヒットしたゲームタイトルの商標を、他社にライセンスして、異なるジャンルのゲームを開発して提供してもらったり、あるいは、他国でローカライズして、異なる言語で提供してもらうというケースも多くみられます。このような契約を締結するに際しては、次の点などをチェックして、ライセンス契約の交渉を行うことが有用です。

- 自社で開発・提供すべきか、他社にライセンスすべきか
  自社開発・自社運用の負担（サーバを他国等に立てる負担を含む）等も考慮
- ライセンス契約の対象・条件・範囲が明確かつ適正か
- ライセンス料の算定方法が適当か

---

74)　独立行政法人情報処理推進機構「OSSライセンスの比較および利用動向ならびに係争に関する調査　調査報告書」（2010年５月）（https://www.ipa.go.jp/files/000028335.pdf）

75)　マサチューセッツ工科大学を起源とするソフトウェアライセンス

> 下記リスクに対応した契約か、又はリスク受容可能か
- ・ライセンス先が違法／不適正なゲームの開発又は運用を行い、自社や自社 IP の評判が毀損されるリスク
- ・自社タイトルのキャラクターの顔を勝手に変えられたり、イメージを壊されるリスク
- ・知財／ソースコード／営業秘密等の不正利用リスク、似たゲームを作られるリスク
- ・ゲームが全くはやらないリスク

⑸ 他社からの IP のライセンスの提供［自社でゲームタイトルを提供］

他社からライセンス提供を受け、自社でゲームタイトルを提供する場合は、次の点などをチェックして、ライセンス契約の交渉を行うことが有用です。

> 自社 IP を用いるべきか、他社 IP を用いるべきか
> ライセンス契約の対象・条件・範囲が明確かつ適正か
> ライセンス料の算定方法が適当か
> 下記リスクに対応した契約か、又はリスク受容可能か
- ・開発費をかけたのに、ライセンス元がゲームリリースを承諾しないリスク
- ・ライセンス対象について、権利処理が適正になされていないリスク
- ・ゲームが好調なのに、ライセンス契約を途中で解約されるリスク
- ・ゲームが全くはやらないリスク
- ・ライセンス元が倒産するリスク

⑹ ゲーム開発の委託

他社にゲーム開発の委託を行う場合は、次の点などをチェックすることが有用です。

> ➢　権利処理（OSS を含む）を委託先が適正に行っているか
> ➢　成果物が自社に帰属することとされ、委託先に不必要な権利が留保されていないか
> ➢　下請法の適用があるのであれば、自社が下請法の規定を遵守できるか
> ➢　自社が委託先の従業員を雇用していると言われないような契約・運用か
> ➢　委託先は、安定的に、委託事務を適正に行い得るような体制か

下請法の適用がある場合、書面交付義務（同法３条）、委託料の支払日を成果物の納品から60日以内とする義務等の規定を自社で遵守する必要が生じます（同法２条の２）。ゲームをリリースして売上が生じた後で売上から一定割合を払うレベニューシェア型（成果報酬型）の委託料とした場合、この60日以内の要件等を満たすことがなかなか困難です。なお、海外の委託先との関係では、下請法は適用されません。

2　ゲームの運用について

(1)　有料ガチャ等と景品表示法・特商法

課金方法については、次の点をチェックすることが有用です。

> ➢　景品表示法で禁止されているカード合わせ（絵合わせ）（いわゆるコンプガチャ）に該当しないか
> ➢　有料ガチャの当選確率を表示しているか、表示している確率は正確か
> ➢　当選確率を示していない場合、実際には当たる確率がかなり低いガチャアイテム等を目立たせて、当たる確率が相当程度あるとの誤認を招くような表記をしていないか

> ➢　特商法に基づく法定記載事項が記載されているか（同法11条、特商法規則8条）[76]

上記の点が遵守できていない場合、法令違反と解される可能性があると考えられます。

コンプガチャとは、有料ガチャにより得られるカードを揃えると、別のカードをもらえるという場合や、コンボが発生して特別の効果（例えば、攻撃力アップの効果）が発動する場合などにおけるガチャをいいます。人気ゲームの中にも、違法なコンプガチャを依然として提供しているものがあるようです。

また、ガチャ割合を示さないにもかかわらず、レアなガチャアイテムを前面に打ち出す表記方法は、景品表示法違反の疑いがあると言われています。

この点に関連して、消費者委員会からも、アイテム等の出現率についての適正な表示を求める報告書[77]が出されました。

こういった動きを受けて、一般社団法人コンピュータエンターテインメント協会（CESA）のガチャに係るガイドライン[78]でも、ガチャ割合（出現率）の表記を原則とし、日本オンラインゲーム協会（JOGA）のガチャに係るガイドライン[79]でもガチャ割合等に係る規定が設けられました。Apple 社のアプリ審査ガイドライン[80]でも、ガチャ割合の表示が義務付けられたと報道されています。

---

76)　ゲーム内通貨が資金決済法の届出義務／登録義務の対象となる場合は、適用除外となります（特商法26条1項8号、特商法施行令5条、別表第2)。但し、その場合も、有料ガチャの販売については、特商法の適用の余地があると思われます。

77)　消費者委員会平成28年9月20日付「スマホゲームに関する消費者問題についての意見～注視すべき観点～（案）」(http://www.cao.go.jp/consumer/iinkai/2016/233/doc/20160920_shiryou2.pdf)

78)　「ネットワークゲームにおけるランダム型アイテム提供方式運営ガイドライン」(https://www.cesa.or.jp/guideline/social.html)

79)　「ランダム型アイテム提供方式における表示および運営ガイドライン」(https://japanonlinegame.org/wp-content/uploads/2017/06/JOGA120815-1.pdf)

80)　「App Store審査ガイドライン」(https://developer.apple.com/jp/app-store/review/guidelines/)

ガチャ割合を示さないガチャは、当選確率を示さない宝くじのようなもので、取引条件をフェアに表記しているとはなかなかに説明しづらいものです。最近、ガチャ割合を示すゲームの割合がかなり高くなってきている印象を受けますが、このような動きは今後さらに進むのではないかと思います。

⑵　ゲーム内通貨・ガチャアイテム等と資金決済法

ゲーム内通貨、ガチャアイテム等については、資金決済法に基づく「前払式支払手段」に該当する場合があります。前払式支払手段というと聞き覚えのない方も多いかもしれませんが、商品券や、有料のギフトカード、電子マネーの多くは、前払式支払手段に該当します。なお、ポイントという名称を使っていても、有料でそのポイントを販売していれば、前払式支払手段に該当する場合がほとんどです。

前払式支払手段の規制との関係では、次の点をチェックすることが有用です。

- ゲーム内通貨について前払式支払手段に当たるか（⇒基本的に該当します。）
- 適用除外（有効期限が「発行日」から６か月以内）が使えるか
- 適用除外が使えない場合、①登録義務（第三者型の場合）／届出義務（残高1,000万円超の自家型の場合）、②供託等の義務（残高1,000万円超の場合）、③（ゲーム内通貨の）払戻禁止等の規定を遵守すること
- ゲーム内通貨で購入できるアイテム（例えば、「宝箱の鍵」等の二次アイテム）が、他のアイテムと交換可能な場合は、「その二次アイテムが資金決済法の対象となる前払式支払手段に該当しないこと（権利行使の要件を満たさないこと）」を利用者に明示し、同意を得る仕組みを設けること
- 「資金移動」と言われないよう、譲渡可能かつ返金可能なゲーム内通貨としないこと

ゲーム内通貨については、有効期限を発行日から６か月以内とすると、

資金決済法の前払式支払手段に係る規制の適用を受けません[81]。

上記適用除外が使えないとしても、自社ゲームでしか使えない自家型のゲーム内通貨については、発行残高が1,000万円超とならない限り、届出義務も、供託義務も生じません。一方、自社以外のゲームにも使えるゲーム内通貨は、第三者発行型となり、発行残高が1,000万円までいかずとも、登録義務が発生します。

なお、LINE社の「宝箱の鍵」等の二次アイテムについて供託等をすべきではないかということが金融庁から問題視されたと様々な報道機関で報道されましたが、その後のゲームの業界団体からの照会に対する金融庁からの回答で、一定の条件が備われば、前払式支払手段に該当しない旨が明らかとされました[82]。

また、前払式支払手段の販売に際しては、消費税は課されない旨が通達で明らかにされています。一方、前払式支払手段が使われてガチャ等が購入される取引については、消費税の対象となります。

(3) 賭博罪との関係（リアルマネートレード等の禁止）

オンラインゲームについては、国内においても、海外においても、違法な賭博（Gamble）に当たるのではないかという論点があります。消費者委員会の報告書（➔前掲注77）でも、ガチャが射幸性が高いとされ、賭博罪への該当性が検討されています。

ゲーム提供会社やゲームプラットフォーマーとしては、賭博開帳罪（刑法186条）やその共犯に当たると言われないように対応を行うことが必要となります。

前記報告書において、法令改正により、パチンコのように風営法の規制（許可制・出玉規制等）の対象とすることが検討されていますので、そのよ

---

81) 一方、例えば、米国法では、プリペイドカード／ギフトカードについて、有効期限を最低5年間としなければならない等とされているようで、日本とは対照的です。このため、日本でも海外でも使える共通のゲーム内通貨とする場合は、この6か月の有効期限の適用除外は使えない場合が多いと思われます。

82) 平成29年9月15日付の金融庁による回答（ノーアクションレター）参照（https://www.fsa.go.jp/common/noact/kaitou/027/027_05b.pdf）

うな規制論が強まらないよう、十分に留意することが有用です。

そこで、次のような点をチェックすることが有用です。

> ➢　ガチャ等で当たったアイテムの換金を自社で又は提携先・委託先をして行わせないこと（現金と同視されやすい仮想通貨への交換、電子マネーへの交換も行わないこと）
> ➢　約款において、「アカウント、又は、ガチャで当たったアイテム（＝ガチャアイテム）等の換金、売買、仮想通貨／電子マネーとの交換等を禁止すること」（いわゆるリアルマネートレードの禁止）
> ➢　また、ユーザに対しても、リアルマネートレードの禁止を周知すること
> ➢　規約違反者には、アカウント凍結・剝奪等の措置を講ずること（但し、アカウントを過失なく乗っ取られた者には配慮が必要）
> ➢　ガチャアイテム等の出現割合を過度に射幸的と非難されるような割合としないこと

まず、ガチャアイテム等の換金に応じたり、仮想通貨等と交換を可能にするケースは、賭博罪に該当する可能性が高いと解されますから、論外でしょう（➔前掲注77の報告書も参照）。

次に、フリマサイト等でのリアルマネートレード（RMT）も含めて、排除していくための取組みを行うことが重要となります。RMTを放置すれば、賭博罪との関係でコンプライアンス上のリスクを生じるだけでなく、RMTによる不当な売上げを狙った国内外の犯罪組織の構成員等によるチート行為、アカウント乗っ取り行為、その他の犯罪行為を誘発する結果となりかねません。これに加え、新規ユーザがRMTにより強力なキャラ等を得てしまえば、当該ユーザへの売上げの機会も喪失することとなります。RMTは、コンプライアンス上も、売上げとの関係でも、影響の大きな問題であると言えるでしょう。

そこで、RMTの禁止を利用規約に入れることをゲーム会社が徹底し、違反者のアカウントは特定できれば凍結等し、かつ、規約違反の通報を当該サイトに対し行って削除措置等を求めることが有用です。もし、当該サ

イトがこれを黙認するのであれば、債権侵害等による不法行為、あるいは、利用者との共同不法行為が成立するとの議論も有力に主張されていますので、サイト側としても、削除要求等があれば真摯に対応を検討すべきでしょう。

その次のガチャアイテム等の出現割合の設定については、ゲーム業界団体のガイドライン等が参考となるでしょう。

(4) チート行為、アカウント乗っ取り行為

RMT の問題とも関連しますが、チート行為（＝ゲーム内の自己のキャラクターのパラメータ等を不正にいじる行為等）やアカウント乗っ取り行為が横行すれば、真面目にゲームを遊んでくれているユーザの離反を招きかねません。チート行為を行って不正に強くなった者に「いじめられる」だけであれば、課金してまでプレイしようというモチベーションが下がってしまいます。そこで、次の点をチェックすることが有用です。

- ➢ チート行為やアカウント乗っ取り行為を規約で禁止すること
- ➢ チート行為やアカウント乗っ取り行為が違法／規約違反であり、逮捕者も出ていることを周知すること
- ➢ 規約違反行為に対しては、アカウント凍結・剥奪等の措置を講ずること
- ➢ チート行為やアカウント乗っ取り行為がしにくいようなシステムとすること

チートツールの販売者については、不正競争防止法違反で 2015 年 9 月 16 日付で有罪判決が下された事例などが報道されております[83]。また、チートツールを使った大学生（チート代行）について、私電磁的記録不正作出・同供用罪（刑法 161 条の 2）で 2017 年 1 月 17 日付で有罪判決[84]が下された事例が報道されています。後者の判決では、チート代行に依頼した

---

83) https://ava.pmang.jp/new_notices/1433?kind_index=6
84) 奈良地判平成 29 年 1 月 17 日（平成 28 年（わ）第 394 号）

利用者は、共同正犯と位置付けられています。

(5) 未成年者課金の問題

前記消費者委員会の報告書では、未成年者による高額課金の問題も、取り上げられています。特に問題視されているのは、未成年者が、両親その他の親族のクレジットカードを勝手に利用してしまうケースです。

ここでの議論の特徴は、両親のクレジットカードを勝手に使う未成年者ではなく、射幸性が高いことにより、課金をあおり、未成年によるカードの不正利用（という犯罪）を誘発しているとして、ゲーム会社が非難されているということです。

NTT　ダイヤルQ2最高裁判決[85]では、50%-50%で、事業者と親が子供による不正利用額についての負担を分担しましたが、それとは対照的です。

このような未成年者課金の問題に対応するため、次の点をチェックすることが有用です。

- ➢ カード決済では、カードの名義人本人であることの確認を慎重に行うこと
- ➢ 年齢の申告等により未成年者（18歳未満）のアカウントと判明している場合は、カード決済による課金を基本的に認めないこと（18歳未満の者には、カード会社は、基本的にカードを交付していないものと認識しています。）
- ➢ 未成年者のアカウントと判明している場合は、課金可能額を限定すること
- ➢ 未成年者取消での返金要求／課金取消要求があった場合は真摯に対応を検討すること
- ➢ その代わり、そのような請求があった場合は、アカウントの削除、

85)　最判平成13年3月27日（平成7年（オ）第1659号）

凍結等ができるよう規約で対応しておくこと（当該未成年者の保護の観点からも、カード不正利用という犯罪行為まで誘発してしまった以上、当該未成年が利用していたアカウントの維持はすべきでないと思われます。）

未成年者取消は、未成年者に詐術があった場合には認められないとされますが、単に成年／未成年かをクリックさせるだけでは詐術にあたらないと解されており、生年月日まで入力させないと、詐術にあたらないと解されています（経済産業省「電子商取引及び情報財取引等に関する準則」[86]）。

そうすると、多くの事案では、詐術の主張は困難と言えそうです。

なお、消費者庁は、オンラインゲームを風営法の対象とするかという論点との関係で、その未成年者によるカード不正利用の件数等を見守る必要があるとしています。

(6) 出会い系サイト規制法

ゲーム内で、プロフィール等をユーザが掲載し、これを見た異性が、メール等で連絡を取ることができる場合、出会い系サイト規制法の適用が問題となることがあります。

出会い系サイト規制法が仮に適用されますと、児童でないことを免許証やクレジットカード等で確認する義務が課せられます。

また、ゲーム内で出会ったのを契機として、ユーザによる実際の世界での殺人、強姦等の犯罪が生じた場合、ゲーム会社に対する批判が生じることも懸念されます。

そこで、次の点を確認することが有用です。

- 利用規約で、メールアドレス、電話番号、SNS等の連絡先の記載を禁止しているか
- ゲーム内掲示板、ゲーム内チャット等の機能を提供する場合

[86] http://www.meti.go.jp/press/2017/06/20170605001/20170605001-1.pdf

は、メールアドレス、電話番号等が書き込めないようなシステムとしているか
- 売春、援助交際、違法薬物の売買、自殺等と関連する記載についても同様に書き込めないようなシステムとするか、パトロールや申告等により削除しているか

⑺　クレジットカード決済との関係

ゲーム内通貨等の販売について、クレジットカード決済を導入している場合、次の点をチェックすることが有用です。

- クレジットカード決済を行っている場合はクレジットカード番号等の管理や、第三者不正利用対策の措置を講じているか（割賦販売法35条の16第１項３号）
- クレジットカードで（翌月１回払いでなく）分割払い・リボ払い・ボーナス払いでの支払いを仮に受け付けるのであれば、情報提供義務の規定を履行できるか（同法30条の２の３第４項）

⑻　電気通信事業法

ゲーム内で、メール、チャット、掲示板等の機能を提供している場合は、電気通信事業法に基づく届出の要否について検討することが有益です。

⑼　個人情報

個人情報保護法との関係では、次のような点を確認すると有益でしょう。

- 個人情報の取得をしているか
- プライバシポリシー等は適正かつ実際の運用にあっているか
- アプリ等において、プライバシポリシーを表示できているか
- 他の個人情報保護法の規定も守れているか

⑽ 海外法

海外ユーザにゲームを提供している場合には、既に言及した法令以外の法令も含めた海外法の遵守の必要性について、検討を行う必要が生じます。①ゲーム内通貨についての取扱いも各国で異なりますし、②個人情報についての取扱いも各国法で異なったりしますし、③言語も異なりますので、日本市場向けには、他国向けと別のアプリを発行することも一つの有力な選択肢でしょう。

- 海外ユーザもいる場合は、GDPR の規定を遵守できているか（Q10～12 参照）
- 13 歳未満の米国のユーザの個人情報を取得する場合は、親から明示的に同意を得ているか（米国 COPPA 法[87]）
- 海外のギフトカード法、送金業法、Escheat 法等との関係の検討はできているか
- プライバシポリシーの内容どおりの運用を行っているか（米国 FTC 法[88] 5 条等）
- 不当表示はないか（米国 FTC 法 5 条等）
- 違法な Gamble 行為はないか

⑾ 不祥事対応

本年も、様々な会社が不祥事を起こしました。ゲーム会社にも、行政処分を受けた会社が複数ありました。

不祥事が起きた場合、迅速に的確な対応を行うことが、被害を最小限に食い止めるために、大変、重要です。

不祥事対応に際しては、例えば、次のような点について確認を行うことが有益です。

87) Children's Online Privacy Protection Act
88) Federal Trade Commission Act of 1914（Federal Trade Commission とは、米国の連邦取引委員会）

- 速やかに事実を収集し、正確な状況認識に努めること
- 関係当局への報告、謝罪、被害拡大防止策等の必要な対応を迅速に行うこと
- 虚偽の会見・報告等は行わないこと、事実を隠ぺいしないこと
- 代表者が率先して説明を行う姿勢を示し、逃げ隠れしないこと
- 下手な言い訳はさらなる炎上を招くので慎むこと
- 原因究明（真因分析）をしっかり行うこと（関係者ヒアリングだけでなく、電子メール調査、PC・携帯電話等のフォレンジック調査等も含めた本格的な調査が望ましい。）
- 氷山の一角でないか、隠れた類似事象がないかも調査すること
- 第三者委員会等を設置する場合は、第三者委員会ガイドライン等をも参考に、中立な人選とし、かつ、徹底した調査を行うようにすること
- 真因分析に基づき特定された問題に対応するような改善策を策定して、実行すること

例えば、AppBank社の経理部長による横領の件に関する第三者委員会の報告書[89]では、反社会的勢力との関係は認められなかったとされましたが、経理部長が、恐喝に屈して犯罪者にお金を供与しているのに、その恐喝者が反社会的勢力に該当しない理由への言及が全くなく、どうして反社会的勢力と関係がないという結論を出せるのか、調査が十分でない、事実を隠ぺいしている等とネットで叩かれました。「不当な要求行為等により市民社会の秩序や安全に脅威を及ぼす団体または個人」も反社会的勢力にあたるとする見解が有力ですから、この観点からも説明がされた方が良かったかもしれません。調査・説明が十分でなかったり、客観性・中立性に欠ける報告書は、かえって会社の信用をさらに失墜させることがあります。

なお、危機時においては、法務部門や、コンプライアンス部門が、会社

[89] http://file.swcms.net/file/appbank/ir/news/auto_20160128498997/pdfFile.pdf

の利益のために中立的な立場から行動することが重要ですが、しっかりとした規範意識と高い志（Integrity）、そして専門性を持った人材を配置しておくことが肝要です。この観点からは、社内弁護士の活用も進んでいます。

社外取締役・監査役に期待する声もありますが、常時会社の業務に携わっている訳ではなく、スピーディー、タイムリーに不祥事対応を行うことがなかなかに困難でしょうから、法務部門やコンプライアンス部門が、監査役等とも相談しながら、対応をリードしていくこととなる場合が多いと思われます。

⑿ サービスクローズ

サービスをクローズするに当たっては、利用者に対する十分な告知期間を確保し、未使用のゲーム内通貨についての返金対応等を行い、利用者の保護をないがしろにしないことが重要であると言えます。一方的に消費者に不利な取扱いを行えば、規約どおりの扱いであっても、ヘビークレーム等を招き、消費者契約法違反などとして炎上するケースも生じるでしょう。

そこで、例えば、次のような点について確認を行うことが有益です。

- ➢ サービスクローズに際して相当な事前告知期間を設けること
- ➢ サービスクローズに先立って、ゲーム内アイテム等の販売停止を行うこと
- ➢ ゲーム内通貨との関係で、前払式支払手段に係る規定の適用の有無を判定すること
- ➢ 適用ある場合、前払式支払手段の廃止に伴う公告・還付等の手続を行うこと
- ➢ 適用ない場合、未使用のゲーム内通貨の未使用残高について返金対応等を行うこと

3　プロモーションについて

⑴　電子メールによる勧誘

電子メールによる勧誘については、特商法及び特定電子メール法により、原則として承諾がない限りできないものとされています。但し、メール相手と契約関係にある場合において、その取引関係に関するメールである場合等は、適用除外があります。

⑵　景品表示法

景品表示法では、表示規制と、景品規制があります。

例えば、企業ポイント（無償ポイント）をおまけとして付与する場合や、イベントへの招待券その他の景品をプレゼントする場合等に、景品規制が問題となり得ます。

一方、ガチャやゲーム内通貨等の広告を行う場合は、表示規制との関係で、問題がないかを検討することとなります。

最近、ゲーム会社に対して、景品表示法に基づく行政処分としては、次のような事例があります。

> ➢ 究極進化（レベルはそのままで性能だけパワーアップする進化）」すると説明されていたが、実際には、レベル１に戻る進化であったという事案
>
> ➢ キャラクターとジェムと称するゲーム内通貨がセットになったパック商品について、実際には個別で購入した場合と変わらないにもかかわらず、セットで購入した方が得であるように表示していたという事案

⑶　ステルス広告

ステルス広告とは、金銭を支払ってプロモーションをしてもらっているのに、その旨を示さないプロモーションを言います。

例えば、ゲーム情報等を提供する会社が、ゲーム会社から、広告料をも

らって、YouTube でそのゲームのプロモーションをしていたにもかかわらず、その点を隠していたことを第三者から指摘され、炎上したというような事件もあります。

米国では、ステルス広告は、FTC 法5条に違反する欺瞞的な広告（Fraudulent and Deceptive Ad）と位置付けられており、他国でも違法とする国がどんどん増えています。日本においては、明らかに違法という意見はそこまで強くないようですが、コンプライアンス的な観点からは様々な方が問題視しています。手を染めていることが判明すれば、会社の信用を大きく失墜させ、失笑の対象となるような行為ですので、安易にステルス広告という手法を採用すべきではないと考えます。

⑷ チート行為

チート行為は、上述のとおり違法と考えられています。広告宣伝を委託している YouTuber 等が、チート行為を行った場合も、違法行為に加担し、又は違法行為を容認しているとユーザからは受け取られます。

このような行為に対して、ゲーム会社としては、厳しく対処することが有用です。

⑸ リワード広告

リワード広告とは、広告の対象となる利用者に一定のリワード（景品）が与えられるタイプの広告です。例えば、あるアプリをダウンロードすれば、別のアプリゲームのレアアイテムがもらえるというようなものです。

このようなリワード広告は、リワード欲しさのアプリのダウンロードを促進し、アプリ・ダウンロード・ランキング等の結果を捻じ曲げることから、Apple、Google 等のプラットフォーマーは、厳しい対応を取っています。

アプリマーケットからの削除などの厳しいペナルティを科されないよう、リワード広告には、十分に気を付ける必要があります。

また、リワード広告によって、アプリをダウンロードする者は、そのアプリに興味があってダウンロードしたというよりは、リワードが欲しくてダウンロードする場合が多いので、その後の継続率、課金率等が低くなる傾向がある等と言われます。

広告効果を最大化する等という観点からも注意が必要な類型の広告であると言えます。

(6)　アフィリエイト広告

アフィリエイト広告とは、ブロガーや、ウェブサイトの媒体等に広告をしてもらい、その広告媒体となる者に、１ダウンロードあたりいくら、１ユーザ登録あたりいくらなどとアフィリエイト広告料を払うタイプの広告です。

アフィリエイト広告の場合、広告主が、バナー等を用意するのではなく、アフィリエイターが、自分で、ゲームの紹介記事を書いたりして、誘導を行うので、広告の内容を、広告主があまりコントロールできないという問題があります。

このため、違法な広告がなされてしまうリスクがあります。違法広告を行わないような媒体を選んで広告出稿を行うことが肝心です。

また、アフィリエイト広告料を原資として、アプリのダウンロード等を行う利用者にリワードをあげてしまうアフィリエイターもいますので、そのような観点からも、媒体（アフィリエイター）については、注意深く選定する必要があります。

4　e-Sportsの大会の開催

格闘ゲームの大会のようなe-Sportsの大会の開催に際しては、景品表示法、賭博罪、風営法、ビザ等の関係に留意が必要です。次のような点をチェックすると有益です。

(1)　賭博罪、賭博開帳罪との関係

➤　大会の参加者から参加費を取り、参加費を賞金にあてていないか

> ➢ 偶然に左右されるか[90)]
> ➢ 観衆等による賭けの行為（例えば、勝者を当てる賭け）はないか

大会の参加者から徴収した参加費を、賞金にあてるようなケースでは、賭博罪に該当するリスクが生じます。

そこで、賞金については、参加費からあてるのではなく、スポンサーからのスポンサー料等からあてるということが考えられます。

⑵ 景品規制との関係

e-Sports の大会の賞品の上限については、景品規制との関係が大きな問題となっており、景品規制があるということで、国内の大会の賞金額がかなり少額に抑えられています。

そこで、次の点について、確認することが有益です。

> ➢ 景品規制の適用はあるか
> ➢ 賞金は景品規制の範囲内か

（ⅰ） プロ向けの大会

e-Sports のプロ選手のみを対象とする大会については、何億円もの賞金を出したとしても、景品表示法の景品規制は適用されないと消費者庁により解されていると考えられます。

CESA、JOGA、一般社団法人日本 e スポーツ協会（JeSPA）、一般社団法人 e-Sports 促進機構、一般社団法人日本 e スポーツ連盟（JeSF）は、平成 29 年 9 月 19 日に、共同でプレスリリースを行い、団体の統合を図り、プロライセンス発行等を行うとの方向性を示しています。

[90)] 賭博の要件として、「結果が偶然に左右される」との要件があります。海外の場合は、スポーツについては、技能で左右される部分の方が、偶然に左右される部分よりも大きいため、ギャンブルに当たらないとの解釈もなされているようですが、日本では、賭け麻雀や賭けゴルフという、プレーヤーの力量がかなり問われる類型でも、賭博罪の構成要件を満たすと考えられているようですので、e-Sports がこの偶然性の要件を満たさない場合というのは、ほとんど考えられないようにも思います。

こういったプロ化の動きが軌道に乗れば、e-Sportsの大会の賞金も、現在よりは高額なものとなるのではないでしょうか。

もっとも、世間から批判されないよう、賞金の額の設定その他の大会の運営に当たっては、細心の留意が必要であることはいうまでもなく、限度はあるでしょう。

（ii）　アマ向けの大会

主催者がゲーム会社でなければ、景品規制の適用はないとの意見もありますが、景品規制は、役務提供事業者（ゲーム会社）が自ら景品を付与する場合だけでなく、第三者をして付与させる場合にも適用があるとされているから、e-Sportsで用いられるゲーム（例えば、ストリートファイター2）の提供ゲーム会社（例えばCAPCOM）が、有力な大会スポンサーであるような場合等にも、「取引付随性」の要件が満たされ、適用されるリスクが十分にあるのではないでしょうか。

取引付随性の要件との関係では、ノーアクションレター（平成28年9月9日付の消費者庁の回答[91]）が出ており、対象ゲームの習熟が課金と無関係と言えれば取引付随性なし、対象ゲームの習熟と課金が一定の連関があれば取引付随性ありと整理できそうです。

もし、景品規制が適用されてしまえば、景品の最高額は、どんなに高くても10万円となります。プロを対象としないアマチュア用の大会については、依然として、景品表示法の問題が、大きな問題として残りそうです。

⑶　風営法との関係

風営法の対象となるゲームセンターは、景品を出すことが風営法で禁止されています。

したがって、e-Sportsの大会の開催も、そのようなゲームセンターでは、困難かもしれません。

91）　http://www.caa.go.jp/law/nal/pdf/info_nal_160909_0004.pdf、http://www.caa.go.jp/law/nal/pdf/info_nal_160909_0005.pdf

⑷ 出入国管理法との関係（ビザ）

海外から著名プレーヤーを招待する場合等には、ビザの問題等も生じます。

（中崎　隆）

第5章

AI/IoT/ビッグデータ/自律性の概念等

Q30 AI 技術の活用とその法律問題

AI 技術とは、どのようなものですか。現時点において、社会的に実用可能になっている AI 技術には、どのようなものがありますか。それらについて、指摘されている法的な問題点というのはありますか。また、将来において、AI 技術が発展した場合、どのような法的問題点を考えていなければならないでしょうか。

A

「AI（Artificial Intelligence：人工知能）」技術は、「学習」、「認識・理解」、「予測・推論」、「計画・最適化」など、人間の知的活動をコンピュータによって実現するもの、などと定義されることがあります。コンピュータ技術の発展によって、推論の仕組みや知識ベースがデータをもとに学習されている「機械学習（Machine Learning）」や、データをもとにコンピュータがみずから特徴量（feature）をつくりだす「深層学習（Deep Learning）」という技術が急速に発展したことによって、人工知能技術の応用分野が広がり、注目を集めています。

AI による活動の幅が広がったことによって、AI に対する既存の法適用、法整備の要否がさかんに議論されています。現在の法律のほとんどは、人が行う活動に対するルールを決めているものですが、人の活動の一部を代替した AI に対してどのように法律を適用すべきか、既存の法律では足りない場合にはどのような立法を行うべきか等が様々な法分野において議論されています。

1　AI 技術とは？

AI という用語を巷で頻繁に耳にするようになってきた読者も多いと思います。AI は“Artificial Intelligence”の略で、人工知能と訳されます。

AI 技術には決まった定義はありませんが、一般的に、「人が知性を用いて行っていると思われている知的活動（認知、推論、学習、思考、これらに基づく行為など）の一部を代替し得る技術」であると言われています[1)]。これまで人間のみが有する知性を用いなければできないと思われていた活動を、その一部であれ機械が代替するという点で、画期的な技術であると考えられ、社会的耳目を集めています。

AIの研究はかなり前から行われてきていましたが、近年、機械学習（Machine Learning）や深層学習（Deep Learning）という技術が発達し、利用可能となったことにより、AIの可能性が大きく広がったと言われています。機械学習とは、推論の仕組みや知識ベースが、データをもとに学習されているものをいいます。具体的には、コンピュータが与えられたデータセットを独自に分析・学習し、モデルを作成し、そのモデルに基づいて新たなデータについて予測を行います。これによって、人間が指示したことを実行するのみならず、人間による学習と同じような効果をコンピュータによって得ることができます。深層学習とは、データをもとに、コンピュータがみずから特徴量（feature）をつくりだすことをいいます。特徴量とは、一定の判断にどのような要素が影響を与えるのかという観点からみた場合に、そのポイントとなる要素のことをいいます。この手法は、脳の機能を模したニューラルネットワークを利用しています。

これらのAI技術は、いろいろな分野に応用されるようになり、それぞれの分野で画期的なイノベーションを巻き起こしつつあります。このようなイノベーションが巻き起こされる分野は、それこそ、枚挙に暇がありません（次頁図参照）。

法律家の世界においても膨大なデジタル証拠の中から、関連性のあるドキュメントを仕分ける技術にアルゴリズムが使われていますし、そのアルゴリズムを洗練するのに、機械学習が取り入れられてきています。また、自動運転技術の中核をなす技術として、AI技術が用いられているというのは、新聞報道でよくみるでしょう。また、FinTechの分野においては、顧客に対して資産運用のアドバイスを行うためにAIを用いたり、証券取引のアルゴリズム自体をAIによる特徴量の生成に委ね、株価の動向

---

1)　内閣府「人工知能と人間社会に関する懇談会」報告書（平成29年3月24日）

〈人工知能の応用範囲（一部）〉

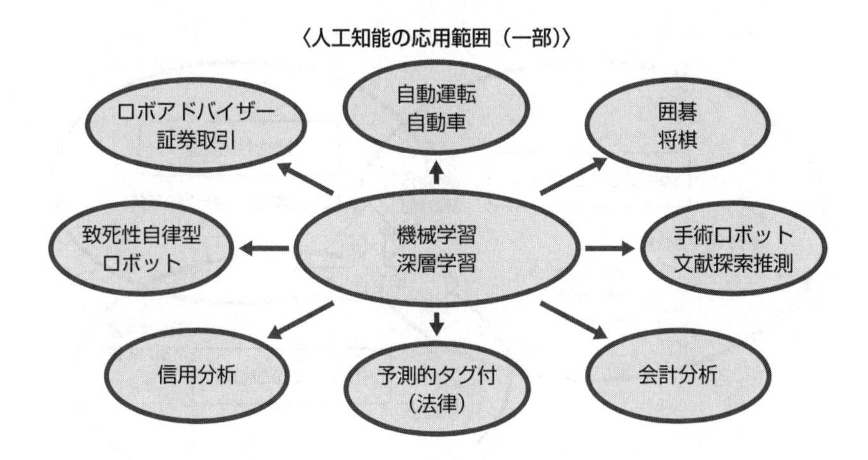

を予測し取引を行ったりというサービスが提案されたりしています。医学の面では、深層学習による高度な画像分析を行ったり、膨大な文献の分析により原因の究明をより短時間に正確に行ったりすることが提案されています。武力紛争に関する分野においては、AI による自律的な判断による攻撃が武力紛争において許容されるのかということについて、非常に真剣に議論されています。

これらの現実に起こりつつある新規事業と AI とのかかわりに関して、具体的にどのような法的な問題が起こるのか、ということを、上記のような具体例をあげながら、広く考察することにしましょう。

2　AI と法律問題の分析の枠組み

上記のとおり、AI 技術によって、これまで人が行ってきた活動が機械に代替されることも多くなります。当たり前のことですが、これまで制定されてきた様々な法律はあくまで人が活動を行うことを前提として整備されてきており、これまでの法制度を AI の行為に対してどのように解釈・適用するか、解釈で対応できないところについてはどのような立法上の手当てをすべきかについて、議論が行われています。検討すべき法制度は多岐にわたり、本稿でその全てを紹介することは難しいのですが、検討すべ

〈AIの法律問題の分類例〉

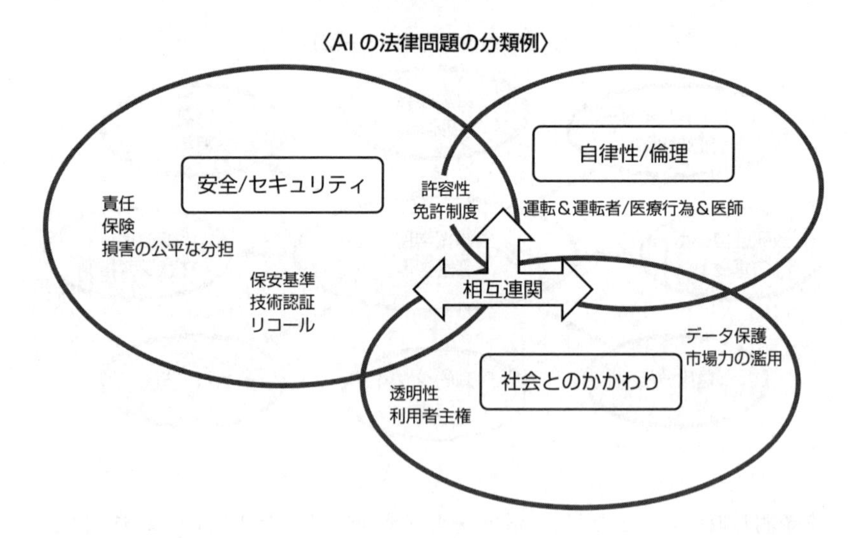

き問題を、以下のような分野にわけて論じることにしましょう[2)]。

一つ目はAIと関与する人間との問題、二つ目は当該AIシステム自体の安全性の問題、三つ目はAIシステムと他の外部環境との関係における問題になります。

AIと関与する人間との問題（自律性の問題）というのは、法律上は、人間がなすことが前提となっている場合に、それを自律型のAIシステムが行ってよいのか、という問題です。AIシステムの倫理の問題もこの点に含まれるでしょう。

AIシステムと安全の問題というのは、AIシステムが、人間に対して危害を加えてしまわないようにするためにどのようにするのか、また、危害を加えてしまった場合にどのようにするべきか、という問題です。

AIシステムと他の外部システムとの関係における問題というのは、AI

2)　AIに関するリスクにどのようなものがあるか、という点について、総務省AIネットワーク化検討会議報告書（http://www.soumu.go.jp/main_content/000425289.pdf）は、機能に関するリスク（セキュリティに関するリスク、情報通信ネットワークシステムに関するリスク、不透明化のリスク、制御喪失のリスク）、法制度・権利利益に関するリスク（事故のリスク、犯罪のリスク、消費者等の権利利益に関するリスク、プライバシー・個人情報に関するリスク、人間の尊厳と個人の自律に関するリスク、民主主義と統治機構に関するリスク）に分けています。

システムがどのように動いているのか、それが透明性をもってわからないといけないということ、AIシステムの利用者との関係で利用者が常に自主的な判断を行えること、AIシステムにおける個人のデータを取り扱うのにどうするべきか、であるとか、独占的なアルゴリズムが発生した場合にはそれでよいのかなどの問題です。

以下において、具体的な例をあげながら、これらの問題について考えていくことにします。

3　AIの自律性と法

例えば、道路交通法は、「運転者」を「車両等の運転をする者」とし（道路交通法2条18号）、「車両等の運転者」の安全運転の義務を定めていて（同法70条）、「運転者」の存在を前提としています。「車両等の運転をする者」（同法2条18号）が存在しないで、自動車が走行することは考えられていないので、道路交通法においては、運転者がいない場合の該当条項の違反の刑事責任というものは、準備されていません。また、国際人道法の分野においては、自律型致死兵器システム[3)]が、紛争における規定（ユス・イン・ベロ）を遵守できるのかという議論がなされています。これは、医療への応用においても同様ですし、また、法律の分野への応用も同様です[4)]。このように考えると、AIシステムを利用して、これらの業務の代替を図ろうとする場合には、これらの規定に違反しないでなし得る行為は何なのか、完全に代替することは許されているのかが問題となります。また、許されていないと解される場合において、人間が最終的に判断を下さなければならないという定めが合理的なのか、許容される場合には、その許容される条件は、という問題が発生してきます。

3)　Lethal Autonomous Weapons Systems（LAWS）、又は、致死性自律型ロボット（Lethal Autonomous Robotics, LARs）といいます。

4)　医師法17条は、医師でなければ、医業をなしてはならないと定めていますし、弁護士法72条は、弁護士でなければ、報酬を得る目的で、法律事務に関して業とすることはできないと定めています。

自動運転自動車においては、緊急時においても、事前にプログラムをなしたAIが対処するという完全自動運転を認めるべきかという議論がなされています。

これと関連して、AIの直面する倫理の問題ということも起こり得るでしょう。例えば、教育の過程で、悪意を持った教育がなされて、反倫理的な発言をするようになってしまったチャットボットがありますし、また、自動運転については、いわゆるトロッコ問題[5]をどのように解決するのか、という疑問が投げかけられています。

4　AIの安全性

(1)　安全性の確保

AIに基づいて、一定の駆動がなされるときに、安全の問題は、極めて重要な問題となるということができるでしょう。「安全とは、受容できないリスクから免れている状態」と定義をすることができます[6]。例えば、自動運転自動車システムは、搭載されたAIシステムに不具合が発生すると、搭乗者もしくは、他の者の生命・身体・もしくは財産に損失を与える交通事故を引き起こしかねません。わが国では自動車の安全性確保のための法的仕組みとして道路運送車両法があり、技術基準（道路運送車両の保安基準）[7]に適合するものでなければ、運行の用に供してはならない（同法

---

5)　「ある人を助けるために他の人を犠牲にすることを許されるか」という問題。例えば、制御不能に陥ったトロッコが、そのままでは、前方で作業中の５名にぶつかってしまい、分岐路のほうに進行をきりかえた場合には、作業していた１人にぶつかってしまう場合に、進路を変更すべきか、という問いで代表されるためにトロッコ問題といわれています。

6)　JIS Z 8051：2004（安全側面－規格への導入指針 Safety aspects Guidelines for their inclusion in standards）による。同様に、「リスク」とは、「危害の発生確率及びその危害の程度の組合せ」であり、「危害（harm）」とは「人の受ける身体的傷害若しくは健康傷害、又は財産若しくは環境の受ける害」をいうとされています。また、この危害の源を「ハザード（hazard）」と呼んでいます。

7)　なお、ISOでは、ISO26262という規格において、自動車システム（ソフトウェアを含む）の安全性が機能安全（functional safety）という概念の下議論されています（茂野一彦「自動車用機能安全規格ISO26262の紹介」（http://www.mss.co.jp/

第41条）とされています。それでは、自動車におけるAIシステムが、安全であるといえるのは、どのような場合なのでしょうか。それを事前に記述し得るのか、また、悪意を持った攻撃者から、AIシステムが攻撃されたときに、そのような保安基準は、役割を果たし得るのか、という問題があるといえます。また、リコールの問題も考えなければなりません。

⑵　責任の問題

自動運転などAIによる活動によって、他者が損害を被った場合の責任の問題もあります。現状における過失責任主義や製造物責任法の解釈を前提とすると、自動運転の最中に事故が起こった場合、運転者は運転行為をなしているわけではなく、その意味で注意義務違反がないといえる場合が生じ得ます。また、AIが開発者の手を離れ自律的に行った行為に起因する場合、製品の「欠陥」を立証することが非常に難しくなり、製造物責任法上も責任を問うことができないケースも想定されます。このように、既存の枠組みでは、いわゆる「責任の空白」が生じる可能性が指摘されており、被害者救済の観点からどのように対処すべきかが議論されています。詳しくは、**Q37**「自律的な判断に基づく医療関連システムの法律問題」や**Q36**「『つながる自動車』の法的問題」をご参照ください。

5　AI技術と社会の関わり

⑴　社会との関係

AI技術が、社会において実働した場合には、様々な問題が発生し得ることから、それらを考察する必要があります。

⑵　AIの透明性と利用者主権

深層学習の発展は、どのような判断枠組みに基づいて、一定の判断がなされるのかということについて説明可能性が著しく低下する現象を引き起

technology/report/pdf/23-05.pdf)）。

こしています。例えば、AIの自律的な判断によって、信用を付与されるべきではないという判断がなされた人は、そのような判断に納得がいくでしょうか。そうだとすれば、そのようなAIの判断によって不利益を受ける人は、何故に、そのような不利益を受けることにいたったのかという点についての説明を受けることができてしかるべきだ、と考えるところでしょう。人間がAIを使いこなすべきであって、AIに全てを決定されるようになってはいけない、といういわばAIに対する利用者主権とでもいうべき考え方に基づくものであるということができるでしょう。

欧州では、GDPR（➔Q10）が、施行されており、その中では、自動的意思決定に対しては、個人は、再度の考察を求めることができると明らかにされています。そのような法規制が、AI技術の発展の中で維持し得るのか、というのが現代的な課題になってきているということができるでしょう。

⑶　ビッグデータとデータ保護

ビッグデータの利活用の問題は、AI技術と密接に関係します。上記のように、機械学習を活用したAIでは、分析対象のデータの量・質によって学習・分析の内容が左右されることになり、より多くの質の高いデータをインプットした方がより良い分析結果を得やすくなります。したがって、AI技術を利用する前提のデータをどのように取得するかが企業にとって重要となります。その一方で、それらのデータをもとにAIによって一定の判断がなされた場合には、人間は、その判断に縛られるのか、AIに全てを把握されているという意味でのプライバシの問題も発生するでしょう。

⑷　AIと独禁法

現在では、プラットフォーム事業者に代表されるIT系企業が、AI活用のために重要となるデータ集積において優位な地位にあり、AI技術の開発・活用において他の事業者が不利な立場に置かれるのではないかとの懸念が示されています。このようにデータの寡占・独占状態にいる事業者の事業活動に対しては、独禁法による規制を及ぼすことが考えられます。具体的には、ある事業活動を行うに当たって必要不可欠なデータセットを有する唯一の事業者が、他の事業者による当該データへのアクセスを拒否することにより、他の事業者を排除するといった行為など、データの集積・利用の過程で行われる可能性のある反競争的行為に対してどのように独禁法を適用すべきかについて議論が行われています[8]。また、事業者がAIによって価格設定を行う際、共通のAIを利用した場合、実質的に、価格カルテルが成立してしまうのではないかという、いわゆる「デジタルカルテル」と呼ばれている問題[9]などが議論されています。

⑸　AI による創作・発明（知的財産権保護法制）

上記のとおり、AIは、機械学習と呼ばれる技術を用いて、自己のアルゴリズムを改良し、よりよい生成物を生み出すところに特徴があります。それでは、AIが自発的に生み出した生成物の権利関係はどうなるのでしょうか。例えば、AIが作曲を行った曲について、著作権は誰に帰属するか、膨大な作曲データに基づいて作曲を行っているAIの行為に対して、著作権侵害を問える場合があるか、等が議論されています。

前者については、人がAIを道具として生み出した生成物については、人の創作として著作権法で保護される余地があるといえます。しかしながら、AIが自発的に生み出したと評価されるものについては、現行著作権法上の保護は受けられないことになります。これについては、立法論として、英国著作権法のように、コンピュータ生成物（computer-generated

[8]　経済産業省「第四次産業革命に向けた競争政策の在り方に関する研究会報告書」（平成29年6月28日）（http://www.meti.go.jp/press/2017/06/20170628001/20170628001-2.pdf）
　公正取引委員会競争政策研究センター「データと競争政策に関する検討会報告書」（平成29年6月6日）（https://www.jftc.go.jp/cprc/conference/index_files/170606data01.pdf）

[9]　価格付けに用いるアルゴリズムが共用される（例えば、自動車シェアにおける価格付けプログラム）ことによって、それぞれの価格決定者が、最も利益を得るような価格付けを行うことによって、事実上、共同して価格を決定するカルテルと同様の競争の阻害効果をもたらすことをいうのが一般です。

work）に対して著作権保護を与えるべきではないか、といった議論がなされています。

6　AI開発の原則に関する提案

AI技術に関する以上のようなリスクに対して、一定の措置をなすことによりこれを受容し得るものにしつつ、「AIネットワーク化」の進展により、個人、地域社会、各国、国際社会の抱える様々な課題の解決を促そうという動きが起きています。平成28年4月に日本で開催されたG7香川・高松情報通信大臣会合において、ホスト国である日本はAI開発原則のたたき台を紹介しました。その結果、G7において「AI開発原則」及びその内容の解説からなる「AI開発ガイドライン」の策定に向けて議論がなされています[10)]。

このガイドラインは、具体的には、AI開発原則として、以下のものを掲げています。

①　連携の原則――開発者は、AIシステムの相互接続性と相互運用性に留意する。

②　透明性の原則――開発者は、AIシステムの入出力の検証可能性及び判断結果の説明可能性に留意する。

③　制御可能性の原則――開発者は、AIシステムの制御可能性に留意する。

④　安全の原則――開発者は、AIシステムがアクチュエータ等を通じて利用者及び第三者の生命・身体・財産に危害を及ぼすことがないよう配慮する。

⑤　セキュリティの原則――開発者は、AIシステムのセキュリティに留意する。

⑥　プライバシーの原則――開発者は、AIシステムにより利用者及び

10)　AIネットワーク社会推進会議「報告書2017　―AIネットワーク化に関する国際的な議論の推進に向けて―」（http://www.soumu.go.jp/menu_news/s-news/01iicp01_02000067.html）

第三者のプライバシーが侵害されないよう配慮する。

⑦　倫理の原則――開発者は、AIシステムの開発において、人間の尊厳と個人の自律を尊重する。

⑧　利用者支援の原則――開発者は、AIシステムが利用者を支援し、利用者に選択の機会を適切に提供することが可能となるよう配慮する。

⑨　アカウンタビリティの原則――開発者は、利用者を含むステークホルダに対しアカウンタビリティを果たすよう努める。

また、このような動きは、世界にも共通するものであって、FLIという団体の「AIに関するアシロマ23原則」[11]やIEEEの「AI/自律システムの倫理的配慮に関するIEEEグローバル・イニシアチブ」[12]が注目を集めています。また、欧州では、ロボティックスをめぐる議論が盛んになされており、「ロボティックス規制に関するガイドライン」(Guidelines on Regulating Robotics) が公表[13]されており、欧州議会の法務委員会は、「ロボティックスに関する民事法的規則に関する欧州委員会への提言」[14]を提案しています。

（高橋　郁夫／渥美　雅之）

---

11)　Future of Life Institute "ASILOMAR AI PRINCIPLES"（日本語版「アシロマの原則」https://futureoflife.org/ai-principles-japanese/）
東京海上研究所ニュースレター「AIの安全ガイドライン『アシロマ　AI　23原則』」(http://www.tmresearch.co.jp/sensor/wp-content/uploads/sites/2/2017/03/SENSOR35.pdf)

12)　http://standards.ieee.org/news/2017/ieee_p7004.html

13)　http://www.robolaw.eu/RoboLaw_files/documents/robolaw_d6.2_guidelinesregulatingrobotics_20140922.pdf

14)　http://www.europarl.europa.eu/sides/getDoc.do?pubRef=-//EP//TEXT+REPORT+A8-2017-0005+0+DOC+XML+V0//EN

Q31 チャットボットとは何か

チャットボットとは何ですか。電子商取引サイトで、その技術を活用する際に、法的に留意すべきことは何ですか。

A

チャットボットとは、対話型の自動的なやり取りをなす仕組みをいいます。自然言語でのやり取りをするという技術は、まだ、完成にはほど遠いところがあるので、あらかじめ、選択肢を提供して、選んでもらう方式にするかとか、利用者が、途中であきらめてしまわないかという実際の問題に注意するとともに、開発に際しての留意や利用者との関係で、プライバシーポリシーの整備などの法的な問題にも留意する必要があります。

1　チャットボットとは何か

⑴　チャットボットの概念と人工知能との関係

〈チャットボットの操作画面〉

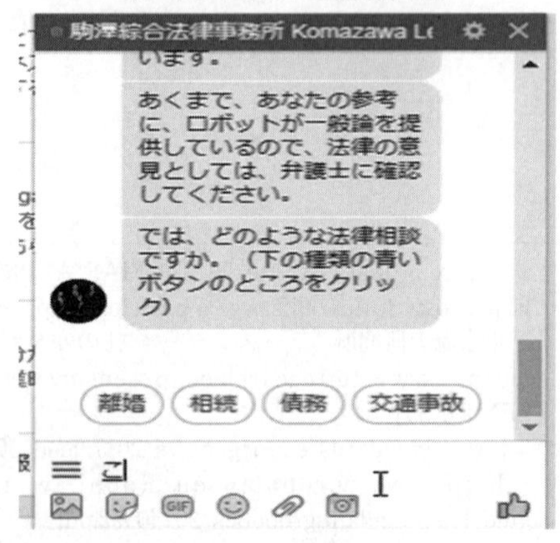

近頃、メッセージツールで、いろいろなやり取りを自動的に、対応してくれるサービスを目にすることが多くなりました。対話型の自動的なやり取りをなす仕組みで、チャットボットといわれています。

対話で法律相談にかかわるやり取りを自動で行って、自律的に対応してくれるのであれば、そのシステムは、知能を持っているといってよいのではないか、ということになりそうです。

このような考え方は、数学者のアラン・チューリング[15)]が、1950年の論文、『Computing Machinery and Intelligence』の中で記した一つのアイディアをもとにしています。その論文では、人間の判定者が、一人の（別の）人間と一機の機械に対して通常の言語での会話を行ったときに、判定者が、機械と人間との確実な区別ができなかった場合、この機械はテストに合格したことになります。そして、その場合には、その機械は、知性を持っているといってよいのではないか、と論じられているのです。ちなみに、このテストは、チューリング・テストといわれており、映画「ブレードランナー」では、捜査官（ハリソン・フォード）が、レイチェルという容疑者（？）が、レプリカント（アンドロイド）かどうかを判断するシーンでも利用されています（フォークト・カンプフ検査というそうです）。

では、このようなチャットボットが、非常にうまく設計・運用されて、自律的に法律相談をしてくれたら、どうなるのでしょうか。そのようなチャットボットの仕組みは、知能を持っているということができるのでしょうか。チャットボットの仕組みと人工知能の技術の観点から考えていくことにしましょう。

⑵　チャットボットの仕組み

チャットボットの仕組みは、比較的簡単です。SMS、LINEやFacebook Messengerなどのサービスを利用している人は多いと思いますが、それらの特定のアカウントに対して、メッセージが送られたときに、そのアカウントの中で、一定のメッセージを送り返すように設定するという仕組みです。具体的には、返事を送り返す仕組みをクラウドの上に準備しておいて、メッセージが、その仕組みを、API（詳しくは**Q27**「APIの公開」を参照）を通じて呼び出して、メッセージが送り返されるようになっています。

---

15)　映画「イミテーション・ゲーム／エニグマと天才数学者の秘密」（http://imitationgame.gaga.ne.jp/）でベネディクト・カンバーバッチが演じています。

チャットボットでは、この返事を送り返す仕組みが人工知能技術を利用しているのか、という点が問題になります。その前提として、チャットボットに使われる入力方式について触れる必要があります。

⑶　ボタン式か、言語入力か？

250頁の写真を見てください。4つのボタン（離婚、相続、債務、交通事故）が見えます。これは、チャットボットの入力者に選択してもらって、ボタンを押してもらうことで、チャットを進行させようとするものです。

それに対して、自然言語で、入力してもらうこともできます。この場合には、例えば、コマンドとして準備できていない「不動産の相談がしたいです。」とかの入力がなされると、システムとしては、「ボットの理解を超えました。」という返事を返すことになってしまいます。自然言語で対応する場合には、自然言語の質問の意図は何ですか（intent）とその言語が何を対象にしていますか（entity）、という点にわけて検討しなければなりません。自然言語入力内容を事前に全て準備するというのは大変です。

そうであるとすると、法律相談に関するチャットボットの仕組みとしては「相談したいのは、何」と聞いて、「相続、離婚、債務、交通事故、不動産、その他」から、ボタンをタップしてもらったほうがはるかに効率的です。その意味で、実際にチャットボットを作成する場合には、自然言語入力の方式をどのくらい使うのか、ボタン式でどこまで進行させるのか、というのを決めておくことが必要になります。

⑷　人工知能技術を搭載しているのか？

次に、上記のようなボタン式でもって、事前に利用者の意見を準備しておいてそれに対して回答を求め、その回答に応じて、チャットを進める仕組みが、人工知能という範疇に該当するのか、という問題があります。チューリング・テストで前述したように、それを人工知能というかどうかは、定義の問題にすぎないということになりますが、ここで、「人工知能」という用語の利用のされ方をまとめておくことは有意義であるように思えます。

1960年代以降、次々とエキスパートシステムが作られていきます。これは、数式化されないような「知識」をデータ化して論理演算に組み込むことで、コンピュータに高度な判断を行わせようというものであって、人間の専門家（エキスパート）の意思決定能力を模倣するものになります。特定の分野の問題についての情報を解析するルール群から構成されるプログラムです。一方、人間とテキスト又は音声で、知的な会話をシミュレートするというコンピュータプログラムも開発されるようになります。人間の発した特定の単語やフレーズを認識することで意味がある（意味が通る）ように見える事前に準備された応答を返すことで、「会話」をしていくわけです。このような仕組みを、人工無能（無脳）と呼んでいます。多くは単にキーワードを拾って、内部のデータベースとのマッチングによって、それらしい応答を返しているだけになります。自然言語処理というのは、人間が日常的に使っている自然言語をコンピュータに処理させる一連の技術をいいますが、人工知能技術の一つの領域です。普通に利用者から発せられる言語を理解しやすく処理するのに使われることになります。処理がなされて理解された意味に対して、何らかの回答が得られるという仕組みが構築されることになれば、まさに知性や推論能力によって回答が与えられるということになります。

このように考えると、チャットボットが人工知能技術を搭載しているの？　という質問自体があまり意味のないことであると気がつくかと思います。むしろ、大事なのは、現代の進化した人工知能研究をもってしても、自律的に法律の相談に対して回答を与えてくれるものではないこと、むしろ、現代的な研究になる以前のエキスパートシステムのレベルでも、十分な回答を準備できる分野があることだろうと考えられます。

2　チャットボットの作成について

(1)　チャットボットの作成の実際

チャットボットがどのような動作をしているのか、というのは、前述しましたが、具体的に、どうすれば作成することができるでしょうか。具体的には、チャットのプラットフォームのサーバ側でプログラムを準備して、それを動作させることになります。しかし、現在では、プログラムのコードを直接に書くことなしに、チャットボットを作成することができます。詳細は、省略しますが、わが国では、Repl-AI、hachidoriなどのツールが公開されていますし、また、英語版ですが、chatfuel、wit.ai、Conversation（Watsonの一つ）などが公開されています。これらのツールを使って、法律相談のやり取りをシステムに載せていくことになります。

プログラムのコードを書くのに自信がある人は、別にツールを使うことはないのですが、その場合には、結局、シナリオでは、数百の分岐に対応しなければならなくなります。

⑵　法律相談シナリオの作成とツールでの入力

次に、具体的な法律相談のシナリオを作成していきます。

次頁に示したのは、債務の相談についてのシナリオの一部です。債務の相談を担当する弁護士であれば、最初に、相談者の基本的な属性（住所、氏名、生年月日、職業、収入、家族構成）を聞いて、それをもとに、債権者一覧表（現在の残高、取引の開始時期）を聞いていくというのが一般的かと思います。それをもとに、債務整理にするのか、破産にするのか、民事再生にするのかというのを判断していくかと思います。ポイントは、特に、サラ金が多い場合には、取引の開始時期が、いつからなのかということかと思います。

〈債務相談のシナリオ例〉

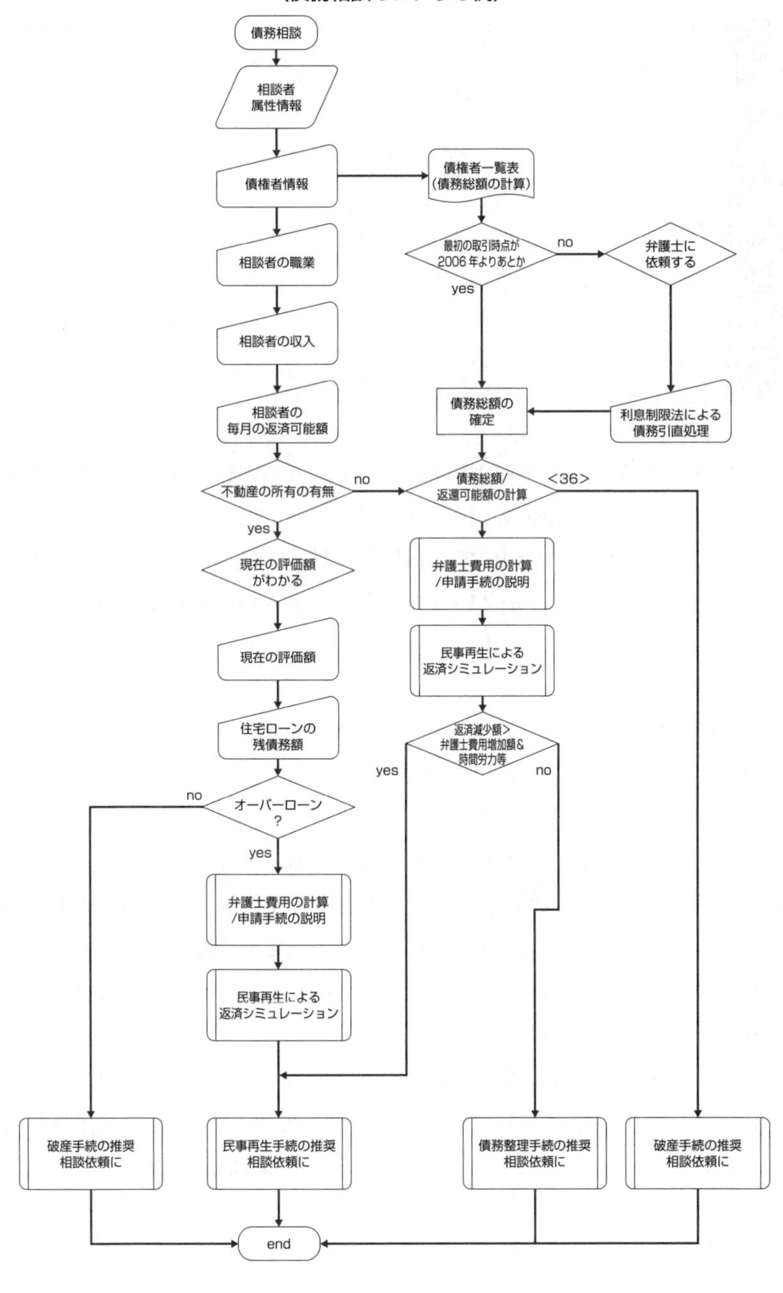
債務相談
相談者
属性情報
債権者情報
債権者一覧表
（債務総額の計算）
最初の取引時点が
2006年よりあとか
no
弁護士に
依頼する
yes
相談者の職業
相談者の収入
債務総額の
確定
利息制限法による
債務引直処理
相談者の
毎月の返済可能額
不動産の所有の有無
no
債務総額/
返還可能額の計算
<36>
yes
現在の評価額
がわかる
弁護士費用の計算
/申請手続の説明
現在の評価額
民事再生による
返済シミュレーション
住宅ローンの
残債務額
返済減少額>
弁護士費用増加額&
時間労力等
yes
no
no
オーバーローン
?
yes
弁護士費用の計算
/申請手続の説明
民事再生による
返済シミュレーション
破産手続の推奨
相談依頼に
民事再生手続の推奨
相談依頼に
債務整理手続の推奨
相談依頼に
破産手続の推奨
相談依頼に
end

〈チャットボット作成ツールの例〉

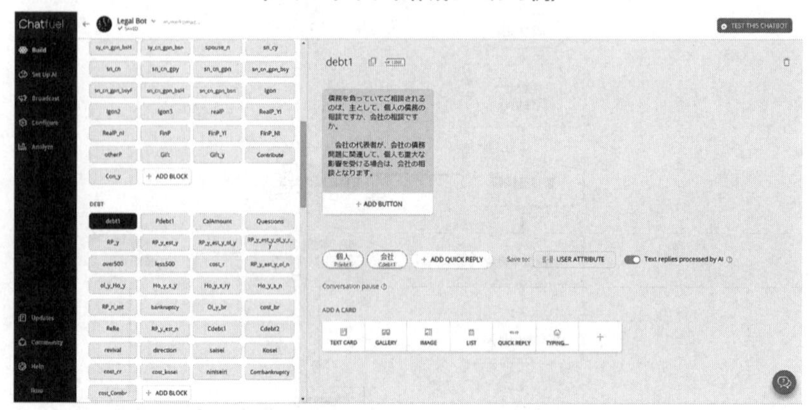

これらの質問を、ツールの中で入力していくことになります。実際のイメージとしては、上記のようになります。

そして、このやり取りの中で、利用者に対しては、具体的に、どのような書類を揃えて欲しいのかということをシステム側から教えていくということもできるようになります。

⑶　公開と提供

チャットボットをシステムで作成したら、あとは、公開です。基本的には、法律事務所のアカウントに対してメッセージが送られてきた場合には、チャットボットのシステムから、返信するという仕組みになっているので、そのアカウントの返事の仕組みをチャットボットの仕組みから呼び出すように設定していくことになります。そして、事務所のホームページやSNSの公式アカウントのページから、チャットボットの利用を促すということになるかと思います。

また、今後は、法律問題に対して「チャットボットがお答えします。」として、一般の情報サイトでありながら、最後は、「お近くの法律事務所をお教えします。」という形で、広告サービスの標準的な形態になっていくかもしれません。

ちなみに、このようなチャットボットを作成するのに当たって、お金がかかるのか、という問題もあるでしょう。上述のようなツール提供者は、ツールをクラウド上で動作させているので、その動作を呼び出したのに対して課金がなされるという形になります。本書でも、度々出ている API 利用に対して対価を取得するという形態になります。

3　チャットボットのメリット・デメリット

(1)　チャットボットのメリット・デメリット

では、このようなチャットボットは、実際の弁護士・法律事務所にどのようなメリット・デメリットを与えるものでしょうか。また、今後、実際の弁護士の相談業務に取って代わってしまうものなのでしょうか。

(2)　メリット

まず、社会が、AI と騒いでいる割には、その AI 技術を実際に試してみる人は、極めて少ないので、AI 技術の可能性について、自分の経験をもって、評価することができるというのは、非常に大きなメリットであるということができるかと思います。後述のように、チャットボットは、現在の技術のレベルにおいてデメリットや限界も存在しているので、その技術が現実にできること、今後できること、その一方で、なかなかできないことを自分の経験で感じ取れるというのは、大きなメリットであるということができるでしょう。

また、弁護士が、依頼者との相談で初回に必ずなしている依頼者の属性の聞き取り作業を自動化することができて、その部分の作業にかける時間を省力化できるというのは、大きなメリットです。特に、依頼者の基本的な属性情報が、デジタル情報で取得できるというのは、その情報の利用可能性（例えば、そのデータをもとに裁判所提出書類の案を自動的に生成する。）を考えるときには、極めて大きなメリットであるということができるでしょう。

チャットボットは、弁護士の標準的な質問事項を漏れなく聞くというように作成することもできます。そうなれば、事案における重要事項の聞き漏らしを回避することができ、弁護過誤を防止することができるかもしれません。

また、自分で、チャットボットのシナリオを書くことになれば、その分野の法的な知識を再度整理することになるかと思います。

⑶　デメリットや問題点

一方で、実際にチャットボットを運用してみると、すぐに利用者の入力がシステムとして準備していたものと異なってしまい、「ボットの理解を超える」という状況になってしまうことに気がつきます。これは、仕組み上やむを得ないことなのですが、実際のシステムの利用者である人間からすると、ボットが全て自動的にうまく対応してくれるという期待値が高いためか、うまく対応できないと、すぐにボットはうまくいかないと見捨てがちになってしまう、ということが考えられます。

また、これに関連するのですが、法律相談で必要な回答をなすためには、システム側で質問を 10 くらい続けて利用者に入力させる必要があります。人間相手の相談の場合、抑揚や表情などもあり対話にそれほど飽きることはないかもしれませんが、チャットボットの場合には、利用者が、チャットボットとの対話に飽きてしまって、途中で脱落（対話を進めようとは思わなくなること）することも考えられます。

そもそも、このようなチャットボットで対応できるのは、定型的な法律問題のみということになるかと思います。法律の例外的な事象（例えば、相続案件であれば、相続人の廃除の可否の事案）について、事前に上記のようなシナリオで準備することは、ほとんど不可能に思えます。その意味で、チャットボットでは、法律相談の支援は可能でも、法律相談自体をなすことは不可能でしょう。

定型的な法律事務をチャットボットを利用して処理することは可能です。しかも、法律事務が実際の弁護士の業務において占めている割合からは、実効的な効率化に結びつくでしょうが、逆に、全てを自動的に対応させようとすると、不必要な手間と費用がかかることになってしまうというのは、明らかなように思えます。

4　チャットボットの法律問題

ところで、チャットボットを開発するという業務を考えたときには、現代的なシステム開発の法的な問題点が、現れてくるということもいえます。それらの問題点を簡単にみていくことにしましょう。

(1)　プラットフォーム

チャットボットは、そのチャットを行うメッセージプラットフォームの上で、開発されます。その意味で、プラットフォームが実際の取引において、どのような役割を占めているのかというのを否応なしに意識させることになります。

そして、このプラットフォームの役割は、開発の公平、データポータビリティ、推薦商品の増大などの各局面でさらに重要性を増すようになってきています。

〈プラットフォーム事業者と関係当事者〉

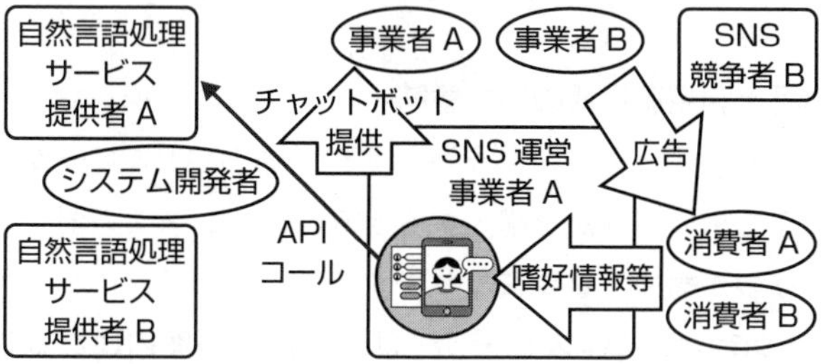

(2)　開発の公平とデータポータビリティ

このプラットフォームの開発条件の公平性という問題は、政府の関係する報告書[16)]でたびたび議論されてきている問題です。その報告書では、決

16)　代表的なものとして「第四次産業革命に向けた横断的制度研究会　報告書」(http://www.meti.go.jp/press/2016/09/20160915001/20160915001-3.pdf)、「第四次産業革命に向けた競争政策の在り方に関する研究会　報告書」(http://www.meti.go.jp/press/2017/06/20170628001/20170628001-2.pdf)、「データと競争政策に関する検討会報告書」(https://www.jftc.go.jp/cprc/conference/index_files/170606data01.pdf) などがあります。

済手段に対する拘束、自らの提供するアプリと競合するアプリの排除、アプリ間で共通の仮想通貨の禁止、不透明な審査基準とその運用などの問題が存在することが報告されています。開発者が、このようなチャットボットの開発において、プラットフォームとの間で、公平な契約条件になっているのか、というのは、一つの大きな論点のような気がします。

⑶　データポータビリティ

また、自然言語処理という手順を考えると、紹介したように意図と対象を入力させて、自然言語処理のエンジンを教育させていかなければならないことになります。その一方で、このような入力されたデータは、誰が保有し、利用し得るのか、という問題があります。本来であれば、利用者が、その入力したデータは、他の自然言語処理エンジンでも利用できるようにならないといけないでしょう。しかしながら、そのような約款になっているものは少ないと思われます。まさに、入力データのポータビリティが、問題となってくるかと思います。

⑷　推薦商品と利用者情報の持つ意味

また、チャットボットや、いま流行しつつあるAIスピーカーも同様ですが、それらを用いて商品を購入するときには、システム側からのおすすめ商品というのが極めて重要になります。というのは、チャットボットも画面が小さいですし、AIスピーカーは、音声での案内になることから、利用者が何か商品を購入しようと考えたときには、一つか、もしくは、一対で比較対象できる製品をおすすめし得るのみになります。そして、このためには、利用者の個人的な属性情報や行動情報・選択に関する選好情報が極めて重要になってくるのです。その意味で、これらの情報を取得・保持しているプラットフォーム側は、第一当事者として、推薦商品を決定するのに利用し得るデータを有しているので、その意味で、商品を販売しようという事業者に対して、極めて有利な立場に立っているということになります。

これらの問題については、まず、提供者としては、プライバシーポリシーを明確にして、利用者のどのような情報を取得して、どのように利用するのか、また、もし、情報を移転することがあれば、誰に対してなのかというのを明らかにした上で、利用してもらうということが重要です。ただし、これをチャットボットで行おうとすると、利用者のために簡単に回答を提供するという趣旨に反しかねません。この問題は、極めて現代的な問題であるということができるでしょう。

（高橋　郁夫）

Q32 法的判断支援システムの開発と著作権関連問題

法的判断支援システムを開発しています。法的な判断を決定するのに役立つ要素を分析するために、私が有している法律書を全て、機械的に読み取って、それを分析させた上で、法的判断のシナリオを作成してみたいと考えています。この場合に、著作者の承諾をとらなくてはならないのでしょうか。

A

法的な判断を決定するのに役立つ要素を分析するために、所有する法律書を機械的に読み取って、分析することは、著作権法[17]30条の４の（著作物に表現された思想又は感情の享受を目的としない利用）に当たるため、著作者の承諾をとる必要はありません。ただし、その法的判断のシナリオで利用される表現が、もともとの法律書の固有の表現を利用している場合には、もともとの法律書の表現の複製と考えられることになります。

1　法的判断支援システムとアルゴリズム

法的判断支援システムというのは、ユーザが法的な判断をする際に、それを支援するソフトです。例えば、養育費を計算するソフトは、子供の人数、年齢、子を養育する親、養育費を支払う親のそれぞれの収入などから、養育費を算定し、離婚する際の養育費の金額についての法的判断を支援します。Q31のチャットボットは、一般の人を念頭に、相談したい事項は何か（離婚事件か、債務関係事件か、相続か）、それぞれについて基本的事実関係はどうか、法的な判断をわける事項はないか（例えば債務関係

[17] 平成30年5月18日に成立した著作権法の一部を改正する法律案に基づく平成31年1月1日に施行される改正著作権法によります。なお、本稿においては、以下、著作権法というのは、当該改正法を指します。

であれば、サラ金からの取引が、平成18年の以前から相当期間経過しているのか）などをチャット形式で聞いていくものになります。

Q31の債務相談に関するシナリオをみてください。これが、チャットボットのアルゴリズムということになります。日常の法律相談の経緯をこのように分析すると、依頼者からの当初の法律相談では、かなりの程度、一定の事実関係を形式的に聞き取りすることが多いということが分かってくるかと思います。

2　分析のための複製

このように法律相談のアルゴリズムを考えていくとき、法律書に記載されている内容をデジタル情報として分析して、そのアルゴリズムの範囲を広げていくのが有効であることに気がつくでしょう。現在の技術が発展すれば、法律書をスキャナで読み取り、テキストを抽出してデジタル情報として、法律書上にある単語、節、文章を解析し、その中から、事実、事実についての表現、法律知識などを抽出することが、機械的にできるようになるでしょう。また、判決、論点、論点に対する考え方の抽出分析も極めて意味のあることかと思います。

法律書の文章を、コンピュータにより解析するためには、書籍にある表現を全てデジタル化して、コンピュータに読み込ませることが必要となります。この複製が、著作権を侵害するかということについて、同法30条の4（著作物に表現された思想又は感情の享受を目的としない利用）は、「著作物に表現された思想又は感情を自ら享受し又は他人に享受させることを目的としない場合には、その必要と認められる限度において、いずれの方法によるかを問わず、利用することができる」と定め[18)]、その代表例として「情報解析（多数の著作物その他の大量の情報から、当該情報を構成する言語、音、影像その他の要素に係る情報を抽出し、比較、分類その他の解析を行

18)　この改正によって、従来から議論されてきたサイバーセキュリティ確保等のためのソフトウェアの調査解析（リバース・エンジニアリング）の適法性が確認されたということがいえます。

うことをいう。（以下、略）」をあげています[19)]。

この情報解析のための複製等については、平成21年の著作権法改正の際（注19）の改正前の法47条の7）に、「情報解析の場合、その目的は、著作物の思想、表現そのものを感じ取るのではなく、その中から必要な部分を探し当てることや、アイディアや背景情報等を抽出すること等であって、仮に生身の人間が行ったとするならば視聴行為として著作権が及ばないはずの行為について、これと同様の行為をコンピュータ等に実行させようとする場合には、いったん中間的にデータとして蓄積させなければならないために著作権法上の利用行為となってしまう」[20)]ので、研究開発における情報利用を円滑化する目的で、著作権の効力の制限として定められました。

さらに、平成30年の改正に際しては、「イノベーションの創出を促進するため、情報通信技術の進展に伴い将来新たな著作物の利用方法が生まれた場合にも柔軟に対応できるよう、ある程度抽象的に定めた規定を整備する。」という趣旨に基づいて、規定が整備されたものです[21)]。

したがって、当該規定に基づいて、法律書にある情報を、統計的な解析を行い分析するために一旦複製することは許容されます。

---

19)　前述のように当該規定は、平成30年の著作権改正後の条文になります。改正前の著作権法47条の7は、「著作物は、電子計算機による情報解析（多数の著作物その他の大量の情報から、当該情報を構成する言語、音、影像その他の要素に係る情報を抽出し、比較、分類その他の統計的な解析を行うことをいう。以下この条において同じ。）を行うことを目的とする場合には、必要と認められる限度において、記録媒体への記録又は翻案（これにより創作した二次的著作物の記録を含む。）を行うことができる。ただし、情報解析を行う者の用に供するために作成されたデータベースの著作物については、この限りでない。」と定めていました。

20)　平成21年1月　文化審議会著作権分科会「文化審議会著作権分科会報告書」85～91頁

21)　文部科学省　著作権法の一部を改正する法律案
（http://www.mext.go.jp/b_menu/houan/an/detail/1401718.htm）
「著作権法の一部を改正する法律案　概要説明資料」
（https://www.kantei.go.jp/jp/singi/titeki2/tyousakai/kensho_hyoka_kikaku/2018/contents/dai4/siryou6.pdf）

3　複製の限界

許されるのは、「著作物に表現された思想又は感情の享受を目的としない利用」になります。法的判断支援システムから出力される表現については、著作権法第30条の4に含まれるものではありません。したがって、法的判断支援システムから出力された表現が、もとの著作物の複製に当たるかどうかについては、別個に検討する必要があります。

法的判断支援システムのアルゴリズムについてですが、アルゴリズムは、アイディアそのもので、チャットボットのシステムを作る場合の表現は、人が読むことを前提とする法律書を参考にプログラムを作ることはできますが、プログラムは、法律書に表現されたアルゴリズムのアイディアを参考に全く別の表現をするものですから、複製に当たることはありません。

例えば、**Q31**の債務相談に関するシナリオのアルゴリズムは、相談者の基本的な属性、債権者一覧表（現在の残高、取引の開始時期）の情報をもとに、債務整理にするのか、破産にするのか、民事再生にするのかというのを判断するというもので、実際に新たに、創作することになります。

裁判所が公表している、例えば、養育費の算定に当たっての基本的な考え方に基づく算定式[22]については、その算定式部分は、アイディアとなるので、その算定式のもとになる数値を利用者に入力させて、養育費を計算するというシステムを作成したとしても、その部分で、著作権に触れるということはありません。

また、論点の抽出をなすということも、論点自体は、単なるアイディアなので、それ自体が著作権法で複製として禁止されるわけではないところです。上記の養育費を例にとってみれば、扶養義務者及び扶養権利者の順位決定の基準や扶養の程度、方法という点についての論点があることは、当然に判断支援システムに用いることができます。

そして、法的判断支援システムから出力された表現が、「ありふれた」

---

22) 「養育費・婚姻費用算定表」（http://www.courts.go.jp/tokyo-f/vcms_lf/santeihyo.pdf）

表現になっている場合には、創作性が否定されて複製とはなりません。他方で、元の著作物の表現と全く同一の部分が長い、特徴的な表現であるなど、元の著作物の創作性が失われていない場合には、これを法的判断支援システムで用いるためには引用の要件（著作権法32条）を満たす必要があります。この点に関連して、「ラストメッセージin最終号事件」判決（東京地判平成7年12月18日（判タ916号206頁））においては、記事のうち、「短い文で構成され、その内容も休廃刊の告知に加え、読者に対する感謝…再発行の表明…あるいは、同社の関連雑誌を引き続き愛読してほしい旨の要望にすぎず、その表現は、日頃よく用いられる表現、ありふれた言い回しにとどまっているものと認められ、これらの記事に創作性を認めることはできない。…他方、…その他の本件記事については、執筆者の個性がそれなりに反映された表現として大なり小なり創作性を備えているものと解され、著作物であると認められる。」とされており、この裁判例が参考となるでしょう。

一方、ありふれた表現に関しては、機械学習で抽出が可能と思われます。機械学習で、文章の意味を、コンピュータに理解させることは、困難でしょうが、よく似た表現を探し出すことは可能だと思います。

以上のとおり、アルゴリズムの部分に関しては、解析結果を利用して、プログラムとして新たに創作することになり、回答として使う部分は、判決文から抽出したもの、そして、ありふれた表現を利用するということになると思います。

（鈴木　誠）

Q33 チャットボット開発の関連法律問題

ユーザさんから依頼されて画像認識や自然言語処理を利用したチャットボットを開発しています。この場合のシステム開発契約やユーザのプライバシーポリシー、データの利用に対する権利関係について注意するべきことがあれば、教えてください。

A

チャットボットを現在作成する場合には、いろいろなクラウドサービスのパーツを一つのサービスの中に融合させて作成するかたちになります。この場合、従来の開発方式をもとに準備された開発契約のひな型はあまり参考になりません。成果物としての引渡しや運用過程で取得されるデータの帰属など、現在の開発方式を意識した開発契約の作成には、極めて難しい事項が多く、また、利用者との関係では、プライバシーポリシーやデータの利用に関する権利関係について明確に定めることが必要なことに留意すべきです。

1　チャットボット開発契約の実際[23)]

「チャットボット（chatbot）」とは、雑談のチャット（chat）とロボット（robot）の短縮語であるbotを組み合わせた言葉で、人工知能を活用した「自動会話プログラム」をいいます。

わが国では、LINE、外国では、Facebook　Messengerが、そのチャットボットを作成するのに当たってのプラットフォームとして有名です。

プラットフォームを利用し、個別のサービスを組み合わせてチャットボットを開発していくことになります。ここでいう個別のサービスという

23)　なお、経済産業省「AI・データの利用に関する契約ガイドライン」（平成30年6月）（http://www.meti.go.jp/press/2018/06/20180615001/20180615001-1.pdf）は、種々の場合わけのもとに、データに関する契約やAIに関する契約の法的問題点を検討しています。

のは、実際動作するプログラムを展開するウェブサービスの利用や、自然言語認識のサービス、画像認識サービスなどになります。

これらの開発は、アジャイル開発といわれています。アジャイルとは、敏捷性のある、という意味ですが、開発範囲を短い範囲に区分して、その範囲の要求の決定、実装、テスト、修正を繰り返していき、それらを統合して全体の開発を図っていくというものです。しかも、現在では、クラウド（➔ **Q41「仮想化技術」参照のこと**）上で提供されている種々のサービスを、あたかも部品のように組み合わせることにより開発していくのです。

具体的に、事故にあった自動車（以下、事故車両といいます。）の写真を読み込ませたときに、損害額を自動算出するやり取りをチャットボットで行うという仕組みの開発を請け負ったとしましょう。この開発の流れは、

①チャットボットのプラットフォームを決定する

②チャットボットのシナリオの決定

③組み合わせるサービスの決定

④プログラムの作成とサービスの組み合わせ

⑤テスト

といった流れを経由することになります。

組み合わせることができるサービスですが、事故車両の写真を画像認識のサービス[24]にかければ、瞬間に車種と年式がわかることになります（分類器といいます。）。また、今後、損壊程度から、想定される修理費を概算で計算するということも可能になるかもしれません。それができれば、中古車市場における中古車の市場価格の情報と照らし合わせると、損害額が計算できることになります（この際に、一般的には、市場価格の情報をAPIを通じてやり取りするようになります。）。この処理は、自然言語を通じて、やり取りをすることになります。この場合には、自然言語処理のサービスとやり取りするためのチャットボットのサービスを利用します。このやり取りだけでも、画像認識サービス、中古車市場価格サービス、自然言語処

24)　C|NET「気になるクルマの写真から車種を自動判別——カーセンサーに検索新機能」（https://japan.cnet.com/article/35091092/）という記事があります。

理サービス、チャットボット作成支援サービスの4つを組み合わせていることになります。

また、これらのサービスは、できあいのものが提供されるのみではなく、むしろ、特定の目的のために教師となるデータで学習をすることによって、実際に使用に耐え得るようになるものが多いという特徴があります。例えば、自動車の型式の分類器を作成するのであれば、自動車の教師データとなる画像を、その型式・年式のデータと共に覚えさせる必要があります。また、自然言語処理においては、特定の言葉が、どのような意図を持つのか、どのような内容なのか、ということを実際の文の中で当てはめていくことによって、認識力が向上していきます。

2　プラットフォームの利用について[25)]

上記のような種々のサービスを組み合わせるとしても、種々のサービスは、実際の利用可能性という観点からみた場合に、一定の市場に実用的なものは、ほんの少数のサービスしか存在しないという状況になっています。

画像認識を例にとってみましょう。実用的なものとしては、IBM Watson Visual Recognition、Google Cloud Vision API、Microsoft Azure Computer Vision API、Amazon Rekognition などがあります。いずれも、プラットフォーマといわれる企業が提供しているサービスで、それらが収集できる膨大なデータをもとにその認識の正確性を高めているということがいえます。

これらを組み合わせるときには、これらのサービスの利用約款に承諾をしなければなりません。現実問題として、これらの約款について、開発者に有利なように交渉するという余地があるとは思えません。例えば、自分

25)　注23記載の経済産業省「AI・データの利用に関する契約ガイドライン」は、その66頁以降において、プラットフォームを「異なる企業グループに属する複数の事業者から提供される大量のデータを集約・保管し、複数の事業者が当該データを共用または活用することを可能にするための場所または基盤」と定義するとともに、その構造、主体、法律関係等について検討しています。

が一生懸命集めてきた、自動車の画像があったとします。それを画像認識サービスに覚え込ませたときに、あとで、そのサービスを解約したからといって、その画像の教師データによって、画像認識の精度が向上した見返りをサービス提供者が金銭的に返してくれるということはありません。

また、一定のアプリケーションを作成した場合には、モバイルアプリであれば、それをプラットフォームのマーケット（例えば、Google Play、Apple Store）に提供して、一般利用者に公開するということになります。これらのプラットフォームの利用契約が、公正な条件になっているのか、というのは、一つの問題になっています。具体的には、決済手段に対する拘束があったり、自らの提供するアプリと競合するアプリが排除され、承諾を受け得ない場合があります。また、アプリ間で共通の仮想通貨の使用が禁止がなされていたり、不透明な審査基準が定められ、その運用も不透明であるという批判もなされているところです。

3　個別のサービスの利用について

このように組み合わせて開発する場合に、法的な問題点としては、⑴利用の条件自体が明示されにくい、⑵交渉の余地が存在しない、⑶特に、人工知能に関するサービスにおいて重要な役割を有するデータの提供に関して、開発者（もしくは発注者）の提供するデータ収集・提供の労力について適切な取扱いがなされていないなどを指摘することができます。

⑴　利用の条件の明示

開発の際に利用されるいろいろなサービスは、上記のプラットフォーマのマーケットプレースに他のサービスとともに提供されていることが一般です。特定のサービスについて、ホームページを開きサービスの利用の仕方をみたとしても、どのような条件の下にそのサービスが利用可能になるのかというのは、なかなか見つけることができない場合があります。交渉の余地がないこととあいまって、利用条件があまり意識されていないことになるわけですが、それはそれとして問題であると思われます。

(2) 交渉の余地がないこと

実際には、開発に当たって候補となる実用的なサービスについては、提供されるサービスのままで使うか、他にするかという選択肢しか存在しません。具体的に提供されるサービスの利用条件について交渉するという余地は与えられていません。

(3) データの提供について

人工知能に関するサービスについては、データの収集と提供が極めて重要であることは述べましたが、このようなサービスにおいては、一般のプライバシーポリシーは、適用されないとされています[26)]。この場合、個人を識別し得る情報については、しかるべき同意などの適法性を根拠付ける事由に基づいて利用することしかできなくなります。

4 具体的な開発契約

(1) 開発契約で留意すべき事項

例えば、従来型のシステム開発であれば、経済産業省が準備している「ソフトウェア開発委託契約書」（以下、モデル契約書といいます。[27)]）や、

26) ASCII.jp×ビジネス「MS、プライバシーポリシーに『Cognitive Services』の例外を追記」（http://ascii.jp/elem/000/001/534/1534606/）

27) 経済産業省「情報システムの信頼性向上のための取引慣行・契約に関する研究会」～情報システム・モデル取引・契約書～（受託開発（一部企画を含む）、保守運用）〈第一版〉（http://www.meti.go.jp/policy/it_policy/keiyaku/model_keiyakusyo.pdf）（平成19年）

同「『情報システムの信頼性向上のための取引慣行・契約に関する研究会』～情報システム・モデル取引・契約書～（パッケージ、SaaS/ASP　活用、保守・運用）〈追補版〉」（モデル取引・契約書〈追補版〉ともいわれています。）（http://www.meti.go.jp/policy/it_policy/softseibi/model_tuiho/model_tuiho.pdf）（平成20年）

これらについてのまとめのサイトは、http://www.meti.go.jp/policy/it_policy/softseibi/index.html#05

なお、2014年には、独立行政法人　情報処理推進機構が、非ウォーターフォール型開発に適したモデル契約書を公開しています。

「非ウォーターフォール型開発に適したモデル契約書の改訂版を公開」（https://www.ipa.go.jp/sec/softwareengineering/reports/20120326.html）

それをアレンジした契約書[28]を利用するということも合理的であるということがいえるでしょう。しかしながら、現代型の開発においては、それらのモデル契約書が、開発契約の実態にそぐわなくなってきています。モデル契約書には、成果物の納入であるとか納入ソフトという概念（モデル契約書26条、28条）が用いられていますが、実際には、プログラムを展開するウェブサービスのアカウントを作成し、それに基づいて、チャットボットサービスを組み立てて、そのアカウントのIDとパスワードを、発注者に伝達することで、納入しています。このような場合、納入物という概念をもとに契約書を作成することは非常に困難になります。また、第三者ソフトウエアの利用について、極めて特別視する（モデル契約書48条）ことは、開発の実態に適合しないということもいえます。チャットボットということで考えれば、その場合の標準的なプログラムは、むしろ、プラットフォーム提供者から提示されており、そのプログラムをもとに、場合わけや、自然言語の学習などをさせた上で製品として構築していくわけです。その意味で、納入した場合の著作権が、部分的にせよ発注者に移転する（モデル契約書45条のB案）とする場合には、そのような定めで移転する著作権がどの部分になるか、という実際の問題が発生すると考えられます。

さらに、上記の自然言語の学習などを考えれば分かるように、これらの学習の成果は、開発者というよりも、むしろ、その開発に際して利用した自然言語処理のサービス提供者にそのまま帰属してしまいます。これについては、現在の状況からすると、いかんともしがたいものと考えられますが、この点について無用な紛争を引き起こさないように、開発契約において、発注者の権利がそのような教師データには及ばない旨を明らかにしておくほうがよいでしょう。

---

[28]　経済産業省のプロジェクト以外にもJISA（一般社団法人情報サービス産業協会）「JISAソフトウェア開発委託基本モデル契約書」（https://www.jisa.or.jp/Portals/0/resource/legal/download/contract_model2008.pdf）、JEITA（一般社団法人電子情報技術産業協会）「JEITAソフトウェア開発モデル契約について」（https://home.jeita.or.jp/is/committee/solution/guideline/090217cd-rom/index.html）などが公表されています。

5　具体的に開発契約に採用すべき条項

このように考えるときは、現代型契約において、留意すべき契約条項としては、以下のような条項が、あげられます。

(1)　納入物について

一般に完成したソフトウェア等を成果物として納入するというのが、一般的な契約書の定めとなります。しかしながら、前述したように開発したソフトウェアによってサービスを利用し得る地位を開発者が発注者に取得させるということで、納入するものと考えられます。この場合、以下のような条項が考えられます。

（納入ソフトウェア）
第○条　乙は甲に対し、別紙納入ソフトウェア一覧に定める地位もしくは著作物を甲に対して　年　月　日までに検収依頼書（兼納品書）とともに利用可能にし、又は、譲渡する。

（別紙ソフトウェア一覧）
本件開発に関し独自開発され甲が著作権を譲り受ける著作物
・本件○○システムを利用し得る地位
・本件アルゴリズム図
・本件仕様書（AAA システム機能仕様書）
・AAA ネットワーク・システム詳細設計書

（略）

(2)　納入ソフトに関する著作権について

モデル契約書45条においては、A 案（ベンダに全ての著作権を帰属させる場合）、B 案（汎用的な利用が可能なプログラム等の著作権をベンダへ、それ以外をユーザに権利帰属させる場合）、C 案（汎用的な利用が可能なプログラム等の著作権をベンダへ、それ以外を共有とする場合）が提案されています。

例えば、具体的に、事故車両の損害額算出チャットボットを考えたときに、B案又はC案だと汎用可能なプログラムというのは、どの部分をいうのかという問題が発生してきます。汎用可能なプログラムという文言を用いる場合においては、開発者が、不当な制約を受けないかという点について個別に留意する必要があるといえるでしょう。

(3) 第三者ソフトウェアの利用と責任について

上記のようにプラットフォーマの提供する汎用のサービスの利用が現代型開発において極めて重要になります。モデル契約においては、発注者が採否を決定するという定めになっていますが、これでは、早期の開発、柔軟な対応という目的に合致しないことになります。そのために、むしろ、APIを通じてのサービスの利用については、開発者の責任の下に選択できるという条項を定めるのが望ましいのではないかと考えられます。この場合の推奨条項は、以下のとおりです。

> *第○条　乙は、乙の責任において、第三者が権利を有するソフトウェアをAPIを通じて通信によって利用可能にし、当該サービスを納入ソフトウェアの機能を果たす一部とすることができる。*
> *2　前項の場合には、第×条（第三者ソフトウェアの利用条項）は、適用されない。*
> *3　甲は、納入ソフトを使用するのに際して、前項に定める第三者が権利を有するソフトウェアを、甲が、その第三者と契約して利用可能にすることにより、納入ソフトウェアの機能を果たす一部とすることができる。*

(4) 教師データについて[29]

現代の人工知能に関するサービスを実用的に利用するに当たっては、教

[29] 前注23記載の経済産業省「AI・データの利用に関する契約ガイドライン」は、その105頁以降において、データ提供解約及びデータ創出契約のモデル契約書を掲示しており参考になります。ただし、いずれも、本稿で検討しているプラットフォームを

師データをそれらのサービスの提供者に対して提供し教育してサービスの質を向上させなければならないのは、上述のとおりです。この場合、データの入力は、開発者の責任で行われることになります。このデータの収集・成果は、仮に開発を契機としてなされていたとしても、開発者が保有し続けるのが公平と思われます。分類器の教師データを覚え込ませたとして、特段の定めがない場合には、開発者は別の開発の機会にその教師データを利用することができると考えます。教師データを発注者が提供する場合には、明確に、他の開発において利用することができないということを契約で定めなくてはならないと考えます。開発の途上で、開発者から提供されたデータによって特徴量やパラメータを最適化することができた場合に、その最適化のメリットについては、発注者が享受するのか、また、開発者が享受し得るのかを明らかにしておく必要があります。この場合、開発者が享受し得ないとなると、同種の開発を開発者が実質的になし得なくなる可能性もあるので、開発者側の代理をなす場合には、この点について十分に配慮する必要があります。

（提供データ）

第○条　乙は、開発に当たり、APIを通じたサービスの利用に関し、みずから収集したデータもしくは、甲から提供されたデータ（以下、提供データ[30]という。）を入力して、機能・性能を向上させることができる。

2　甲は、本契約書で別段の定めがない限り、提供データの利用によってなされたAPIサービスに関する変更について何ら法的な利益を有しない。

開発ベンダが、コンポーネントのように利用する場合ではない点には注意が必要です。

30)　なお、前注23のガイドラインにおいては、「提供データ」とは「甲が乙に対し提供する、甲が利用権限を有するデータであって、別紙に詳細を定めるものをいう」と定義しています（105頁）。

3　上記第三者が権利を有するAPIサービスにおける乙と当該第三者との間の関係は、乙と当該第三者の契約関係により定めるものとし、甲は何らの権利を主張することができない。

6　プライバシーポリシーについて

チャットボットは、サービスの提供のために、利用者から住所・氏名といった個人情報、さらに要配慮個人情報、プライバシー情報を取得することがあります。その場合には、個人情報保護法を守り、プライバシーポリシーを作成して、保護方針を明らかにするとともに、情報が流出しないように、セキュリティを保つ必要があります。

まず、個人情報保護法は、利用目的の特定（個人情報保護法15条）、取得する場合の利用目的の本人への通知、又は公表する必要がある旨を定めています（同法18条）。利用目的としては、チャットボットサービスをするためでよいでしょうが、実際のチャットボットの利用に際しては、利用者に対して、チャットボットでの表示が煩わしいと感じさせないように表示をしなければならないということになります。個人情報保護法上定めなければならない事項についての詳細は、Q8を参照してください。

（高橋　郁夫／鈴木　誠）

Q34 予測的タグ付け技術

ドキュメントレビューにおける予測的タグ付け技術というのは、どのような原理にもとづいているのでしょうか。そのような技術を用いることによるメリットは何でしょうか。また、法的にそのような技術を用いることは許容されているのでしょうか。

A

予測的タグ付け技術とは、文書全体からなる母集団から採取したサンプル文書に対するレビュー結果をもとに、残余文書に対するレビュー結果を推測する技術です。レビューコストの削減、レビューアーごとによる判断の揺らぎの減少のメリットがあります。また、米国では、「予測的タグ付け技術を用いた（ディスカバリの）開示が、法的に許容される」とした判決例がでています。

1　予測的タグ付け技術

(1)　予測的タグ付け技術の概念

AIや機械学習が将来の職を奪う、と言われていますが、法律分野も例外ではなく、ドキュメントレビュー作業は徐々にAIに置き換わっていくかもしれません。それを可能にする技術の一つが、この予測的タグ付け技術と呼ばれるものです。

予測的タグ付け技術とは、ドキュメントレビューを効率的に行うため、AI・機械学習を用い、人間の目でレビューしなくとも、ドキュメントの関連性を判断することができる技術です。技術支援レビュー（Technology Assisted Review：TAR）の一つの方法であるということになります。

従来のドキュメントレビューのやり方は、キーワード検索等でレビュー対象を絞り込んだ上で、対象となる文書の全てを実際に人がレビューをして関連性を判断するというものです（リニアレビューといいます。)。誰が文書を実際にレビューするかについては、リソース・コスト・分量等に鑑み、担当弁護士が全て行うか、一次レビューをアウトソースするか等を決定します。ただし、どのようなやり方であっても、人が最終的に内容を確認して、判断を行っていました。これに対して、予測的タグ付け技術は、当該文書の事案の争点に関する関連性を種々の要因から自動的に推測する、というものです。自動的に推測することから、人工知能技術の一つであるといわれています。

(2)　具体的な手法

実際の手法としては、まず、レビュー対象全体のうち一部の文書群をサンプルとして抽出し、担当弁護士が各文書の関連性の判断を詳細に行います。各文書がその事件と関連性があるかという点について考えると、関連性があるか否かは、その文書が、誰と誰との間に作成されているのか、いつ作成されているのか、どのような内容を含んでいるのか、などといった、その文書の個別の要素から、推測されるものと考えられます。事件の特定の争点があるとして、その争点に該当する事実が発生した日時に近ければ、関連性が高くなるでしょうし、その争点に関連する当事者間においてやり取りされた電子メールであれば、関連性が高くなるだろうということは言えそうです。文書の関連性の判断について、それらの要素を基準に一定のルールに従って説明がつくということであれば、その一定のルールをサンプル以外の残余の文書に適用すると、その残余の文書の関連性の高低を推測することができます。この一連のプロセスを何度か繰り返し、推測された結果についてクォリティーチェックを行い、フィードバックを行うことにより、推測のための要素やそれぞれをどれだけ重視するかという点についての判断の結果を学習させて判断の精度を向上させ最終的な関連性判断をなすということもありますし、また、この技術をもとに、関連性がある可能性の高い文書からレビューを進めていって一定以上の関連性がある文書が見つかった場合には、それ以上の文書については、レビューをなさないとするという運用もあります。

⑶　イールドカーブ

仮に、母集団が1万文書から成り立っており、全ての文書をリニアレビューした場合に、2,000文書が関連性ありと判断されるものであった場合を考えてみます。最初にサンプルを300文書としたとすると、全体の平均値のとおり60程度の関連性がある文書に当たるかもしれませんが、サンプルのとり方によっては、関連性がある文書が20程度しか見当たらないこともあり得ます。

リニアレビューにおいては、2,000の関連文書が見つかることが決まっていたとすれば、早めに多く見つかろうともそうでないとしても、結局は、関連文書の発見数は、平均して、直線に収束していくものと考えられます。

〈イールドカーブ〉

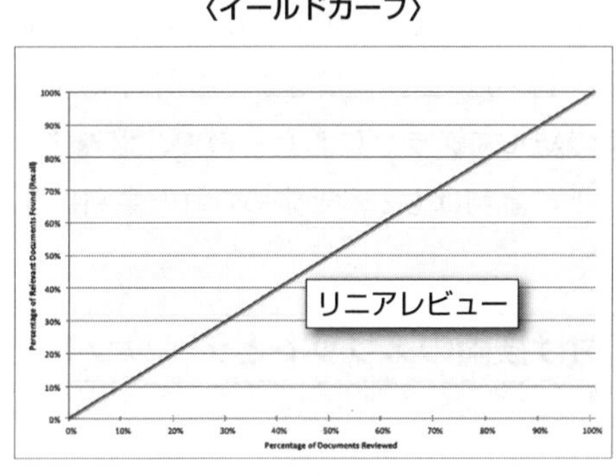

これに対し、予測的タグ付け技術を用いた場合、最初の段階で特に関連性ある文書を効率よく探し出すことが可能になり、その一方で、レビュー数が母集団全体に近づけば、関連性がある文書の総数に近づくように曲線が緩やかになってきます。具体的には、レビューした文書の総数と関連性ある文書の数は、以下の次頁の図のようになってくるのです。これは、俗にイールドカーブといわれています。

〈予測的タグ付け技術を用いた場合のイールドカーブ〉

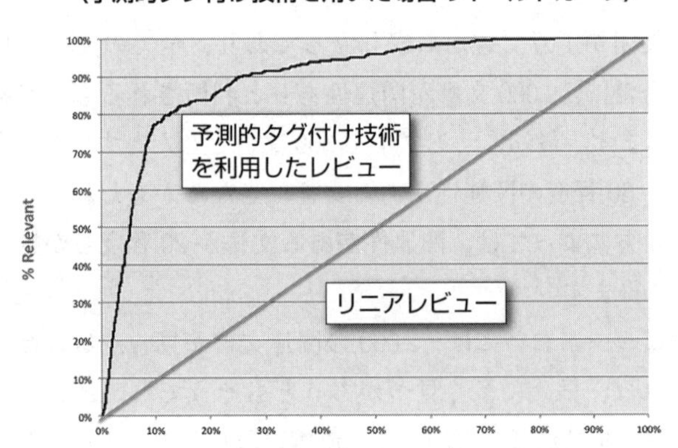

なお、イールドカーブというのは、もともとは、縦軸に金利（利回り）、横軸に期間を目盛りにとり、償還までの期間（残存年数）の異なる金利（利回り）を線で結んでグラフにしたもので、償還までの期間がゼロに近づけば近づくほど、金利はもともと定められた金利に収束していきます。

2　予測タグ付け技術のメリットとデメリット

⑴　メリット

予測的タグ付け技術を利用したレビューにはどのようなメリットがあるでしょうか。予測的タグ付け技術にどの程度依拠するかによって異なり得るものの、一般的に以下のようなメリットがあると考えられます。

ア　レビュー時間・コストの削減

予測的タグ付け技術によって実際に弁護士やその他のレビューアーが内容を確認しなければならない文書の量を減らしたり、関連性のある文書から優先的にレビューができることにより、弁護士等によるレビュー時間を大幅に削減し、その分レビューのコストを削減することができます。外部弁護士・レビューアーはいずれも時間単価でレビューを行っているため、レビューにかかる時間が削減できればできるほど、コストも削減できるというメリットがあります。

イ　レビューアーごとの判断のブレの最小化

より重要なメリットとして、関連性の判断を統一化することができます。膨大な文書のレビューを行う際には、多数の弁護士・レビューアーがレビューに関与することとなりますが、レビューアー間の判断のブレが生じてしまうことは避けられません。もちろん、レビュープロトコルの作成や、各レビューアーに対するクオリティチェックによってある程度は避けられますが、完全に避けることはできません。

また、同一のレビューアーが行ったレビューにおいても、各ドキュメント間で判断のばらつきが出てしまうこともあり得ます。経験のある弁護士・レビューアーであっても人間ですので、大量の文書をレビューしている中で完全に判断を統一することは非常に困難です。

このようなレビューアー間・各レビューアーにおける文書間の判断のブレを避け、統一した基準によって全ての文書の関連性を判断し、レビューアーごとの判断のブレを最小化するのに大きく貢献できるという点は、予測的タグ付け技術が有する大きなメリットといえます。

(2)　デメリット

上述のとおり、予測的タグ付け技術は、サンプルによってなされる関連性の判断をもとに、残りに対して推測をなすというものですから、全プロセスについて知能をもった主体が、具体的な判断を代わりになすというものではありません。種々の要因から、推測できないような文書が存在していれば、それを予測することは困難であるということになります。特に、予測的タグ付け技術を利用した一定のレビューをし、残余文書をレビューしたとしても、関連性のある文書が見つかることはほとんどないだろうとの判断によるレビューを打ち切るという方法を採用した際には、残余文書に関連性ある文書が含まれていた場合、その文書が開示から漏れてしまうという問題が発生することになります。

3　法律における認知度

それでは、上記のようなメリットのある予測的タグ付け技術は、法律上どの程度認知されているでしょうか。日本を含め、多数の国では、当局や裁判所に対して提出する文書のレビュー方法について、法律又は規則上決まっているわけではありません。したがって、予測的タグ付け技術を使うか否かについて、法律上認知されているわけではありませんが、これが禁止されているわけでもないため、活用の可否及び程度については、各案件における当局・裁判所（又は訴訟の相手方）との折衝によって決まってくると考えられます。

このようなドキュメントレビューの手法について一番進んでいるのは米国であると考えられますが、米国では、数年前から予測的タグ付け技術によるレビューの効率化が裁判所において認知され始めています。ただし、上記のような技術的な理由により、完全に予測的タグ付け技術に依拠するというよりは、弁護士等によるレビューの補助的な役割として裁判所によって認知され始めているという状況のようです。

昨今、米国のディスカバリー手続の負担が非常に重く、企業側のコスト増の要因となっている点が批判されていることから、レビューを効率化するための技術の活用に対して積極的になることが想定されますので、今後ますます議論が発展する可能性が高いといえます。

ただし、日本を含めた大多数の国において実際に予測的タグ付け技術が利用されているかというと、そうではないといえます。これは、予測的タグ付け技術の基となる技術であるAI・機械学習・ディープラーニングといった技術がいまだ発展途上であり、これに対する信頼性がそれほど高くないといった理由によるものと思われます。ただし、これらの基礎技術の発展や予測的タグ付け技術自体の技術発展によって、今後より多くの場面で利用される可能性を秘めているといえ、今後が期待される技術といえます。

（渥美　雅之／高橋　郁夫）

Q35 IoT 時代の法的問題

IoT とは何でしょうか。IoT ではどのような法的な問題が発生し得るのでしょうか。

A

IoT（Internet of Things）とは、「モノ」がインターネットにつながる現象を指します。「モノ」がインターネットとつながることで、従来のその「モノ」の機能や役割に加えて、新たなサービスや価値の提供が可能となります。IoT は幅広い分野で活用が期待されていますが、モノがインターネットとつながることで、従来は想定しなかった安全性やセキュリティ上のリスクが発生する可能性があります。さらに、IoT においては、モノから集積した膨大なデータを分析し、利用するため、データの取扱いについても注意が必要となります。また、IoT の仕組みは多くの事業者が多層的に関与するため、問題発生時の責任関係が複雑になることが多いです。

1　IoT とは何か

IoT（Internet of Things）とは、「モノ」がインターネットにつながる現象を指し、「モノのインターネット」とも呼ばれています。「モノ」がインターネットとつながることで、従来のその「モノ」の機能や役割に加えて、新たなサービスや価値の提供を可能とします。

IoT の仕組みは、「モノ」に当たる様々なデバイスに取り付けたセンサーからデータを集め、これをインターネットを通じてクラウドに集積し、集積した大量のデータを分析し、その分析結果を利用したサービスや機能を、インターネットを通じてそのデバイスにおいて提供するというものです。そして、インターネットに接続するデバイス、デバイスから取得するデータ、そのデータと組み合わせる別のデータ、デバイスへフィードバックする情報、デバイスを通じて提供するサービスには、無限のバリエーションや組み合わせが考えられるため、幅広い産業や業種において活用が検討されています。

なお、本項では、上記のIoTの仕組みにより従来のデバイスの機能に加えて付加価値的なサービスを提供する仕組み全体を「IoTソリューション」と呼び、このIoTソリューションによるサービスの提供を可能とする情報システムを「IoTシステム」、インターネットにつながる「モノ」を「IoTデバイス」とそれぞれ呼びます。

〈IoTソリューションの仕組み〉

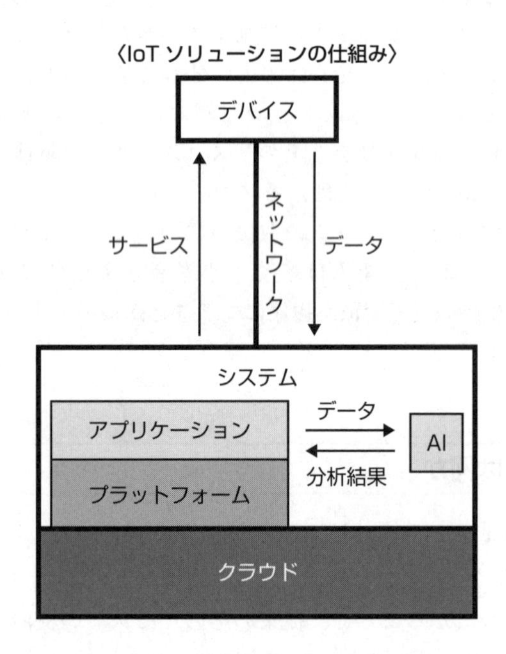

2　IoTの活用例

IoTの主要な活用事例としては、以下のようなものがあります。

①「スマートファクトリー」

工場内のあらゆる設備・機械にセンサーを組み込み、インターネットにつなげることで、設備・機械の稼働状況や製造工程における様々なデータを詳細に把握し、蓄積し、分析することができます。分析結果に基づき、設備・機械の故障や不具合の事前察知や本社からの遠隔操作などにより、工場の効率的かつ戦略的な稼働の実現が可能となります。

② 「コネクテッドカー」

インターネットに接続した自動車を指し、当該自動車から取得する位置情報や運転情報などのデータを分析し、ルート案内、運行情報提供、関連決済、エンターテインメント、保険など多種多様なサービスの提供を可能にします。交通インフラ（道路、信号等）におけるIoT化も進めば、自動運転の促進にもつながります。

③ 「スマート農業」

ハウスや農業機器などに設置したセンサーから、温度・湿度や生育状況、天候などに関するデータを集積し、分析した上で、水やり、農薬散布、除草、収穫などを最適化することが考えられます。農林水産省では、「スマート農業」の実現に向けて研究会を立ち上げており[31]、IoTの活用もその一環とされています。

④ 「ヘルスケアIoT」

医療やヘルスケアの分野では、リアルタイムで患者の生体情報などを把握できるウェアラブルデバイスを利用することで、体調の変化やその度合いに応じて迅速に適切な措置を取ること、また、取得したデータを一元管理することが考えられます。さらに、集積・分析されたデータが、診断や治療に連携されることで、より効率的で効果的な治療が実現することも期待されます。

⑤ 「スマートホーム」

住宅内の電化製品などをインターネットと接続し、これらを統合し、インターネット経由で制御する仕組みを指します。その内容は、照明、換気、空調、セキュリティなど住宅全体を統合的に管理するシステムから、インターネットと接続された個々の電化製品まで多岐にわたっています。最近では、Google HomeやAmazon Echoなどの人工知能搭載

---

[31] http://www.maff.go.jp/j/kanbo/kihyo03/gityo/g_smart_nougyo/

スピーカーの登場も、スマートホームの実現を促進しています。

3　データに関連する問題

IoTソリューションでは、デバイスから取得する多量のデータを活用することを前提としています。取得されるデータの代表例は、デバイスの使用状況や設定に関するデータですが、その他に、所有者・使用者に関する情報、決済に関する情報、周辺環境の情報なども挙げられます。所有者・使用者に関するデータについては、氏名、住所等の個人情報だけでなく、機器の用途や機能によっては、生体情報、健康情報、位置情報、行動履歴などの高度にセンシティブな情報が含まれる場合もあります。また、IoTソリューションが産業利用される場合には、顧客情報や営業秘密なども含まれることが考えられます。

IoTデバイスにより個人情報を収集する場合には、他のあらゆる手段により個人情報を取得する場合と同様に、取得につき同意を得て、利用目的を通知するなどの対応が必要になります。ただし、IoTソリューションにおいては、個人情報が取得される主体が明確でない場合があり、特別な留意が必要と考えられます。例えば、家族でデバイスを使用する場合、サービスの契約者の同意があれば全てのユーザについて十分なのか、ユーザとなり得る者全員への通知が必要なのか、当初想定よりユーザが増える場合はどうすればよいのか、などを検討する必要があります。特に、取得する情報が健康情報のような要配慮個人情報となる場合には、同意の主体と情報の主体の一致をどのように担保するかが問題といえます。

また、取得するデータが個人情報に該当しないとしても、プライバシー性の高い情報を収集する場合には、プライバシーの保護に配慮する必要があるといえます。プライバシーが保護されるようにソリューション、サービス、システムを設計することは「プライバシー・バイ・デザイン」と呼ばれます。

4　IoT の安全性とセキュリティ

(1)　IoT 特有の問題

IoT ソリューションにおいては、モノとシステムがつながるため、従来の独立したモノとシステムとは異なる視点を持つことが必要になります。

IoT ソリューションにおいては、モノ（デバイス）がネットワークを介してクラウド上の IoT システムとつながりますが、つながることでそのモノやシステムの安全性やセキュリティが影響を受けることが考えられます。すなわち、モノやシステム単体では十分に求められる安全性やセキュリティが備わっていたとしても、つながることにより、IoT ソリューションの他の要素における問題や不具合の影響を受けることが考えられます。

また、IoT システム同士がつながることで、さらに他の IoT システムからの予期しない影響を受ける可能性もあります。IoT の普及によりつながるモノが増えるなか、不具合等の影響がネットワークを通じて広範囲に拡大することになります。そして、多くの IoT システムにおいては、モノから収集したデータをリアルタイムで利用してモノを制御する機能を有するため、つながることがそのモノの作動と直接連携することもあります。

さらに、IoT ソリューションの導入が様々なモノへと拡大することで、モノ同士の連携が容易になります。その結果、想定されていなかったモノとのつながりや利用方法が発生することが考えられます。この場合、想定していたユースケースにおいて要求される安全性やセキュリティの基準を満たし、法令に準拠していたとしても、他のモノやシステムとつながることにより、基準を満たさない、法令に反する事態に陥る場合が考えられます。さらに、当初は十分な安全性やセキュリティを備えていたとしても、技術の進展とともにネットワークを介して新たな脅威に晒され、安全性やセキュリティ対策が不十分になってしまう場合があります。

ここでいう、安全性とは、人の生命・身体や財産、また、その生活や環境に対する危害や損害について、一般的に許容可能な水準に抑えられている状態といえます。IoT におけるデバイスが日常生活において身近なモノへと広がっていくことで、システムの不具合が発生した場合やサイバー攻撃を受けた場合には、人の身体、生命にかかわる事故や財産的な損害を引き起こすことが想定されます。例えば、自動車に搭載されたシステムを遠隔で操作することができるコネクテッド・カーが攻撃され、その制御や操作に問題が発生した場合、交通事故を引き起こし、人命への危害が想定されます[32]。

また、セキュリティとは、IoTソリューションにおけるモノ、ネットワーク、システム、クラウドなどの各要素において脆弱性や不正アクセス等を回避するため講じるべき対策といえます。IoTが普及すると様々なモノがインターネットを通じて攻撃される可能性があり、また、攻撃のポイントも増えることになるため、セキュリティ対策が非常に重要となってきます。セキュリティ対策が不十分であると、前記のコネクテッド・カーの例のように、モノの機能や役割によっては、安全性に影響を与え、重大な危険を招くことが考えられます。さらに、IoTにおいて前提となっている膨大なデータを保護する観点からのセキュリティ対策も重要となります。例えば、住宅や家電製品が攻撃された場合、盗聴や盗撮等の重大なプライバシー侵害行為を引き起こすことや犯罪に利用されることが考えられます。

⑵　必要な対策

このように、IoTソリューションにおいては、その各構成要素について安全性やセキュリティを守るだけでなく、モノがネットワークを介してシステムとつながり、さらに他のシステムともつながることで新たな価値を提供するソリューションについて、それ全体としての安全性やセキュリティを確保することが必要となります。

そこで、IoTソリューションを設計、開発するに当たっては、全体としての安全性とセキュリティを開発段階から検討すべきです。具体的には、前述したIoT特有のリスクに適切に対応するために、まず具体的なユー

---

[32]　IoTにおける安全性について、内閣サイバーセキュリティセンター（NISC）が「安全なIoTシステムのためのセキュリティに関する一般的枠組」において、IoTシステムにおける安全性、セキュリティの確保のための基本方針の設定と要件の定義が必要であるとしています。

スケースについて、どのような危害が発生し得るか、そして、どのようなつながりが発生し、その結果どのようなリスクが発生し得るか、さらには他のシステムから波及する可能性のあるリスクについて、評価、検証した上で、設計、開発に着手することが必要となります。この際、他システムにおいて生じた不具合等の影響を受けないように遮断する仕組み、また、他のシステムへ不具合や障害等発生による影響を波及させないための仕組みを設けることが、ソリューション全体の安全性、セキュリティを確保するために有効となります。また、IoT システムにおいては、スマートフォンのような持ち歩けるデバイスとつながることも多いため、リスクを検討する際には、ネットワーク経由のリスクのみならず、例えば盗難や紛失の結果発生し得る物理的な手段による不正なアクセスや操作も考慮する必要があるといえます。

IoT に関連する技術の急激な進展に伴い、Iot ソリューションに求められる安全性やセキュリティの基準は変化していくものであり、同様にリスクも変化していきます。したがって、ソリューション全体についての評価と検証のサイクルを繰り返していく必要があるといえます。さらに、どのようなシステム、モノがつなげられているかを含め、利用状況をモニタリングし、その内容を踏まえ、安全性やセキュリティが損なわれないよう、適切なアップデートや改良（機能追加、拡張）を実施していくことが求められるといえます。

⑶ 責任の問題

IoT ソリューションにおいて安全性やセキュリティを確保することの重要性は前述のとおりですが、サイバー攻撃などにあった際に、必要な安全・セキュリティ措置が講じられていなかったと判断される場合、IoT ソリューションの提供にかかわる事業者は法的な責任を負うと考えられます。この場合、満たすべき安全性、セキュリティの水準がポイントになるといえますが、IoT における安全性やセキュリティを確保するための指針やガイドライン[33]が発行されているため、これらに準拠しているかが判断に影響すると考えられます。

5　モノに関する責任の問題

IoTは、インターネットに接続したモノ（デバイス）を通じてサービスを提供するものであり、不具合の発生等による損害が発生した場合、デバイスの提供者は製造物責任法上の責任を負うことが考えられます。ただし、IoTデバイスの場合、インターネットによる通信機能を付していることにより、システムやネットワークなど様々な要素がデバイスに接続されているため、損害が発生した場合に、責任の所在が不明確となることが考えられます。

一般的に、IoTデバイスの不具合発生時の一次的な責任主体はデバイスの提供者と考えられます。なぜなら、システムと連携していなくても、モノ単体でもそのモノとしての機能や性能を有すると考えられるからです。また、システムについては、システム提供者の利用条件を受諾して、システム提供者から直接サービス提供を受けることが多いため、モノとは別のサービスと考えられるからです。もっとも、IoTソリューションにおいては、システムが直接モノの動作や制御、機能に影響を与えることも多く、システムの問題が原因となり得る場合には、モノの提供者とシステムの提供者の間の契約関係で責任関係について合意しておくべきと考えられます。

しかし、システムがモノの本質的な価値を提供している場合や、モノがシステムにつながっていなければ発生し得ない不具合により損害が発生した場合も、同様にモノの提供者が責任を負うという考え方で良いのでしょうか。この点については、モノの提供者が当該システムを選定し、接続さ

---

[33]　「IoT開発におけるセキュリティ設計の手引き」（2018年4月、独立行政法人情報処理推進機構技術本部セキュリティセンター）、「IoTセキュリティガイドライン ver 1.0」（平成28年7月、IoT推進コンソーシアム、総務省、経済産業省）、「つながる世界の開発指針（第2版）」（平成29年6月、独立行政法人情報処理推進機構技術本部ソフトウェア高信頼化センター）

せたという観点から責任を負うという考え方も可能ですが、両者合わせて一体のモノと考えられる場合には、共同で責任を負うべきと考えることもできるでしょう。

また、前述したように、IoT ソリューションにおいては、リスクが変化していくものなので、製造時や販売時には不具合や欠陥がなかった場合でも、事後的に不具合や危険が発生し、その結果第三者に損害が発生することが考えられます。この場合のリスクは、モノよりシステムに起因する場合が多いと考えられますが、モノの提供者としては、システムの事後的なアップグレードやメンテナンスについても責任を負うのでしょうか。モノの提供者においてシステムの改修や障害対応を実施することができない場合には、システム提供者に対し、脆弱性その他リスクに対し直ちに対応するなど適切なシステム保守を実施するよう、契約関係において対応することが必要と考えられます。

なお、現在の法制度はこのような IoT の性質を想定していませんが、IoT のさらなる普及によりモノの価値が物理的な部分から接続されたシステムへと移っていけば、現在の責任に関する考え方とは異なる法的な枠組みが必要になってくると考えられます。

6　IoT における契約関係に関連する問題

(1)　エンドユーザとの契約

一般的に、IoT ソリューションの利用はモノにかかる所有権などの権利とは別の契約関係といえます。

エンドユーザが一般消費者の場合には、一般的には、エンドユーザがシステムを通して提供されるサービスの利用規約への同意により、IoT ソリューションの提供者との間でサービス提供にかかる契約が成立すると考えられます。オンラインでこのような同意による契約を締結する場合には、正式な申込みの前に、契約内容を確認する画面などを提示することが重要となり、このような手順を踏まなければ、ユーザは契約が無効であったと主張することができてしまいます。

また、IoTソリューションにおいては、IoTデバイスから取得したデータを他のデータと合わせて分析し、他者のサービス提供のためにも利用することが前提とされるため、ユーザがサービスを利用するに当たって、その点を理解し、同意することが重要と考えられます。したがって、利用規約と合わせて、プライバシポリシーの提示とこれに対する同意の取得も重要といえます。

⑵　パートナー企業との契約

IoTソリューションにおいては、IoTデバイスの製造者、データを収集するセンサーの製造者、IoTシステムにおけるアプリケーションの開発者、プラットフォームの提供者、データを分析するアプリケーションの開発者、インターネットとの接続を確保するネットワーク提供者、データを集積するためのクラウドサービスを提供するクラウド事業者など、様々な関係事業者が複雑に絡み合います。

これらの関係者との間の契約関係において留意すべき事項として、次のような事項が考えられます。

①　製造物責任

前述のとおり、一般的には、デバイスの製造者が責任を負うといえますが、センサーの瑕疵、アプリケーションの障害、ネットワークの障害などIoTシステムの様々な要素に起因する不具合の発生も想定されるため、関係事業者間においては、原因究明のためのプロセス及び不具合の発生原因に応じた責任体系を定めるべきと考えられます。

②　データの利用及び保護

大量のデータをクラウド上で集積するため、クラウド事業者との契約が必要になります。クラウド事業者においては、画一的・汎用的なサービスを提供するため、個別の条件を交渉することは難しい場合が多く、そのため、IoTソリューションを提供する事業者としては、クラウドベンダの提供する条件と同等の条件でサービスを提供することが望ましいと考えられます。また、デバイスから集積されたデータの取扱いについては、データの保護を担保するための措置に関する責任、集積したデータの利用条件などについて取り決めておくべきといえます。

（斎藤　綾）

Q36「つながる自動車」の法的問題

「つながる自動車」や自動運転自動車の将来が語られていますが、法的には、どのような問題がありますか。また、万が一、事故が発生した場合には、原因究明のために、どのような検討がなされることになりますか。また、具体的な責任問題は、どのように考えることができるのでしょうか。

A

つながる自動車については、安全基準及びその規制や遠隔操作・外部的データのミス等による事故・損害が発生した場合の法的責任が問題となります。また、運転者が関与しない完全な自律的自動運転が実現した場合の交通事故等に関する法的責任について、これまでの法的枠組みでは対応しきれない事態が想定されます。つながる自動車や自動運転技術の発達に伴い、事故原因究明のためには、これまで中心的に検討対象となっていた現場状況を示す証拠のみならず、ソフトウェア自体の欠陥やハッキングの有無など、車両自体のハードウェア・ソフトウェア情報に関する証拠収集も重要となり、その原因確認に基づき法的責任を検討することとなります。

1　つながる自動車（コネクテッドカー）

コネクテッドカーとは、ICT 端末としての機能を有する自動車のことです。車両の状態や周囲の道路状況などの様々なデータをセンサーにより取得し、ネットワークを介して集積・分析できる点が特徴です。事故時に自動的に緊急通報を行うシステムや、走行実績に応じて保険料が変動するテレマティクス保険、盗難時に車両の位置を追跡するシステム等が実用化されつつあります。

緊急通報システムは既に欧州・ロシアでは新型車への搭載が義務化され

ています。

欧米の保険会社は、被保険者の運転中の行動（ブレーキの回数や加減速動作など）や車両を使用する時間帯のデータを収集し、利用者の運転の癖に基づいて運転の危険度を評価し、保険料を策定する方式を採用しています。日本においても、一部の保険会社がテレマティクス端末を用いて、走行距離等を保険料に反映するサービスを開始しました[34]。

盗難車両追跡システムは、車両の盗難が判明した場合に車両の位置を追跡することができるシステムです。遠隔操作により緩やかに速度減速を行う機能や、通信でエンジンの始動をできなくするリモートイモビライザーが搭載されていることが多いです。

車両にICT端末としての機能を持たせることは、後述する自動運転技術を大きく進展させると考えられています。車載カメラで確認できた状況を解析するだけでなく、ネットワーク上のビッグデータを用いることで、より自動運転技術の精度を高められると考えられているためです。

〈ネットワーク上のビッグデータの例〉

走行する予定の道路の交通量

事故が多い場所・事故の態様

2　自動運転自動車

(1)　自動運転技術の現状

運転の完全自動化は、まだ商品化・普及の段階に達していません。

しかし、一定の範囲での自動化は実現しており、運転機能の自動化を取り入れた自動車は一般にASV（「Advanced Safety Vehicle」の略称）と呼ばれています。現在実用化されているASVテクノロジーは以下のとおりです。

[34] 総務省　平成27年版情報通信白書　特集テーマ「ICTの過去・現在・未来」より「第2部　ICTが拓く未来社会」参照。
(http://www.soumu.go.jp/johotsusintokei/whitepaper/ja/h27/html/nc241210.html)

〈実用化されているASVテクノロジー〉

テクノロジーの種類	機械が行う作業	機能
衝突被害軽減ブレーキ	ブレーキ操作	前方の障害物との衝突を予測して警報する
レーンキープアシスト	ハンドル操作	自動車の位置をレーン（車線）の中央に維持させる
ACC（Adaptive Cruise Control）	アクセル・ハンドル操作	一定の速度で走行する機能・車間距離を維持する
ふらつき警報	警報を鳴らす	ドライバーの睡眠（低覚醒）状態を警告する
ESC（Electronic Stability Control）	車輪ごとのブレーキ・駆動力のオン／オフ	車両の横滑りを防止・復元する
駐車支援システム	ハンドル操作	後退して駐車する際、目的の位置への移動を補助する

⑵　自動運転の種類

米国に拠点を置く自動車運転協議会（SAE）は、運転の自動化について次頁のとおり段階的な定義を設けています[35)]。

⑶　現代の法規制と自動運転

ジュネーブ道路交通条約（以下「本条約」といいます。）とは、現在109の国と地域が加盟している道路交通に関する条約です（1949年作成、1952年発効）。

日本は1964年に本条約に批准しました。

本条約８条５項において、運転者は常に車両を適正に操縦することが、同条約10条において、運転者が常に車両の速度を制御することがそれぞれ定められています。

【ジュネーブ道路交通条約８条５項】
運転者は、常に、車両を適正に操縦し、又は動物を誘導することが

35)　表につき「官民ITS構想・ロードマップ2018」
（https://www.kantei.go.jp/jp/singi/it2/kettei/pdf/20180615/siryou9.pdf）

〈自動運転レベルの定義の概要〉

レベル	概要	安全運転に係る監視、対応主体
運転者が一部又は全ての動的運転タスクを実行		
レベル0 運転自動化なし	・運転者が全ての動的運転タスクを実行	運転者
レベル1 運転支援	・システムが縦方向又は横方向のいずれかの車両運動制御のサブタスクを限定領域において実行	運転者
レベル2 部分運転自動化	・システムが縦方向及び横方向両方の車両運動制御のサブタスクを限定領域において実行	運転者
自動運転システムが（作動時は）全ての動的運転タスクを実行		
レベル3 条件付運転自動化	・システムが全ての動的運転タスクを限定領域において実行 ・作動継続が困難な場合は、システムの介入要求等に適切に応答	システム （作動継続が困難な場合は運転者）
レベル4 高度運転自動化	・システムが全ての動的運転タスク及び作動継続が困難な場合への応答を限定領域において実行	システム
レベル5 完全運転自動化	・システムが全ての動的運転タスク及び作動継続が困難な場合への応答を無制限に（すなわち、限定領域内ではない）実行	システム

出典：高度情報通信ネットワーク社会推進戦略本部・官民データ活用推進戦略会議「官民ITS構想・ロードマップ2018」（平成30年6月15日）5頁（https://www.kantei.go.jp/jp/singi/it2/kettei/pdf/20180615/siryou9.pdf）

できなければならない。運転者は、他の道路使用者に接近するときは、当該他の道路使用者の安全のために必要な注意を払わなければならない。

【ジュネーブ道路交通条約10条】
車両の運転者は、常に車両の速度を制御していなければならず、また、適切かつ慎重な方法で運転しなければならない。運転者は、状況により必要とされるとき、特に見とおしがきかないときは、徐行し、又は停止しなければならない。

運転者が関与しないレベル4以上の自動運転がこれらの条約規定に抵触する、という見解もあります。

現在、自動運転技術の発達に伴って、各条項についての改正が議論されています。

また、自動運転技術に関する実証実験については、国連欧州経済委員会（UNECE）の道路交通安全作業部会（WP1）の第72回会合において、車両のコントロールが可能な能力を有し、それが可能な状態にある者がいれば、その者が車両内に要るかどうかを問わず、現行条約の下で実験が可能という解釈が認められました。

⑷　道路交通法上の問題点

道路交通法第70条は、「車両等の運転者は、当該車両等のハンドル、ブレーキその他の装置を確実に操作し、かつ、道路、交通及び当該車両等の状況に応じ、他人に危害を及ぼさないような速度と方法で運転しなければならない。」と定めています。これは、ジュネーブ道路交通条約と同様に運転者が直接運転することを想定した規定です。

したがって、運転者が関与しないレベル4以上の自動運転を行うことは、道路交通法違反となってしまうこととなります。

現在、警察庁は、遠隔操作型の自動走行システムの公道実証実験については、道路交通法第77条の道路使用許可を受けて実施することができる許可対象行為と位置付けて、自動運転の実証実験に関するガイドラインを含む通達を出しました（警察庁平成29年6月1日付通達　丙交企発第92号、丙交指第15号、丙規発第12号、丙運発第10号）。

3　コネクテッドカーに関する法的責任

⑴　交通事故が発生した場合の法的責任（概略）

法的責任については、コネクテッドカーや自動運転自動車の場合には、現行法の枠組みにおいては法益保護等の観点で十分ではないと考えられる部分が残ります。

完全な自動運転或いはハッキングによる操縦がなされた場合に運転者の過失との関係で責任の所在が問題となるところです。

(2) コネクテッドカーの問題

コネクテッドカーについては、ハッキングにより運転の制御が奪われる等第三者の行為が介在した場合が想定され得ます。

2015年、アメリカで、走行中の車両が遠隔操作される可能性が示された事件で、140万台の車両がメーカーによる回収・無償修理の対象とされた事例も発生しています[36)]。

ハッキングが行われ、保有者とは全く無関係な第三者が保有者に無断で自動車を操縦する等の事態が発生した際の法的責任について検討すると、そのような場合、原則として保有者の運行支配及び運行利益が失われると考えられ、このような場合にまで運行供用者責任を負わせることは、保有者にとって酷な結論と言えるでしょう。

ここで現行法に目を向けると、自動車損害賠償保障法の枠組みにおいては、保有者と全く無関係な第三者が自動車を窃取して起こした盗難車による事故の場合、運行供用者が自動車の管理責任を尽くしていた場合には、自動車を窃取された時点で、保有者の運行支配及び運行利益は原則として失われることから、被保険者である保有者に運行供用者責任は発生しないと考えられます。

この場合、被害者に対しては、盗難車による事故に関して当該盗難車の保有者が契約する自賠責保険による損害のてん補はなされませんが、被害者の迅速な救済の観点から自動車損害賠償保障法に規定される政府保障事業により損害のてん補を受け得ることとなります（自動車損害賠償保障法72条1項後段）。

遠隔操作による事故の場合の損害のてん補についても、運行支配・運行利益が失われている点で盗難車による事故と同様の状況と考えられます

---

36) FCAUS（FIAT CHRYSLER AUTOMOBILES）の件
（http://media.fcanorthamerica.com/newsrelease.do%3bjsessionid=1F692DC31DC3A03D1D30324848594FB5?&id=16849&mid=1）

が、この点、国土交通省自動車局の「自動運転における損害賠償責任に関する研究会」の報告書（平成30年３月）においても、遠隔操作による事故については、所定のハッキング対策をするなど、保有者が管理責任を尽くしていた場合には、政府保障事業で処理することが妥当との意見が提示されました。なお、自動運転システムの欠陥が原因でハッキングされたといえる場合には、政府は、損害のてん補後、自動車メーカー等に対して求償することが考えられます。

4　自動運転に関する法的責任

⑴　不法行為責任

自動運転自動車の事故により生命・身体、財産の損害が発生した場合に、現行法においてまずは不法行為責任が検討されます。

ここで、自動運転について前述の区分におけるレベル３までの場合、運転者は自ら自動車の制御を再開すること（オーバーライド）によって、事故の発生を回避することができます。したがって、レベル３までについては概ね現行法上の枠組みを大きく変更することなく、事故発生時の法的責任を検討する事が可能と考えられます。

一方で、レベル４を超えた場合、即ち運転者のオーバーライドがない場合には、運転者の過失を認めることは難しいこととなり、不法行為責任の追及に困難が生じることが予想されます。

⑵　運行供用者責任

次に交通事故による損害の発生について、自動車損害賠償保障法（以下、「自賠法」といいます。）に基づく法的責任が検討され得ます。自賠法３条は、以下の３要件の全てを自動車所有者（運行供用者）が立証した場合以外は、運行供用者が責任を負うと定めています。

【運行供用者責任の免責３要件】

・自己及び運転者が自動車の運行に関して注意を怠らなかったこと

・被害者又は運転者以外の第三者に故意又は過失があったこと
・自動車に構造上の欠陥又は機能の障害がなかったこと

免責要件が非常に厳しいため、相対的には無過失責任に近いものとされています。

なお、本規定は対人損害にのみ適用され、物的損害は保障の対象外となる点に注意が必要です。

自動運転自動車との関係では、国土交通省自動車局の「自動運転における損害賠償責任に関する研究会」の報告書（平成30年3月）でも、自動運転が実用化された場合には、この制度を活用することが提言されています。同報告書では、免責要件のうち、「自動車に構造上の欠陥又は機能の障害がなかった」について、地図情報やインフラ情報等の外部データのミス、通信遮断等による事故の場合が以下のとおり検討されています。

「構造上の欠陥又は機能の障害」とは、保有者等にとって日常の整備点検によって発見することが不可能なものも含み（大分地判昭和47・3・2交民5巻2号321頁）、運行当時の自動車に関する機械工学上の知識及び経験によって、その発生の可能性があらかじめ検知できないようなものを除く、自動車自体に内在していたものをいうところ（東京高判昭和48・5・30判時707号59頁）、外部データのミスや通信遮断等の事態をあらかじめ想定した上で、仮にこれらの事態が発生したとしても、自動車が安全に運行できるように自動運転システムは構築されるべきであることから、かかる安全性を確保できていない自動運転システムを搭載した自動運転車については、「構造上の欠陥又は機能の障害」があると判断される可能性があると考えられます。

⑶ 製造物責任法

自動運転自動車自体に欠陥があった場合、製造物責任法（以下「PL法」といいます。）に基づくメーカーへの責任追及が検討され得るところですが、PL法上の損害賠償責任を追及するためには、被害者側は、欠陥の存在を立証しなければならず、高度な技術上の問題について、被害者側が立証するのは非常に困難と考えられます。

⑷　メーカー等の不法行為

その他、メーカー又は販売店が、故意又は過失により欠陥のある車両を売却した場合は、理論上は、メーカー又は販売店の車両販売行為自体の不法行為責任が発生する余地はあります。

但し、車両の欠陥に加えて、車両の欠陥についてのメーカー又は販売店の故意又は過失があったことを立証する必要があるため、非常にハードルが高いものと考えられます。

5　刑事責任

コネクテッドカーについてハッキングによる操縦、又はレベル４以上の完全に自律的な自動運転など、運転者の過失が認められにくい場合には、当該運転者は刑事責任を負うことはないと考えられます。

その他、この場合、車両の販売者、製造者、システム設計者が刑事責任を負うかも問題となり得ます。

現行法の中で類似の状況を検討すれば、トラックのハブの整備不良に起因して、トラックの車輪が脱輪し、歩行者等が死傷するかもしれないとの予見が可能であったとして、トラック部品の品質保証をするべきトラックメーカーの管理職らに業務上過失致死傷罪の成立が肯定された事案（最決平成24年２月８日（刑集66巻４号200頁））もあります。

当該事案は、以下のような個別事情を斟酌した判決であり、単純な一般化は難しいところですが、同程度の特殊事情が存在する場合には、コネクテッドカーや自動運転の事例でも刑事責任の発生があり得るかもしれません。

【考慮された事情】

・被告人らは、メーカー品質保証部門の管理職であった。

・平成４年以後、起訴対象となった事故に至るまで40件にわたって同種事故が起きていたが被告人らはハブの強度について調査しなかった。
・同種事故に関する情報を秘匿情報として取り扱っていた。

いずれにせよ、現行法においては想定しきれていないコネクテッドカーや自動運転に関する刑事責任についても、自動運転の実用化に当たって法整備が必要な部分と考えられます。

6 原因究明と証拠収集

これまでの交通事故は、事故の原因究明に当たっては、比較的現場の状況（加害車両の損傷、ブレーキ痕、現場付近の防犯カメラ映像等）を示す証拠を収集し、それらから、法的な判断を導いていたといえます。

しかし、コネクテッドカーや自動運転が実用化された場合、上述のとおり自動運転等を制御するソフトウェアの欠陥や、事故当時にセンサーが稼働していたか、ハッキングの有無など、より車両自体のハードウェア・ソフトウェアについての情報が重要となるものと考えられます。

そのため、自動運転システム内のプログラムデータの保全や、事故状況について記録したドライブレコーダー、イベントデータレコーダー等のデータが証拠資料として非常に重要となってきます。

システムのどの部分の問題により事故が起きたのか、メカニズムの解明が重要です。

2017年6月に公開されたドイツの道路交通法改正案[37)]の中には、イベントデータレコーダーの最低基準が定められています。特に、事故発生時に人間が運転していたのか、システムが運転していたのかが分かるようにするよう求めている点は、今後の自動運転の実用化を見据えたものといえます。

---

37) 国立国会図書館調査及び立法考査局「ドイツにおける自動運転車の公道通行―第8次道路交通法改正―」
（http://dl.ndl.go.jp/view/download/digidepo_11052071_po_02750004.pdf?contentNo=1）

自動運転の実用化の際には、こうしたイベントデータレコーダーの設置義務の創設も必要となると考えられます。

（島﨑　政虎）

Q37 自律的な判断に基づく医療関連システムの法律問題

医療分野への人工知能技術の応用やシステムはどのようになっていますか。人間の操作を待たず自律的な判断をなす医療関連システムについて、どのような法的問題が存在し得るのでしょうか。

A

現在既に複数の研究機関・企業等において人工知能を利用した医療診断支援システムの開発が進められている状況にあります。現状のところ医学的診断自体を全て人工知能が自律的に行うものではありませんが、現行法との関係では医行為に関する「医師法」の法規制や医療機器製造・販売に関する「医薬品、医療機器等の品質、有効性及び安全性の確保等に関する法律」などの法規制との関係は検討の必要があります。

また、将来的には完全な自律的判断を行う医療システムの開発・完成の可能性もあるものと思われ、その場合には診察結果の法的責任の所在は問題となります。さらに、最終的な診断結果について例えシステムの完全な自律的判断によるものでない医師との共同での診断という場合においても、自律的判断システムの判断結果自体に関する法的責任の所在は問題となり得るところです。

1　自律的判断に基づく医療診断システム

人工知能を利用した自律的判断に基づくシステムは、現在様々な分野において開発がなされているところです。

Q36において述べた自動走行システムも、人工知能による自律的判断に基づき車両が運転されるというものであり、まさに自律的判断を行うシステムの一つであるといえます。

その他、現在既に実用化を目指した開発が進んでいるものに医療診断に関する支援システム等が挙げられます。医療分野への人工知能の応用は、人命の救助という重要な意義があるという意味で注目すべき分野であり、また、法的な側面からも特に人の身体・生命に対する深刻な損害の発生が予想されるという意味では医療分野への人工知能の活用、自律的判断を行うシステムに関連する法律問題を検討することは重要であると考えられます。

自動運転自動車についてはQ36において触れましたので、ここでは、現状の医療分野における人工知能を応用したシステムについて概観してみましょう。

現在既に複数の研究機関・企業等において人工知能を利用した医療診断支援システムの開発が進められているところですが、その一つに、患者のがんに関連する遺伝子変異データを、人工知能を利用した医療診断支援システムに入力すると、薬剤の候補と治療標的となる遺伝子が提案されるというシステムの開発が進められています[38]。

また、患者の予診・問診情報と生活・環境情報をもとに、総合診療医の経験知を反映し、人工知能を応用して双方向対話型に病名候補を探し出し、医師の診療を支援するシステム[39]の開発も進められています。このシステムでは、病名毎に推奨する検査や薬剤、見逃してはならない重大な病気を排除するためのレコメンドも提示するとのことです。使用方法は、患者から入力された予診内容を医師が人工知能を利用した医療診断支援システムへ問い合わせを行い、これにより受領した病名候補に基づき、再度医師が患者に問診を行います。さらに予診・問診の結果として医師が気にな

---

[38] IBM：『「もはや人智、人力を超えた世界」。Watsonが起こしたがん研究革命』との記事（https://www.ibm.com/think/jp-ja/watson/watson-for-genomics-professor-miyano-interview/）
「Watson for Genomics 東京大学医科学研究所様における活用事例」との記事（https://www-01.ibm.com/common/ssi/cgi-bin/ssialias?htmlfid=HL112345JPJA）

[39] 自治医科大学　石川鎮清「双方向対話型人工知能による総合診療支援システムの開発」通称：「ホワイト・ジャック」（未来投資会議　構造改革徹底推進会合「医療・介護―生活者の暮らしを豊かに」会　平成28年10月26日（第2回）資料5）（http://www.kantei.go.jp/jp/singi/keizaisaisei/miraitoshikaigi/suishinkaigo_iryokaigo_dai2/siryou5.pdf）

ると判断する病名を選択すると、推奨される検査や薬剤の候補が表示されるというものです。

その他、がん治療分野において、ゲノム解析による検査結果に基づいて人工知能が患者の症状・特性にあわせた治療法などに関わる論文を探索し、医師の判断を支援するシステム[40]の開発が進められている等、医療分野への人工知能を応用したシステムの開発が進んでいるようです。

上記のような各システムは、定型的でない様々な論文の内容を理解する、即ち、人の使用する自然言語を理解する人工知能の特性などを利用したものと考えられます。

なお、上記は各開発途中であり、それら開発状況からは、現状のところ、最終的な診断自体を全て人工知能が自律的に行うものではなく、また、必ずしも人工知能による完全自律判断を目指しているわけではないものと思われますが、一つには、いずれは病名診断等に関して人工知能を利用した完全な自律的判断を行うシステムの開発・完成の可能性もあると思われ、先行して完全な自律的判断を行うシステムの法律問題を検討することに意義があると考えられます。

また、最終的な診断結果について例えシステムによる完全な自律的判断によるものでなく医師との共同での診断という場合においても、人工知能を用いた診療支援システムが判断した判断結果が利用され、当該判断結果が間違いであった場合には、全体の診察を全て自律的に判断・コントロールしているわけではないにせよ、医師とシステムとの内部的責任関係であるとしても当該判断結果自体に関する責任というものは観念できるところではないでしょうか。そうであれば、即ち、全体の診察の一部分に関する自律的判断であったとしても、全てが自律的なシステムと同じような法的責任の問題は発生するものと思われます。

本問では、人工知能の自律的判断に基づく医療関連システムにどのような法律問題が存在し得るのかを検討します。

---

[40]　がん研究所のプレスリリース「がん研究会とFRONTEOヘルスケア『がんプレシジョン医療』の実現に向けた共同研究を開始」(http://www.jfcr.or.jp/laboratory/news/4770.html)

2　医行為、医療機器に関する法規制との関係

自律的判断を行う医療関連システムについては、医行為は医師が行うとする現行法規との抵触が問題となります。「医行為」とは「医師の医学的判断及び技術をもってするのでなければ人体に危害を及ぼし、又は及ぼす虞のある行為」（昭和39年6月18日　医事44の2）、あるいは「医学上の知識と技能を有しない者がみだりにこれを行うときは生理上危険ある程度に達している行為」（最判昭和30年5月24日（刑集9巻7号1093頁））とされています[41]。そして、「人体に危害を及ぼす虞」の点については、行為そのものが直接的に人体に危害を及ぼすおそれのある行為の他、行為そのものは必ずしも人体に危害を及ぼすおそれがあるとはいえないが、診療の一環として行われ結果を利用する等により人体に危害を及ぼすおそれのある医行為も想定され、検査結果に基づく診断行為は医行為であると解されるでしょう。自律的判断により独立して診断を行う医療関連システムが「医師」でないことは明らかですので、現行法の枠組みでは「医師法」17条との関係で問題があると考えられます。医療分野での人工知能及びそれに基づくシステム自体は、人類に利益をもたらすものと考えられ、今後も発展が見込まれる分野ですので、これを利用可能とするためには、一定の安全基準、責任の所在等を含めた新しい立法が必要になるでしょう。

また、自律的判断を行う医療関連システムの製造販売等についても現行法規との関係は問題となり得るところです。医療機器等の品質、有効性及び安全性の確保並びにこれらの使用による保健衛生上の危害の発生及び拡大の防止のための規制を行う「医薬品、医療機器等の品質、有効性及び安全性の確保等に関する法律」においては、医療機器等の製造販売について医療機器等の種類に応じた製造販売業許可、製造販売承認・認証等の取得を義務付けているところですが[42]、現行法規制は完全に自律的判断を行う

41)　厚生省（現厚生労働省）「医療行為及び医療関係職種に関する法医学的研究」報告書（https://www.jpo.go.jp/shiryou/toushin/shingikai/pdf/iryo_wg1/tokkyo_iryou_siryou5.pdf）

42)　「医薬品、医療機器等の品質、有効性及び安全性の確保等に関する法律」23条の2

医療関連システムを特に意識した枠組みとまでは考えられないところであり、やはり、これに応じた新しい法的枠組み、審査基準等が必要となるものと考えられます。

3　法的責任の所在

(1)　不法行為責任

人工知能の自律的判断に基づく医療診断システムの法律問題としては、それらシステムにより人の生命、身体又は財産に対する損害が発生した場合の、法的責任主体がどうなるかという点も課題になるところでしょう。

等。

（製造販売業の許可）

23条の2第1項　次の表の上欄に掲げる医療機器又は体外診断用医薬品の種類に応じ、それぞれ同表の下欄に定める厚生労働大臣の許可を受けた者でなければ、それぞれ、業として、医療機器又は体外診断用医薬品の製造販売をしてはならない。

医療機器又は体外診断用医薬品の種類	許可の種類
高度管理医療機器	第一種医療機器製造販売業許可
管理医療機器	第二種医療機器製造販売業許可
一般医療機器	第三種医療機器製造販売業許可
体外診断用医薬品	体外診断用医薬品製造販売業許可

（医療機器及び体外診断用医薬品の製造販売の承認）

23条の2の5第1項　医療機器（一般医療機器並びに第23条の2の23第1項の規定により指定する高度管理医療機器及び管理医療機器を除く。）又は体外診断用医薬品（厚生労働大臣が基準を定めて指定する体外診断用医薬品及び同項の規定により指定する体外診断用医薬品を除く。）の製造販売をしようとする者は、品目ごとにその製造販売についての厚生労働大臣の承認を受けなければならない。

（指定高度管理医療機器等の製造販売の認証）

23条の2の23第1項　厚生労働大臣が基準を定めて指定する高度管理医療機器、管理医療機器又は体外診断用医薬品（以下「指定高度管理医療機器等」という。）の製造販売をしようとする者又は外国において本邦に輸出される指定高度管理医療機器等の製造等をする者（以下「外国指定高度管理医療機器製造等事業者」という。）であつて第23条の3第1項の規定により選任した製造販売業者に指定高度管理医療機器等の製造販売をさせようとするものは、厚生労働省令で定めるところにより、品目ごとにその製造販売についての厚生労働大臣の登録を受けた者（以下「登録認証機関」という。）の認証を受けなければならない。

以下、医療診断システムのみに限定をせず、人工知能の自律的判断に基づくシステムに関する法的責任の所在の問題について検討します。

自律的判断に基づくシステムにより人の生命、身体又は財産に対する損害が発生した場合に、現行法上まず検討されるのは不法行為責任ということになると考えられます。

想定し得る責任主体は、当該システムの管理者、システムの製造者、プログラム開発者等になるでしょう。

損害を被る、即ち賠償請求の主体となるのは自動運転自動車であれば自動車ユーザ、医療診断システムであれば、患者ということになると考えられます。

この不法行為責任における「過失」とは、損害発生の予見可能性があるにもかかわらずこれを回避する行為義務（結果回避義務）の履行を怠ったことなどと考えられています。

予見可能性が存在しなければ結果回避義務・その義務違反も存在しないこととなりますが、人工知能を利用した自律的判断に基づくシステムの法的責任検討の検討においては、この予見可能性という点が問題となるとも考えられます。

即ち、ディープラーニングを含めた機械学習と自律的判断を行う人工知能の行為・判断について、プログラム開発者がプログラム開発時において、或いはシステム管理者がシステム導入時において、これを全て予見することは不可能であるとも考えられ、結果、不法行為責任の追及には困難が伴うのではないかということです。

確かに、現象としては、人工知能が機械学習により自律的に自らを進化させていくという性質を持つ以上、プログラムやシステム開発時或いはシステム導入時において、それら人工知能の進化及びそれに伴う安全性の変化の全てをプログラム開発者、システム管理者が予見することは困難であると言えるものと考えられます。

しかしながら、人工知能の進化自体の予見が不可能であるとしても、人工知能の自律的判断に基づくシステムが人間に対し判断又は行為により直接影響を与える場面においては、そのような人間との接触について一定の歯止め・キャップ・制限をかけるべきであったという意味において予見可能性、ひいては法的責任を認める余地があり得るところかもしれません。

特にシステム管理者については、日々進化する人工知能を利用した自律的判断に基づくシステムの状態を監視し、その意味での損害発生に関する予見可能性の存在、ひいては、結果回避義務違反が認められる場面も想定され得るところとも考えられます。

もっとも、現行の不法行為に関する法律及びその解釈論自体、完全に自律的な人工知能の存在を前提としたものとは言えないところであり、上記のように一般的な不法行為責任の検討に当たっては、現行法の枠内の議論には一定の限界があるものと考えられます。

不法行為責任のカテゴリーにおいては、通常の不法行為責任とは別に使用者責任（民法715条）等の特殊の不法行為責任が規定されていますが、これらの規定を、人工知能を利用した自律的判断に基づくシステムにおける法律問題に類推適用するという考え方も不可能ではないかもしれません。

これらのうち使用者責任については、報償責任の法理がその根拠とされているところです。即ち、利益を得ているものが、その過程で他人に与えた損失をその利益から補填し均衡をとるという考えになります。人工知能を利用した自律的判断システムの場合について考えれば、当該システムにより利益を得ているシステム管理者が、当該システムの運用過程において第三者に損害を与えた場合には、これについて責任を負うべきであるという考え方となるところでしょう。

現行法の枠組みからは予見可能性を前提とする通常の不法行為責任の追及に困難性が存在するものと考えられる状況において、社会における損害の公平な分担という観点からは検討に値する考えであると考えられます。

また、この使用者責任は、危険を伴う活動により利益を得ている者は、その危険により発生した他人への損害について、過失の有無にかかわらず責任を負うべきであるとする危険責任の法理も根底にあると考えられており、この考え方は、人工知能を利用した自律的判断に基づくシステムにも当てはまるものと考えられます。

もっとも、プログラム開発者、システム開発者については必ずしも報償責任の法理、危険責任の法理の考え方を類推するような前提にはないとの考え方もあり得るところではあります。

システム管理者については、システムの選定・監督という意味において使用者責任規定の類推適用の基礎的状況はプログラム開発者やシステム開発者よりは想定され得るところではありますが、「使用者が被用者の選任及びその事業の監督について相当の注意をしたとき、又は相当の注意をしても損害が生ずべきであったときは、この限りでない。」（民法715条１項ただし書）との免責規定の関係でさらなる考慮を要するものと考えられます。即ち、完全に自律的判断を行う人工知能に基づくシステムについて、どのような、どの程度の管理・監督を行うことで当該免責を得られるだけの相当の注意を行ったと言えるかという点が検討課題となるものと考えられます。

⑵　製造物責任

次に、自律的判断に基づくシステムにより人の財産、生命・身体に損害が発生した場合には、製造物責任も検討され得るものと考えられます。

責任主体は、システム製造者、プログラム開発者ということになるでしょう。

自律的判断に基づくシステムについて製造物責任を検討する場合、いくつかの問題点があるものと考えられます。

まず、**Q36**の自動運転に関する場合と異なり、システムがプログラム・ソフトウェアのみとして提供されている場合に、製造物責任の対象となる「製造物」が「製造又は加工された動産」（製造物責任法２条１項）とされる以上、製造物責任という枠組みでの法的責任の検討は難しいところではないかという点になります。

無論、システムが電子機器等の動産と一体となっている場合には、当該動産を伴うシステムとしてその製造者に対する製造物責任の追及の可能性はあるものとは考えられます。

次に、製造物責任法においては、「製造業者等は、次の各号に掲げる事項を証明したときは、同条に規定する賠償の責めに任じない。一　当該製造物をその製造業者等が引き渡した時における科学又は技術に関する知見によっては、当該製造物にその欠陥があることを認識することができなかったこと。」（製造物責任法4条1号）とされており、一定の場合に免責がなされる旨規定されているところですが、この点も検討の必要があるところでしょう。

人工知能を利用した自律的判断に基づくシステムの法的責任の検討との関係では、人工知能の自律的進化を制限しないことに人工知能技術の本質の一つがあるものとも考えられることから、プログラム開発者、システム製造者に人工知能が自律的に進化した将来における欠陥の有無について認識が可能であると言うことは難しいものと考えられます。したがって、人工知能を利用した自律的判断に基づくシステムについて、プログラム開発者、システム製造者に製造物責任を認めることが難しい場面も少なくないと言えそうです。

(3) 瑕疵担保責任

他には、売主の瑕疵担保責任（民法570条）なども検討され得ます。

責任の主体はプログラム・システムの販売者、システムを組み込んだ製品の販売者等が想定されます。

損害の賠償請求者としては、自動運転自動車の場合には自動車の購入者ということとなりますが、医療診断システムの場合には、当該システムの購入者、現状想定される請求者は病院や医師ということになるところでしょうか。エンドユーザとも言える患者からの直接の請求ではなく、エンドユーザからの賠償請求に応じたシステムの購入者が被った損害について、販売者へ賠償請求を行う場面という意味において、不法行為責任や製造物責任と異なる場面も想定できるところです。

瑕疵担保責任の追及における問題点としては、人工知能及びそれが組み込まれたシステムの何をもって「瑕疵」と認定されるかという点になると考えられます。また、仮に人工知能及びそれが組み込まれたシステムが人の生命・身体又は財産に損害を与える状態であったことが「瑕疵」として認められたとしても、自律的進化を遂げる人工知能及びそれが組み込まれたシステムが、その販売時点には「瑕疵」といえる状態に達してはいないことは十分想定され、その場合には瑕疵担保責任という枠組みでの責任追及は難しいのではないかと考えられます。

このように「瑕疵」自体の認定、「瑕疵」として認定された状態がいつの時点で存在したのかという点で相当難しい問題が存在し、人工知能を利用した自律的判断に基づくシステムに関する瑕疵担保責任の追及は難しいところがあるかもしれません。

上述のとおり、現行法の法的枠組みに基づき、人工知能を利用した自律的判断に基づくシステムに関する法律問題、法的責任の検討を行ってきましたが、そもそも現行法は、自律的な判断を行う人工知能の存在を想定していないものといえ、損害の公平な分担を実現するためには、先に各検討を行ってきたとおり現行の法規定或いは法解釈においては一定の限界があると言わざるを得ないところでしょう。

人工知能技術の適切な発展と社会的責任分担の観点から、人工知能を利用した自律的判断に基づくシステムに関する法的責任を直接的に規定する法制定を行う等の新たな法的ルールを構築する必要があるものと考えられます。

（北川　祥一）

第６章

民事事件とビジネス法務

Q38 従業員に関するデジタル証拠の取得

従業員が持ち込んだ私物のスマートフォンやパソコンに会社のデータが保存されている可能性があります。当該端末を提出させることに何か法的問題はありますか。また、従業員の自宅のパソコンにも会社のデータが保存されている疑いが生じたため、自宅を訪問して確認したいのですが、この場合も問題がありますか。

A

私物のスマートフォンやパソコンに対して調査を行う場合には、従業員の同意を得て行うべきです。従業員の自宅のパソコンを調査する場合であっても同様です。

同意を取れない場合の調査のハードルは高いといえますので、そもそも私用スマートフォンやパソコンを調査する必要が生じないように情報管理を行うことが重要です。

1　パソコン・スマートフォンの管理と情報セキュリティ

IT 関連技術の発展により、ビジネスはもはやパソコンやスマートフォンなどの携帯端末とインターネットなしには行うことが難しい状況にあります。しかし、ビジネス上有用な情報であっても、現行法上、情報そのものを一般的に保護する法律はなく、著作権法、不正競争防止法などで一定の要件を満たす情報が部分的に保護されているだけにとどまります。

しかし、ビジネス上有用な情報が漏えいすれば、ノウハウが流出することになり、企業は競争力を失いかねません。また、ビジネス上取り扱う情報の中には、個人のプライバシーに結びつく情報を含むことがあります。このような個人情報が漏えいした場合にも、企業に対する否定的な評価や評判が広まることによって、企業の信用やブランド価値が低下するレピュテーションリスクや損害賠償責任を負う可能性があり、ビジネス上、多大な影響があるでしょう。したがって、ビジネス上有用な情報を適切に取り扱い、個人のプライバシーを侵害しないためにも、情報セキュリティを確保する必要があります。

情報セキュリティを確保するための手段は様々ですが、ノートパソコンやスマートフォンなどの携帯端末は、ビジネスを行っていく上で、なくてはならないデバイスとなっている一方で、携行して外出先で使用できる、写真撮影が容易にできる、データを保存できるなど、情報セキュリティを破るリスクが高いものであり、注意して管理しなければなりません。特に、従業員が自らの所有するノートパソコンやスマートフォンを会社に持ちこみ、業務に使うことはBYOD（bring your own device）と呼ばれ、従業員側にとっては自宅でも仕事を行うことができるなど便利な上に、会社としても特に追加の投資が必要ないことから、現在でも、積極的には推奨されないものの、放任されている例も少なくありません。

しかし、従業員に私物の携帯端末で会社の情報を処理させることは、情報セキュリティの観点からは危険が高い行為であるといえます。例えば、営業秘密との関係では、電子データの外部送信による持ち出しを困難にする措置の一例として、「私物のUSBや情報機器、カメラ等の記録媒体・撮影機器の業務利用・持込みの制限」があげられています[1)]。また、個人情報保護法の安全管理措置（同法20条）や従業者の監督（同法21条）との関係でも、安全管理や従業者の監督に当たり必要かつ適切な措置を行わなければならないとされていますが、従業員の私物の携帯端末による管理では必要かつ適切な措置を行っているとはいえないでしょう。実際に裁判例でも、従業員の私物のパソコン等を業務で使用していた場合、当該パソコン等に保存されている業務用のデータについて実質的に会社側の管理が及ばないとの判断が示されています[2)]。

1)　経済産業省「秘密情報の保護ハンドブック～企業価値向上に向けて～」（平成28年2月）37頁

2)　従業員が私物パソコンで業務を行い、その私物パソコンを会社に残したまま退職したケースで、従業員側からの当該私物パソコンの引渡し請求は認められる一方で、会したがって、従業員に私物のパソコンやスマートフォンで業務を行わせることは、原則として避けるべきです。そのためには情報管理規程や情報機器取扱規程などを定めて業務における私物パソコン等の利用を禁止し、さらに運用でも仮に従業員が私物のパソコンやスマートフォンで業務を行おうとしている場合には、規程に違反している旨の注意をするなどの対応を行う必要があります。

また、従業員の取り扱う情報の性質によっては、私物パソコン等での業務を行うことを禁止するのみならず、私物の携帯端末の持ち込みを禁じるなど、漏えいを防ぐための措置をとるべきですし、業務で使用しているのが会社支給の携帯端末やパソコンであっても、社外への持ち出しを禁じたりするなどの対策が必要です。

2　トラブルがあった場合のパソコン・スマートフォンの調査

(1)　業務用のパソコン・スマートフォンの調査

会社は、会社の備品であり、業務用に従業員に貸与しているパソコンやスマートフォンの調査を行うことができるでしょうか。業務用に従業員に貸与している場合であっても、そのパソコンやスマートフォンに個人のプライバシーに密接に関わる部分があることは否定できず、一定の配慮が必要です。

この点について、裁判例（日経クイック情報事件[3]）は、企業には企業の秩序を定立し、維持する権限があるから、企業秩序を維持するために調査を行うことができるが、「調査や命令も、それが企業の円滑な運営上必要かつ合理的なものであること、その方法態様が労働者の人格や自由に対する行きすぎた支配や拘束ではないことを要し、調査等の必要性を欠いた

社側が求めた当該パソコンの初期化措置は認められませんでした（東京地判平成23年7月11日（ウェストロー2011WLJPCA07118012））。その他、私物のハードディスクを持ち帰ったことが懲戒事由に当たらないとした事例として大阪地判平成25年6月21日（労判1081号19頁）。

3)　東京地判平成14年2月26日（労判825号50頁）

り、調査の態様等が社会的に許容しうる限界を超えていると認められる場合には労働者の精神的自由を侵害した違法な行為として不法行為を構成することがある」とし、当該事案では、結論として業務に使用されているメールサーバの調査を適法であるとしています。

したがって、この裁判例を参考にすると、業務用のパソコン、スマートフォンなどの携帯端末であっても、無制限に調査をすることができるわけではなく、調査の必要性、相当性を満たすような態様であることが要求されると考えておくべきでしょう。

また、前述の日経クイック情報事件は、パソコンやスマートフォンについて調査することができる旨の社内規程が定められていなかった事案ですが、会社としては、会社支給のパソコンやスマートフォンについて、私的利用を禁止した上で、必要がある場合には調査を行う旨の社内規程を定めておくべきです。別の裁判例でも、業務外利用の禁止及び必要がある場合には調査を行うことができる旨の規程があることから、従業員が調査を拒否した場合であっても、調査についてプライバシーの侵害はないとしたものがあります[4]。

⑵　私物であるパソコン・スマートフォンの調査

では、以上に対し、従業員の私物であるパソコンやスマートフォンに対して何らかの調査をすることができるでしょうか。

ア　従業員の調査協力義務

会社内のトラブル、あるいは会社外のトラブルであっても会社内の調査を必要とする場合がありますが、このような調査が必要となった場合、そもそも会社は従業員に調査への協力を求めることができるでしょうか。この点について、最高裁判所は、①管理職など、他の労働者に対する指導、監督ないし企業秩序の維持などを職責とする者であって、右調査に協力することがその職務の内容となっている場合や、②管理職ではなくとも、調査対象である違反行為の性質、内容、当該労働者が違反

[4]　水戸地判平成24年9月14日（判例地方自治380号39頁）

行為を知り得る機会の有無と職務執行との関連性、より適切な調査方法の有無等諸般の事情から総合的に判断して、調査に協力することが労務提供義務を履行する上で必要かつ合理的である場合には協力する義務があるとしています（富士重工業事件[5)]）。

したがって、会社は、何らかのトラブルが発生した場合、そのトラブルの内容によっては、従業員に対して必要な調査への協力を求めることができることがあり、従業員側はこれに応じなければなりません。私物であるパソコン・スマートフォンについても、例えばある従業員が、明示的に持ち込みが禁止されている場所に携帯端末を持ち込んでおり、かつ、ログなどから何らかの携帯端末に情報がコピーされたことが明らかとなっている場合などについては、携帯端末を持ち込み禁止場所に持ち込んだ従業員は、調査への協力義務があるといってよいでしょう。

イ　調査の方法

では、この場合の具体的な調査方法ですが、私物のパソコン・スマートフォンに対する調査については、従業員のプライバシーの対象となる情報が多く含まれており、そもそも会社の管理権限が及ぶものではないので、当該パソコン・スマートフォンの所有者である従業員の同意を取得して行うことが必要です[6)]。

同意については、その効果がプライバシーを放棄することになる重いものとなるため、事前の包括的な同意では足りないと考えるべきであり、個別の事案ごと、個別の端末ごとに同意を取得することが望ましいでしょう。

それでは、このような同意が得られない場合であっても、会社側で私物のパソコン・スマートフォンを調査することができるでしょうか。この点、参考となり得る事例として、会社が金品の不正隠匿の摘発・防止のために従業員の所持品検査を行うことができる場合について判断した判例があります。この判例では最高裁は、①所持品検査を必要とする合

---

5)　最判昭和52年12月13日（民集31巻7号1037頁）

6)　従業員の私物の携帯電話やパソコンを調査した事例として東京地判平成24年3月13日（労判1050号48頁）。

理的理由が存在していること、②一般的に妥当な方法と程度で行われること、③制度として職場従業員に対して画一的に実施されるものであること、④就業規則その他、明示の根拠に基づいて行われることを要件とするとの判断を示しています（西日本鉄道事件[7)]）。

パソコンやスマートフォンは、一般的な所持品よりもさらに高度なプライバシー情報が含まれていると考えられますので、この要件を私物パソコン・スマートフォンの調査に単純に当てはめることはできませんが、少なくとも所持品検査の要件すら満たさない場合には、同意なしに調査を行うことは控えるべきでしょう。

したがって、会社の機密情報が持ち出された場合であって、所持品検査の要件も満たさず、また、従業員側の同意も見込まれないときには、問題となっている事案が何らかの刑事処分を受け得るものであるかを検討し（不正競争防止法の営業秘密の持ち出しに該当することも多いでしょう）、刑事手続によることを検討する必要があります。

（安藤　広人）

---

7)　最判昭和43年8月2日（民集22巻8号1603頁）

Q39 従業員のパソコン内のデジタル遺品

デジタル遺品とは何ですか。亡くなった従業員の遺族から、会社内のパソコンにあるデジタル遺品の引渡しを請求された場合には、どのように対応すればよいのでしょうか。

A

デジタル遺品とは、故人が残したもののうち、デジタルデバイスによって、保存されているデータやインターネット等で利用できる状態にある写真のデータ等をいいます。

デジタル遺品については、それが法律上の相続財産になるか（相続財産性）が問題になりますが、保存されている機器を通じて、実質的に相続可能な財産になり得ると考えられています。

デジタル遺品の例としてパソコン内のデータが挙げられますが、故人である従業員のパソコンが勤務していた会社に存在している場合、遺族からデジタル遺品の引渡しを請求される可能性があります。

その場合、会社所有のパソコンに個人データを保有していることは、社内規程違反になっていることが多いと思われますが、任意で引渡しを行うことは検討の余地があるものと思われます。

1　デジタル遺品とは何か

デジタル遺品とは、故人が残したもののうち、デジタルデバイスによって、保存されているデータやインターネット等で利用できる状態にある写真のデータ等をいいます。

一般的には、デジタル遺品の種類としては、①デジタルカメラ又はスマートフォンやパソコン内のファイル等のデジタル機器内のデータ、②SNS上の写真等のインターネット上のデータや、アカウント（使用権）が挙げられています。

2　デジタル遺品の相続財産性、特性

まず、デジタル遺品については、それが法律上の相続財産になるか（相続財産性）が問題になりますが、民法896条は相続財産について「相続人は、相続開始の時から、被相続人の財産に属した一切の権利義務を承継する。ただし、被相続人の一身に専属したものは、この限りでない。」としています。

このただし書で書かれている一身に専属したもののことを、「一身専属権」と言い、被相続人その人だけに帰属し、相続人に帰属することのできない性質のものとされ、その例としては、慰謝料請求権、委任契約上の地位が挙げられます。

承継するのは、「被相続人の財産に属した一切の権利義務」とされていますので、デジタル遺品についても、一般的な財産的価値があるものは、相続財産に当たり得ることに問題はないものと思われます。もっとも、家族の写真等、その本人又は遺族にのみ価値があるものが、相続財産になり得るかは問題になり得ます。

この点、古い裁判例ですが、高松高決昭和36年1月8日（家月14巻7号62頁）は、「使用価値、交換価値のほとんどない場合は、相続人が特別の愛着をもち、主観的価値が高いと認められるものでない限り、強いて遺産分割の対象に加える必要がない。」としており、逆に、そのような交換価値のほとんどないものでも、主観的価値（その人の感じる価値）が高ければ遺産分割の対象にもなり得るとして、それ自体が相続財産であることを前提にしているものと思われます（いわゆる形見がこのような財産に当たると考えられます。）。

このようなデジタル遺品には、一般的な不動産や動産の相続財産と異なる以下のような特性があります。

①　そのままでは利用不可なことが多い

例えば、パソコンやスマートフォン内の写真等のデータは、その保存されているデバイスの操作等が必要であり、そのままでは見ることができないという場合があります。

② 複製作成が容易、劣化しづらい

デジタル遺品はデータですので、複製を作成することが容易であり、かつ、大量作成できます。

さらに、これがインターネット等で拡散すると回収困難となる可能性が高く、また、動産等と異なり、劣化せずに残る可能性が高いものです。

③ 把握が困難であること

また、最近は、クラウド等でデータが保管されていることが多く、場合によっては本人もどこに保管されているか意識しておらず、遺族等がその所在を把握するのが困難な場合があり得ます。

④ データ自体は物権の対象とはならない

データ自体は物権の対象とならないとされており、それ自体は相続の対象とならないことになります。ただ、保存されている機器を通じて、実質的に相続可能ということになる場合や、アカウントの利用権として、実質的に相続されることが考えられます。

3　デジタル遺品の相続における問題点

前述のように、デジタル遺品は保存されている機器を通じて相続されるものとした場合ですが、民法898条は、「相続人が数人あるときは、相続財産は共有に属する。」としています。

すなわち、遺言で単独の相続人を指定しているような場合を除き、相続人が数人いる時は、相続の開始時すなわち被相続人の死亡と同時に、法律上は、相続財産は相続人の共有になります。

例えば、近時は、パソコンにパスワードがかけられていることが多く、中のデータを取り出そうとする場合、パスワードを解除する必要があります。

その場合、相続人が単独で行える「保存行為」（民法252条ただし書）として、解除を依頼することまではできると思われますが、中のデータをデバイスごと処分するような場合には、法律上は「処分行為」（民法251条）として、相続人全員の同意が必要なことになります。

また、SNS 等のインターネット上の写真等やアカウントの処理は、その故人が契約をしていた業者との間の規約等によっているのが現状です。

この点、SNS 等のアカウントに関しては、一般に相続しないものとされています（多くは契約上一身専属権と規定されています。）が、例えば、Facebook などは、遺族や友人の申請で「追悼アカウント」に変更することができます。

また、ネット銀行等の権利は、被相続人死亡の場合、通常の銀行と同様に書面による手続で相続人が預金等の権利を相続することが可能と思われますが、同じ債権と考えられているポイント等の権利については、通常、その契約者に限り付与されたものとされています（ただ、大手航空会社のマイレージは相続人が所定の手続により故人の会員のマイル口座に残る有効なマイルを相続することが可能とされています。）。

他に、最近、利用が多くなっているものとして、電子書籍がありますが、これについても「譲渡不能」として、実質上相続しないものとされているものが多数と思われます。

4　会社内のパソコンとデジタル遺品

先ほど、デジタル遺品の例としてパソコンの例を挙げましたが、パソコンが被相続人が生前勤務していた会社に存在している場合、会社としてはどのような取扱いをする必要があるでしょうか。

①　パソコンが従業員の私物の場合

この場合は、当該パソコンは相続人の相続財産ということになりますので、基本的には引渡しに応じるべきということになると思われます。

ただ、この中に会社の機密情報等が入っていると思われる場合には、逆にその情報を消去等してもらう必要があることになります。

その場合の調査等の問題については、Q38 に書かれているように、調査の同意を遺族から得られるかが問題になるかと思います。

②　パソコンが会社の所有である場合

パソコンを会社がリース等により従業員に貸与している場合、社内規程でパソコンを個人の用途で使用することを禁止していることが多いと思われます。

それにもかかわらず、被相続人の従業員が規程に違反して、パソコンの中に個人データを保存しているはずだとして、遺族からデジタル遺品の引渡しを請求された場合、会社としては、どのように対応すべきでしょうか。

この点、パソコンの中のデータの例ではないですが、イラクで殉職した米海兵隊兵士の遺族が、米ヤフーを相手に、故人のヤフーメールを提供するように求めた裁判で、ミシガン州の裁判所は2005年4月、この遺族の請求を認め、米ヤフーに対してメールの提供を命じました（In Re Ellsworth, No. 2005-296, 651-DE, Mich. Prob. Ct. 2005）。

この件で、米ヤフーは、「アカウントは第三者に承継させない、メールの内容は第三者に一切公開しない。」との方針を変更することはないとしながらも、当該判決を受け、遺族に対しメールを保存したCDを提供しています。

これと同様に、社内規程では私用データの保管は違反であるとして、遺族の請求を単に拒否することも考えられますが、遺族との間でトラブルになることを防ぐため、会社所有のパソコンに従業員の私用データが存在すると考えられる場合、それを見ることの了解を遺族に得た上で、実際に個人データが存在した場合、会社側でUSBメモリ等に入れて引き渡すこと等は検討してもよいかと思われます。

また、このような例が今後増えると考えるのであれば、その場合の対応に関する規程を整備しておくことも考えられます。

（荒木　哲郎）

Q40 契約書の電子化／電子契約

紙に記名押印して作成することとしている契約書を、電子署名等を用いて、電子ファイルとして作成するようにすることはできますか。

A

契約書の電子化には、契約手続の迅速化や保管の容易化、コスト削減といった大きなメリットがあります。ただ、実施には、法律上の書面化要求、法的効力、及び保存の点で、ハードルをクリアする必要があります。

1　契約書の電子化によるメリット

⑴　現状

日本でも、Amazon等のオンラインショッピングモールやオンラインストアが当たり前のものとなり、スマートフォンでの商品やサービスの購入に抵抗がない人も増えました。ところが、企業間の契約については、紙の契約書を２部用意し、当事者双方が、代表取締役の印により押印し、それぞれ１部ずつ保有する、というスタイルが未だに主流です。

これに対し、米国においては、企業間の契約から個人のアパートの賃借契約まで、契約書の電子ファイルに、Docusignなどのクラウドサービスによって電子署名を付すことで、契約締結としたり、紙の契約書に署名したものをPDFにし、電子メールで送り合って、契約締結としたりする[8)]ことの方が一般的になっています。

日本でも、米国のように、紙ではなく電子ファイルの契約書（ここでは

8)　同一のファイルに双方が署名せず、それぞれ自社が署名を付したファイルを電子メールで送り合って、契約締結とすることもあります。その場合、契約書の一般条項に、その旨を認める条項が設けられているのが通常です。

電子ファイルでの契約を「電子契約」と呼びます。）とすることで、どのようなメリットが得られるでしょうか。

⑵ 契約手続のコスト削減、迅速化

まず、契約締結手続に要する手間やコストが削減でき、必要な時間も短縮できます。日本の企業間の取引において一般的な契約締結の手続は、文書ファイルの契約書を印刷し、複数頁の場合は袋とじにし、代表取締役の印又は役職名が入ったいわゆる丸印を署名欄に押すとともに、袋とじに割り印を押して、相手方当事者に郵送し、相手方当事者も、同様に押印して返送する、というものです。印紙税の課税文書に当たる場合は、印紙を貼り付ける必要もあります。このような手続はそれなりに手間がかかるだけでなく、郵送のための時間と費用が必要ですし、印紙税も積み重なれば、当事者に負担となります。これに対し、電子契約の場合、ツールには一定のコストがかかるものの、郵送の時間や費用は不要になりますし、印紙税も課税されないものとされています[9]。

⑶ 保管の容易化、コスト削減

次に、紙の契約書と比較して、保管の手間やコストを抑えることができます。紙の契約書は、税法等の要求[10]や訴訟等での証拠としての利用を考慮し、8年程度以上の長期間保管することとしているのが通常です。一方で、利便性の高いオフィスほどスペースは高価になりますから、紙の原本は倉庫に保管し、必要時にすぐ内容を確認できるようスキャンしてPDF等の形でも保有しておく、というような取扱いにしている企業も少なくあ

---

9) 福岡国税局「請負契約に係る注文請書を電磁的記録に変換して電子メールで送信した場合の印紙税の課税関係について」
（http://www.nta.go.jp/about/organization/fukuoka/bunshokaito/inshi_sonota/081024/01.htm）
参議院第162回国会における内閣「印紙税に関する質問に対する答弁書」五について
（http://www.sangiin.go.jp/japanese/joho1/kousei/syuisyo/162/touh/t162009.htm）

10) 国税庁「帳簿書類等の保存期間及び保存方法」
（https://www.nta.go.jp/taxes/shiraberu/taxanswer/hojin/5930.htm）

りません。電子契約であれば、ITシステムの費用はかかるものの、スキャンしたりダンボールに詰めて倉庫に送ったりといった労力や倉庫の費用をかけずに、保管することができます。また、組織の変更やM&Aの場合に、紙の契約書に比べて分類を変更したり保管場所を変更したりするのが容易です。

2　契約書の電子化へのハードル

このように、契約書の電子化には大きなメリットがありますが、法律上の書面化要求、法的効力及び保存の点で、ハードルがあります。

(1)　法律上の書面化要求

日本の民商法上は、契約の成立には書面化は不要であるのが原則です[11]。一方で、建設業法といったいわゆる業法や下請法といった規制上、書面化が求められている場合、電子契約とするには、相手方の承諾や技術的基準を満たすことなどが求められますし[12][13]、電子化が認められていない場合もあります。

(2)　法的効力

紙の契約書に相手方の押印を取得するのは、契約に関して訴訟になった場合に、その契約書を、契約内容を裏付ける証拠として用いるためです。

民事訴訟において、文書を証拠として用いる場合、挙証者において成立の真正（文書が作成者の意思に基づいて成立したこと）を立証する必要があ

11)　保証契約は、書面ですることが成立要件（民法446条2項）。ただし、電子化可能（同条3項）。

12)　例えば、建設業法19条3項、同施行令5条の5、同規則13条の2。詳細は、国土交通省「建設業法施行規則第13条の2第2項に規定する『技術的基準』に係るガイドライン」。
(http://www.mlit.go.jp/pubcom/01/kekka/pubcomk06/pubcomk06-1_.html)
及び一般財団法人建設業振興基金「建設工事の電子工事についての解説」
(http://www.kensetsu-kikin.or.jp/ci-net/hyogikai/data/keiyaku_guide_hanyou.pdf)

13)　下請法3条（書類交付義務）。なお、契約成立の要件ではない。

ります（民訴法228条1項)。作成者の印鑑による押印がある場合、作成者がその意思に基づき当該書面を作成したこと、すなわち成立の真正が推定されます（民訴法228条4項、最判昭和39年5月12日（民集18巻4号597頁))[14]。

要するに、契約書に押印を取得するのが一般的であるのは、相手方の押印を取得しておくと、相手方が後にその契約書が証拠になることを妨げることは難しくなるためです[15]。

そこで、契約書の電子化にあたっては、このような契約書の機能を維持できるかどうかが問題になります。

ア　電子署名及び認証業務に関する法律（電子署名法）

電子契約を証拠として提出する場合も、成立の真正を立証する必要があります[16]が、上記の民訴法228条4項は適用されません。そこで制定されたのが電子署名法です[17]。

電子署名法2条1項は、電子的な措置で (a) 電子文書の作成者を示すために行われたものであること、(b) 作成された電子文書に対する改ざんが行われていないことを確認できるものであることの2つの要件を満たしているものを「電子署名」と定義しています。

そして、電子署名法3条は、電子文書に「必要な符号及び物件を適正に管理することにより、本人だけが行うことができることとなる」という条件（ここでは、「本人だけ要件」といいます）を満たした電子署名を施した場合に、成立の真正を推定する、としています。

これは、本人だけが行うことができる電子署名にのみ、紙の上の署名や押印と同様の効果を与えたものです。この3条の成立の真正の推定を及ぼすには、この本人だけ要件を前提事実として主張立証しなければな

---

14)　相手方が争う場合、反証をもってこれを動揺させる必要がある。

15)　実質的証拠力、すなわち文書の内容が証明しようとする事実の認定に役立つかどうかは別の問題。

16)　準文書（民訴法231条）として民訴法228条4項が準用される。

17)　「電子署名及び認証業務に関する法律」（平成12年法律第102号)。本書の姉妹本高橋郁夫ほか「デジタル証拠の法律実務Q＆A」（日本加除出版、2015）のQ14を参照。

りません。

この本人だけ要件を満たすには、公開鍵暗号方式による電子署名のうち、認証機関による公開鍵の認証がなされたものでなければならない、との理解も見受けられます。しかし、このような理解に立つと、契約書の電子化のハードルは高くなります。自社の契約締結権限者について、認証機関による電子証明書を用意するにも一定のコストが継続的にかかりますが、契約相手が同様の電子証明書を保有していない場合、契約相手に電子証明書を用意させるのは、現実的ではない場合が多いでしょう。

そもそも、法文上、認証局による公開鍵の認証が必須であると解釈することは困難ですし、所管官庁もそこは否定しています[18)]。認証機関による認証は、公開鍵の登録時に、住民票の写し等による本人確認を行うことにより、公開鍵の登録者が本人であること（なりすましでないこと）を証明することにはなります[19)]。しかしながら、紙への署名の場合も、本人の署名である、という点には推定は及ばず、筆跡鑑定といった他の手段による必要があります[20)]。

紙への署名は確かに署名者本人だけが行うことができるものですが、署名者が何者であるのか、ということは、署名からは特定できません。電子署名法３条が、電子署名について、署名及び押印について成立の真正の推定を定めた民訴法228条４項と同等の効果を認めるという趣旨に立つのであれば、署名者が何者であるか、ということは、本人だけ要件では求められておらず、電子署名と署名者が１対１で対応している、ということが確保されていればよい、と考えることができます。

---

18)　電子署名及び認証業務に関する法律の施行状況に係る検討会報告書20頁「もとより、電子署名法第３条の推定効が適用される電子署名は、第２条第３項の特定認証業務の対象となる電子署名と必ずしも一致するものではない」
（http://www.meti.go.jp/policy/netsecurity/docs/esig/080530_esignreport.pdf）

19)　所管官庁は、認証機関による電子証明書を、押印の印鑑登録証明書になぞらえている。時の動き・2002.3　61頁　太田氏発言（http://www.kantei.go.jp/jp/tokino-ugoki/2002/03/pdf/58_67.pdf）。

20)　なお、押印による成立の真正の推定の場合も、印鑑が本人のものである、という点には推定は及ばず、印鑑証明書等による必要がある。

イ　本人だけ要件の検討

では、認証機関による電子証明書付きの電子署名以外に、どのような方式が考えられるでしょうか。所管官庁の見解も判例もないところですので試論にはなりますが、現実に提供されている商品、サービスについて、検討します。

ア）自己作成の電子証明書による電子署名

Adobe社のAcrobatというソフトウェアには、デジタルID（Self-Sign証明書、秘密鍵、公開鍵を含みます。）という名称の電子証明書を作成する機能があります。名称、部署、会社名、電子メールアドレス等の個人情報を入力し、パスワードを設定して作成します。文書に電子署名を付す際には、このデジタルIDを指定し、パスワードを入力します。そのため、個人情報が正しいものかどうかという点を除けば、この電子証明書による電子署名は、本人（ここでは電子証明書の作成者）だけが行うことができる、と言えるとも考えられます。

一方で、本人とは、電子署名の持つ情報により特定される個人をいう、と考えれば、他人がいくらでもその者の名義の電子証明書を作成できる以上、本人だけが行うことができるとはいえない、とも考えられます。契約の相手方が電子署名を検証するためには、電子証明書（の公開鍵）を相手方に送る必要がありますので、その過程で電子証明書の個人情報が正しいかどうかは判明するのではないかと思われますが、本人だけ要件の判断においては、電子署名自体からのみ本人と電子署名書の作成者との同一性を判断する、と解するのであれば、本人だけ要件を満たさないとする方向に向かうことになります。

イ）電子サイン

保険の契約手続などに用いられている電子サインは、電子ペンを用いて端末上で電子文書に実際にサインし、サインの形状の他、筆圧、筆順、加速度、空中でのペンの動作などの情報を電子文書の内容とともに秘密鍵で暗号化して電子署名として電子文書に埋め込むものです。やはり、認証機関の認証を伴いませんが、紙への署名の筆跡鑑定と同様に、電子署名に含まれるサイン時の筆圧等の情報を比較対照することで、誰がサインしたのかを特定することができます。他人が本人と同じサインをすることは、紙への署名以上に困難なため、本人だけ要件を満たすとされる可能性が高いと考えられます。

ウ）クラウド署名

クラウドサービス上にアップロードした電子文書に署名者の氏名とメールアドレスを登録すると、そのメールアドレス宛に、クラウドサービスへログインするためのURLが送信され、受信者がそのURLをクリックすると、ウェブブラウザからクラウドサービスにログインし、そこで電子文書を表示して承認ボタンを押すことにより、電子署名が付される、というものです。これは、米国で主流の方式です。

署名者は、メールアドレス（とクラウドサービスへのログイン時のIPアドレス）により特定され、契約交渉の過程でメールを交換しているであろうこと、企業は通常固有のドメインのメールアドレスを持っていること、も考え合わせると、その時点でのそのメールアドレスの保有者のみだけが行うことができる、という意味では、「本人だけが行うことができる」と言うことができるかもしれません。

一方で、メールの受信者がメールを転送すれば、別の者が電子署名をすることができる、という意味では、メール上のURLからログインした者だけが行うことができる、というべきですから、電子文書へのメールアドレスの設定者が意図した人とは違う人が電子署名を行うことも可能であり、「本人だけが行うことができる」と言えないのではないか、本人というのが特定されていないのではないか、とも考えられます。

ただ、本人だけ要件を満たさず電子署名法３条の推定が及ばないとしても、メールアドレスやクラウドサービスが提供するクラウドサービス上の電子文書へのアクセスに用いたIPアドレスやアクセス時刻の記録、契約締結にいたる当事者間の電子メールのやり取りなどから、成立の真正を立証することは、比較的容易と考えられます。

このような方式であっても、クラウドサービス上の電子文書へのアクセスに、クラウドサービスのアカウントへのログインを要求したり、さらに、認証機関の電子証明書の提供を求めたり、という形で、本人の特定が必要になるように設定できるものもあります。このような設定をとれば、本人だけ要件を満たす可能性がより高まるだけでなく、成立の真正の立証自体もより容易になると考えられます。

この方式の利点としては、相手方がツールを用意する必要がないこと、自社にとってはクラウドサービス上で保管までカバーできること、自社内での契約締結その他の承認を取得するワークフローとしても用いることができること、があげられます。

ウ　小括

判例が確定するなどしない限り、電子契約が紙の契約書と同等と言い切るのは難しいところですが、コスト削減効果と紛争時に使用する可能性の程度を考慮し、商談開始時にビジネス情報を交換するために締結する秘密保持契約書のように、件数の割に紛争になることは少ない類型の契約書から電子化を試みる、というアプローチが適切ではないかと考えます。

⑶　保存

最後のハードルは、書面の保存を求める法律です。

契約書を電子化する場合、法人税法上の契約書の保存義務[21]に関して、電子帳簿保存法の要件を満たす必要があります。電子文書の契約書の記載も、「取引に関して受領し、又は交付する注文書、契約書、送り状、領収書、見積書その他これらに準ずる書類に通常記載される事項」（電子帳簿保存法10条）に当たるため、プリントアウトした紙を保存する他、一定の要件を満たすのであれば、税務署長の承認なく保存することができます。

具体的には、まず、関係書類の備付け[22]、見読性の確保[23]及び検索機能の確保[24]の要件を満たす必要があります。

次に、以下のいずれかの要件を満たす必要があります。

---

21)　法人税法施行規則59条1項3号
22)　電子帳簿保存法施行規則（以下「規則」という。）3条1項3号
23)　規則3条1項4号
24)　規則3条1項5号

①　タイムスタンプを付すとともに、当該取引データの保存を行う者又はその者を直接監督する者に関する情報を確認することができるようにしておくこと（規則８条１項１号）。

②　当該電磁的記録の記録事項について正当な理由がない訂正及び削除の防止に関する事務処理の規程を定め、当該規程に沿った運用を行うこと（規則８条１項２号）。

②の規程の例が「電子帳簿保存法一問一答」[25)]に載っており（問58）、データ改ざん等の不正を防ぐためのものとされていますが、電子署名は、そもそも作成された電子文書に対する改ざんが行われていないことを確認できるものであることが要件になっていますので、電子署名による契約書については、適切に電子署名が付されていれば、問題になることは少ないと考えられます。

（木佐　優）

25)　https://www.nta.go.jp/law/joho-zeikaishaku/sonota/jirei/pdf/denshihozon_torihiki.pdf

Q41 仮想化技術

「仮想化」とは何でしょうか。いわゆるクラウド上に保存されているデータが証拠として問題になる場合に、具体的にどのような問題があるのでしょうか。

仮想化とは、コンピュータシステムのリソース（サーバ、ネットワーク、ストレージなど）を同時に共有できる状態を作り出す技術のことをいいます。仮想化はクラウドサービスを提供するに当たって不可欠な技術です。

クラウド上にあるデータを証拠とする場合には、ユーザに対して文書提出命令や証拠保全手続を行うことができますが、クラウドベンダに対する手続はクラウドベンダ側でデータを把握している可能性が低いため難しいといえます。

1　仮想化とクラウド

(1)　仮想化とは何か

ITにおける仮想化（virtualization）は、非常に多義的な概念を含むものであり、明確に定義することは難しいのですが、簡単にいえば、コンピュータシステムのリソース、例えばパソコン、サーバ、ネットワーク、ストレージなどをユーザが同時に共有できる状態を作り出すことをいいます。

仮想化を行うことによって、物理的には一つのリソースをあたかも複数のリソースであるかのように取り扱うことができますし、逆に、物理的には複数のリソースを一つのリソースであるかのように取り扱うこともできます。仮想化を行うメリットはまさにこの点にあります。

例えば、データを保存しておくストレージについて考えてみましょう。利用者が普段利用しているパソコンやスマートフォンには、ハードディスク（HDD）やSSDなどのストレージ（記憶媒体）が組み込まれています。しかし、各クライアント（端末）は、必ずしも組み込まれているストレージの容量を全て使っているのではなく、一部しか使っていないことがほとんどです。そうであれば、各クライアントが使っているストレージを一つにしてまとめてしまい、そのストレージ上で、各クライアントが実際に使っている領域を割り当てる形にした方が、全体としての容量も少なくて済み、ハードディスク等の購入コストも削減することができます。このような形をとった場合、実際には一つのストレージを複数のクライアントで共有した場合であっても、各クライアントから見れば、あたかも自分の端末に組み込まれているリソースを利用しているように見えます。

〈各クライアント（端末）の仮想化〉

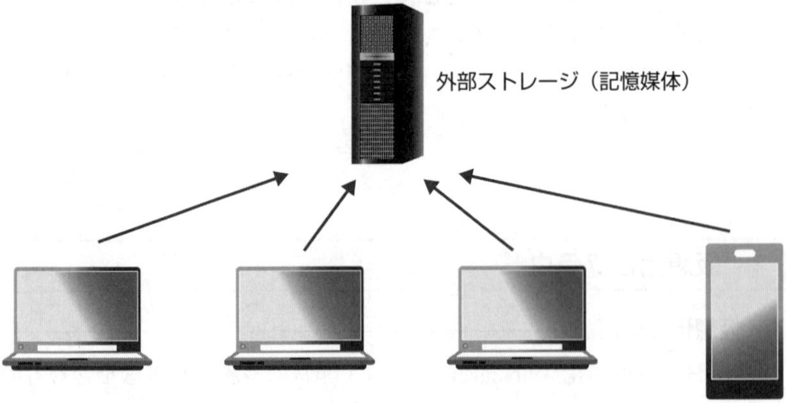

外部ストレージ（記憶媒体）

一方で、外部ストレージの側でも仮想化を行うことができます。例えば、一つのハードディスクは、物理的にその容量が決まっているものであり、後から容量を増やすことはできません。しかし、後から別のハードディスクを増設し、従来からあるハードディスクと一体として取り扱い、容量を増やして利用することができます。

仮想化は、ストレージだけではなく、コンピュータシステムのリソースの様々なものについてなされています。先に述べたストレージの他には、サーバやネットワーク、クライアントについても仮想化が行われています。

(2) クラウドサービスを支える仮想化技術

クラウドとは、サーバ、ストレージ、アプリケーション、ネットワークなどのリソースを、共同利用するためにプールしておき、それらのリソースにユーザ側がオンデマンドでアクセスを可能とするものです。前述した仮想化技術は、クラウドサービスの提供に当たっては、必須のものとなっています。クラウドのユーザは、クラウドサービスを問題なく利用できれば、クラウド側の物理的リソースの状況がどのようになっているのかについて関心を持っているわけではなく、一方で、クラウドサービスは従量課金で提供されることも多く、クラウドベンダ側では柔軟にリソースを増減し、ユーザのニーズを満たす必要があります。このようなサービスは、まさに仮想化の技術によって実現が可能となるものです。

〈クラウドサービスを支える仮想化技術〉

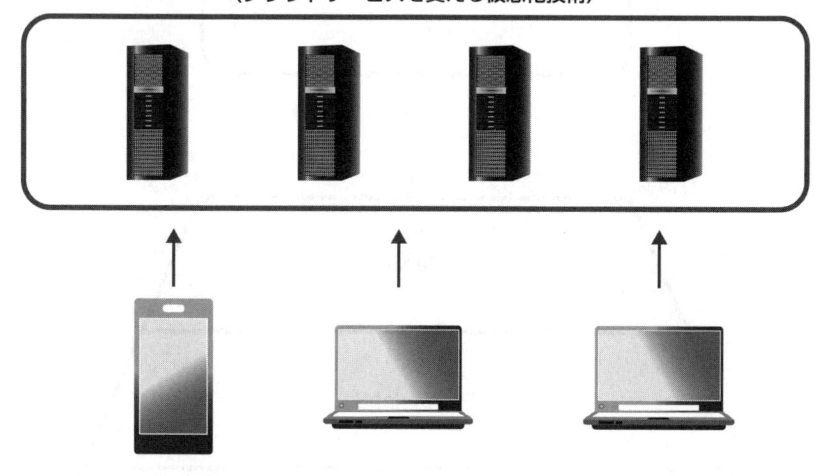

(3) クラウドサービスの多層性[26)]

クラウドは、どの段階のリソースまで提供するかによってIaaS（Infrastructure as a Service）、PaaS（Platform as a Service）、SaaS（Software as a

26)　クラウドサービスの多層性について言及する文献は多いが、法律関係の文献として伊藤雅浩・久礼美紀子・高瀬亜富『ITビジネスの契約実務』（商事法務、2017）144頁。

Service）などに分類されていますが、これらのサービスが必ずしも同一のベンダによって提供されているものとは限りません。例えば、SaaSの場合、SaaSを提供しているベンダは、別のベンダが提供しているIaaSやPaaS上でSaaSを構築し、ユーザに提供していることが多くあります。また、IaaSやPaaSベンダも物理的リソースの管理は、別のデータセンターに委託していることも少なくありません。

このように、クラウドサービスは複数のベンダのリソースを効率よく使用して提供されるものであり、表面上サービスを提供しているベンダではないベンダが、実際にデータが保存されているサーバを管理していることもあるため、留意が必要です。

〈クラウドサービスの多層性〉

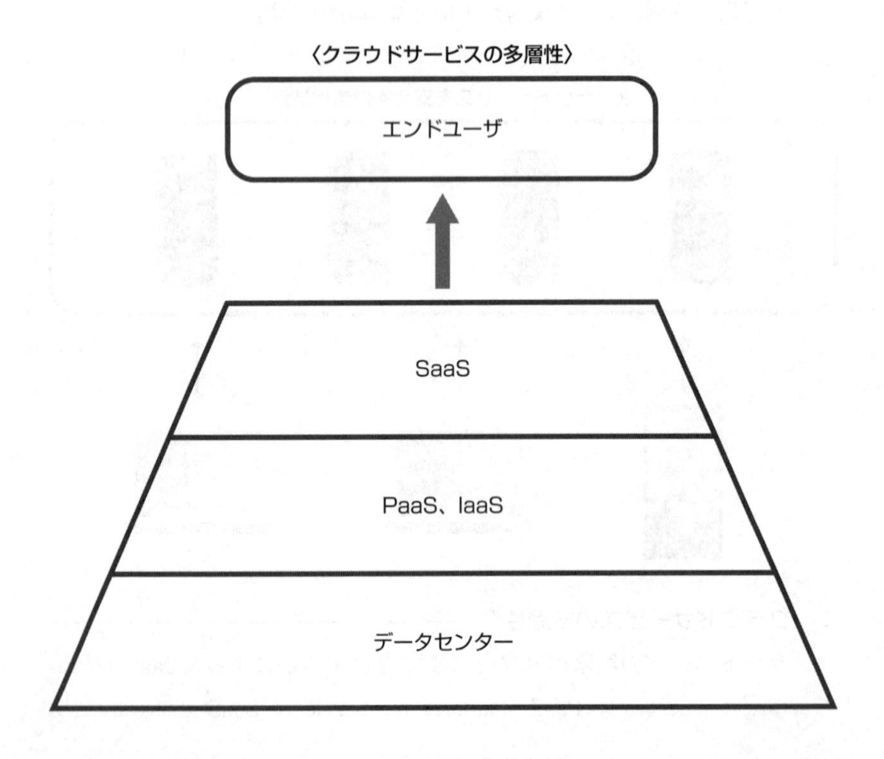

2　クラウド上のデータと証拠化の問題点

⑴　クラウド上にあるデータをどのように証拠化するか

それでは、クラウド上にあるデータについて、どのように証拠化していけばよいでしょうか。民事上の何らかの紛争が発生し、相手方が保有しているデータを証拠とする場合を考えてみます。

相手方に対する手続については、相手方がクラウドサービスを利用してデータを管理している場合であっても、自社管理サーバ（オンプレミス）でデータを管理している場合と、行う手続は変わらないと考えられます。相手方がクラウドサービスのユーザである場合、相手方は自らが使用している領域以外のデータを利用する権限は付与されておらず、自社管理サーバの場合と状況は変わらないと考えられるからです。

一方で、クラウドベンダ側に対して何らかの民事訴訟法上の手続を行う場合には、留意が必要です、クラウドベンダ側は、ユーザのデータを具体的に把握しておらず、目的のデータがどこに保存されているのかわからないことも多く、また、前述したサービスの多層性の問題から、当該クラウドベンダが必ずしも必要なデータを管理しているとは限らないからです。

それでは、ユーザである当事者に対する手続とクラウドベンダに対する手続についてさらに検討してみましょう。

⑵　当事者に対する手続

ア　任意での開示、文書送付嘱託

相手方から任意での開示が見込める場合には、クラウドにあるデータであっても、データを書面に複写したものやデータ自体を媒体に記憶したものを送付してもらえるでしょう。また、訴訟係属後は、相手方から協力が得られる見込みであれば、文書送付嘱託（民訴法226条）の手続によることもできます。

イ　文書提出命令

相手方からの任意での開示が期待できない場合には、文書提出命令（民訴法219条～223条）によることを検討することになります。文書提

出命令は、命令に従わなかった場合に、立証すべき事実との関係で真実擬制が認められますので（同法224条3項）、実効性があります。

この点、どのような手続を具体的に行うかに関し、データ（電磁的記録）については、そのデータが保存された媒体を検証物として取り調べるべきとの見解があります。しかし、現時点における実務では、もともとがデータ（電磁的記録）であったとしても、書面にプリントアウトすることができることがほとんどですので、原則として文書提出命令で対応すればよいでしょう[27)]。裁判例でも、「電子データであっても、一定のコンピュータ・ソフトを利用することによって、ディスプレイの画面上で文字として閲覧（閲読）できることは抗告人も自認しているから、書面以外の媒体上に存在する文字情報として文書性を有することは否定できない。」として、データについて準文書であることを認めたものがあります（藤沢薬品工業事件）[28)]。

次に、クラウドを構成する物理的リソースについては、相手方が直接管理しているものではなく、利用しているだけに過ぎないことから、データを記憶させているストレージも相手方が直接管理しているものではなく、クラウドベンダが管理していることになります。そこで、相手方が、「文書の所持者」（同法221条1項3号）といえるのかが問題となります。

相手方は、クラウド上のデータを自ら管理しているサーバに保存されているデータと同様に自由に利用することができるのですから、クラウド上にあるデータについても相手方が「文書の所持者」であると考えるべきです。上記の藤沢薬品工業事件では、データが、別会社が管理しているリソース上に保存されていたところ、「本件資格歴等の記憶媒体がデータベース…であり、それが別会社の管理するコンピューターの一部

27)　電磁的記録の取調べ方法について、岡村久道編著『インターネットの法律問題　理論と実務』（新日本法規、2013）435頁〔町村泰貴〕、町村泰貴・白井幸夫編『電子証拠の理論と実務　収集・保全・立証』（民事法研究会、2016）230頁〔森冨義明・東海林保〕など。

28)　大阪高決平成17年4月12日（労判894号14頁）（藤沢薬品工業事件）

を構成しているとしても、本件資格歴等の内容（情報）は抗告人が必要な都度いつでも付加訂正を加えることができるのであるから、電子データとしての本件資格歴等の内容を管理しているのは抗告人に他ならず、本件資格歴等を所持・管理しているのは抗告人というべき」としており、クラウドにおいても同様の理屈が妥当することになるでしょう。

ウ　証拠保全

相手方からの任意での開示が期待できず、また、証拠改ざんのおそれがある場合には、証拠保全手続を検討することになります。

証拠保全手続は、書証によることもできますが、基本的には検証手続によることになります。データがクラウド上にある場合であっても、相手方はその管理を自社管理のパソコンにある場合と同様に行うことができるのですから、管理者に対してパスワードの開示を求め、クラウドサービスにアクセスして、保全の対象となる画面を表示させて撮影し検証するか、または、データを印刷して見読化して検証する方法によることになります。

クラウド上にあるデータについて証拠保全をするに当たって、リスクとして考えておかなければならないのは、データを実際に保管しているリソースは相手方の事務所などとは別のところにあり、どこからでもアクセスが可能であるという点です。このため、例えば証拠保全を行っている間であっても、別の場所からクラウドにアクセスし、データを改ざん、消去することができる可能性があります[29]。

(3)　クラウドベンダに対する手続[30]

次に、クラウドベンダに対して何らかの手続が取れないかを考えてみます。例えば、社内で何らかの不祥事が起こった際の調査に際して、ウェブ

---

29)　証拠保全中に証拠隠滅が行われたのではないかと疑われる事件として、大阪地判平成15年10月23日（判時1883号104頁）。

30)　クラウドベンダが保有する情報についての証拠化について検討したものとして、岡村久道編『クラウドコンピューティングの法律』（民事法研究会、2012）327頁〔町村泰貴〕、町村ほか前掲書134頁。

メールを調査するに当たって、ウェブメールサービス（ウェブメールサービスはSaaSに分類されるでしょう。）を提供しているベンダに対して、何らかの手続をとることができるでしょうか。

クラウドサービスは、既に述べたように複数のベンダが関与して提供されるものですが、データセンター、IaaSやPaaSなど、インフラ系に分類されるベンダは、ユーザがクラウドにどのようなデータを置いているのか知らないのが普通であり、また、ベンダ側のサービスに対する関与が比較的大きいSaaSであっても、必ずしもユーザが作成したデータの所在を具体的にベンダ側が把握しているとは限りません。

文書提出命令の手続においては、証明すべき事実との関係で文書の特定をすることが必要ですが（民訴法221条1項1号）、文書を特定したとしてもクラウドベンダがその文書を特定することが技術的に難しいことも多いでしょう。したがって、クラウドベンダに対して何らかの手続を行っていくのは難しいと考えられます。

（安藤　広人）

Q42 秘匿特権をめぐる紛争の分析

海外のドラマを見ていると、弁護士と依頼者の秘匿特権の話が良く出てきますが、具体的には、どのようなものなのでしょうか。わが国では、それに対応する制度はあるのでしょうか。また、デジタル証拠との関係で、どのような意味をもつでしょうか。わが国で、秘匿特権をめぐって問題となった事案はあるのでしょうか。また、具体的に、この点についての法律の改正等をめぐっての議論の状況を教えてください。

A

英米法では、弁護士・依頼者間での円滑なコミュニケーションを確保するため、法律上のアドバイスの取得のための弁護士・依頼者間の交信は、捜査当局・訴訟の相手方などの第三者に開示する必要はありません。このような特権は、弁護士・依頼者間秘匿特権（Attorney-Client Privilege）と呼ばれ、重要な防御権の一つとして認知されています。秘匿特権の対象は形式を問わないので、例えば弁護士から依頼者への法的アドバイスに係るメール・PDF 形式のメモなどデジタル文書も対象となります。

日本法上、裁判において弁護士が供述を拒否することができるなど、秘匿特権類似の制度は存在するものの、欧米のような広範な秘匿特権は認められていません。現在、独禁法の改正に関連して、秘匿特権を導入すべきか否かの検討が行われています。

1　弁護士・依頼者間秘匿特権（Attorney-Client Privilege）

検察官「その証拠を提出しなさい。」

弁護士「提出は認められない。秘匿特権（Privilege）の対象だ。」

最近海外の弁護士を描くドラマが日本でもよくみられるようになりました。読者の皆様も見たことがあるのではないでしょうか。その中で、“Privilege（d）”という耳慣れない用語が聞こえてきたことはないでしょうか。Privilegeとは、秘匿特権（又は非開示特権）と訳され、裁判所・捜査当局等の第三者に対して開示をすることを拒むことができる権利です。米国をはじめとする英米法では、裁判の当事者や捜査当局による証拠開示請求（いわゆるディスカバリ）が広範に認められていますが、これに対して裁判の相手方・捜査対象者が有する重要な防御権の一つとして認められているのがこの秘匿特権です。

秘匿特権にはいくつかの種類があります[31)]が、最も代表的な秘匿特権は、弁護士・依頼者間秘匿特権（Attorney-Client Privilege）と呼ばれるものです。これは、弁護士による法律上のアドバイスの取得に向けた弁護士・依頼者間のコミュニケーションで、秘密に行われているものについては、秘匿特権の対象となるというものです。例えば、不正調査案件を例に考えてみますと、弁護士が従業員に対して行ったインタビューの内容、インタビューの内容に基づいて当局に対して自主的な申告をすべきか否かのアドバイスを記した弁護士からのメールなどは秘匿特権の対象となります。反対に、不正が行われた当時に従業員間で交わされたメールなどは、秘匿特権の対象となりません。

このような秘匿特権はなぜ認められているのでしょうか。弁護士への相談内容などが後に開示されてしまうと、依頼者は自分の弁護士に対しても率直に相談をできなくなってしまい、適切な法律アドバイスを得ることが難しくなります。秘匿特権を確保し、弁護士と依頼者との円滑・率直なコミュニケーションを促進し、適切な法律アドバイスを入手できるようにするのが秘匿特権を確保する理由であると説明されています。

---

31)　弁護士・依頼者間の秘匿特権以外では、例えば、夫婦間の秘匿特権や、国によってはメディアによる取材源の秘匿特権なども存在します。

2 秘匿特権とデジタル証拠調査

このような弁護士・依頼者間の秘匿特権の対象は、形式を問いません。したがって、弁護士と依頼者との間のメール、電話、会議の記録等は、秘匿特権の要件を満たす限り、対象となります。したがって、英米法上の訴訟・不正調査におけるメール等のデジタル証拠の調査において、当該証拠が秘匿特権の対象となるか否かを検討することは、開示の対象を確定するために非常に重要な作業となります。具体的には、メールレビューの中で弁護士とのやり取りのメールが発見された場合には、内容を精査し、法的アドバイスに関連するやり取りであればこれを当局提出資料から除外するという作業が必要となります。

3 日本における制度

日本においても、弁護士は、職務上知り得た事実で黙秘すべきものについて、裁判所において証言を拒絶することができるとされており（民訴法197条1項2号、刑訴法149条）、弁護士・依頼者間のコミュニケーションについても本条によって証言を拒否することが考えられます[32]。しかし、日本の場合、証言拒否をすることができる主体は弁護士に限定されており、依頼者側は弁護士とのコミュニケーションについて証言を拒否することはできません。また、そもそも、裁判所の手続以外はカバーされず、例えば検察による刑事捜査や、公正取引委員会等の行政当局からの調査において、弁護士とのやり取りの開示を拒否することなどはできません。

また、拘禁中の被告人との間には接見交通権（刑訴法39条）が認められており、弁護士との間の秘密交信が認められています。しかしながら、あくまで拘禁中の被告に対してのみ認められるものであり、刑事被告人一般に認められるわけではありません。

---

32) 証言拒否以外にも、民事訴訟においては、文書提出命令の対象からも外されています（民訴法220条4号ハ）。

上記のような制定法の枠を超えてより広範な弁護士・依頼者間秘匿特権が日本でも認められるべきであると争った事案として、東京地判平成25年1月31日（訟月60巻3号546頁）があります（東京高判平成25年9月12日（同613頁）により控訴棄却、平成27年4月28日上告・上告受理申立て棄却）。本件は独禁法の手続において弁護士の法的アドバイスを記したメモ等が証拠調べの対象となったことに対して、調査対象者が異議を唱えたものですが、裁判所は、現行法上、弁護士と依頼者との間のコミュニケーションを広範に保護することはできないとして、秘匿特権の存在を否定しました。

このように、日本の現行法上、弁護士・依頼者間秘匿特権に近い制度は存在しますが、英米法において認められているPrivilegeのような広範なものではなく、当局による調査において、英米法上はPrivilegeの対象になるような内容が日本では調査対象となることが想定されます。

4　法改正の議論の状況

上記のとおり、日本では包括的な弁護士・依頼者間秘匿特権は存在しませんが、経済界、法曹界等を中心に、英米法類似の秘匿特権を認めるべきであるとの主張が行われてきました。このような主張は未だ具体的な法改正につながっているわけではありませんが、秘匿特権導入についての要望が特に強い独禁法に関して、秘匿特権に係る法改正の議論状況について簡単に説明しておきます。

独禁法は、平成17年改正に端を発するここ十数年間において、課徴金算定率の上昇、課徴金減免制度の導入等、当局による執行能力の強化に向けた改正が次々と行われてきた一方、調査対象企業に対する防御権の保障の充実が課題となってきました。その中で、検討の俎上に載った防御権の一つが、弁護士・依頼者間秘匿特権です。独禁法の案件は国際的な広がりを有する案件が多く、同一の行為に対して日本の当局と海外の当局が同時に調査を行うことも稀ではありませんが、そのような場合に、海外において保障されている弁護士秘匿特権が日本では全く認められていないため不都合が生じていたことも、独禁法において導入の議論が先行した原因の一つであると考えられます。

平成25年の独禁法改正に係る衆議院経済産業委員会附帯決議において、「公正取引委員会が行う審尋や任意の事情聴取等において、事業者側の十分な防御権の行使を可能とするため、諸外国の事例を参考にしつつ…前向きに検討を行う」こととされ、公正取引委員会が設置した研究会などで秘匿特権の導入がさかんに議論されてきました。公正取引委員会側は、「弁護士・依頼者間秘匿特権が認められていないことにより、事業者に現実に不利益が発生しているという具体的事実は確認できなかった」などとして、当初は導入に否定的な立場をとっていました。

しかし、その後、調査対象者に対して調査協力のインセンティブを与えることなどを主眼とした課徴金制度の抜本的な見直しを行う改正を行う際、調査対象企業の防御権の拡充を図るべき、とりわけ秘匿特権の導入を認めるべきであるという意見が強くなり、その中で、公正取引委員会も、上記課徴金制度見直しに伴って、弁護士・依頼者間のやり取りに一定の保護を与えることを検討しています[33]。

今後も経済界等から導入に向けた要望が引き続き行われることが予想されますので、秘匿特権導入の議論について引き続きフォローしていく必要があります。

（渥美　雅之）

---

[33] 2018年9月5日の定例会見において、公取委の事務総長が同趣旨の発言をしています。(https://www.jftc.go.jp/houdou/teirei/h30/jul_sep/kaikenkiroku180905.html)

Q43 督促手続オンラインシステム

督促手続オンラインシステムというのは、どのような仕組みでしょうか。今後、このような手続が、通常の裁判システムや破産手続に導入される可能性はあるのでしょうか。

A

督促手続オンラインシステムは、平成16年の民訴法の改正により、平成18年9月1日から運用が開始された制度であり、現在は、全国の支払督促事件を対象としています。

このシステムによる事件処理は東京簡易裁判所が行うものとされ、債権者は電子証明書の取得や登録を経た上で、ウェブサイト上から一定の手続の申立等ができることになっています。

現時点で、通常の裁判システムや破産手続に同様の手続は導入されてはいませんが、裁判手続等のIT化の促進により、今後一部の手続に導入される可能性は高まると思われます。

1　（支払）督促手続とは

（支払）督促手続とは、債権者からの申立てに基づいて、原則として、債務者の住所のある地域の簡易裁判所の裁判所書記官が、債務者に対して金銭等の支払いを命じる制度です（民訴法382条以下）。

債権者から、債務者に対して金銭等の支払いを命じる制度としては、民事訴訟がありますが、訴訟により判決を得るよりも、審理がなく簡易に強制執行を可能とする手続として、設けられています（ただし、債務者から異議が出た場合には、訴訟に移行します。）。

督促手続の流れは以下のとおりです。

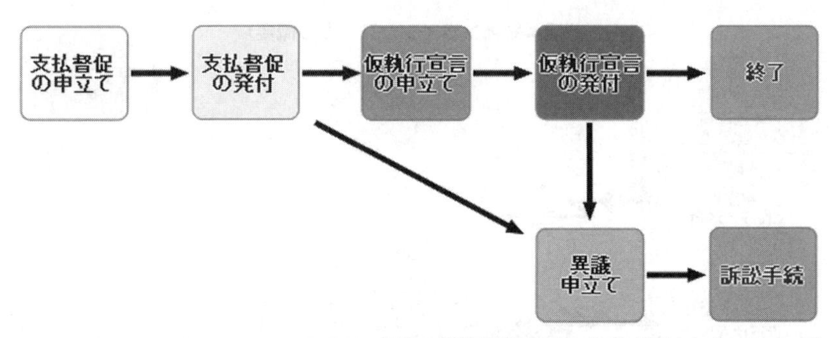

出典：「督促手続オンラインシステム」ホームページ
(http://www.tokuon.courts.go.jp/AA-G-1060.html)

2　督促手続オンラインシステム

督促手続は、本来裁判所に書面で申立てをする制度ですが（民訴法384条)、平成18年9月1日から、オンライン化をし、インターネットを利用して、申立てができるようになりました（民訴法132条の10第1項、同法397条)。

本オンラインシステムで利用できる手続としては、①支払督促申立て、②仮執行宣言申立て、③更正処分申立て、④再送達上申、⑤送達証明書等交付申請、⑥申立て補正、⑦申立て取下げ、とされており、また、申立てができる類型は、①貸金、②立替金、③求償金、④売買代金、⑤通信料、⑥リース料の6類型及びこれらの複合型とされています。

督促手続オンラインシステムは、当初は、債務者の住所が東京地方裁判所の管内の簡易裁判所の支払督促事件を対象にしていましたが、平成19年11月1日からは、全国の支払督促事件を対象としています。

ただ、このシステムによる事件処理は東京簡易裁判所が行うものとされています。

手続の概要は以下のとおりです。

〈督促手続オンラインシステムの概要〉

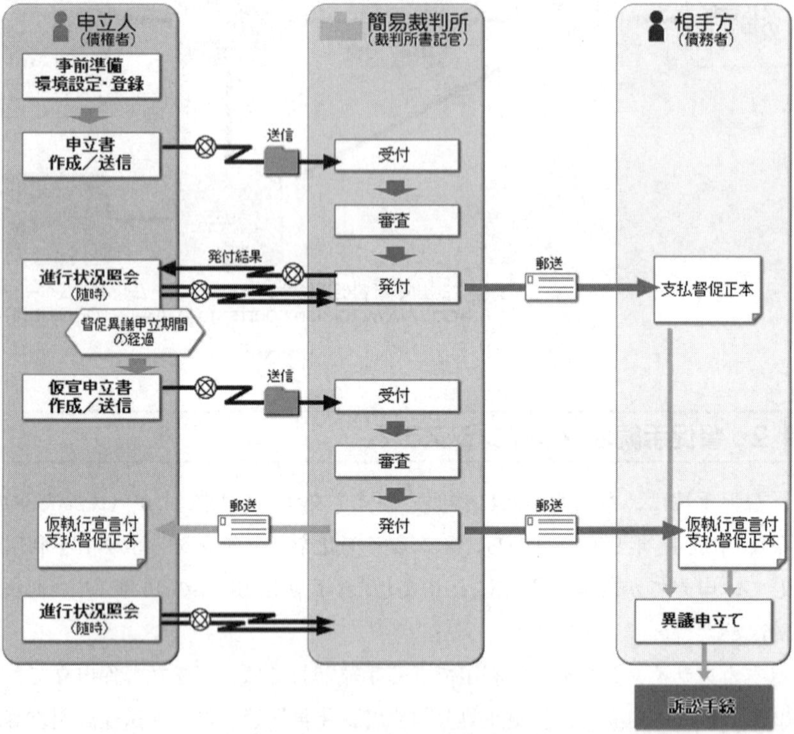

出典：「督促手続オンラインシステム」ホームページ
(http://www.tokuon.courts.go.jp/AA-G-1030.html#4_ruikei)

3　利用準備

(1)　利用環境について

督促手続オンラインシステムを利用するパソコンは、インターネット及び政府認証基盤（GPKI）をはじめとする認証基盤と接続できる必要があります。

よって、閲覧可能なサイトを制限している場合は、政府サイト（go.jp）への通信を許諾するようにする必要があります。

また、通信プロトコルとしては、HTTP、HTTPS、LDAP を利用するものとされています。

また、裁判所からのE-mailによる連絡を受けられるようにする必要がありますが、携帯電話のメールアドレスでは利用できません。

⑵　電子証明書

督促手続オンラインシステムを利用するためには、政府認証基盤（GPKI）を構成するブリッジ認証局（BCA）と相互認証された認証機関から発行される電子証明書を事前に取得する必要があります。督促手続オンラインシステムで動作が確認されている電子証明書は以下のものです。

① ファイル形式の電子証明書（PKCS#12形式）

・商業登記認証局発行の電子証明書

② ICカード形式の電子証明書

・地方公共団体情報システム機構の署名用認証局発行の電子証明書（個人番号カード）

・都道府県認証局発行の電子証明書（住民基本台帳カード）

・日本電子認証株式会社（NDN）発行の「法人認証カード」

⑶　JREのインストール

次に、システムが動くベースとなるソフトウェアとして、Java Runtime Environment（JRE）をインストールする必要があります。

これは、Javaのダウンロードページ（http://www.java.com/ja/）から、ダウンロードします。

⑷　申立用プログラムのインストール

他に、申立用の専用プログラムをインストールする必要がありますが、最新版はV3で、平成26年9月下旬以降、早期の移行が予定されている新暗号方式に対応しているものとされます（従来の暗号方式にも対応しています。）。

4　利用方法

(1)　電子証明書の取得

上記の電子証明書の取得手続については、個人と法人とで手続が異なります。個人の場合は①公的個人認証対応ICカードリードライタを購入し、②地方公共団体から個人番号カードの交付を受け、③公的個人認証サービスのホームページ（http://www.jpki.go.jp/download/index.html）から利用者クライアントソフトをダウンロードして、インストールする方法によります。これに対し法人の場合は、①法務省のホームページから「商業登記電子認証ソフト」又は、市販の専用ソフトを入手し、②同ソフトにより、電子鍵及び証明書発行申請ファイルを作成して、管轄登記所窓口に

〈個人の（個人番号カードによる）場合の電子証明書取得〉

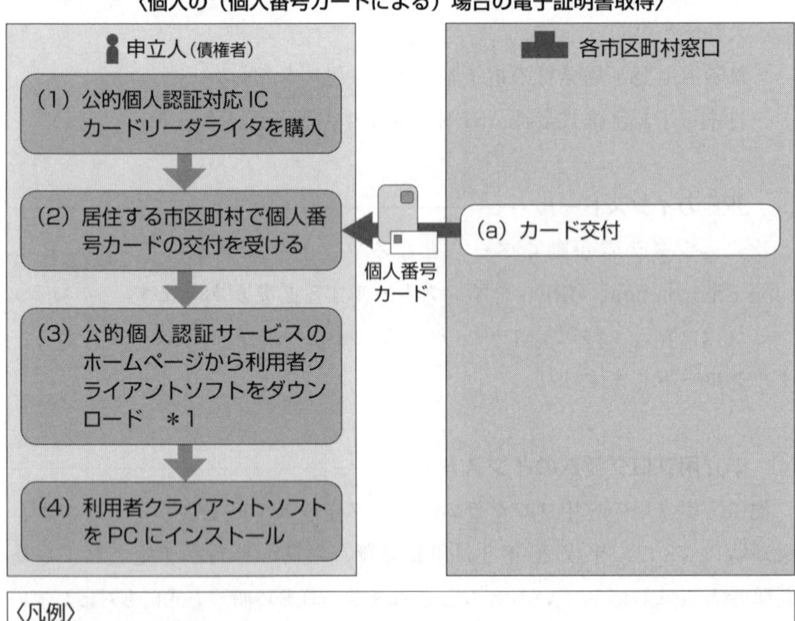

（＊1）上記ソフトウェアについては、http://www.jpki.go.jp/download/index.html をご参照ください。

出典：「督促手続オンラインシステム」ホームページ（http://www.tokuon.courts.go.jp/AA-G-1090b.html）

提出、③電子証明書番号を窓口で受領して、インターネット経由で電子証明書を取得する方法によります。

〈法人の場合の電子証明書取得〉

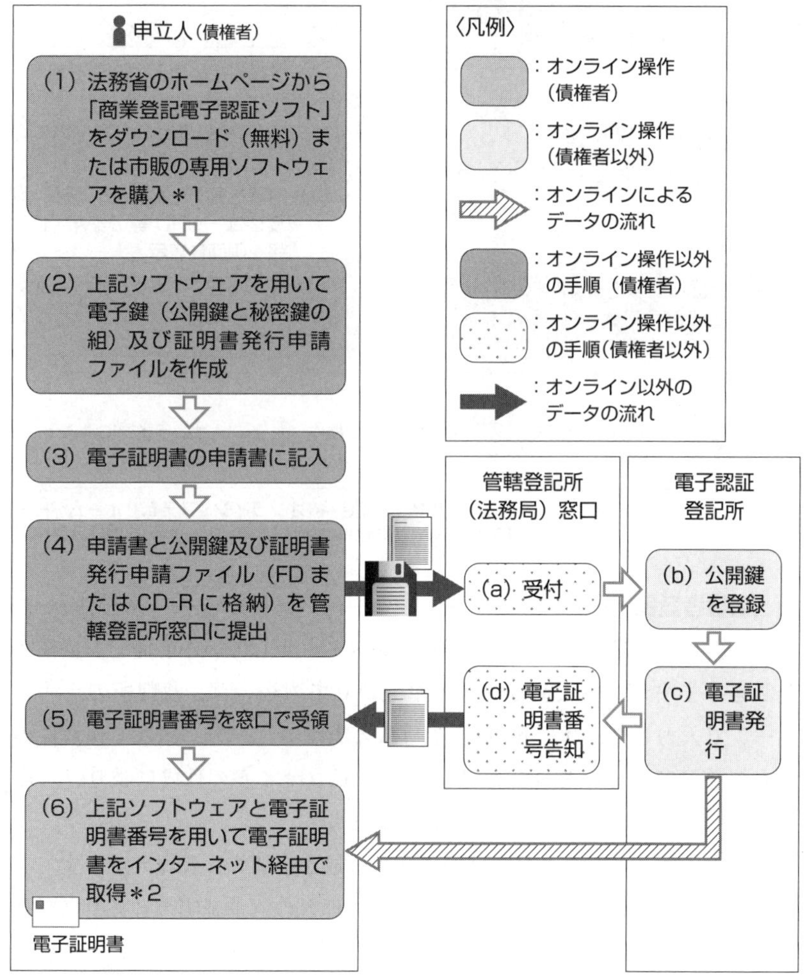

（＊1）上記ソフトウェアについては、http://www.moj.go.jp/MINJI/minji06_00027.html、または、http://www.moj.go.jp/MINJI/minji06_00031.html をご参照ください。
（＊2）電子証明書のファイルは、PKCS#12 ファイル形式（拡張子が「.p12」）である必要があります。

出典：「督促手続オンラインシステム」ホームページ
（http://www.tokuon.courts.go.jp/AA-G-1090a.html）

〈個人及び法人の単数申立ての場合の債権者登録〉

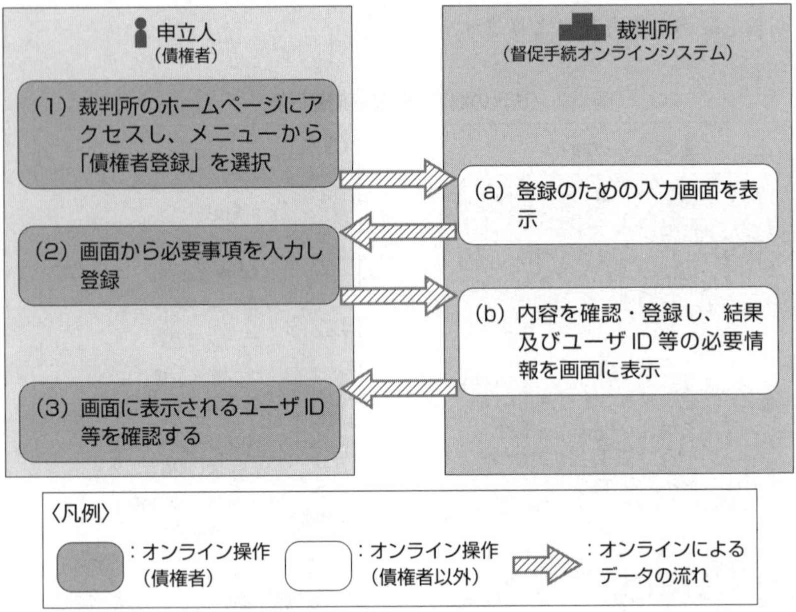

申立人
（債権者）

裁判所
（督促手続オンラインシステム）

（1）裁判所のホームページにアクセスし、メニューから「債権者登録」を選択

(a) 登録のための入力画面を表示

（2）画面から必要事項を入力し登録

(b) 内容を確認・登録し、結果及びユーザ ID 等の必要情報を画面に表示

（3）画面に表示されるユーザ ID 等を確認する

〈凡例〉

：オンライン操作（債権者）　：オンライン操作（債権者以外）　：オンラインによるデータの流れ

出典：「督促手続オンラインシステム」ホームページ
(http://www.tokuon.courts.go.jp/AA-G-1080_1.html)

⑵　債権者登録

次に、上記で述べたプログラムをインストールしている前提で、債権者登録をしますが、個人又は法人の単数申立ての場合は、裁判所のホームページで入力して、ユーザ ID を受け取る方法で、一方、法人で複数件の申立てを予定している場合には、CSV 形式ファイルの作成により、一度に 300 件までの申立てが可能とされています。

また、代理人申立ての場合は委任状の作成が必要で、代理人が申立てをする場合、代理人がユーザ登録を行い、代理人の電子証明書も必要になります。

⑶　申立て及び手数料等納付

申立ての際は、ホームページ上から、申立手続、申立類型、債務者情報、請求内容を入力した上で、債権者（代理人）の電子証明書を付与し

〈法人の複数件申立ての場合の債権者登録〉

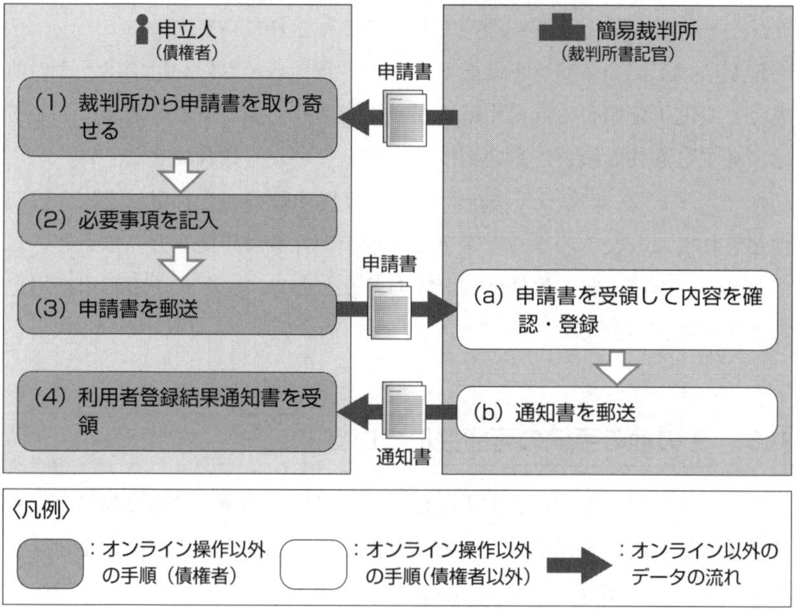

申立人（債権者）

(1) 裁判所から申請書を取り寄せる

(2) 必要事項を記入

(3) 申請書を郵送

(4) 利用者登録結果通知書を受領

簡易裁判所（裁判所書記官）

(a) 申請書を受領して内容を確認・登録

(b) 通知書を郵送

申請書

申請書

通知書

〈凡例〉

：オンライン操作以外の手順（債権者）

：オンライン操作以外の手順（債権者以外）

：オンライン以外のデータの流れ

出典：「督促手続オンラインシステム」ホームページ
(http://www.tokuon.courts.go.jp/AA-G-1080_2.html)

て、申立てをします。

受付を確認した後、手数料納付及び保管金提出を行いますが、インターネットバンキングやペイジー対応のATMでの支払によることができます。

(4) 送達

支払督促の送達自体は、通常と同じく書面で行われます。

これは、債務者側がオンライン手続を利用しているとは思われないからですが、送達の状況等について、債権者は随時確認ができます。

5　メリット等

この手続のメリットは、基本的に、裁判所等に出向く必要はないこと、申立書の作成がパソコン上の画面でできること、手数料の納付が簡単なこと、手続の進行状況確認が随時できることとされています。

確かに、上記のメリットはあるものの、本システムの利用には、その前提として電子証明書の取得手続等が必要であり、少なくとも個人にとっては、必ずしも使い勝手が良い制度とは言えないかも知れません。

ただ、平成28年度の司法統計では、督促手続の新受件数は27万5,165件とされており、このうちオンライン申請の件数は年間9万件以上とされており[34]、今後、個人番号カード等の普及とともに、さらなる利用が増えることが考えられます。

6　その他の手続の可能性について

オンラインによる支払督促手続は訴訟と違い、口頭弁論期日等による審理手続が継続的に積み重ねられることがないことから、手続全体をオンライン化することが可能であるとされたものです。

よって、他の裁判システム及び破産手続においても、全部は無理でもオンライン化になじむ手続については、今後、オンライン手続を導入する可能性があるものと思われます。

ただ、通常の民事裁判手続において、以前に最高裁が一部の地方裁判所で、期日指定等の手続について試行的に実施していましたが、一般的に普及させるまでには至っていませんでした。

しかし、最近の裁判手続のIT化の促進の流れ（➔ Q44）から、またオンライン手続の活用に関する議論が活発化するものと思われます。

（荒木　哲郎）

[34] 裁判手続等のIT化検討会「裁判手続等のIT化に向けた取りまとめ—『3つのe』の実現に向けて—」（平成30年3月30日）2頁

Q44 裁判手続等のIT化の検討

現在、政府において、裁判手続等のIT化について検討がなされているとのことですが、その内容はどのようなものなのでしょうか。

平成29年10月以降、内閣官房に設置された日本経済再生本部の中に「裁判手続等のIT化検討会」が設置され、検討が開始されました。しかし、これまでの文書、FAX中心で行われてきた裁判実務を変えていくためには様々な課題があり、現時点では検討課題の抽出、論点整理と今後の方向性が示されるにとどまっています。

1　日本の裁判手続の書面中心主義とIT化の要請

日本の裁判手続、特に民事訴訟手続は、これまで書面による手続が中心とされ、その提出も原則的には郵送又はFAXでの運用が中心でした。これは、訴訟手続を規定する民訴法及び民事訴訟規則が各種の手続書面や主張書面、証拠の取扱いについて紙による「文書」を前提とする定め方となっていることが根底にあります。このため、現代社会では多くの文書や証拠がコンピュータ上の電子的なファイルとして作られているものでありながら、裁判に提出等する場合にはプリントアウトして紙の文書として提出するという実務になっています。

当然ながら、このような実務は、非効率的で時間もかかるものであり、従前より、IT化による高度情報化社会に対応する社会インフラとしては不十分であるとの問題提起がなされていました。もちろん、裁判所等も問題意識を有していなかったわけではなく、これまでにも、一部の裁判所や、大規模訴訟・専門訴訟においてメール等のやりとりによる書面提出の試行等がなされてきました。しかし、いずれも、法律上の制約やセキュリティ上の懸念から、書面によらないことが許容される期日請書等の重要でない手続的書面に限定して電子提出が試行されたり、期日間の事実上の主張整理においてメールを利用した場合でも裁判所への提出場面では、プリントアウトを従前の実務どおり書面として提出するといった限定的な試みにとどまっていました。また、裁判期日の実施においては、運用上、すでに電話会議システムが広く利用されていますが、一方で、テレビ会議システムについては、一部の法廷に固定的に設置されたシステムを利用するものとされ、訴訟法上の直接主義や口頭主義の建前を前提に、口頭弁論期日には適用されず、弁論準備期日や進行協議期日に限定して運用されてきました。

2　諸外国における裁判手続等のIT化の動向

これとは対照的に、海外、とりわけ、アメリカやシンガポール等では、裁判手続等のIT化への対応が大きく進展しており、日本と類似の訴訟手続が施行されている韓国においてもIT化への取組みが先行していることが知られています。

アメリカでは、1990年代以降、本格的に事件記録の電子化や事件管理、裁判所への書類提出の電子化のシステムが構築され、e-Case Management（電子的事件管理）、e-filing（書面の電子的提出）の手続が整備されました。また、これにともない、訴訟記録の閲覧等もインターネットを通じて行うことができ、裁判記録のオープンアクセス化が実現されています。アメリカの訴訟手続において大きなウエイトを占めるディスカバリー（証拠開示制度）に関しても、2006年に連邦民事訴訟規則が改正され電子情報開示（e-discovery）に関する規定が整備されました。これにより、電子メール、インスタントメッセージ（IM）のチャット記録、Microsoft Office等で作成されたファイル、会計データ、CADやCAMのファイル、ウェブサイトなど、全ての電子的に保存された情報が、電子的な状態で直接訴訟の証拠になり得ることになり、現在、そのような莫大な電子ファイルのレビューをAI技術を活用することにより、どのように合理化、効率化するかが訴訟関係者の課題となっています。

また、シンガポールでも2000年代から、韓国では2010年ころから、裁判手続等のIT化が推進され、いずれも、裁判所における事件管理、書面等の提出、事件の記録等の電子化がなされています。

3　日本における取組み

上述のように、日本では、裁判手続等のIT化について、長らくその検討の必要性は意識されつつも積極的な取組みとはなっていませんでしたが、近年になってその流れが変わりそうな気配が見えてきました。すなわち、2017年6月に閣議決定された「未来投資戦略2017」では、「規制改革・行政手続簡素化・IT化の一体的推進」の項目として「裁判手続等のIT化」が挙げられ、「迅速かつ効率的な裁判の実現を図るため、諸外国の状況も踏まえ、裁判における手続保障や情報セキュリティ面を含む総合的な観点から、関係機関等の協力を得て利用者目線で裁判に係る手続等のIT化を推進する方策について速やかに検討し、本年度中に結論を得る。」との方針が掲げられました。これにより、裁判手続等のIT化は、政府の政策課題の一つとして検討が開始されることとなり、同事務局内で、2017年10月以降「裁判手続等の検討会」が開催され、平成30年3月には、「裁判手続等のIT化等に向けた取りまとめ」が出されました。

その具体的内容としては、各種書面の提出等を電子化するe提出（e-Filing）、訴訟の期日等をテレビ会議等で電子的に実施するe法廷（e-Court）、事件管理、記録を電子化するe事件管理（e-Case Management）の「3つの“e”」の実現を目指す方向性が打ち出されています。

そして、その実現に向けたプロセスとして、〈フェーズ1〉である「現行法の下でのウェブ会議・テレビ会議等の運用」については、2019年度からにも目に見える成果が期待されるとし、また、〈フェーズ2〉である「新法に基づく弁論・争点整理等の運用」については、2022年度頃から開始することを目指して、2019年度中の法制審議会への諮問を視野に入れ、必要な法整備に向けた検討・準備を行うことが望ましいとされ、最終段階である〈フェーズ3〉「オンラインでの申立て等の運用」については、法務省は、その実現に向けたスケジュールについて、司法府の自律的判断を最大限尊重し、その環境整備に向けた検討・取組みを踏まえた上で、2019年中に検討を行うことが望まれる、とされています。

4　裁判手続等のIT化への課題

しかしながら、日本における訴訟の実情を踏まえると、IT化の実現には、乗り越えるべき課題がまだ多いものと思われます。

まず、日本の民事訴訟では、本人訴訟が非常に多く、当事者双方とも弁護士が選任されている事件は全体の43%にとどまっています。逆に言えば、半数超の事件がいずれかまたは双方の当事者が弁護士を選任していない本人訴訟ということになります。そこで、IT化を推進する前提として、こうした本人訴訟の当事者、とりわけ高齢者や貧困者を代表する弱者の訴訟等の手続へのアクセスを阻害しないかという所謂デジタルディバイドの問題も考慮しなければなりません。

また、訴訟では、当事者の重大かつセンシティブな秘密情報をやり取りすることなります。したがって、電子的な方法による訴訟資料等の提出（e提出）を推進するためには、情報の流出が生じないようセキュリティの確保が非常に必要となります。加えて、こうした資料に基づき下される判決は強制執行力を伴う場合があるなどその効力が極めて大きいものとなりますので、誤った証拠資料に基づいて判決が下されないよう、なりすましや改ざん防止等の措置も重要です。そして、こうした対策は裁判所側の対応だけで完結するものではなく、手続を利用する弁護士や当事者本人にも対応が必要となります。そうした観点からは、弁護士や当事者、利害関係者等、司法を利用する者全体に向けたインフラの整備も必要となるものと思われます。

翻って、そもそも、現在の民訴法や民事訴訟規則は、法廷で当事者が口頭で弁論や証拠調べをし、これに直接関与した裁判官が判断するという口頭主義、直接主義が前提となっています。このため、手続を規定する法律の建前も、主張や証拠は書面で提出されることが原則となっているわけですが、手続の実施や書面証拠の提出を電子化するためには、こうした手続法がよって立つ理念・原則の変更を伴う法・規則の抜本的改正も必要となるでしょう。

5　今後の取組みに向けて

以上のとおり、裁判手続等のIT化に向けては、まだまだ解決すべき課題が多いことから、これまでも進展しなかったものであり、今後も、急速に進展するかは不透明な状況にあるといえます。しかし、日本の司法や紛争解決システムが諸外国に比べて遅れているとの評価がなされていることは厳然たる事実であり、グローバルビジネスがますます進展していく状況下において、日本もこれに対応していくことは喫緊の課題であることは間違いありません。司法アクセスの改善や、AI技術の司法への応用の前提としても、裁判手続等のIT化や各種訴訟書面の電子化は実現していかなければならない重要課題であり、現在の政府の取組みには、今後も十分な注視が必要と思われます。

（梶谷　篤）

Q45 IT技術を利用した民事裁判の周辺手続

民事裁判の周辺手続において、IT技術が活用されているものには、どのようなものがありますか。具体的にどのような場合に利用されるものなのでしょうか。

A

民事裁判の周辺手続において、IT技術が活用されているものとして代表的なものは、①電子内容証明郵便、②登記情報提供サービス、③登記・供託オンライン申請システム、④特許庁へのインターネット出願、⑤ブルーマップネット配信サービス、⑥不動産競売物件情報公開システム（BITシステム）、⑦土地総合情報システムなどがあります。

いずれも、従前からあったサービスについて、インターネット上からできるようにして、利用しやすくしているものです。

1　電子内容証明郵便

民事裁判を行う前段階として、当事者間で任意交渉が行われることが多いと思いますが、その際に内容証明郵便をやりとりすることがあるかと思います。

内容証明郵便については、従前は、定型の書式で書面を最低3部作成した上で、取扱い可能な郵便局に持ち込んで発送するのが通常でした。

しかし、現在では、日本郵便株式会社の方で、電子内容証明サービス（e内容証明）が設けられており、インターネットを利用して、内容証明郵便を発送することが可能となっています。

これは、発送者から送信された文書に、郵便局（新東京郵便局）が電子内容証明システムにより日付印を文書内に挿入した上で、受取人宛て正本、差出人宛て謄本を印刷し、再電子化してオリジナルの文書と照合する

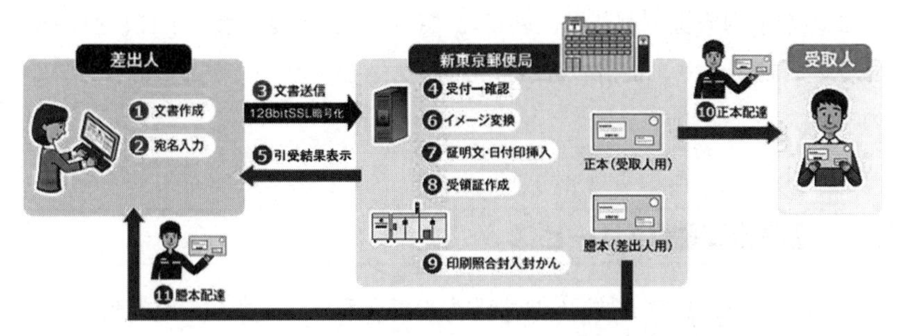

出典：日本郵便株式会社ホームページ
（https://e-naiyo.post.japanpost.jp/enaiyo_kaiin/enaiyo/enknl10/engml11.xhtml#）

ことにより確認した後、自動封入封かんを行い、電子内容証明郵便物として配達されるものです。

具体的な利用方法としては、まず、ウェブサイト（https://e-naiyo.post.japanpost.jp/enaiyo_kaiin/enaiyo/enkn110/engm111.xhtml#）から利用者登録を行いますが、その際に、決済方法（通常は、クレジットカード決済）を選択します。

その後に、Word で作成した内容証明文書をアップロードし、差出人と受取人を登録します。

なお、このサービスで平成 30 年 2 月現在、動作保証されている利用環境は、OS は、Windows vista sp2 以降、ブラウザは Internet Explorer8 以降、ワープロソフトは Word2007 から Word2016 までです。

文書作成については、何種類かの方法がありますが、e 内容証明サイトから Word のひな形をダウンロードして文面を作成、e 内容証明サイトにログインして、Word ファイルのアップロード、差出人と受取人の住所氏名の登録、文書内容及び料金を確認した上で発送することになります。

従前の内容証明郵便と同様に、複数の宛先に同文を送付することもできますし、裁判の証拠で提出することを予定しているような場合には、配達証明付にすることが多いと思いますが、配達証明を付加することや速達にすることも可能です。

ただし、配達証明に関しては、従前と同じく葉書で届きます。

この電子内容証明郵便は、郵便局に持ち込む必要がない上に、24時間発送が可能であり、従前のものに比べ、大きなメリットがあるものと思われます。

2　登記情報提供サービス

民事裁判が会社や不動産に関わるものである場合、会社や不動産の登記事項証明書が必要になるのが通常であると思われます。

これらの登記事項証明書については、法務局で取得することが必要ですが、登記情報提供サービスでは、その登記簿の内容をインターネットにより閲覧することができます。

利用方法としては、まず、ウェブサイト（http://www1.touki.or.jp/）において、利用者登録をした後（なお、正式な登録には、郵便による住所確認が行われるため、数日かかります。）、会社は商号、不動産では、地番や家屋番号等を入力して、請求します。

この手続で請求できる情報の種類としては、以下のものがあります。

①不動産登記情報（全部事項。コンピュータ化後の閉鎖登記簿含む。）

②不動産登記情報（所有者事項）

③地図情報（地図又は地図に準ずる図面）

④図面情報（土地所在図／地積測量図、地役権図面及び建物図面／各階平面図）

⑤商業・法人登記情報（履歴事項又は閉鎖事項の全部）

⑥動産譲渡登記事項概要ファイル情報及び債権譲渡登記事項概要ファイル情報

このサービスの利用時間は、平日午前8時30分から午後9時までです。

裁判所の添付書類には利用できませんが、PDFファイルを印刷することもできますので、（証拠力の問題はありますが）裁判において、証拠として提出することや、緊急の場合に、裁判所に登記情報を提出した上で、後で、正式な登記事項証明書と差し替える等の利用の可能性も考えられます。

3　登記・供託オンライン申請システム（登記ねっと、供託ねっと）

登記・供託オンライン申請システムは、登記事項証明書又は供託の申請・請求を、インターネット等を利用して行うシステムです。

前述の登記情報提供サービスは登記情報の閲覧をインターネットで行うものでしたが、こちらは、正式な登記事項証明書の交付請求をインターネットで行うものです。

平成 23 年 2 月 14 日からは、①不動産登記手続、②商業・法人登記手続、③動産譲渡登記手続、④債権譲渡登記手続が、平成 24 年 1 月 10 日からは、①成年後見登記手続、②供託手続、③電子公証手続も対象となっています。

利用方法としては、まず、ウェブサイト（https://www.touki-kyoutaku-online.moj.go.jp/index.html）から、申請者情報の登録を行います。

同サイトでは、専用のソフト（申請用総合ソフト）をダウンロードして請求を行う方法と、ウェブブラウザを利用して行う「かんたん証明書請求」「供託かんたん申請」があります。

どちらも、①利用環境の事前準備、②請求書の作成、送信、③手数料（又は供託金）の納付で手続が行えますが、専用ソフトを使用した手続の場合、電子署名の付与、送信、電子公文書の取得という手続も行うことができます。

なお、「かんたん証明書請求」、「供託かんたん申請」には、体験コーナーが用意されています（https://www.touki-kyoutaku-online.moj.go.jp/toukinet/mock/SC01WL01.html, https://www.touki-kyoutaku-online.moj.go.jp/kyoutakunet/mock/SC01WL01.html）。

このサービスの利用時間は、平日午前 8 時 30 分から午後 9 時までです。

また、登記事項証明書の交付自体は窓口又は郵送で行われます。

4　特許庁へのインターネット出願

特許庁への出願は、従来、紙による出願がなされていましたが、現在は、それに加え、オンラインで手続を行うインターネット出願があります。

〈インターネット出願の流れ〉

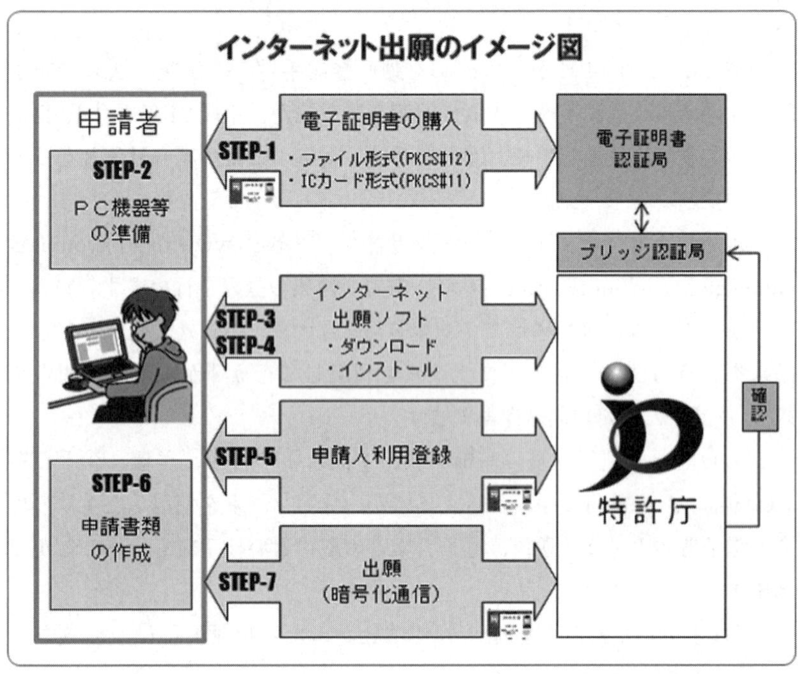

出典：特許庁ホームページ
(http://www.pcinfo.jpo.go.jp/site/1_start/step-0_4_preparation.html)

インターネット出願には、事前準備として、①電子証明書の取得、②PC 機器等の準備、③インターネット出願ソフトのダウンロード及びインストール、④申請人利用登録が必要です。

このうち、①電子証明書の取得とは、特許庁への電子出願に使用可能な電子証明書を特定の発行機関や認証局から取得することです。個人向けの電子証明書としては、個人番号カード等の IC カードを利用するタイプとファイルタイプがありますが、法人向けには、「法務省電子認証登記所」が発行する電子証明書のみ使用可能です。

なお、IC カードタイプは、Windows にのみ対応しています。

次に③インターネット出願ソフトのダウンロードは、電子出願ソフトサーポートサイト（http://www.pcinfo.jpo.go.jp/site/index.html）から行いますが、いわゆるフリーメールアドレスは利用できません。

また、同ソフトをパソコン上で動作させるには、「Java ランタイム」の Version8 がインストールされていることが必要です。

次に、④申請人利用登録とは、インターネット出願ソフトの「申請人情報・証明書管理ツール」を用いて、特許庁へ、「識別番号」と「電子証明書情報」の組み合わせを登録することです。

これにより本人認証が行われ、インターネット出願ができるようになります。

5 ブルーマップネット配信サービス（JTN マップ）

民事裁判で不動産が関係する場合、その不動産登記の地番等と住所表示が一致しておらず、調査に不都合が出る場合があります。

その場合、ブルーマップといって、住所から不動産登記の地番等を調べるための地図があり、複数の出版社から発行されていますが、近時は、それをインターネットで取得できるサービスがあります。

これも、ウェブサイトから、利用登録をしてから、利用することになります（http://www.jtn-map.com/?gclid=CjwKCAiA-9rTBRBNEiwAt0Znw4VNGJYhT6cxdsBXm1kBrCv4NhMyclT8Qs_CnPKicgU87zh-SHLUSRoCImwQAvD_BwE）。

6 不動産競売物件情報公開システム（BIT システム）

不動産の競売手続においては、物件明細書、現況調査報告書、評価書というわゆる「3 点セット」が作成されますが、従前は、その閲覧及び謄写のために裁判所に行く必要がありました。

しかし、現在では、３点セットの情報は、インターネットを通じて提供されています。

BIT システムの利用には、会員登録や費用の必要はなく、ホームページ（http://bit.sikkou.jp/app/top/pt001/h01/）上の物件概要情報を見るためには、特別なソフトウェアも必要としませんが、３点セットの情報はPDF により作成されているため、「Adobe Reader（アドビ・リーダー）」というソフトウェアが必要になります。

7　不動産の取引価格情報提供制度（土地総合情報システム）

このシステムは、不動産の取引価格、地価公示・都道府県地価調査の価格を検索することができる国土交通省の WEB サイトです。

同システムは、①不動産取引価格情報検索、②地価公示都道府県地価調査、③不動産取引アンケート（電子）回答システムからなります。

同システムの利用も、会員登録や費用の必要はなく、ホームページ（http://www.land.mlit.go.jp/webland/）にアクセスして、指示に従い条件を指定することによって、検索をすることができるようになっています。

（荒木　哲郎）

Q46 弁護士の情報発信／ML 利用の諸問題

私は、企業内弁護士です。私自身が、インターネットを通じて情報発信をする際（ML 等のインターネットサービスを利用する場合も含む。）に注意すべき点を教えて下さい。

また、会社に関する情報を従業員が勝手に発信することを止める方法はありますでしょうか。

A

留意すべき点としては、①本来公開すべきでない情報を誤って公開していないか、②その発信の内容が弁護士としての守秘義務違反に違反していないか等があります。

会社に関する情報を従業員が勝手に発する場合に、その発言の内容でもって会社の信頼を傷つけるような発言をした場合には、懲戒処分を受けることになる場合があり、そのような点についての明確なルールを定めておくことが有用であると思われます。

1 弁護士のインターネット利用のメリット

弁護士がインターネットを利用して情報発信する場合としては、大きく分けると電子メール、電子会議室での発言、Web ページ、SNS が主な手法になるかと思います。

これらの情報技術の利用は、適切に利用するのであれば、非常に有意義なものであるということができるでしょう。特定の分野に関して、非常に詳細な情報を得ることもできるでしょうし、また、自ら、疑問に思っているところを意見交換して解決することができるかもしれません。また、自らが、その分野において、専門的な知識を有していることをアピールすることができるかもしれません。

しかしながら、以下の留意点についての配慮を欠くと思わぬ問題を引き起こすことも起こり得ます。

2　注意を欠いた事案

弁護士が上記のような情報技術を利用するのに際して、ちょっとした注意を欠いたため、社会的に問題になった事案があります[35)]。それらを紹介していきましょう。

⑴　打合せ日程　情報公開事件（平成 21 年）

これは、ある法律事務所で、弁護士が、依頼人の名前や打合せ予定、裁判日程などをインターネット上で公開してしまったという事案です。

⑵　メーリングリスト　情報公開事件（平成 23 年 12 月）

ある法律事務所内で業務連絡に用いていたMLの設定が誤って公開になっていたことから、ある刑事事件の事件情報が一般からアクセスし得る状況になっていたという事案です。

⑶　翻訳サイト　情報公開事件（平成 27 年）

日本人が海外の弁護士に送ったとみられる不倫の示談に関するメールが、無料で利用できる翻訳サイトにそのまま残っており、公開されてしまったという事案です。入力した内容がサーバ側に保存される仕組みとなっており、入力した内容や翻訳した内容は、誰でも閲覧することができる状態でした。

35)　平岡 敦「弁護士の情報セキュリティ」（LIBRA16 巻１号、2016）４頁にこのような事案の一覧がある。

3　弁護士の SNS ／ ML の利用について検討しておくべき事項

(1)　弁護士法 23 条とその解釈

2 であげたそれぞれの例は、自らの発信する情報が、どのような媒体にどのように保存されるのか、また、それに対して誰がアクセスをなし得るのか、という点についての注意を怠ったという事案ですが、他に、弁護士に課されている守秘義務や品位を失うべき非行との関係で、問題となった事案を具体例としてあげることができます。

弁護士法 23 条は、(秘密保持の権利及び義務) として、「弁護士又は弁護士であつた者は、その職務上知り得た秘密を保持する権利を有し、義務を負う。(略)」としていますが、秘密保持義務に違反するという行為は、「正当な理由」がないのに秘密を第三者に漏らしたことが必要と解されています。

SNS などで、職務を行うのに際して知り得た秘密を不特定又は多数の者がアクセスし得る状況になす場合については、第三者に漏らしたといえるでしょう。もっとも、ここで、「秘密」とは、どのようなことをいうのか、また、秘密について抽象化することによって、もはや「漏らした」とはいえなくなるのではないか、ということが問題になります。この点については、明確な解釈がなされているということはできないでしょう。

しかしながら、懲戒として具体的な処分がなされた例は、具体的な利用に際して留意すべき事項として参考になると思われます。

(2)　具体的に問題になった事案

ア　辞任事件における元依頼者への評価を記載する行為

ストーカー行為への対応を受任したが、その後に、依頼者との考え方に相違があることから辞任した事案について、辞任後に、依頼者等をイニシャルで表記して、事件内容、処理内容、元依頼者に対して不利となるような評価を記載した事案です。この案件については、業務停止 1 月の懲戒処分がなされています。

イ　法務大臣認定司法書士に対する評価を含む表現の送信行為

法務大臣認定司法書士の受任通知及び金員の返還を求める通知に対して、（司法書士を介さずに）直接本人と交渉する旨の意思表示ともとられかねない表現をなし、また、司法書士という職業に対する侮蔑的な表現を含むメッセージを、SNSを通じて送信した事案です。この案件については、弁護士法56条1項に定める弁護士としての品位を失うべき非行に該当するとして戒告の懲戒がなされています。

⑶　その他、考慮すべき案件

他にSNSやメーリングリストにおいて、自己の関係した法律問題を元にして小説・脚本等を発表することも考えられます。このような行為が、上記の守秘義務違反行為といえるのか、また、品位を失うべき非行といえるのか、ということが問題になるものと考えられます。一般のモデル小説において、そのモデルとされた人が、プライバシーを侵害されたとして、権利を行使し得るかというのは、「私生活上の事実または私生活上の事実らしく受け取られるおそれのあることがらであること、…一般人の感受性を基準にして当該私人の立場に立つた場合、公開を欲しないであろうと認められることがらであること、…一般の人々に未だ知られていないことがらであることを必要とし、このような公開によつて当該私人が実際に不快、不安の念を覚えたこと」が基準とされています（「宴のあと」事件。東京地判昭和39年9月28日（判タ165号184頁））。しかしながら、守秘義務や品位を失うべき非行の規定の趣旨からすると、依頼者（又は、依頼者であったもの）が、自らの依頼に関して知り得た事項に基づいて小説等を著作したと感じて、実際に不快、不安の念を覚えた場合には、問題となるのではないかとも考えられます。

また、ある裁判官が、自ら審議を担当していない事件の判決文について、その判決文へのリンクとともにツイッターで、投稿した事案について、その事件の被害者の両親が「被害者の尊厳への配慮が全くなく、ちゃかしていると感じる書き込みで、強い憤りを覚える」と抗議した事件がありました。この事件において、裁判所は、当該裁判官に対して、注意処分を下しています。

4 従業員のSNS利用ポリシと違反に対する企業秩序維持

(1) SNS利用のポリシに含まれるべき事項

企業において、従業員の私的なSNS利用と企業秩序維持という点について考えてみましょう。この点については、総務省から「国家公務員のソーシャルメディアの私的利用に当たっての留意点」という資料が公表されています[36)]。この資料は、復興庁職員によるツイッターでの不適切発言事案が発生したことを受けて公表されたものです。

この資料は、「本来、ソーシャルメディアの私的利用は、個人の自覚と責任において、自由に行うべきものであることは言うまでもありませんが、ソーシャルメディアに関する重大な問題事例が発生した事態に鑑み、以下に記載するソーシャルメディアの特性を踏まえて、ソーシャルメディアの私的利用に当たっての留意点をよく理解して利用するよう注意を促す」ものです。

SNSの特性として、①手軽かつ即時に発信できるという強みがある反面、熟考することなく発信してしまう利用者が多いこと、②一旦発信を行うと、インターネットその他の情報通信ネットワークを通じて急速に拡散してしまい、当該発信やアカウントを削除しても第三者によって保存され、半永久的に拡散され続けるおそれがあること、③様々な属性や価値観、意見を有する者が利用する公共的な空間であること。特定の閲覧者の間での発信であったとしても、閲覧者が内容を転載し、更に第三者が引用する等により拡散されるおそれがあること、④発言の一部分が切り取られる等により、本人の意図しない形で伝播するおそれがあること、⑤匿名での発信や氏名又は所属する組織の一部を明らかにせずに行う発信であっても、過去の発信等から発信者又はその所属する組織の特定がなされるおそれがあることや、国家公務員としての発信とみられる場合には、組織や職

---

36) http://www.soumu.go.jp/main_content/000235662.pdf

員の評判に関わるおそれがあること、などがあげられています。

そこで、法令（国家公務員法、著作権法等）を遵守すること、所属又は氏名の一部又は全部を明らかにして発信する場合においては、その発信が自らが所属する組織の見解を示すものでない旨を自己紹介欄等であらかじめ断ることが必要であること、業務上支給されている端末を用いて発信を行わないこと、利用するソーシャルメディアの規約、仕組み、設定等を事前に十分に確認しておくこと、ソーシャルメディアの特性を踏まえ、発信しようとする場合には、その内容を事前に改めて確認すること、思想信条や宗教等、衝突を招きやすく、細心の注意を払う必要のある事柄を話題とする場合には、特に慎重な発信を心がけること、他人の個人情報、肖像、プライバシー等に関わる内容の発信に当たっては、関係者の同意をあらかじめ得ておく等必要な措置をあらかじめ講じておくこと、それができない場合には、発信を慎むことなどがあげられています。また、事実に反するかどうか明らかでない情報については、その拡散への加担は慎むこと、発言によって問題が起きた場合には、訂正やお詫びを行うなど誠実な対応を心がけること、安全管理措置を十分にとることなどがあげられています。

この資料は、公務員に関するものですが、弁護士の場合、弁護士法上、守秘義務を負っており、これを侵すことはできないことを念頭に置かなければなりません。具体的には、事件の内容がわかるようなことを公表することができないのは、当然のことですが、一般論として抽象化したとしても、その書込みをみた当事者からは、自分の事件の秘密を漏らしたのではないか、とされる可能性があるので、細心の注意が必要であるということができるでしょう。

⑵　ソーシャルメディアの私的利用と企業秩序維持

ところで、ソーシャルメディアを私的に利用した場合に、その発言の内容をもって会社の信頼を傷つけるような発言をした場合に、それを理由に会社が、その発言をなした従業員に対して、懲戒を行えるかという問題が発生します。この点について、一般的には、「職場外でされた職務遂行に関係のない労働者の行為であつても、企業の円滑な運営に支障を来すおそれがあるなど企業秩序に関係を有するものもあるのであるから使用者は、企業秩序の維持確保のために、そのような行為をも規制の対象とし、これを理由として労働者に懲戒を課することも許される」と解されています（関西電力社宅ビラ配布譴責無効確認事件・最判昭和58年9月8日（判タ510号97頁））。具体的には、その発言内容、趣旨、そして、懲戒の程度によって総合的に許容性が判断されることになります。

このような理論がインターネットでの言論に適用された判決例として東京高判平成14年9月24日（労判844号87頁）があります。この事件は、学生時代からインターネット上に自らのホームページを開設し、書評、映画評、紀行文といった個人的な文章を公開していた者が、新聞社入社後に、新聞記者として行動しながら感じた報道現場における疑問点（記者クラブ制度、業界慣習、労働実態等）や他の記事等に対する批判等を論じた文章を「新人記者の現場から」と題する項目の中で公開するようになっていた事件です。これに対して、新聞社は、発表原稿の処理（執筆）を中心とした職務を担当させ、事情聴取等を行うとともに、公開した文章が新聞社の信用を害するものであることを指摘した上、控訴人に対して依願退職を勧めたが、記者が拒否したため、出勤停止処分（本件懲戒処分）に処しました。この事件において裁判所は、「懲戒処分事由（就業規則違反）があり、その内容に鑑みれば、14日間の出勤停止処分である本件懲戒処分が不相当であるということもできない」としています。

また、人事院の「義務違反防止ハンドブック―服務規律の保持のために―」の4　信用失墜行為の禁止の事例7では、「ソーシャルメディア上で不適切な発言を行い、重要課題に対する政府の信頼を傷つけた→停職処分」[37]とされており、上記の判断枠組みで懲戒の可否が判断されるものと考えられます。

（高橋　郁夫）

---

[37]　http://www.jinji.go.jp/fukumu_choukai/handbook-1.pdf　5頁。

第 7 章

刑事事件とビジネス法務

Q47 デジタル社会における企業と刑事事件

現在、企業が、どのような観点から刑事事件に直面することが多くなっているのでしょうか。また、その際に、どのようなことに留意するべきでしょうか。

A

デジタル社会において、企業が直面する刑事事件としては、外部からの攻撃による事件、内部犯行による事件、主に企業自体が犯罪を実施するホワイトカラー事件があります。

外部からの攻撃としては、国家が関わるサイバー攻撃、国家が関わらないサイバー攻撃やサイバー犯罪があります。サイバー犯罪は、匿名性が高い、犯罪の痕跡が残りにくい、国境を越えて犯罪行為がなされる、被害が拡大する、といった特徴があります。

内部犯行事件は個人情報や営業秘密の持ち出し、ホワイトカラー事件は経済犯罪が大部分を占めています。

いずれの事件においても、事件解決に当たって捜査機関に協力を求めることが重要ですが、捜査機関も捜査資源が有限ですので、被害を受けた企業としても、可能な限り証拠・資料の収集を行うことが重要となります。

1　デジタル社会における企業の刑事事件の特徴

デジタル社会における刑事事件としては、外部からの攻撃による事件、内部犯行による事件、主に企業自体が犯罪を実施するホワイトカラー事件があります。

外部からの攻撃による事件は、スパイ活動として実施される国家が関わるサイバー攻撃と国家が関わらないサイバー攻撃やサイバー犯罪があります。国家が関わるサイバー攻撃は、国際法上の多くの問題があり、企業単体での対応はおよそ不可能なので本書で解説することは省略しますが、国家が関わるサイバー攻撃は、被害国家によるサイバー手段を用いた対抗措置が検討されています。例えば、米国の場合、重要インフラに対するサイバー攻撃が、人々の暮らしに被害が及ぶ場合、5段階評価のうちレベル3以上であれば、政府機関によるサイバー手段を用いた対抗措置ができることを認めており、日本でも5段階評価のうちレベル5であれば、サイバー手段による対抗措置ができるように検討するとの報道がありました[1)]。

国家が関わらないサイバー攻撃としては、**Q48**で解説するサイバー攻撃や本稿で後述するサイバー犯罪があります。

内部犯行事件は、2014年に発覚した通信教育企業の派遣先従業員が約3,504万件の個人情報を持ち出して逮捕された事件や、2018年に発覚した不動産企業の従業員が約2万6,000件の顧客情報や業務書類などの営業秘密情報を持ち出して懲戒解雇された事件などがあり、個人情報や営業秘密情報の持ち出し事件が非常に多くなっています。また、企業の有する営業秘密の保護強化として、不正競争防止法が2015年に改正され、非親告罪化や営業秘密侵害罪の拡張、営業秘密侵害物品に係る輸出入規制が導入されており、このうち輸出入規制については**Q51**で詳しく解説します。また、企業自体が犯罪を実施するホワイトカラー犯罪については、**Q52**で解説します。

デジタル社会における刑事事件の特徴としては、匿名化がしやすく、改ざんが容易であり痕跡が残りにくく、国境がない、被害が拡大しやすい、ということが挙げられます。加えて、2012年に発生したパソコン遠隔操作事件において犯人が実施したように、他人や他企業を犯罪者に仕立て上げることが容易になっており、被害者であるにもかかわらず、犯人ではないことを説明しなければならないといった事象も生じています。

2　サイバー犯罪

サイバー犯罪について、警察庁は「高度情報通信ネットワークを利用し

1) https://www.nikkei.com/article/DGXLZO16496580X10C17A5MM8000/

た犯罪やコンピュータ又は電磁的記録を対象とした犯罪等の情報技術を利用した犯罪」と定義し、以下のとおり分類しています[2)]。

①　コンピュータ及び電磁的記録対象犯罪

刑法に規定されているコンピュータや電磁的記録を対象とした犯罪です[3)]。コンピュータや電磁的記録（データ）を犯罪行為の対象とするもので、データの毀棄・改変や、サーバコンピュータの機能を停止させるなど、まさにデジタル社会の構成要素が犯罪行為の対象となっている点に特徴があります。

②　ネットワーク利用犯罪

上記の①以外で、その実行に不可欠な手段として高度情報通信ネットワークを利用する犯罪です。詐欺、業務妨害、知的財産権侵害といった従来からの刑法犯を、インターネットを利用して実現するという点に特徴があります。

③　不正アクセス行為の禁止等に関する法律違反

インターネットを利用した不正アクセス行為とその助長行為を対象とした犯罪です。

これらの分類をみると、デジタル社会においては、デジタル社会特有の新たな犯罪類型の登場に加え（①）、従来からの犯罪もネットワークの利用という新しい手法により実行されていることが分かります。

以下、上記の3分類を念頭に置きつつ、企業が直面する代表的な刑事事件について、紹介します。

(1)　サイバー攻撃

サイバー攻撃は、サイバー空間を取り巻く脅威のことをいい、サイバー犯罪、サイバーインテリジェンス及びサイバーテロを含めた総称をいいま

---

2)　平成29年版警察白書52頁

3)　電磁的記録不正作出罪（刑法161条の2）、電子計算機使用詐欺罪（刑法246条の2）、電磁的記録毀棄罪（刑法258条、同法259条）、電子計算機損壊等業務妨害罪（刑法234条の2）、不正指令電磁的記録作成等罪（いわゆるウイルス作成罪。刑法168条の2）など。

す[4]。**Q48** で詳述しますが、その攻撃の種類は多様化しており、企業もサイバー攻撃への対策を講じる必要があります。サイバー攻撃の代表的なものとしては、企業情報の窃取又は漏えい、ランサムウェアによる被害、サービス妨害攻撃によるサービスの停止、ウェブサイトの改ざん等が挙げられます。

基本的には、コンピュータ及び電磁的記録対象犯罪（①）に該当するとともに、サイバー攻撃の手段として不正アクセスを伴う場合には、不正アクセス行為の禁止等に関する法律（以下「不正アクセス禁止法」といいます。）違反（③）にも該当します。

また、企業情報の窃取又は漏えいのうち、ネットワークを利用して不正競争防止法上の罰則対象である営業秘密を窃取する場合であれば、ネットワーク利用犯罪（②）にも該当します。

⑵　違法コンテンツによる知的財産権侵害

第三者が運営するウェブサイトにより企業の知的財産権が侵害される事例が増えています。

自社が著作権を管理・保有するコンテンツ（漫画、動画、音楽等）がウェブサイト上に違法にアップロードされて不特定多数の者による利用に供される場合や、商標権を侵害する表示及びドメインの使用がなされる場合があります。

本来有償であるコンテンツが無料で不特定多数の者の利用に供されると、その経済的な被害は甚大なものになります[5]。

---

4)　サイバー攻撃について一義的な定義はありませんが、例えば、平成 29 年版警察白書 130 頁において、「サイバー攻撃が世界的規模で頻発するなど、サイバー空間における脅威は深刻化している」と記載されており、「サイバー空間をめぐる脅威」として、サイバー犯罪、サイバーテロ、サイバーインテリジェンスの三つが挙げられています。そうしますと、サイバー攻撃とはサイバー空間における脅威と定義することができ、それが刑法犯に該当する場合は特にサイバー犯罪というように、サイバー攻撃は、サイバー犯罪を包含する概念であると整理することができます。

5)　産経新聞（平成 29 年 5 月 17 日）によると、違法にアップロードされた漫画や小説を無料で閲覧できるいわゆる海賊版サイトについて、出版社の被害額は約 100 億円に達していると言われています。

著作権を侵害する場合は、10年以下の懲役と1,000万円以下の罰金のいずれか、又はその双方を科すという罰則が設けられています（著作権法119条1項）。また、商標権侵害の場合も、10年以下の懲役と1,000万円以下の罰金のいずれか、又はその双方を科すという罰則が設けられています（商標法78条）。

これらの犯罪は、ネットワークを利用して知的財産権を侵害する点で、ネットワーク利用犯罪（②）に該当します。

⑶　ウェブサイトを利用した業務妨害、名誉毀損等

第三者が運営するウェブサイト上にアップロードされた情報により、企業の信用が低下することがあります。

インターネットを通じて誰もが容易に情報を発信できるようになった結果、匿名掲示板、ブログ、SNS、口コミサイトにおいて企業の社会的信用を低下させるような情報が掲載されています。

こうした情報に起因する社会的信用の低下の結果、採用、営業、融資、上場審査といったあらゆる事業活動において支障が生じます。

こうした情報発信については、名誉毀損罪、業務妨害罪といった刑法犯が成立し得るほか、競合他社による場合は、不正競争防止法上の罰則が成立し得ます。

これらの犯罪は、ネットワークを利用して犯罪行為を行う点で、ネットワーク利用犯罪（②）に該当します。

⑷　インターネットバンキングに係る不正送金

インターネットバンキングに係る不正送金事案においては、法人口座が標的となります。不正送金の手法としては、コンピュータウイルス（ネットバンキング詐欺ツール）を利用するものや、フィッシングサイト（偽サイト）を構築し、ID及びパスワードを窃取する場合があります。

不正送金自体が電子計算機使用詐欺罪（刑法246条の2）に該当するほか（①）、不正送金用のウイルスを自ら作成し、これを被害者に送付した場合には、別途不正プログラム作成等罪（刑法168条の2）にも該当しま

す（①）。また、不正送金の前段階として不正アクセスを伴いますので不正アクセス禁止法違反にも該当します（③）。

3　サイバー犯罪に巻き込まれた場合の留意点

サイバー犯罪の特徴として、警察庁「情報セキュリティ政策大系」（2000年2月）は、「匿名性、無痕跡性、ボーダレス性という特性を備えたネットワーク社会は、犯罪その他の不正行為に対して抑止力が働きにくい上に、ネットワーク上で犯罪等が行われた場合、広範な被害や影響を及ぼしかねない。」と指摘しています。すなわち、Tor[6]（The Onion Router）のような匿名化通信や匿名プロキシを悪用すれば、犯罪者が誰なのかを特定することが困難であり、端末を乗っ取ってアクセスログや作成したファイル等を削除してしまえば犯罪の痕跡が残りにくく、特に最近はファイルレスマルウェア（実行ファイルの形式ではなく、PowerShell等を用いて実行するため、実行ファイルが存在しないウイルス）が流行しており、無痕跡性が高くなっています。また、ネットワーク空間は国ごとに入国審査があるわけではなく、海外の犯罪者が国境を越えて容易にサイバー犯罪を実施することが可能です。さらに、複数のウイルスを同時にばらまき、一斉に感染させたり、アクセス数の多い脆弱なウェブサーバに侵入してウイルスを埋め込み、閲覧したユーザの端末を次々に感染させたりするなど、被害が広範に及ぶ、といった特徴があります。

こうしたサイバー犯罪については、民事上の対応手段では限界があります。例えば、ネットワークを経由したサイバー犯罪においては発信元のIPアドレスを追跡することで犯人を特定することが有用な手段となりますが、プロバイダ責任制限法上の発信者情報開示請求は、名誉毀損や著作権侵害など、特定の権利侵害だけを対象としており、かなり限定的です。また、仮に同請求の対象になる場合であってもその手続には数か月の時間を要します。これでは、迅速かつ抜本的な解決をすることは極めて困難で

---

[6] https://www.torproject.org/

す。さらに、海外サーバを悪用してなされるサイバー犯罪については、民事上実効的な手段は極めて限られています。

したがって、サイバー犯罪については、捜査機関と連携して対処することが非常に重要になります。ただし、捜査機関と連携する場合、ウイルスに感染した可能性のある端末やログファイルが保存された社内サーバを解析するために任意提出をすることがあり、業務への支障を考慮する必要があります。

また、サイバー犯罪自体の件数が増加傾向にあることに加え、捜査機関の捜査資源も有限ですので、サイバー犯罪の被害相談のタイミングや事件の内容によっては、迅速な対応を期待できない場合があることは否めません。そこで重要となるのは、サイバー犯罪に巻き込まれた場合、企業としても捜査機関が刑事事件として対応しやすいように、被害状況について可能な限り証拠・資料の収集をしておくことです。例えば、海外サーバを発信元IPアドレスとする継続的なサイバー攻撃を受けた事例において、数週間にわたってアクセスログを収集・分析した結果、1件だけ国内のプロバイダが管理するIPアドレスが検出されたため、その事実を記載した報告書を捜査機関に提出したところ、捜査が迅速に進んだという事例もあります。

（山岡　裕明）

Q48 サイバー攻撃の被害相談について

私の会社が運営しているサーバに対してサイバー攻撃を受けたのですが、警察に相談するかどうかで悩んでいます。どのようなサイバー攻撃に対してどのような犯罪が成立するのでしょうか。また、相談するとすれば、どのようなことに注意すればよいでしょうか。

A

独立行政法人情報処理推進機構が公表する「情報セキュリティ 10 大脅威 2017」によると、「標的型攻撃による情報流出」（1 位）、「ランサムウェアによる被害」（2 位）、「ウェブサービスからの個人情報の窃取」（3 位）、「サービス妨害攻撃によるサービスの停止」（4 位）及び「ウェブサイトの改ざん」（6 位）となっており、情報セキュリティに対する脅威の上位のほとんどを外部からのサイバー攻撃が占めています。企業は、これらのサイバー攻撃に日々さらされています。サイバー攻撃については、その手法や被害内容によって異なる犯罪が成立します。

警察の相談に当たっては、一般の犯罪と同様、証拠の保全が重要となりますが、サイバー攻撃の場合、その証拠は改変・消去が容易な電子データという形式ですので、その特性を踏まえた保全が重要となります。

1　外部からネットワークを通じて加えられるサーバに対する代表的なサイバー攻撃

企業が受けるサイバー攻撃は、年々増加しています。また、独立行政法人情報処理推進機構が公表する「情報セキュリティ 10 大脅威 2017」によると、「標的型攻撃による情報流出」（1 位）、「ランサムウェアによる被害」（2 位）、「ウェブサービスからの個人情報の窃取」（3 位）、「サービス妨害攻撃によるサービスの停止」(4位) 及び「ウェブサイトの改ざん」(6位) となっており、情報セキュリティに対する脅威の上位のほとんどを外部からのサイバー攻撃が占めると同時に、その攻撃手法は多様化しています。

以下、代表的なサイバー攻撃について、特徴及び成立する犯罪を紹介します。

(1) 標的型攻撃による情報流出

ア　特徴

「標的型攻撃」は、サイバー攻撃に起因して企業の保有する個人情報や営業秘密が窃取されるというもので、典型的なサイバー攻撃の被害事例といえます。その特徴としては、特定の組織内の情報を狙ったサイバー攻撃という点にあり、無差別型のサイバー攻撃と区別されます。

サイバー攻撃により情報流出を引き起こす手法としては、サーバに不正アクセスして情報を直接窃取する方法のほか、メールを従業員に送り付け、添付ファイルを開封させたり、本文に記載されたリンク先へアクセスさせたりすることで従業員のパソコンをウイルスに感染させ、感染した端末を経由してファイルサーバに不正アクセスすることで情報を流出させるという間接的な方法もあります。

標的型攻撃は、特に後者の方法によって、メールの送信元を実在する関係者の氏名をもって偽装したり、あらかじめウイルスに感染させた関係者の端末を遠隔操作してメールを送信したり、メールタイトル、添付ファイル名及びメール本文を業務内容に関係するように装ったりする巧妙な手口を特徴とします[7)]。

イ　成立する犯罪

企業の情報を漏えいさせる手段として不正アクセスをした場合には、

---

7) 日本年金機構不正アクセスによる情報流出事案に関する調査委員会「不正アクセスによる情報流出事案に関する調査結果報告」(平成27年8月20日) 3頁によると、標的型メールの中には、実在する職員の氏名を差出人とし、かつ受信者となる職員の氏名が具体的に記載されたものがあったと指摘されています。

不正アクセス行為の禁止等に関する法律（以下「不正アクセス禁止法」といいます。）における不正アクセス罪、標的型メール攻撃のようにウイルスを利用した場合には「不正指令電磁的記録作成等罪（いわゆるウイルス作成等罪。刑法168条の2）が問題となります。

また、窃取した情報が営業秘密であれば不正競争防止法上の営業秘密侵害罪（不正競争防止法21条1項1号及び同項2号）が問題となります。

(2)　ランサムウェア

ア　特徴

ランサムウェアとは、**Q49**でその内容については詳述しますが、身代金（ransom）を意味するコンピュータウイルスです。ランサムウェアに感染するとパソコンやサーバ内の電子データ（情報）が暗号化されて使えなくなり、元に戻す見返りに金銭を要求するという攻撃です。2017年５月中旬に発生した世界同時サイバー攻撃にWannaCryと呼ばれるランサムウェアが用いられたとされています。

イ　成立する犯罪

ランサムウェアによる電子データの暗号化の結果、当該電子データを利用できなくなるという点で、コンピュータ又はそれに使用される電子データの機能を阻害して人の業務を妨害する行為を処罰の対象とする電子計算機損壊等業務妨害罪（刑法234条の2）の成立が問題となります。

また、ランサムウェアというウイルスを用いている点でウイルス供用罪（刑法168条の2第2項）、元に戻す見返りに金銭を要求するという点で脅迫罪、強要罪、恐喝罪の成立も問題となります。

(3)　DDoS攻撃

ア　特徴

DDoS攻撃とは、DoS（Denial of Service）攻撃の一種です。DoS攻撃とは、コンピュータやネットワークに過負荷を掛ける等によって本来のサービスが提供できなくなることを狙った攻撃であり、例えば、過負荷によりサーバに障害が発生し、ウェブサイトへのアクセスができなくなるといった被害が発生します。

この DoS 攻撃を大量のマシンから一斉に仕掛けるものが、DDoS 攻撃（Distributed（分散型）DoS 攻撃）です。

近年では、単にシステムを停止させることに加え、DDoS 攻撃の停止と引換えに金銭を要求する場合もあります。

会社概要や商品又はサービスを紹介するウェブサイトに対する DDoS 攻撃であれば被害はまだ限定的といえますが、ウェブショッピングサイトやオンラインバンキング、動画配信等のサービスを展開する EC サイトにおいては、被害はより甚大なものになります。また、家電、自動車、産業機器など多種多様な「モノ」がネットワークを介してつながる IoT 機器の普及に伴い、DDoS 攻撃によってこれらの機器が外部に接続できず、制御ができなくなったり、これらの機器を乗っ取り、DDoS 攻撃等を実施するためのロボットとして操られるようになったりするため、DDoS 攻撃の脅威はさらに増しているといわれています。

イ　成立する犯罪

DDoS 攻撃の場合、サーバに障害を発生させて当該サーバが提供するウェブサービス等を停止させるという点で、コンピュータ又はそれに使用される電子データの機能を阻害して人の業務を妨害する行為を処罰の対象とする電子計算機損壊等業務妨害罪（刑法 234 条の 2）の成立が問題となります。

また、DDoS 攻撃の停止と引換えに金銭を要求する場合には、ランサムウェアの場合と同様、脅迫罪、強要罪、恐喝罪の成立も問題になります。

(4)　ウェブサイトの改ざん

ア　特徴

企業が自社の紹介や製品・サービスを宣伝、販売するために用意したウェブサイトの内容が変更されてしまいます。

一見して不自然な表示がブラウザ上になされるなど、改ざんされたことが明らかな場合に加え、改ざんされた結果、ウェブサイトに不正なスクリプトが埋め込まれ、当該サイトを閲覧したユーザがウイルスに感染するという、いわゆる水飲み場攻撃に利用されることもあります。

ウェブサイトの改ざん手法としては、ウェブサイトの管理画面へログインするための画面にID及びパスワードを入力することで不正アクセスする手法や、セキュリティホール（プログラムの不備）を攻撃してサーバへ不正アクセスする手法があります。

イ　成立する犯罪

ランサムウェア及びDDoS攻撃の場合と同様、ウェブサイトの改ざんの場合も、コンピュータ又はそれに使用される電子データの機能を阻害して人の業務を妨害する行為を処罰の対象とする電子計算機損壊等業務妨害罪（刑法234条の2）の成立が問題となります。

また、放送事業者のウェブサイト内の天気予報の画像がわいせつ画像等に改ざんされた事例では、電子計算機損壊等業務妨害及びわいせつ図画公然陳列の罪が問題となりました[8]。

⑸　不正アクセス

ア　特徴

不正アクセスは、アクセス制御機能が付加されているサーバ等に対して、本来アクセス権限を持たない者が、サーバや情報システム内へ侵入する行為をいいます。

不正アクセスが行われたことによって、何か具体的な被害が発生するというよりは、他のサイバー攻撃の手段として利用されます。例えば、不正アクセスされると、情報の窃取・流出、ウェブサイトの改ざん、サーバや情報システムの停止と言った深刻な被害が引き起こされます。

不正アクセスと類似する言葉として、ハッキングがあり、ハッキングと聞くと、深い知識と高度な技術を持ったハッカーが、セキュリティホールを攻撃してサーバ等に侵入する方法（以下「セキュリティホール型」といいます。）を連想しがちですが、実際には、いわゆるログイン画

---

8)　大阪地判平成9年10月3日（判タ980号285頁）

面から他人のID及びパスワードを入力することでサーバに侵入する方法（以下「識別符号窃用型」といいます。）が典型的な不正アクセス事例です[9]。

なお、セキュリティホール型（不正アクセス禁止法2条4項2号、3号）の代表的な事例としては、ACCS不正アクセス事件[10]があります。同事件は、被告人が、コンピュータプログラムであるCGIフォーム送信用のHTMLファイルの内容を改変し、本件サーバに対して送信することで、サーバ内に保存されていた非公開領域のログファイルにアクセスした事案です。弁護人は、アクセス制御機能の有無はプロトコルごとに判断すべきと主張しましたが、裁判所は、物理的な機器である本件サーバを基準にアクセス制御機能の有無を判断するとし、本件サーバ内に保存されていた非公開領域のログファイルを閲覧するにはFTPを介して識別符号を入力する必要があるため、本件サーバは、アクセス制御機能を有するとし、本件サーバに対して、その制限を免れる指令を入力して特定利用をし得る状態にさせた不正アクセス行為であると認定しました。

イ　成立する犯罪

不正アクセス禁止法はネットワークを利用した不正アクセスを防止するため、主に上記の2通りのサーバへの侵入行為を処罰すると規定しています（同法11条、3条）。すなわち、「不正アクセス行為」とは、他人の識別符号（ID、パスワード等）を悪用する行為（識別符号窃用型。同法2条4項1号）及びコンピュータプログラムの不備を攻撃する行為（セキュリティホール型。同項2号、3号）をいい、同法3条によってこれらを禁止しています。

また、不正アクセス行為を禁止することの実効性を確保する観点からも一定の行為の禁止・処罰を規定しています。

---

9)　平成29年版警察白書137頁図表3-11によると、平成28年に検挙した不正アクセス禁止法違反において、約99%が識別符号窃用型で、残り1%がセキュリティホール型です。

10)　東京地判平成17年3月25日（判タ1213号314頁）

2　サイバー攻撃を警察に相談するに当たっての留意点

(1)　電子データの保全

サイバー攻撃の被害を警察に相談するに当たってまずもって留意すべきは、ログ（log）を中心とした電子データの保全です。

サーバには、アクセスログとしてIPアドレスとタイムスタンプが記録されます。外部からネットワークを通じて行われるサイバー攻撃については、このIPアドレスが攻撃者を特定するために極めて重要になります。また、攻撃者が利用しているIPアドレスをファイアウォールのブラックリストに登録することにより、当該IPアドレスからの更なる攻撃を遮断することができます。

また、ランサムウェアを始めとするコンピュータウイルスについても、ダウンロードやインストールの履歴がイベントログとして記録されます。これらのイベントログを調査することでウイルスの感染時間や感染経路が判明します。

警察は、こうした電子データを証拠として収集・分析することで、被害の状況や攻撃者を特定します。

しかしながら、電子データを記録する媒体の容量は有限であることから、ログファイルは、古い情報から自動的に削除されていきます。そこで、情報が削除される前に保全する必要があります。

また、電子データ全般にいえることですが、改ざんや削除が容易にできてしまいます。もちろん、電子データの復元も可能な場合がありますが、常にできるとは限りません。

そこで、サイバー攻撃を受けた場合には、こうした電子データの早期の適切な保全が重要となります。

(2)　資料等の整備及び提供[11)]

(1)で保全した電子データに加え、警察に対して被害の状況を適切に説明

11)　平成19年5月独立行政法人情報処理推進機構編「情報漏えいインシデント対応方

すべく、ネットワーク構成図、アカウント及びアクセス制御に関するリスト、外部委託先のリスト及び管理規程といった技術的な資料の提供が必要になります。したがって、有事の際に迅速にこれらの資料が用意できるよう、平時からネットワーク、システム及び情報管理に関する規程等を整理して管理しておく必要があります。

また、場合によっては、ウイルスに感染した可能性のあるパソコンやサーバも任意提出をすることがあります。その場合に備えて、こうしたハードウェアを任意提出することに伴う業務への影響、代替サーバの用意の要否及び可否も考慮する必要があります。

（山岡　裕明）

策に関する調査報告書」145 頁

Q49 ランサムウェア対応とCSIRTについて

工場のシステムの一部にどうしてもサポート期限の切れたOSを使用しなくては稼働しないシステムがあったので、そのまま、使用していたところ、ある日、「データを暗号化した。もし、暗号化を解いてもらいたければ、ビットコインでお金を支払え。」という表示が出ました。どういうことでしょうか。

また、近頃、そのようなインシデントに対応するための仕組みとしてCSIRTというものがあるとのことですが、それは、どのような仕組みなのでしょうか。

A

設問前段は、ランサムウェアに感染し、工場のシステムに保存されているファイルが暗号化されてしまったようです。ビットコインでお金を支払うことにより暗号化されたファイルを復号できる可能性がありますが、全てのファイルを復号できる保証はどこにもなく、犯罪者に金銭を供与することにもつながるため、工場の業務に支障を来す場合であったとしても支払わないことをお勧めします。

また、設問後段のCSIRTは、このようなサイバー攻撃の被害に遭った場合に対応する企業等の組織内のチームの総称をいいます。CSIRTは、情報を収集することや他組織と連携してインシデントに対応するなどの役割があります。

1　ランサムウェアとは

ランサムウェアとは、「Ransom（身代金）」と「Software（ソフトウェア）」を組み合わせた造語のこと[12)]であり、ランサムウェアに感染したパ

12) 「警察庁サイバー犯罪対策プロジェクト」（https://www.npa.go.jp/cyber/ransom/main1.html）

ソコンの文書ファイルや画像ファイル等を暗号化するなど、特定の制限をかけ、その制限の解除と引換えに金銭を要求する挙動から、このようなウイルスをランサムウェアと呼んでいます[13]。ランサムウェアの種類には、感染した端末の画像、文書、データ等のファイルを暗号化し、復号するには金銭を支払えと要求するタイプと、端末自体をロックし、ロックを解除するためには金銭を支払えと要求するタイプがあります。ランサムウェアの主なものとしては、2014年頃に流行したCryptoLocker、2015年頃に日本語化に対応したCryptowall、拡張子を.vvvに変更し2016年に復号鍵を公開したTeslaCrypt、2017年に世界的に感染が広がったWannaCryなどがあります。

2　ランサムウェアに感染した場合

(1)　身代金の支払い

ランサムウェアに感染してしまうと、下記図のような警告画面や、金銭の支払方法が記載された画面へのリンクやボタンが表示されます。

〈図　ランサムウェアに感染した際に表示される画面例〉

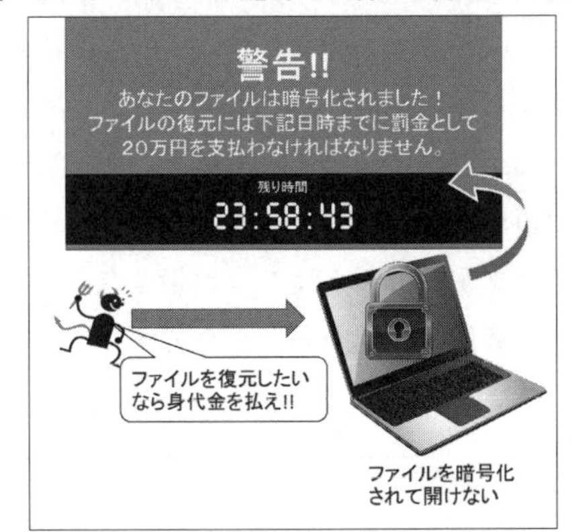

13)　IPAテクニカルウォッチ「ランサムウェアの脅威と対策」
（https://www.ipa.go.jp/security/technicalwatch/20170123.html）

このような画面が表示された場合、端末内に保存されている文書ファイルや画像ファイル、データファイル等が暗号化されてしまい、使用できない状態になってしまいます。特定の時間内に金銭を支払わなければ、暗号化されたファイルが復号できなくなったり、要求される金額が上昇したりします。金銭の支払には、一般的にはビットコインと呼ばれる仮想通貨による支払いが要求されます。

しかし、このような状態になってしまったとしても、金銭を支払わないことを推奨します。その理由としては、犯罪者に金銭を供与することになりますし、支払ったとしても暗号化されたファイルを全て復号できるという保証はどこにもないからです。

確かに、金銭を支払わなければ、データを取り戻すことができませんし、被害が甚大になり、ビジネスを停止せざるを得なくなる場合も考えられます。しかし、本来はこのような場合に備えて様々な対策を行い、対応を準備しておくべきであったにもかかわらず、していなかったことによる代償であるため、被害を受け止め、被害回復に努めるべきと考えます。

また、金銭を支払うことによって経営者として責任を問われる可能性はあっても、支払わないこと自体をもって責任を問われることは考えられません。犯罪者に金銭を支払わなかったのかと詰め寄る利害関係者（例えば、株主や融資をしている金融機関担当者等）は、逆にそのような発言をしたことによって世間から非難を浴びることでしょう。もっとも、ランサムウェアに感染し、事業が継続できなくなったという被害が発生したのはセキュリティ対策に問題があったからという場合には、経営者らは責任を取らされる可能性はあります。セキュリティ対策を怠った責任と、犯罪者に金銭を支払ったことの責任とは別問題だからです。

⑵　復元・復旧方法

Volume Shadow Copy Service（VSS）[14]を使用している場合は、この領

---

14)　「Volume Shadow Copy Service」
（https://technet.microsoft.com/en-us/library/ee923636.aspx）

域から復元できる場合もありますが、最近のランサムウェアはこの領域も削除してしまうため、復元できる可能性は低いと考えられます[15]。そのため、バックアップデータから復旧する方法が考えられますが、後述のように、感染する前のバックアップデータから復旧する必要がありますので注意してください。他には、前述しましたように、無料の復号ツールが公開される場合もありますので、このツールを使用する方法も考えられます[16]。

(3) 対策

ランサムウェアに感染しないようにするための対策としては、①OS及びソフトウェアを最新の状態に保つこと、②セキュリティソフトを導入し、定義ファイルを最新の状態に保つこと、③メールに添付されたファイルやSNSのリンク先、不審なウェブサイトへのアクセスに注意すること、④文書ファイルなどのマクロを無効化しておくこと、⑤管理者用アカウントを常時使用しないこと、⑥共有ファイルやフォルダへのアクセス制限をかけること、などが挙げられます。

設問前段は、①サポート期限の切れたOSを使用していたため、ランサムウェアに感染しています。サポート期限の切れたOSでなければ動作しないシステムを継続して使用するのではなく、サポート期限が切れる前にOSを更新し、更新したOS上で動作するシステムを使用する必要がありました。更新しなかったことによる感染被害であるため、その被害が発生した責任は、そのような対策を取らなかったことによるものと考えられますので、被害を受忍するしかありません。

また、ランサムウェアに感染しないための対策はもちろんのことですが、感染した場合の対策として、①データの定期的なバックアップを取得しておくこと、②バックアップデータを保護すること、が考えられます。特に②については、バックアップを取得するシステムが端末に接続されて

15) 「削除済みVSSスナップショットの復元」
(https://www.jpcert.or.jp/present/2018/JSAC2018_02_kobayashi.pdf)
16) 「ランサムウェア対策について」
(https://www.jc3.or.jp/info/nmransom.html)

いる場合に、当該端末がランサムウェアに感染してしまうと、バックアップデータも暗号化されてしまうため、バックアップシステムを端末に接続しない方式を採用する必要があります。また、バックアップを取得しておくことは、あらゆる攻撃に対応することが可能ですので、定期的なバックアップを取得することを推奨します[17]。さらに、端末が感染していない状態でバックアップを取得しておかなければ意味がありませんので、感染した場合に、いつから感染していたのかを特定し、感染した日以前のバックアップデータから復旧する必要があります。

3　CSIRT について

(1)　CSIRT とは

CSIRT とは、Computer Security Incident Response Team の略称であり、コンピュータセキュリティに関するインシデント（事案）に対処するための組織の総称をいいます。CSIRT は、インシデント関連情報や脆弱性情報、攻撃予兆情報などの情報収集を行ったり、インシデントが発生したときの対応方針や手順の策定を検討したり、従業員のセキュリティ教育や訓練を計画・実施したりする活動を行います。その形態には、専任メンバーだけで構成された CSIRT として独立した組織、他部署との兼任メンバーで構成された仮想的な CSIRT としての組織、又はその中間的形態としての組織があります。

また、後述するように他組織の CSIRT との連携を図ることで、早期警戒や他組織の CSIRT で実践している対策を知ることができ、さらには、自組織で得た知見を他組織の CSIRT メンバーに共有することで、フィードバックを得られるようになります。

[17] https://www.fbi.gov/news/stories/incidents-of-ransomware-on-the-rise/incidents-of-ransomware-on-the-rise

⑵ CSIRTの構築等

CSIRTを組織内に構築するには、まずCSIRTを構築する目的を定め、CSIRTの役割を決定します。また、CSIRTの活動を設定し、メンバーや資機材等を確保します。その後、CSIRTの形態を検討し、実際にCSIRTを構築します。CSIRTの構築には、CSIRTの設計、準備、設置し、運用に向けたマニュアルを策定します。運用を開始した後は、CSIRTを強化したり、必要があれば拡張したり、実際のインシデントに対応したりします。

CSIRTには以下のような人材が必要です[18]。

①自組織外、自組織内連絡担当やIT部門との調整を行う調整担当（PoC（Point of Contact））

②情報技術やサイバーセキュリティにおける法的課題やコンプライアンス問題が生じた場合に対応する法務担当

③自組織内調整や情報発信を行うノーティフィケーション担当

④リサーチャーの収集した情報を分析し、その情報を自組織に適用すべきかの選定を行う情報分析担当（キュレーター）

⑤脆弱性情報、脅威情報、国際情勢、メディア情報などを収集し、キュレーターに渡す情報収集担当（リサーチャー）

⑥OSやネットワーク、アプリケーションが安全かどうかの検査を実施し、診断結果の評価を行う脆弱性診断士

⑦自組織環境や情報資産の現状分析を実施するセルフアセスメント担当

⑧自組織の事業計画に合わせてセキュリティ戦略を策定するセキュリティ戦略担当（ソリューションアナリスト）

⑨自組織で発生しているセキュリティインシデントの全体統制を実施するCSIRT全体統括担当（コマンダー）

⑩インシデントの処理を実施するインシデント処理担当（インシデントハンドラー）

---

18)「CSIRTの人材の定義と確保（ver.1.5）」（http://www.nca.gr.jp/activity/imgs/recruit-hr20170313.pdf）

⑪インシデントハンドラーに指示を出し、インシデントの対応状況を把握するインシデント管理担当（インシデントマネージャー）
⑫外部からの犯罪、内部犯罪を捜査する調査・捜査担当（インベスティゲーター）
⑬発生している事象に対して優先順位を決定する優先順位担当（トリアージ担当）
⑭システムの鑑識や解析、報告を実施するフォレンジック担当
⑮役職員向けの教育を実施しリテラシーの向上を図る教育・啓発担当

(3)　日本シーサート協議会

以前は各組織の目的や業種、人員などによって各々のCSIRTが、独自に活動を実施してきましたが、サイバー攻撃は巧妙かつ複雑になってきており、迅速な対応をするためには、単独組織のCSIRTでは困難な状況になってきました。そこで、同じような状況や課題を有する各組織のCSIRT同士による緊密な連携と、様々なインシデントに関する情報、ソフトウェア等の脆弱性情報や攻撃予兆情報など、相互に収集した情報を積極的に共有し、セキュリティインシデントに対応するために、相互に協力し合い、高いレベルでの緊密な連携体制の実現を目指しながら、共通の課題を解決する場を設けることを目的として、日本シーサート協議会が設立されました[19)]。

同協議会は、「正義の味方、自由と責務、チャレンジと自己研鑽及びOpen Door」を行動指針として掲げています。

「正義の味方」とは、社会貢献、有志によるトラブルを解決するための無償の提供、積極的な姿勢、強制的にさせられている訳ではないということを意味します。

「自由と責務」とは、信頼関係を築くためには積極的な連携や情報提供が必要であり、黙って聞いているだけでは信頼は得られず、情報を提供した分だけ信頼感が上がるということを意味します。

---

19)　http://www.nca.gr.jp/

「チャレンジと自己研鑽」とは、常に自己研鑽し、プロフェッショナルであること、新しいことや誰も手をつけていないことには積極的にチャレンジすべきであり、メンバーはその人を否定するのではなく、全力でフォローすることを意味します。

「Open Door」とは、同協議会内や後述するワーキンググループ間では垣根を作らず、どのメンバーも参加や見学に対しては温かく迎えることを意味します。

また、同協議会には、情報共有だけではなく、様々なワーキンググループが組織されています。例えば、CSIRTの構築や運用における課題を抽出する「シーサート課題検討SWG」、セキュリティインシデントに関する脅威情報を共有する「脅威情報共有WG」、複数の企業のインシデント事例を分析することにより効果的な対策が導き出せることを目的とする「インシデント事例分析WG」、CSIRT活動に関連する法制度の整理や裁判例に基づく検討を行う「法制度研究WG」などがあります。

同協議会には、2018年9月10日現在、312チームが加盟しています。

(4)　設問後段について

設問のようなランサムウェアに感染した場合、各CSIRTが保有しているランサムウェアの挙動や対策に関する知見について相互に情報交換することで、対応方法や暗号化されたファイルの復元方法を入手したり検討したりすることが可能になると考えられます。

（北條　孝佳）

Q50 不正指令電磁的記録作成等罪について

わが社は、わが社に届いたコンピュータウイルス付きメールを解析するために、ウイルスを保存し、解析しています。また、ウイルスを解析するためには他のウイルスを検体として収集し、類似点がないかを探しています。ところで、いわゆるウイルス作成等罪とは、どのような犯罪でしょうか。㋐セキュリティの研究者やアンチウイルスソフトの製造販売会社ではない企業が自分たちの解析用にウイルスを保存したり、解析したりすると犯罪になるのでしょうか。また、㋑最近流行っている仮想通貨をマイニングするマイニングソフトウェアをウェブページに埋め込んだり、㋒会社から貸与されているパソコンで同ソフトウェアを実行し、仮想通貨を得たりすることは良いのでしょうか。

A

ウイルス作成等罪は、刑法第19章の2に記載された不正指令電磁的記録を作成等する罪のことをいいます。この犯罪には、①不正指令電磁的記録作成及び提供罪（刑法168条の2第1項柱書）、②不正指令電磁的記録供用罪（刑法168条の2第2項）、③不正指令電磁的記録取得及び保管罪（刑法168条の3）があります。

㋐セキュリティの研究者やアンチウイルスソフトの製造販売会社ではない企業であっても、解析のためにウイルスを保存したり、解析したりする場合には、このようなウイルスを他人のパソコン等で「実行の用に供する」目的がないといえ、これらの罪は成立しません。しかし、㋑ウェブページにマイニングソフトウェアを埋め込んだ場合は、このソフトウェアが不正プログラムに該当するならば、不正指令電磁的記録供用罪が成立する可能性があります。また、㋒会社から貸与されたパソコンで実行して仮想通貨を得た場合には、会社資産を勝手に利用して財産的利益を得ているので、背任罪が成立する可能性がありますので、そのようなことは決してしないでください。

1　背景

電子計算機（パソコンや携帯電話、スマートフォン等のことをいい、以下「パソコン等」といいます。）は広く社会に普及、浸透し、国民の社会生活に欠かせない存在になってきており、重要な社会的機能を有しています。このような社会生活に必要不可欠なパソコン等に対し、不正な指令を有するプログラムが実行されれば、使用者の意図に反する不正な指令が実行され、社会生活に深刻な被害をもたらす可能性があります。しかしながら、このような不正プログラムに対して、パソコン等の社会的機能を保護する必要性があるにもかかわらず、改正前の刑法では、一定の結果を生じさせた場合に限り、電子計算機損壊等業務妨害罪（刑法234条の2）や電磁的記録毀棄罪（同法258条）等が成立するにとどまっていました。そこで、これらの不正プログラムを作成、提供、供用、取得及び保管する行為自体を処罰することができるように、平成23年に刑法が改正され、不正指令電磁的記録作成等罪が新設されました。

このような背景に基づいて新設されましたので、不正指令電磁的記録に関する罪の保護法益は、パソコン等のプログラムに対する社会一般の信頼として社会的法益であるとされています。

2　不正指令電磁的記録とは

⑴　刑法168条の2第1項1号

ア　条文

不正指令電磁的記録作成等罪の対象となる不正指令電磁的記録（以下「不正プログラム」といいます。）とは、「人が電子計算機を使用するに際してその意図に沿うべき動作をさせず、又はその意図に反する動作をさせるべき不正な指令を与える電磁的記録」（刑法168条の2第1項1号）のことをいいます。

イ　ウイルスと不正プログラムの違い

従来のコンピュータウイルス[20]だけではなく、トロイの木馬[21]やスパイウェア[22]等と呼ばれるものであっても、前述しました刑法168条の2第1項1号の定義を満たすものは不正プログラムに該当します。

ウ　使用者の「意図」及び「不正な」の定義

あるプログラムがパソコン等の使用者の「意図に沿うべき動作をさせず、又はその意図に反する動作をさせる」ものかどうかの「意図」は、人が使用するプログラムの機能の内容や機能に関する説明等を総合的に考慮して、その機能につき一般に認識すべきと考えられるところを基準として判断されます[23]。また、「不正な指令」がある場合に限定されているのは、使用者の意図に沿うべき動作をさせない等のものであっても、社会的に許容し得るものが存在することから、このようなプログラムを除外するために設けられています。除外プログラムの例としては、プログラムの製作会社がバグを修正するアップデートプログラムを使用者のパソコン等に無断で自動的にインストールするような機能を有する場合のアップデートプログラムが該当します。

エ「電磁的記録」の定義及び不正プログラム

「電磁的記録」は、「電子的方式、磁気的方式その他人の知覚によっては認識することができない方式で作られる記録であって、電子計算機による情報処理の用に供されるもの」(刑法7条の2) をいいます。

不正プログラムというためには、パソコン等の使用者の「意図に沿うべき動作をさせず、又はその意図に反する動作をさせるべき不正な指令を与える」ものかどうかが重要ですので、ハードディスク内のデータを

---

[20]　「コンピュータウイルス対策基準」(経済産業省)
(http://www.meti.go.jp/policy/netsecurity/CvirusCMG.htm)

[21]　無害プログラム等であるかのように偽ってパソコン等の使用者が気付かないうちに、データの変更や機密データの外部流出、他のパソコン等を攻撃する踏み台等の活動を行うプログラムのことをいいます。

[22]　パソコン等の使用者の気付かないうちにインストールされ、様々な情報を収集し、情報収集者に送信するプログラムのことをいいます。

[23]　「いわゆるコンピュータ・ウイルスに関する罪について」(法務省、2011) 3頁参照
(http://www.moj.go.jp/content/000076666.pdf)

全て消去するようなプログラムであっても、その機能を適切に説明した上で提供されており、パソコン等の使用者の意図に反するものでなければ、不正プログラムに該当しません。他方、事情を知らない第三者に当該プログラムを添付したメールを送付し、誤信した第三者にこのプログラムを実行させ、ハードディスク内のデータを全て消去させたような場合には、そのプログラムの動作は、パソコン等の使用者の意図に反する不正な指令を与えたことになり、不正プログラムに該当します[24)]。

⑵　刑法168条の2第1項2号

「前号に掲げるもののほか、同号の不正な指令を記述した電磁的記録その他の記録」とは、プログラム的には不正プログラムとして完成しているものの、そのままの状態ではパソコン等で動作させ得る状態にないものをいいます。そのため、ソースコードを記録した電磁的記録やソースコードを印刷した紙媒体は同項2号に該当します。

3　不正指令電磁的記録作成及び提供罪（刑法168条の2第1項）

本罪の客体は、不正プログラム及びソースコード等の両方が対象になります。本罪の行為における「作成」とは、コンパイル等を行うことによって実行可能な状態にした不正プログラムやそのソースコードを作成する行為のことをいいます。また、「提供」とは、不正プログラム等であることを知っている者に対して、不正プログラム等をその者に渡して事実上利用し得る状態に置くことをいいます。

本罪は目的犯であり、「人の電子計算機における実行の用に供する目的」とは、パソコン等の使用者の意思とは無関係に勝手に実行されるようにする目的のことをいいます。例えば、ウェブサイト上に不正プログラムをダウンロード可能な状態にし、事情を知らない第三者に不正プログラムをダ

---

24)　杉山徳明・吉田雅之「『情報処理の高度化等に対処するための刑法等の一部を改正する法律』について」法曹時報64巻4号（法曹会、2012）73頁以下参照

ウンロードさせるなどして、不正プログラムと認識せず、実行する意思のない第三者のパソコン上でいつでも実行され得る状態に置く目的が必要になります。そのため、同意を得た他人のパソコンであれば、使用者の意思とは無関係ではありませんので、この目的を満たさなくなります[25)]。

本罪は、正当理由の不存在が規定されています。「正当な理由がない」とは、違法に、を意味します。ウイルス対策ソフトの開発や不正プログラムの研究を行う場合には、人のパソコン等における「実行の用に供する目的」が欠けることになるため、そもそも不正指令電磁的記録作成罪が成立しませんが、明確化のため、正当理由の不存在の要件が規定されています。

不正指令電磁的記録作成罪又は提供罪を犯した場合には３年以下の懲役又は50万円以下の罰金に処せられます。

4　不正指令電磁的記録供用罪（刑法168条の２第２項）

本罪の客体は、不正プログラムに限定され、プログラムのソースコードは対象とされておらず、ソースコードを記録した電磁的記録やソースコードを印刷した紙媒体は該当しません。本罪の行為は、前述のように、パソコン等の使用者が不正プログラムと認識せず、かつ、実行しようとする意思がないのに実行され得る状態に不正プログラムを置くことをいいます。

本罪も不正指令電磁的記録作成及び提供罪と同様に、正当理由の不存在が規定されています。

不正指令電磁的記録供用罪を犯した者は、不正指令電磁的記録作成罪及び提供罪と同様、３年以下の懲役又は50万円以下の罰金に処せられます。

不正指令電磁的記録供用罪の未遂犯は処罰されます（刑法168条の２第３項）。例えば、不正プログラムを電子メールに添付して送信し、受信した第三者がパソコン等に保存しましたが、ウイルス対策ソフトで検知して駆除された場合がこれに当たります。

---

25)　「人」は他人を意味し、行為者自身や同意を得た他人、同意を得たパソコンの管理者等は含まれませんので、「実行の用に供する」ではなく「人」に該当しないという考えもあります。

5　不正指令電磁的記録取得及び保管罪（刑法168条の3）

本罪の客体は、不正プログラム及びソースコード等の両方が対象になります。本罪の行為は、「取得」又は「保管」です。また、本罪は目的犯ですので、「人の電子計算機における実行の用に供する目的」が必要です。不正指令電磁的記録等の取得時にこの目的がなかったとしても保管を継続する途中でこの目的を有した場合は、その時点から不正指令電磁的記録保管罪が成立します。

本罪も不正指令電磁的記録作成及び提供罪と同様に、正当理由の不存在が規定されています。

なお、不正プログラムを作成した後の保管行為については、一時的保管以外の場合は、別個に不正指令電磁的記録保管罪が成立すると考えられます[26)]。

不正指令電磁的記録取得罪又は保管罪を犯した者は、2年以下の懲役又は30万円以下の罰金に処せられます。

6　バグについて

バグとは、プログラミングの過程で作成者も知らないうちに発生するプログラム上の誤り又は不具合のことをいいます。一般的には、プログラムに含まれるバグは不可避的なものとして仕方がないと考えられています。その結果、「意図に沿うべき動作をさせず、又はその意図に反する動作をさせる」要件も、「不正な」要件も満たさないと考えられるため、不正指令電磁的記録には該当しないことになります。また、作成段階でプログラムの作成者がバグの存在を認識していなければ、故意も欠けることになり

26)　最決昭和30年1月14日（刑集9巻1号45頁）及び最判昭和35年3月29日（裁判集刑132号777頁）。覚せい剤の「製造に伴う必然的結果として一時的に所持せられるに過ぎないものと認められない限り、その所持は製造罪に包括、吸収せられるものと認むべきではないから」製造罪の外に所持罪の成立が認められるとした判例です。

ます。

ただし、バグのあるプログラムによって発生する影響を認識していない第三者に、迷惑をかける目的で送付した行為については、送付した者が不正指令電磁的記録供用罪に問われる可能性があります。もっとも、この場合であっても、プログラムの作成者に対しては同罪の適用はありません。

7　設問について

(1)　不正プログラムの解析等をすることは犯罪か

セキュリティの研究者やアンチウイルスソフトの製造販売会社ではない企業が、ウイルス（不正プログラム）を保管しているため、不正指令電磁的記録保管罪の成立が考えられます。しかし、従業員が解析用の目的で不正プログラムを作成した場合には、「実行の用に供する目的」が欠けることになり、不正指令電磁的記録作成及び保管罪は成立しません。また、インターネットからダウンロードしたり第三者から不正プログラムの交付を受けたりした場合は、不正指令電磁的記録取得罪（交付した第三者には不正指令電磁的記録提供罪）の成立が考えられます。しかし、従業員が解析する目的で取得した場合には、「実行の用に供する目的」が欠けることになりますので、同罪は成立しません。

(2)　ウェブページに仮想通貨のマイニングソフトウェアやマイニングコードを埋め込む行為は犯罪か

仮想通貨のマイニングコードを自分のウェブページに埋め込み、閲覧者のパソコンを無断でマイニングに使用させたとして、不正指令電磁的記録供用罪等の疑いで神奈川県警察、埼玉県警察、千葉県警察など10県警が、16人を検挙しています（2018年8月現在）。

ウェブページに仮想通貨をマイニングするコードを埋め込んだ場合、これが不正プログラムに該当するかどうかの判断は難しいと考えられます。

この点、ウェブページの閲覧者に対して勝手にマイニングソフトウェアをインストールさせた場合には、インストールされたプログラムは、ウェブページの閲覧者の意図とは無関係に実行される不正なプログラムといえます。そのため、ウェブページの閲覧者のパソコンに、勝手にマイニングソフトウェアをダウンロード及び保存させた時点で、不正指令電磁的記録供用罪（刑法168条の2第2項）が成立する可能性があります。

しかし、ウェブページの閲覧者にマイニングソフトウェアをインストールさせるわけではなく、JavaScript等のマイニングコードをウェブページに埋め込み、単に閲覧させるだけで当該コードを実行させるような状態であった場合はどうでしょうか。マイニングコードを埋め込んだ者は、閲覧者に対して勝手にマイニングコードを動作させ、CPU等のリソースを使用して、仮想通貨という利益を得ているのだから不正なプログラムだと考える読者もいるかもしれません。しかし、マイニングコードを実行させて利益を得る者と、例えば、ウェブページの閲覧者にCookie情報などを読み込ませ、この情報に紐付けた広告ページが表示されることによって利益を得ているウェブページを作成した者とでは、利益の点で変わりがないにもかかわらず、マイニングコードというだけで不正プログラムに該当するのはバランスが悪いでしょう。また、条文上も、利益を得ているかどうかではなく、ウェブページの閲覧者の「意図」に反して勝手に実行させる「不正な指令」かどうかで判断する必要があり、これは前者については一般に認識すべきか、後者については社会的に許容し得るかどうかが判断基準になると解されています。

これを前提に検討しますと、ウェブ広告は様々なウェブサイトに埋め込まれたCookie等に基づいて生成され、閲覧者に合わせて表示されるようになっており、このような広告ページが大量に次々と勝手に開く（いわゆるブラウザクラッシャーのような状況）ならば格別、そうでなければ、これは一般に認識すべき動作と考えられるため、ウェブ広告を表示させることは、閲覧者の「意図」に反しないと考えられます。他方、マイニングコードについては、閲覧者に勝手にマイニングさせることが一般に認識すべきと考えられるかどうか、また、社会的に許容されているかどうかは現時点において明確とはいえません。もっとも、ウェブページの閲覧者に何ら確認や警告を表示することなく、気付かないうちに勝手に多くのリソースを使用されるマイニングコードを実行させているのであれば、一般的に認識すべきとは考えにくく、また、このような操作を勝手に実行されることは社会的に許容されるものとも考えにくいことから、閲覧者の「意図」に反して勝手に計算を実行させる「不正な指令」に該当する可能性は高いと考えられます。

なお、閲覧者のリソースを勝手に使用させることで、人の業務を妨害したといえる場合には、電子計算機損壊等業務妨害罪（刑法 234 条の 2）の成立も考えられます。もっとも、偽計や威力業務妨害罪（刑法 233 条及び 234 条）と同様に、現実に業務活動が阻害された結果が発生したことは不要と考えられます。

⑶　会社のパソコンでマイニングソフトウェアを実行させることは犯罪か――

従業員が、会社から貸与されているパソコンでマイニングソフトウェアを実行させ、利益を得ていた場合は何罪が成立するでしょうか。

業務を遂行するために会社から従業員に対して貸与されたパソコンであるにもかかわらず、自己の利益を図る目的で、会社から貸与されたパソコンを勝手に使用し、電気も消費して得られた仮想通貨であることから、会社に対する背任罪（刑法 247 条）が成立する可能性があります[27]。

また、会社の就業規則やセキュリティ管理規程等に、「管理者の許可なくプログラムをインストールしてはならない」や「私的な用途で使用してはならない」、などと規定されていた場合は、就業規則等に反し、会社から何らかの処分を受ける可能性が高いでしょう。

---

27)　従業員が電気を横領したとして、業務上横領罪（刑法 253 条）も考えられますが、横領の罪の章にある刑法 255 条は「第 244 条の規定は、この章の罪について準用する。」とあり、刑法 245 条の「この章の罪については、電気は、財物とみなす。」を準用していないため、電気は横領罪の対象にならないと考えられます。

8　不正指令電磁的記録作成等罪の裁判例

(1)　京都地方裁判所平成24年7月3日判決[28)]

本件について、被告人らは、①被告人らが開設したサーバ上に、アクセスしたパソコンに対してマウス操作による移動等ができず、アダルトサイトの有料会員登録が完了した旨等を常時表示する指令を与えるPHPファイル「player_view.php」並びにアクセスしたパソコンに対して前記「player_view.php」に毎起動時及び2分ごとにアクセスさせる指令を与えるPHPファイル「set_reg.php」を保管し、前記サーバ上に開設したアダルトサイト内において、前記「set_reg.php」にアクセスする指令を与えるhtaファイルが実行される「動画再生」と表示されたボタン画像が表示されるように設定した上、平成23年10月5日頃、山梨県北杜市所在の被害者方において、情を知らずに上記画像をクリックした被害者の使用するパソコン上で同ファイルを実行させました。また、②①と同様に、別サーバ上に前記PHPファイルを保管し、設定した上、同年11月3日頃、京都市所在の被害者方において、情を知らずに前記画像をクリックした被害者の使用するパソコン上で同ファイルを実行させたとして、①及び②にそれぞれ不正指令電磁的記録供用罪（他に詐欺罪）が成立し、被告人1名は懲役2年6月、被告人1名は懲役3年に処され、両名に執行猶予4年が言い渡されました。

(2)　千葉地方裁判所平成25年11月8日判決[29)]

本件について、被告人らは特定電子メールの送信の適正化等に関する法律違反に加え、①正当な理由がないのに、人のパソコン等で実行の用に供する目的で、平成24年11月20日頃から平成25年4月10日までの間、被告会社事務所に設置されたパソコンを使用して、実行者の意図に基づかずに同携帯電話機に記録された電話帳データをアメリカ合衆国フロリダ州

28)　京都地判平成24年7月3日（LEX/DB25482154）
29)　千葉地判平成25年11月8日（裁判所ウェブサイト）

内に設置されたサーバに送信する指令を与える不正プログラム「MainActivity.apk」ほか２個を同サーバの記録装置[30]にアップロードしてアクセス及びダウンロード可能な状態で保管し、②被告会社事務所に設置されたパソコンを使用し、上記と同様の指令を与える不正プログラム「LimePop.apk」を上記記録装置にアップロードしてアクセス及びダウンロード可能な状態で保管し、③平成25年１月31日から同年４月８日までの間、3回にわたり、福岡県宗像市所在の被害者らが使用する携帯電話機に、上記記録装置から「MainActivity.apk」をダウンロードさせたとして、①及び②は不正指令電磁的記録保管罪が、③は不正指令電磁的記録供用罪がそれぞれ成立し、被告人会社は罰金500万円、被告人１名は懲役３年及び罰金150万円に、被告人１名は懲役２年に、被告人１名は懲役４月に処されました。

⑶　広島地方裁判所平成27年12月７日判決[31]

本件について、被告人は強制わいせつ罪、強姦罪等に加え、正当な理由がないのに、平成26年12月７日から同月28日までの間、3回にわたり、被害者が使用する携帯電話機に「アンドロイドアナライザー」及び「アンドロイドロスト」と称するインターネット回線を通じて携帯電話機の通話履歴の取得等の指令を与えるプログラムを、その機能を秘して蔵置した上、そのプログラムが実行可能な設定を行ったとして、不正指令電磁的記録供用罪が成立し、懲役７年に処されました。

⑷　東京高等裁判所平成24年３月26日判決[32]

本件は、不正指令電磁的記録作成等罪が新設される前の判決です。被告人は、不正プログラム（通称「イカタコウイルス」）をファイル共有ソフト上に公開し、これを受信・実行した被害者のハードディスクに記録されて

---

[30] 判決文は「記憶装置」と記載されています。

[31] 広島地判平成27年12月７日（LEX/DB25542007）

[32] 控訴審につき東京高判平成24年３月26日（高等裁判所刑事裁判速報（平24）号104頁）及び第１審につき東京地判平成23年７月20日（判タ1393号366頁）。

いたファイルを使用不能にし、ハードディスクの効用を害したため、器物損壊罪が成立しています。原審では、器物損壊罪（刑法261条）における「損壊」とは、物理的に物の全部又は一部を害し、あるいは物の本来の効用を失わせる行為をいい、後者は、客体の効用を可罰的な程度に侵害したかどうかによって判断すべきであり、原状回復の難易をも考慮して検討すべきとし、ハードディスクの読み出し機能及び書き込み機能のいずれかが失われて容易に回復できないのであれば、ハードディスクは本来の効用を失ったというべきと判示し、懲役２年６月を言い渡しました。これに対し、被告人はハードディスクを初期化すれば両機能は再び使用可能であると控訴しました。控訴審でも原審の判断は維持されましたが、量刑については原判決後の事情を考慮して、懲役２年４月に変更されました。

（北條　孝佳）

Q51 営業秘密侵害物品に係る輸出入規制について

平成 28 年 1 月 1 日に施行されました不正競争防止法の平成 27 年改正のうち、営業秘密侵害物品に係る輸出入規制とはどのような内容でしょうか。また、それにより関税法が改正され平成 28 年 6 月 1 日に施行されていますが、どのような内容でしょうか。

A

平成 27 年改正により、「不正競争」の定義の中に、技術上の営業秘密を利用して製造された物品（以下「営業秘密侵害品」といいます。）についての輸出入等が新たに加わりました。その結果、営業秘密侵害品の輸出入が規制されることになりました。そして、この規制をより実効的にすべく、平成 28 年に関税法も改正され、いわゆる水際措置として、税関長は営業秘密侵害物品の輸出入を差し止めることができるようになりました。

1　営業秘密侵害物品に係る輸出入規制について

(1)　改正の概要

平成 27 年改正により、営業秘密に係る不正行為として、不正に取得した技術上の営業秘密を利用して製造された物品（以下「営業秘密侵害品」といいます。）の譲渡、引渡し、譲渡若しくは引渡しのために展示、輸出入、又は電気通信回線を通じて提供する行為についての規制が新たに加えられました（不正競争防止法 2 条 1 項 10 号）。同号は平成 28 年 1 月 1 日に施行されています。

同号は、営業秘密侵害品を製造した者がその物を譲渡等する行為、及び、その物が営業秘密侵害品であることにつき悪意若しくは重過失で当該物品を譲り受けた者が、その物を別途譲渡等する行為を「不正競争」に含めるものです。

(2) 改正の背景

この改正の背景には、営業秘密の保護強化の要請の高まりがありました。

近年、企業にとって基幹技術に係る重要な技術情報の流出事案が多発していました。

方向性電磁鋼板の製造技術を元従業員が約20年にわたり不正に流出させていたとして、新日鐵住金が当該元従業員及び流出先の韓国ポスコ社に対して不正競争防止法に基づき営業秘密の使用差止め及び986億円の損害賠償金の支払いを求めて提訴した事案[33]や、提携先の元従業員が半導体データに係る技術情報を不正に持ち出したとして、東芝が当該元従業員及び流出先である韓国SKハイニックス社に対して不正競争防止法に基づき1,090億円余りの損害賠償の支払いを求めて提訴した事案[34]が挙げられます。

こうして企業の重要な技術情報の流出事案の多発を受け、営業秘密侵害品の譲渡等の規制を行うことにより営業秘密侵害に対する抑止力を向上させることを意図し、平成27年改正がなされました。

2　平成27年改正により規制される物品について

不正競争防止法2条1項10号は、営業秘密侵害品について、「技術上の秘密（営業秘密のうち、技術上の情報であるものをいう。）」と定義しています。すなわち、単なる営業秘密では足りず、技術上の情報という一定の限定が付加されています。

営業秘密侵害品の例としては、ある薬の組成物質の配合割合に関する営業秘密を用いて作られた薬や、ある車の組立技術に関する営業秘密を用い

33)　本件は、韓国ポスコ社の機密情報を中国メーカーに流出したとされ、刑事事件として争われていた際に、韓国ポスコ社の元従業員が本件技術はもともと新日鐵の技術であったと証言したことから発覚しました。最終的に、韓国ポスコ社は、新日鐵住金に対し、300億円を支払う旨の和解で終了しています。

34)　韓国SKハイニックス社が、東芝に対して330億円余りの和解金を支払うことで終了しました。

て作られた車が該当するといわれています[35]。

3　平成28年関税法改正について

(1)　改正の概要

上記の不正競争防止法の改正を受け、営業秘密侵害品の譲渡等のうち、特に輸出入を禁止すべく（いわゆる水際措置）、営業秘密侵害品が輸出入禁止品に新たに追加される改正が行われました（関税法69条の２第１項４号及び69条の11第１項10号）。これにより、税関長は、一定の要件を満たす場合には、営業秘密侵害品の輸出入を差し止めることができます。

(2)　認定手続について

上記改正前から、関税法上、知的財産権（特許権、実用新案権、意匠権、商標権、著作権等）の侵害品や、不正競争防止法２条１項１号及び２号（他人の周知又は著名標章の使用行為）、同項３号（いわゆる他人の商品のデッドコピー）、同項11号及び12号（コピーガード外し）の行為により生じた物の輸出入を禁じる認定制度がありました。上述のとおり、この認定制度の対象に営業秘密侵害品が新たに追加されました。

認定手続の概要としては、税関長は、輸出入されようとする貨物のうちに営業秘密侵害品が含まれると思料するときは、実際に侵害品に該当するか否かを認定するための手続（認定手続）を執ることが求められ（関税法69条の２第１項及び69条の12第１項）、１か月を目途に認定手続が実施されます（関税法基本通達69の3-1-4、同69の12-1-4）。認定手続の結果、営業秘密侵害品と認定された貨物については輸出入が認められず、輸出入者自らによる廃棄や税関による没収などにより、流通が差し止められることになります。この認定手続には、権利者による申立てに基づいて開始する場合と、税関の職権で行われる場合があります（次頁の図のうち権利者による申立ての場合が上段で、税関の職権による場合が後段）。

---

35)　経済産業省知的財産政策室編『逐条解説不正競争防止法』（商事法務、2016）90頁

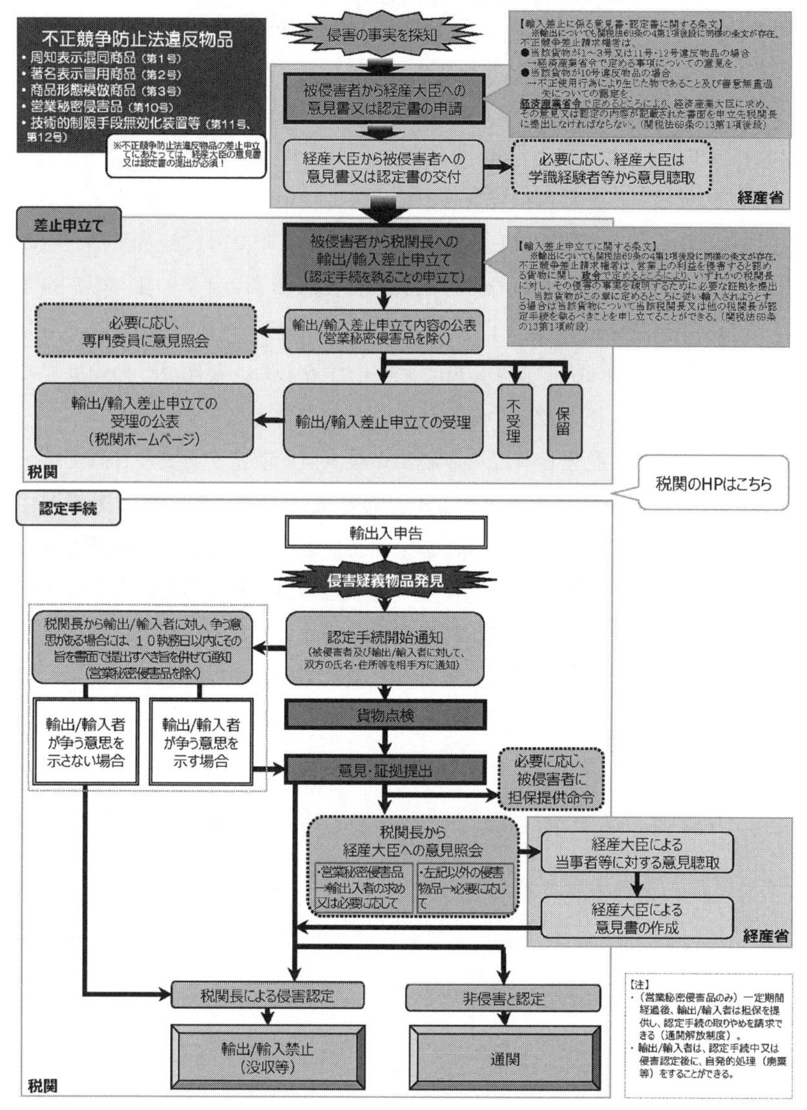

出典：水際措置の流れ（輸出入差止申立て及び認定手続のフロー）（経済産業省）（www.meti.go.jp/policy/economy/chizai/chiteki/pdf/20161012mizugiwanagare.pdf）

⑶　営業秘密侵害品特有の認定手続

税関長に対して認定手続を申し立てるにあたり、不正競争防止法２条１項１号から３号、同項11号及び12号違反の物品の場合は、経済産業大臣の意見書を添付する必要があります（関税法69条の４第１項、同法69条の13第１項、関税法69条の４第１項の規定による経済産業大臣に対する意見の求めに係る申請手続等に関する規則３条）。

これに対して、営業秘密侵害品の輸出入については、税関長に対して認定手続を取るべきことを申し立てるに当たって、申立書に経済産業大臣の認定書面を添付しなければなりません（関税法69条の４第１項、同法69条の13第１項、関税法69条の４第１項の規定による経済産業大臣に対する意見の求めに係る申請手続等に関する規則４条）。すなわち、税関長への申立てに先立ち経済産業大臣の認定手続を経ることが必要となります。

このように営業秘密侵害品のみ経済産業大臣の認定が必要とされているのは、営業秘密侵害品を規定する不正競争法防止法２条１項10号の要件に関係します。すなわち同号は、営業秘密侵害の要件として、不正であることの認識といった輸出入をしようとする者等の主観面の判断を必要としているため、その他の不正競争防止法違反物品と異なり、経済産業大臣がこの主観面等について「認定」を行うとされています[36]。

（山岡　裕明）

[36] 前掲注35　293頁

Q52 ホワイトカラー犯罪とデジタル証拠

ホワイトカラー犯罪という言葉を聞きますが、現代の企業において、特に、どのような類型のホワイトカラー犯罪が注目されていて、また、注目されるべきなのでしょうか。また、企業が、そのような犯罪について司法取引を行うということも考えなければならないのではないかと報道されていますが、具体的には、どのようなことになるのでしょうか。

A

ホワイトカラー犯罪の典型としては、会社の役職員が会社の組織や事業の中で行う詐欺罪、横領罪、背任罪や、公務員による賄賂罪などが挙げられますが、企業が経済活動を行う過程で行われる税法違反、独占禁止法違反、金融商品取引法違反の罪などの財政経済犯罪が注目されています。

2016年の刑事訴訟法の改正により、捜査・公判協力型協議・合意制度（いわゆる日本版司法取引制度）が導入されました。今後、企業は役職員や他の企業の犯罪に係る刑事事件の捜査に協力して、企業自らの刑事処罰の減免を求めるといった場面も増加することが予想されます。

1 「ホワイトカラー犯罪」とは

ホワイトカラー犯罪とは、社会的地位の高い人物がその職業・地位を利用するなどして行う犯罪をいいます。典型的には、会社の役職員が会社の組織や事業の中で行う詐欺罪（刑法246条）、横領罪（同法252条、業務上横領罪は同法253条）又は背任罪（同法247条）や、公務員による賄賂罪（同法197条以下）などが挙げられますが、企業が経済活動を行う過程で行われる税法違反、独占禁止法違反、金融商品取引法違反の罪などの財政経済犯罪も含まれます。また、組織ぐるみのホワイトカラー犯罪においては、多くの場合、犯人隠避（刑法103条）や証拠隠滅（同法104条）といった組織的な隠ぺい行為を伴うことが多々あります。

ホワイトカラー犯罪の特徴としては、犯罪の構成要件が複雑であり、かつ、当該行為が様々な経済活動の一部として行われることが多いため、そもそも犯罪に該当するかどうかの判断が困難であるということがあります。また、自由経済秩序を保護法益とする独占禁止法における私的独占のような類型では、犯罪が行われたこと自体が顕在化しにくく、さらに、企業の利益のために行われ、組織ぐるみで犯罪が発覚しないように工作される場合もあるため、発覚が困難であるという特徴もあります。

そして、デジタル社会においては、業務のほとんどが電子メールや電子ファイルなどの電子データによるやりとりがなされるため、ホワイトカラー犯罪が発生した場合に、組織的に証拠としての電子データの改ざんや消去が行われることが少なくありません。捜査機関は多数のデジタル証拠を証拠として押収し、膨大な電子データの中から決定的な証拠を抽出し、分析しなければならないといった課題が生じています。特に、メールサーバやファイルサーバ等、大容量を有するサーバのデータを全てコピーすることは現実的ではありませんので、当該サーバの管理者の協力が不可欠になっています。

2　ホワイトカラー犯罪における証拠収集について

一般的な犯罪の捜査では、まずは警察がそのほとんどを行い、警察は捜査した事件を検察官に送致し、検察官が必要に応じて更に捜査を行った上で刑事訴追をするか否かの判断を行います。

他方、賄賂罪や財政経済犯罪では、警察が関与せず、検察官が「独自捜査」を行うこともあります。

警察・検察官いずれの捜査活動においても、令状に基づく逮捕・勾留や捜索・差押えといった強制処分の方法を用いて、証拠収集がなされます。

ホワイトカラー犯罪の特色として、警察・検察官といった捜査機関ではなく、国税局、公正取引委員会、証券等監視委員会などの法執行機関が証拠収集を行う場合があります。

刑事処罰を科すことを目的とする捜査とは異なるものとして、行政機関が、行政上の処分（税法上の更正処分や、インサイダー取引に対する課徴金納付命令など）を行うことを目的とする「行政調査」があります。また、行政機関が、刑事訴追を行う検察官に対し、情報提供や刑事告発を行うかを判断するために調査を行う「犯則調査」があります。犯則調査は、実質的には捜査機関が行う捜査に近く、令状に基づく臨検・捜索・差押えが認められていますが、行政調査では、質問に対する虚偽答弁や、立入検査の妨害について刑事罰が科されるという、間接強制によってその実効性が担保されています。

3　ホワイトカラー犯罪対策の重要性の拡大

近年、企業のコンプライアンスが強調されている中で、企業の役職員が関与するホワイトカラー犯罪が発生した場合、当該企業に対するレピュテーションダメージは甚大なものとなります。そして、特に財政経済犯罪の分野においては、法改正が続いており、また、法執行機関による摘発も積極化しているため、企業にとって、財政経済犯罪への対策及び対応の重要性が増しているものといえます。

実際に、企業が捜査・調査を行う関係機関からの事情聴取、資料提出などの要請を受けた場合、当該関係機関に事実誤認などがあるときは早期にこれを是正して、不当な処罰を受けないようにしなければなりません。他方で、捜査・調査に係る事実が認められる場合は、令状に基づく強制処分であるか、任意の捜査・調査であるかにかかわらず、企業は、関係機関に対して誠実に対応し、協力することが重要です。さらに、2016年の刑事訴訟法の改正により、捜査・公判協力型協議・合意制度（いわゆる日本版司法取引制度）が導入されましたので[37]、この制度を有効に活用しなけれ

---

[37]　2018年6月1日に施行されました。

ばならない場面が生じてくるでしょう。

そのためには、犯罪事案に限らず企業不祥事全般にいえることであり、また、日本版司法取引制度が導入される以前からも同様ですが、早期の徹底した社内調査の実施により、正確な事実関係の把握をすることが必要となります。

４　日本版司法取引制度の導入

日本版司法取引制度は、検察官が、「特定の犯罪」について、弁護士の同意を条件に、被疑者・被告人との間で、被疑者・被告人が他人の犯罪事実を明らかにするための供述等をし、検察官が不起訴や特定の求刑等をする旨の合意ができるものです。この制度は、「他人の犯罪」に関する捜査協力をすることと引換えにするものであり、「自己の犯罪」についての捜査協力をしても、司法取引を利用することができないことに留意が必要です。なお、企業などの法人も、被疑者・被告人となり得るため、企業もこの日本版司法取引における合意の主体となり得るといわれています[38)]。

日本版司法取引において、被疑者・被告人が提供できる取引の内容は、①捜査機関の取調べに際して真実を述べること、②証人として尋問を受ける場合において真実の供述をすること、③捜査機関による証拠の収集に関し、証拠の提出その他の必要な協力をすることとされています（刑訴法350条の２第１項１号）。

他方、検察官が提供できる取引の内容は、①公訴を提起しないこと、②公訴を取り消すこと、③特定の訴因及び罰条により公訴を提起し、又はこれを維持すること、④特定の訴因若しくは罰条の追加若しくは撤回又は特定の訴因若しくは罰条への変更を請求すること、⑤求刑において特定の刑を科すべき旨の意見を陳述すること、⑥即決裁判手続の申立てをすること、⑦略式命令の請求をすることとされています（刑訴法350条の２第１

38)　平成27年５月20日付第189回衆議院法務委員会第15号議事録（林眞琴法務省刑事局長発言）

項2号)。

また、手続としては、検察官との合意には弁護人の同意が必要とされ(刑訴法350条の3第1項)、また、その協議の段階から弁護人が関与することが必要であり(刑訴法350条の4)、合意内容は書面により明らかにしなければなりません(刑訴法350条の3第2項)。その合意書面は、当該被疑者に対する被告事件の公判で取調べの対象となり(刑訴法350条の7第1項)、また、その他人の刑事事件の公判での取調べの対象ともなりますので(刑訴法350条の8、同法350条の9)、司法取引をした事実とのその内容は、公開される可能性が高いということになります。

なお、協議の結果、被疑者・被告人と検察官との合意が成立しなかった場合の取扱いについては、協議において行った他人の犯罪事実についての供述は、その供述自体が証拠隠滅などに当たる行為である場合を除いて、証拠とすることができないものとされています(刑訴法350条の5第2項、同3項)。もっとも、かかる供述を手掛かりとして、捜査機関が更に捜査を行い新たな証拠(いわゆる「派生証拠」)を得た場合には、当該派生証拠を公判の証拠とすることは禁止されていないと考えられますので、注意が必要となります。

5　日本版司法取引制度による影響

この制度の対象となる「特定の犯罪」(刑訴法350条の2第2項)には、詐欺罪、横領罪、背任罪、賄賂罪のほか、租税法違反、独占禁止法違反、金融商品取引法違反の罪その他の財政経済関係犯罪として政令で定めるものとされており、ホワイトカラー犯罪とされる罪が広く含まれ、また、企業が関連する犯罪で問題となることの多い犯人蔵匿罪や証拠隠滅罪も含まれるため、企業の犯罪に対する捜査手法が大きく影響を受ける可能性があります。

例えば、企業が関わる犯罪においては、まず会社の下位の従業員から供述を引き出し、それをもとに企業の上層部や企業自体の刑事責任を追及していく「突き上げ捜査」と呼ばれる捜査手法が行われます。この突き上げ捜査において、下位の従業員について不起訴を条件とすることで、これまで以上に企業の上層部や企業自体の犯罪行為への関与についての供述を引き出しやすくなります。

そうすると、企業の上層部及び企業自体としては、犯罪を組織ぐるみで隠蔽することが困難となることに加え、かえって、捜査機関による事案解明に協力することで刑事責任を軽減できるようになります。

したがって、社内で犯罪の疑いを検知した場合には、自発的に社内調査を行い、捜査に先行又は並行して事案の解明を進めることが望ましい場合も増えてくることが予想されます。

なお、日本版司法取引制度が適用される場合には、役職員と役職員との間、又は役職員と企業との間で利益相反が生じることが予想されますので、企業から社内調査を受任した弁護士としては、利益相反関係への留意が必要となります。

（山岡　裕明）

Q53 法執行機関への対応

公務員に賄賂を渡す贈収賄事件や内部情報を利用した株取引を行うインサイダー取引事件などを一部の従業員が犯し、その従業員が会社で使用しているパソコンを警察が押収しに来社するようです。警察から会社に対しこれから捜索・差押え手続を行う旨を告げられた場合、会社としてはどのような対応を取れば良いでしょうか。また、その従業員のパソコンを押収されると、業務に支障を来すおそれがあるのですが、押収を止めることはできないでしょうか。

A

警察が会社に来訪し、代表者や責任者に対しこれから捜索・差押え手続を執行する旨を告げられた場合、まずは捜索差押許可状を示されますので、捜索差押許可状に記載された被疑者の氏名、罪名、差押え対象となっている物、捜索すべき場所等を確認します。

警察からは捜索・差押えに際して誰かを立会人にするよう求められますので、会社の代表者等は、差押対象物がパソコン等の端末であればそのフロアの責任者、ファイルサーバに保存されているデータ等であればシステム管理者等をそれぞれ指定して立ち会わせます。また、システム管理者は、警察から記録命令付差押えを命じられる場合があるため、データの保存場所等を確認し、警察に対しては、どの記録媒体に複写するのか、印刷するのかを確認します。

従業員が使用しているパソコンを押収されると、業務に支障を来すおそれがある場合であっても、捜索差押許可状に記載された差押対象物である限り、拒否することはできません。

1　会社に対する捜索・差押えの手続

(1)　準備

会社による罪証隠滅を防ぐため、捜査機関から会社に対して捜索・差押えをすることを事前に打診をすることはありません。もっとも、会社内にいる従業員が犯罪をしていたため、会社が、捜査機関に対して被害相談をしたり被害届を提出したりしていた場合には、捜査の進展状況から一定程度の時期の予想は付くかもしれません。しかし、会社が全面的に協力する姿勢であれば、捜査機関からは通常、データ等の任意提出を求められることから、強制処分である捜索・差押えが実施される可能性は高くないと考えられます。

仮に捜索・差押えの時期がある程度予想できている場合には、立会いを行う者の決定、顧問弁護士等の立ち会いを求める場合はその依頼や手配、管理職にある従業員等にも対応方法を周知しておき、捜索・差押えが行われることは口外しないこと、マスコミ対応の検討等が必要になります。

会社のフロアが複数あり、それぞれのフロアに捜索・差押え対象物が存在する場合には、相当数の警察官や検察事務官が来社し、捜索・差押えを執行しますので、フロアごとや部屋ごとの責任者が必要になることも考えられます。また、パソコンを差し押さえられた場合に、業務に支障を来す場合には、当該パソコン内に保存されているデータをあらかじめコピーしておくことも必要と考えられます。さらには、捜索・差押えの執行と並行して会議室や応接室等にて被疑者の上司や同僚等の事情聴取が行われる場合もありますので、事情聴取の心構えを教えておく必要があります。

捜索中の対応として、従業員同士の会話を捜査員が聞いている場合もありますので、私語を禁止にすることや、スマートフォン等で電話やメール、LINE 等の SNS 投稿や写真撮影、録音、録画をしないようにしなければなりません。また、部屋の出入りも禁止される場合もありますので、外出や階段、エレベータによる移動も控える必要があります。パソコンでの作業は速やかに終了させ、かかってきた電話の応対も必要最小限にしなければなりません。これらのことを予め従業員に周知しておき、捜索・差押えの妨げにならないように配慮する必要があります。

(2) 搜索差押許可状の呈示

会社に対する捜索・差押えの執行であっても、通常の家宅捜索と執行手続に違いはありません。捜索・差押えの執行には、原則として「処分を受ける者」、すなわち、捜査機関は、会社の代表者等（取締役や支社長等）に対して捜索差押許可状を示されなければなりません（刑訴法222条1項、110条、犯罪捜査規範141条1項）。捜査機関は、通常、内偵捜査により、会社の代表者や支社長が出勤している時間帯を狙って捜索・差押えを執行しますが、仮にタイミングが悪く会社の代表者等が不在の場合には、代表者に代わるべき者である立会人に対して許可状を示せば足ります（犯罪捜査規範141条2項参照）。捜索差押許可状を示された者は、許可状に記載された被疑者の氏名、罪名、差押対象物、捜索すべき場所等（刑訴法219条1項）を確認します。このとき、捜索差押許可状の内容を正確に把握するため、コピーや写真を撮影したいところですが、捜索・差押えを受ける被処分者にはそのような権利は与えられていないため認められません。また、捜査機関から許可状を渡してもらうこともできません[39]。捜査機関としても被処分者に許可状を破られたり、丸めて飲み込まれたりしないようにする必要もあるからです。しかし、正確に把握するために、きちんと記載内容が読めるよう呈示を要求することは可能と考えられます。

従業員から捜査機関に対し、会社の代表者等が不在であるため帰社するまで待ってほしいという要望は聞き入れてもらえず、その場を担当している責任者に許可状を示されれば、捜索・差押えが開始されます。

(3) 立会人

会社は通常、ビル等の建造物に所在しています。建造物で「記録命令付差押状又は捜索状の執行をするときは、住居主若しくは看守者又はこれら

[39] 東京地決昭和34年5月22日（LEX/DB27760649）、金沢地決昭和48年6月30日（LEX/DB27940628）

の者に代わるべき者をこれに立ち会わせなければならない」（刑訴法114条2項）と規定されていますので、捜査機関から誰かを立会人にするよう要求されます。

建造物の看守者とは、建物を現実に支配している者をいいますので、捜索・差押えの対象場所が会社であれば、自社ビルの場合でも、ビルの所有者から一部のフロアを借りている場合でも、建物を管理支配している者が該当します。多くの場合は会社の代表者や支社長等であると考えられます。前述のように代表者等が不在の場合には、看守者に準ずる立場にある者、すなわち当該場所を管理している会社の責任者を「代わるべき者」として捜索・差押えに立ち会わせなければなりません（刑訴法114条2項前段、犯罪捜査規範143条2項前段）。会社の責任者が立会いを拒否した場合は、隣人又は地方公共団体の職員を立ち会わせることになります（刑訴法114条2項後段、犯罪捜査規範143条2項後段）。

パソコン等従業員が使用している端末の捜索・差押えならば、フロアの責任者を、サーバ等のデータに対する捜索・差押えならば、システム管理者を、それぞれ看守者たる会社の代表者に「代わるべき者」として立会人にすることもできます。

会社の顧問弁護士がその場にいる場合には、看守者である会社の代表者が顧問弁護士を指定して立ち会わせることもできます。しかし、顧問弁護士が不在の場合に、顧問弁護士が到着するまでの間、捜索・差押えの執行を止めることができるわけではありません。その場合には、顧問弁護士が到着するまで、別の責任者を立会人として指定しなければなりません。また、顧問弁護士が立ち会う場合であっても、顧問弁護士は会社の従業員でも責任者でもないため、会社の責任者の代理人としての立場で立ち会うことができるに過ぎません。そのため、会社の従業員であれば捜査員に対し従業員の身分証等を見せれば足りるのに対し、顧問弁護士はそのような身分証を有していないことから、代理人であることを証明する委任状などの書面が必要になると考えられます。

一方、本件の被疑者が既に弁護人を選任しており、立会いを求めた場合であっても、刑訴法222条1項は同法113条1項を準用していないことから、弁護人の立会権は認められておらず、会社の代表者等の代わりとしての立会いでなければ、同弁護人を立ち会わせる義務はありません。

⑷　パソコンやサーバのデータに対する差押え

平成23年に刑事訴訟法が改正され、捜査機関は、パソコンやサーバに保存されている電磁的記録、すなわちデータを差し押さえることができるようになりました。このようなデータが捜査上必要である場合に、捜査機関は、パソコンやサーバ内に保存されているデータを、捜査機関が用意した、あるいは会社が用意した別の記録媒体に複写等をした上で、同記録媒体を差し押さえることができます（刑訴法222条1項、99条の2)。複写等の行為は、捜査機関が行うこともできますし、会社の管理者に対して行わせることも可能です（詳細は**2**⑵にて解説）。

⑸　押収の拒否、対応

捜索差押許可状に記載された差押対象物に、被疑事実とは無関係な当該会社にとって重要なデータも保存されたパソコンが該当する場合、当該パソコン内に保存されている営業秘密に該当するデータや他社から受領したデータが保存されている場合などであっても差押えを拒否することはできません[40)]。また、当該パソコン内にしか保存されていないデータがあり、パソコンを差し押さえられてしまうと業務に支障を来す場合であっても、従業員がパソコンを操作してデータが変更・消去されてしまうことは否定できないため、コピーを取ることも認められません。そのため、押収後、捜査機関が被疑事実と関係がないパソコンと判断された場合は、留置の必要がないとして捜査機関から還付されたり（刑訴法222条1項、123条1

---

40)　法律上の拒否事由として、刑訴法105条は、「医師、歯科医師、助産師、看護師、弁護士（外国法事務弁護士を含む。)、弁理士、公証人、宗教の職に在る者又はこれらの職に在つた者は、業務上委託を受けたため、保管し、又は所持する物で他人の秘密に関するものについては、押収を拒むことができる。但し、本人が承諾した場合、押収の拒絶が被告人のためのみにする権利の濫用と認められる場合（被告人が本人である場合を除く。）その他裁判所の規則で定める事由がある場合は、この限りでない。」と規定しています。

項)、還付請求をすることによって仮還付されたり（同法222条１項、123条２項）するまで待つ必要があります。

また、差押処分が違法である場合には、準抗告をし（検察官又は検察事務官の押収に関しては同法430条１項、司法警察職員の押収に関しては同条２項)、処分の取消しが認められれば、押収物が返還されることになります。

(6)　設問後段について

設問後段の回答としては、捜索・差押えの拒否は認められず、業務に支障を来すのであれば、仮還付を請求するしかないと考えられます。もっとも、この請求が認められる可能性は高くないため、あらかじめ差押対象物であるパソコンからデータのコピーを常に保存しておくような運用をすることが望ましいでしょう。

2　その他の手続

(1)　関連性

捜査機関による差押えに当たっては、原則として、当該差し押さえられる物件が犯罪事実との間に関連性があるかどうかを確認しなければなりません。これにつき、最高裁は「令状により差し押えようとするパソコン、フロッピーディスク等の中に被疑事実に関する情報が記録されている蓋然性が認められる場合において、そのような情報が実際に記録されているかをその場で確認していたのでは記録された情報を損壊される危険があるときは、内容を確認することなしに右パソコン、フロッピーディスク等を差し押さえることが許されるものと解される。」と判示し、内容を確認せずに差し押さえた捜査を適法としています[41)]。

また、同様の事案として、「捜査機関による差押は、そのままでは記録内容が可視性・可読性を有しないフロッピーディスクを対象とする場合であっても、被疑事実との関連性の有無を確認しないで一般的探索的に広範

41)　最決平成10年５月１日（裁判所ウェブサイト）

囲にこれを行うことは、令状主義の趣旨に照らし、原則的には許されず、捜索差押の現場で被疑事実との関連性がないものを選別することが被押収者側の協力等により容易であるならば、これらは差押対象から除外すべきであると解するのが相当である。しかし、その場に存在するフロッピーディスクの一部に被疑事実に関連する記載が含まれていると疑うに足りる合理的な理由があり、かつ、捜索差押の現場で被疑事実との関連性がないものを選別することが容易でなく、選別に長時間を費やす間に、被押収者側から罪証隠滅をされる虞れがあるようなときには、全部のフロッピーディスクを包括的に差し押さえることもやむを得ない措置として許容されると解すべきである。」と判示しています[42)]。

パソコンを含む電磁的記録の差押えについては、容量が膨大であり、データ自体に可読性・可視性がなく、確認をすることが困難である一方、データの消去・変更が容易であり、痕跡も残らずにできてしまうことから、電磁的記録媒体の中に被疑事実に関するデータが含まれている蓋然性が認められる場合で、かつ、そのようなデータが実際に記録されているかをその場で確認していたのでは記録されたデータを損壊される危険がある場合には、その内容を確認することなく、差し押さえることができます。特に会社が組織的に行った犯罪については、会社内の被疑者が使用する机の中に保管されていたUSBメモリやCD-R、パソコン等は、犯罪事実に関係するデータが含まれている可能性が高く、これらを押収して削除データも含めて解析する必要性も高い上に、会社側の協力が得られることは考えにくく、罪証隠滅のおそれが認められるといえ、包括的な差押えも認められやすいと考えられます。

一方、会社が捜査に協力する姿勢を見せているのであれば、次項の電磁的記録に係る記録媒体の差押えの執行方法を活用し、パソコン全部を差し押さえるのではなく、ハードディスクの全部や一部をコピーしたハードディスク等を差し押さえる方法を取るように捜査機関に要請することも考えられます。

---

42)　大阪高判平成3年11月6日（判タ796号264頁）

⑵　記録命令付差押え等

サーバ等に保存されているデータについて、捜査上必要があると認められれば、サーバ等の管理者に命令して、当該サーバのデータをCD-RやDVD-R等にコピーさせて、このCD-RやDVD-R等を差し押さえるという記録命令付差押え（刑訴法218条1項、99条の2）が規定されています。もっとも、この差押え手続は、コピーしか認められておらず、また、同命令に対する強制力はありませんので、管理者に拒否されてしまった場合でも罰則はなく、実効性に欠ける規定になっています。

サーバ等に保存されているデータについて、捜査上必要があると認められれば、捜査官自身が当該サーバ上のデータをCD-RやDVD-R等にコピー、印刷、又は移転して、このCD-RやDVD-R等を差し押さえる、あるいは、サーバ等の管理者に指示して当該サーバ上のデータをCD-RやDVD-R等にコピー、印刷、又は移転させて、このCD-RやDVD-R等を差し押さえるという電磁的記録に係る記録媒体の差押えの執行方法（刑訴法222条1項、110条の2）も規定されています。

電磁的記録に係る記録媒体の差押えの執行方法の場合は、捜査官自身がこれを実施できますし、記録命令付差押えとは異なり、コピーだけではなく、元のサーバにデータがなくなる移転をすることも可能です。もっとも、この手続に対しても強制力はなく、サーバ等の管理者が拒否しても罰則もないため、やはり実効性に欠ける規定になっています。

この場合は、原則どおり、サーバ等を差し押さえ、捜査官やその補助者である警察庁技官、都道府県警察の技術職員等が保全手続を実施することができますが、サーバの記録容量が大きすぎたり、管理者のパスワード等やシステム構成が把握できなければ、データ自体を確認したりすることもできませんので、管理者の協力が不可欠と考えられます。

（北條　孝佳）

Q54 刑事事件におけるデジタル証拠の証拠開示 2[43)]

企業ぐるみで犯罪をしてしまい、従業員のパソコンが押収され、代表取締役が起訴されました。押収した従業員のパソコンに対して司法警察職員が作成した解析結果報告書に疑問点があり、こちらでも解析を実施して解析結果に対する反対尋問を行いたいと考えています。そこで、捜査機関が保管している解析結果の対象となった電磁的記録媒体（HDD、USBメモリ等）を弁護人が証拠開示するにはどのようにすればよいでしょうか。また、セクターエラー等により電磁的記録媒体のコピー結果に対するハッシュ値が異なる場合の取扱いについてもどうすればよいでしょうか。

A

捜査機関が保管している電磁的記録媒体を弁護人が証拠開示する手続には、①弁護人から検察官に任意開示を求める方法、②証拠として提出が予定されている場合は証拠開示請求による方法、③公判前整理手続又は期日間整理手続に付された場合には、検察官が請求する証拠を開示する方法、類型証拠の開示を請求する方法、主張関連証拠の開示を請求する方法があります。

また、セクターエラー等により電磁的記録媒体から別の電磁的記録媒体にコピー（謄写）を行ってもハッシュ値が一致しない場合には、裁判所に対してこの電磁的記録媒体の鑑定請求を行い、第三者が同媒体に対して直接鑑定を行う方法ができる場合があります。

43)　高橋郁夫ほか『デジタル証拠の法律実務Ｑ＆Ａ』（日本加除出版、2015）Q38「刑事事件におけるデジタル証拠の証拠開示」参照

1　デジタル証拠の開示方法（設問前段について）

検察官が証拠として解析結果報告書の提出を予定しており、弁護人がこの解析結果の信用性に疑問があると判断した場合、弁護人としては解析結果報告書の基になった元データが保存されている電磁的記録媒体の開示を受け、同様の解析結果になるかどうかの確認を行うことが望ましい場合があります。検察官が、証拠として電磁的記録媒体自体を提出する予定の場合は、証拠物の閲覧及び謄写請求を行い、弁護人はコピー（謄写）された電磁的記録媒体を、デジタルフォレンジック業者等の鑑定人に依頼して解析を行うことができます。しかし、検察官は、通常、電磁的記録媒体そのものを証拠として提出することは考えにくく、解析結果報告書等を証拠として提出することになるため、捜査機関が保管する、証拠として提出を予定していない電磁的記録媒体を開示（閲覧及び謄写）させる手続が必要になります。

2　開示手続

(1)　取調べ請求の対象となる証拠物の閲覧及び任意開示としての閲覧及び謄写

検察官が証拠として電磁的記録媒体を提出する予定の場合には、検察官はこの証拠物について被告人又は弁護人に閲覧する機会を与える必要があります（刑訴法299条１項本文後段[44]）。もっとも、コピー（謄写）をすることは同項の文言上認められているわけではありませんが[45]、実務上、証拠

[44]　刑訴法299条１項「検察官、被告人又は弁護人が証人、鑑定人、通訳人又は翻訳人の尋問を請求するについては、あらかじめ、相手方に対し、その氏名及び住居を知る機会を与えなければならない。証拠書類又は証拠物の取調を請求するについては、あらかじめ、相手方にこれを閲覧する機会を与えなければならない。但し、相手方に異議のないときは、この限りでない。」

[45]　日本弁護士連合会からの「刑事訴訟法第299条第１項等の改正に関する提言」においても刑訴法で公判前整理手続に付されない場合であっても弁護人に謄写の機会を与えるよう明文化すべきとされています。
（https://www.nichibenren.or.jp/activity/document/opinion/year/2009/090220_1.

書類に関しては弁護人にコピーする機会が与えられているのと同様に、証拠物である電磁的記録媒体に関しても検察官が任意に応じる場合に、コピーをすることができます。証拠として電磁的記録媒体を提出する予定がない場合でも、検察官が任意にコピーに応じるのであれば、同様に認められます。

電磁的記録媒体を閲覧する場合は、電磁的記録媒体の外観そのものを閲覧する場合と電磁的記録媒体の中身（電磁的記録）を閲覧する場合があります。電磁的記録媒体の中身を閲覧するには、検察側が用意したパソコンに、証拠物である電磁的記録媒体又はコピーした電磁的記録媒体を接続してディスプレイ画面で確認します。電磁的記録媒体をコピーする場合は、弁護人がコピー先となるHDD等の電磁的記録媒体を用意して検察側に提供し、検察所有（又は警察所有）の物理コピー装置を用いてコピーが行われ、後日コピーされた電磁的記録媒体が返却されます。

⑵　証拠として提出された場合の証拠開示請求

公判手続が開始され、検察官が証拠として電磁的記録媒体を裁判所に提出した場合、弁護人は裁判所において、電磁的記録媒体を閲覧及びコピーすることができますが、証拠物をコピーする場合は裁判長の許可が必要です（刑訴法40条）[46]。もっとも、この段階になる前に、証拠として電磁的記録媒体を提出する予定であれば、事前の手続等によって判明しているので、刑訴法40条の手続によることはあまりないものと考えられます。

⑶　公判前整理手続又は期日間整理手続に付された場合の証拠開示請求

刑事手続が公判前整理手続又は期日間整理手続に付された場合、検察官が提出を予定している証拠は、弁護人に対して閲覧及び謄写する機会を与

---

html及び https://www.nichibenren.or.jp/library/ja/opinion/report/data/090220_1.pdf）

46)　刑訴法40条「弁護人は、公訴の提起後は、裁判所において、訴訟に関する書類及び証拠物を閲覧し、且つ謄写することができる。但し、証拠物を謄写するについては、裁判長の許可を受けなければならない。」

える必要があります（刑訴法316条の14第1項1号）[47]。そのため、検察官が電磁的記録媒体を証拠として提出する予定である場合には、この手続によってコピーすることができますが、通常、電磁的記録媒体そのものを証拠として提出することは、考えにくいでしょう。

検察官が証拠として保管している電磁的記録媒体を提出する予定がない場合であっても類型証拠開示（同法316条の15第1項1号）の手続によることが考えられます。これは、検察官請求証拠の証明力[48]を判断するために証拠の開示を求める手続ですので、解析結果報告書等が検察官請求証拠の場合には、この報告書等の証明力を判断するために、解析結果の対象である元データについての証拠物として電磁的記録媒体を開示するよう請求することが考えられます。

さらに、主張関連証拠（同法316条の20第1項）についても、弁護人が主張する内容に関連した証拠として電磁的記録媒体の開示を請求し、要件を満たす場合には、検察官は弁護人に対して電磁的記録媒体を開示しなければなりません。

電磁的記録媒体のコピーを行う場合は、前述同様、弁護人がコピー先となるHDD等の電磁的記録媒体を用意して検察側に提供し、検察所有（又は警察所有）の物理コピー装置を用いてコピーが行われ、後日コピーされた電磁的記録媒体が返却されます。

3　鑑定処分（設問後段について）

証拠物となっている電磁的記録媒体の読出し機能又は電磁的記録媒体の個別部品（ハードディスクドライブならプラッタ、USBメモリならフラッシュメモリチップなど）等が原因となり、電磁的記録媒体の一部がセクターエラーや読取りエラー等によって物理コピー装置を用いてコピーをしたとし

[47] 公判前整理手続に付されている場合は条文上、弁護人に証拠（証拠書類及び証拠物）を謄写する機会が与えられています（刑訴法316条の14第1項1号）。

[48] 証明力とは、証拠が裁判官の心証に及ぼす力をいい、証拠の有する一般的信用性（信用力）及び証拠価値のことをいいます。

てもハッシュ値[49]が一致しない場合には、完全なコピーができていない可能性があります。このような場合、どの部分がセクターエラー等になっているかが判明し、その部分が解析において重要ではない場合には問題は生じないと考えられます。しかし、どの部分がセクターエラー等になっているのか不明である場合には、電磁的記録媒体のコピーが完全ではなく、例えば削除されたデータの完全な復元ができなくなったり、断片的な復元が困難になったりする可能性もあります。そのため、このような場合には、証拠物である電磁的記録媒体を直接パソコン等に接続して解析する必要が生じます。そこで、弁護人は、起訴前であれば検察官や司法警察職員に対して、鑑定嘱託を行うように申し立て（刑訴法 223 条 1 項）、起訴後であれば、裁判所に対して鑑定処分を行うよう鑑定請求の手続（同法 165 条）をとることが考えられます。もっとも、捜査機関は解析を実施して終了しているため、起訴前に捜査機関が捜査機関以外の第三者に電磁的記録媒体を鑑定するよう嘱託することは考えにくく、通常は、起訴後に弁護人が裁判所に対して鑑定請求を行うと考えられます。なお、弁護人が作成する鑑定請求書には、鑑定対象物、鑑定事項、鑑定を求める理由等を記載して請求する必要があります。

裁判所が鑑定処分をする必要があると判断した場合には、裁判所は鑑定人を指定し、鑑定処分（同法 165 条）を命じ、鑑定人は証拠物である電磁的記録媒体を直接鑑定することができます。鑑定人は鑑定するに際し、電磁的記録媒体を外部記録装置として解析用パソコンに USB 等により接続して実施します。この場合、USB 等に接続された電磁的記録媒体のデータが変更されるおそれが生じるため、電磁的記録媒体に書込みを行わないライトブロッカー（Write Blocker）と呼ばれる機器を介して USB 等の接続を行い、解析を実施することが望ましいと考えられます。もっとも、証

---

49)　ハッシュ値とは、元になるデータから一定の計算手順（ハッシュ関数）により求められた、規則性のない固定長の値のことをいいます。128 ビットの固定長を出力する MD5、160 ビットの固定長を出力する SHA1、256 ビットの固定長を出力する SHA256 などがあります。詳細は、髙橋郁夫ほか『デジタル証拠の法律実務Ｑ＆Ａ』（日本加除出版、2015）76 頁以下参照。

拠物である電磁的記録媒体のデータが変更されるおそれが完全に払拭されたわけではないため、鑑定処分を行うには、証拠物を破壊することも必要な処分として認められるように、鑑定処分許可状の発付を受けることになります（同法168条1項、2項）。

なお、セクターエラー等がなく完全なコピーができた場合であっても、弁護人は、裁判所に対して鑑定請求をすることは可能です。裁判所は、鑑定をする必要があると判断した場合には、鑑定人に鑑定を命じます。

また、捜査機関は、解析結果報告書等を作成し、電磁的記録媒体を保管しておく必要がなくなった場合には、当該媒体を所有者に還付する場合があります（同法222条1項、123条1項）。この場合には、当該媒体のデータに変更が生じないよう保管しておき、必要があれば、裁判所に対して鑑定請求をするか、弁護人が鑑定人に依頼して私的鑑定を実施することが望ましいと考えられます。

弁護人が鑑定人に依頼して実施する私的鑑定と捜査機関が依頼して行う嘱託鑑定や裁判所が命じる鑑定処分の違いとして、私的鑑定の場合には、鑑定費用がかかりますが、鑑定結果を確認及び検討してから証拠として提出する又はしないとの判断をすることができます。一方、捜査機関が依頼して行う嘱託鑑定や裁判所が命じる鑑定処分の場合には、鑑定費用はかかりませんが、捜査機関や裁判所は鑑定の必要性がないと判断して、嘱託鑑定をしない、又は鑑定処分を命じないおそれがありますし、作成された鑑定書が被告人に不利な結果であっても証拠にしないという選択はできません。また、鑑定処分の場合は弁護人に立会権が認められますが、嘱託鑑定の場合は認められません。これらのメリット、デメリットを考慮して弁護人は裁判所に対して鑑定処分を請求するか否かを検討する必要があります。

（北條　孝佳）

Q55 クラウド上のデータの差押え（リモートアクセスによる複写の処分）

会社の従業員が犯した事件に関して、警察官が、家宅捜索を行うため、パソコンに対する令状の発付を受けて、現場に赴いたところ、被疑者である従業員のパソコンがインターネットにつながっている状態で、会社が利用しているクラウド型のメールサービスと接続していることがわかりました。そのメールの本文をそのままダウンロードして差し押さえられたのですが、これは、法的に問題はないのでしょうか。また、被疑者のパソコンを差し押さえた後、警察署に持ち帰り、検証許可状を取得して会社が利用しているクラウド型のメールサービスからメールの本文をダウンロードして差し押さえたのですが、これについても、法的に問題はないのでしょうか。

A

刑事訴訟法218条2項はリモートアクセスによる複写の処分が規定され、同法219条2項はこの処分を行う場合は、差押許可状に、差し押さえるべきパソコンからインターネットに接続されたクラウド上に存在するダウンロードすべきデータの範囲が記載されていなければならないことが規定されています。本件において、警察官は、パソコンの差押許可状の発付を受けていますが、この令状にクラウド上に存在するダウンロードすべきデータの範囲が記載されていなければ、本件処分は違法になります。また、リモートアクセスによる複写の処分は、クラウド上に存在するデータを差し押さえるべきパソコンにダウンロードした後に、このパソコンを差し押さえる順番でなければなりませんので、パソコンを差し押さえた後にクラウド上に存在するデータをパソコンにダウンロードすることはできません。これは検証許可状を取得していても同様ですので、本件処分は違法になります。

1　接続サーバ保管の自己作成データ等の差押え（リモートアクセスによる複写の処分）（刑訴法 218 条 2 項）とは

(1)　リモートアクセスによる複写の処分について[50)]

リモートアクセスによる複写の処分（刑訴法 218 条 2 項、裁判所が行う場合は同法 99 条 2 項）は、「サイバー犯罪に関する条約」（平成 16 年 7 月発効）に伴う国内法整備の一環として行われた平成 23 年刑事訴訟法改正によって新設された新しい捜査手法です。

リモートアクセスによる複写の処分とは、差し押さえるべき物がパソコンや携帯電話、スマートフォン、タブレット端末等（条文上は「電子計算機」のことをいい、以下「差押え対象パソコン等」といいます。）である場合において、①差押え対象パソコン等にネットワークで接続されているデータストレージ（記録媒体）であって、②このパソコン等で作成、変更したデータ（電磁的記録）又はこの差押え対象パソコン等で変更若しくは消去する権限が認められているデータを保管するために使用されていると認めるに足りる状況にあるものから、③そのデータをこの差押え対象パソコン等や他の記録媒体にコピー（複写・ダウンロード）し、差押え対象パソコン等や他の記録媒体を差し押さえることができます。

以下、①、②、③の各要件について説明します。

ア　リモートアクセスによる複写の処分の要件①

差押え対象パソコン等にネットワークで接続されているデータストレージ（以下「リモートサーバ」といいます。）には、ファイルサーバ、メールサーバ、Google Drive[51)]や Dropbox[52)]、Evernote[53)]、One-

---

50)　刑訴法 218 条 2 項「差し押さえるべき物が電子計算機であるときは、当該電子計算機に電気通信回線で接続している記録媒体であつて、当該電子計算機で作成若しくは変更をした電磁的記録又は当該電子計算機で変更若しくは消去をすることができることとされている電磁的記録を保管するために使用されていると認めるに足りる状況にあるものから、その電磁的記録を当該電子計算機又は他の記録媒体に複写した上、当該電子計算機又は当該他の記録媒体を差し押さえることができる。」

51)　米 Google 社が提供しているサービス。

52)　米 Dropbox 社が提供しているサービス。

53)　米 Evernote 社が提供しているサービス。

Drive[54]等のクラウド型ストレージサーバ、FTPやSFTP、SSH等の接続によってアクセスできるサーバ等が対象になると考えられます。なお、ネットワークである「電気通信回線」は有線、無線を問いません。

イ　リモートアクセスによる複写の処分の要件②

差押え対象パソコン等と接続されているリモートサーバ内に保存されている全てのデータが差押え対象になるのではなく、㋐差押え対象パソコン等を用いて作成や変更をしたデータ、あるいは、㋑他のパソコン等で作成されたが差押え対象パソコン等で変更や消去ができる権限が認められているデータに限定され、㋒このデータを保管するためにリモートサーバが使用されていると認めるに足りる状況にあるものが該当します。

㋑の「変更」や「消去」をする権限は、事実上のものも含まれますが、単に技術的にデータの変更や削除ができるに過ぎない場合は含まれません。条文上「変更若しくは消去をすることができる」という文言ではなく、「変更若しくは消去をすることができることとされている」と規定されているのはこれらの権限が認められているという趣旨が含まれているからです。このような権限が認められているリモートサーバ上のデータは、複数の者が管理・利用している場合のデータも該当します。また、このデータは電磁的記録[55]であるため、ExcelやWordファイルが該当することはもちろんのこと、メールサーバに保管されているメールデータやデータベース内に格納されたデータ、複数のサーバに分割して保管され結合することによって一つのファイルになるような形状のファイルも含まれると考えられます。

なお、「変更」や「消去」ができる権限には、閲覧のみの権限は含まれず、閲覧のみの権限しか認められていないデータは対象外です。

㋒については、差押え対象パソコン等の使用状況等を考慮し、リモートサーバ上のデータが差押え対象パソコン等で作成・変更したデータ等

---

54)　米Microsoft社が提供しているサービス。

55)　刑法7条の2「この法律において『電磁的記録』とは、電子的方式、磁気的方式その他人の知覚によっては認識することができない方式で作られる記録であって、電子計算機による情報処理の用に供されるものをいう。」

を保管するために使用されている蓋然性が認められることをいいます。

また、リモートアクセスによる複写の処分の対象データは被疑事実と関連性があるデータに限られます。もっとも、ファイルごとに被疑事実との関連性の有無を常に判断しなければならないわけではありません。ただし、関連性の有無の判断が容易であり、関連性のないことが明らかな場合には、当該データをリモートアクセスによる複写の処分の対象データとすることはできません。

ウ　リモートアクセスによる複写の処分の要件③

リモートサーバ上のデータを㋐差押え対象パソコン等や他の記録媒体（USB メモリや外付けハードディスク、CD-R、DVD-R 等）にコピー（複写・ダウンロード）して、㋑差押え対象パソコン等や他の記録媒体を差し押さえることができます。

㋐はリモートサーバ上のデータはコピーすることしかできず、リモートサーバ上のデータを消去してしまう「移転」をすることはできません。これは、リモートサーバ上に保存されているデータを複数の者が管理・利用している場合、データの移転により他の利用者（保管者）の利益に影響を与えるおそれがあることに配慮したことにあります[56)]。ただし、差押え対象パソコン等のメーラの設定によりメールサーバからダウンロードすると自動的にメールサーバから消去されるようになっていた場合は、結果的に消去されてしまいますが、処分者が積極的に消去したものではないことから、移転ではなく、コピーに該当すると考えられます[57)]。

㋑はリモートサーバ上のデータをコピーして保存した差押え対象パソコン等や差押え対象パソコン等に接続された他の記録媒体を差し押さえることができます。これは、差押え対象パソコン等の HDD や SSD 等の記録容量が足りない場合や差押え対象パソコン等を後で解析する必要がある場合に削除領域等が上書きされてしまうことを防ぐために他の記

---

56)　法制審議会刑事法（ハイテク犯罪関係）部会議事録（第４回）参照

57)　杉山徳明、吉田雅之「『情報処理の高度化等に対処するための刑法等の一部を改正する法律』について」法曹時報 64 巻５号（法曹会、2012）104 頁参照

録媒体にコピーして差し押さえることが認められています。ただし、リモートサーバ上のデータを捜査機関が用意した別のリモートサーバ上にコピーすること（クラウド間のコピー）は、差押え対象パソコン等にコピーしているわけではないため、認められないと考えられます。

なお、後述のように、リモートサーバ上のデータを差押え対象パソコン等や他の記録媒体にコピーした後に当該差押え対象パソコン等を差し押さえなければならず、差押え対象パソコン等を差し押さえた後に同パソコン等を用いてリモートサーバ上のデータをコピーすることはできないことに注意する必要があります。

(2)　リモートアクセスによる複写の処分の令状

リモートアクセスによる複写の処分は、強制処分の一つとして実施され、無令状の例外を認めていないため、常に差押許可状が必要になります[58]。また、刑訴法219条2項は、「差し押さえるべき電子計算機に電気通信回線で接続している記録媒体であつて、その電磁的記録を複写すべきものの範囲を記載しなければならない。」と規定されており、捜索差押許可状にコピーすべきデータの範囲が記載されていなければなりません（裁判官が行う場合は刑訴法107条2項）。コピーすべきデータの範囲は、例えば、被疑者が使用するメールクライアントに保存されたアカウントに対応するメールサーバのメールボックス内のメールデータや被疑者のパソコン等に記録されたIDによってアクセス可能なリモートサーバのデータ領域等によって範囲を特定することができます。

ただし、リモートサーバの物理的な所在場所までを特定することは不要です。もっとも、リモートサーバが日本国外に所在することが判明している場合には、技術的にはリモートアクセスによる複写の処分を行うことができたとしても、後述のように、他国の主権が及ぶ場所に所在するリモートサーバに対し、日本の捜査権限を行使することになりますので、差し控

---

58)　刑訴法222条1項は、220条1項2号による差押えについて99条2項を準用していないため、逮捕に伴う無令状の捜索・差押えとして、差押え対象パソコン等を差し押さえることはできるが、リモートアクセスによる複写の処分をすることはできません。

えるべきとされています。

2　設問前段について

設問前段は、被疑者のパソコンを差し押さえるための捜索差押許可状を取得していますが、刑訴法219条2項に規定する事項を記載した差押許可状ではありませんので、リモートサーバ上のデータを差し押さえることができません。にもかかわらず、クラウド型のメールサービスからメールを差押え対象パソコン等にダウンロードして差し押さえているため設問前段は違法です。

3　問題点

(1)　差押え後のリモートアクセスによる複写の処分

リモートアクセスによる複写の処分は、リモートストレージ上のデータを差押え対象パソコン等や他の記録媒体にコピーし、差押え対象パソコン等や他の記録媒体を差し押さえる強制処分であり、差押え対象パソコン等を差し押さえた後に、事後的に警察署から同パソコン等を使用してリモートサーバにアクセスし、データをコピーすることは認められません。前述のリモートアクセスによる複写の処分の要件を満たしたリモートサーバ上のデータは、差押え対象パソコン等と一体的に利用されているものと認められるために、差押え時にその状態を保全することを認め、リモートサーバ上のデータへのアクセスを例外的に認めたものですので、事後的な検証等によるリモートアクセスによる複写の処分をすることは法が予定していない捜査方法であるため、認められません。

(2)　リモートサーバが他国にある場合

リモートサーバが他国に所在した場合、捜査権限を及ぼすことは他国の主権を侵害する可能性があります。サイバー犯罪に関する条約32条本文は、「締約国は、他の締約国の許可なしに、次のことを行うことができる」

と規定され、同条「a　公に利用可能な蔵置されたコンピュータ・データにアクセスすること」、及び「b　自国の領域内にあるコンピュータ・システムを通じて、他の締約国に所在する蔵置されたコンピュータ・データにアクセスし又はこれを受領すること。ただし、コンピュータ・システムを通じて当該データを自国に開示する正当な権限を有する者の合法的なかつ任意の同意が得られる場合に限る。」と規定されており、捜査機関によるアクセスが許されるかどうかは明示されておらず、国際的な統一見解も存在しません。そのため、リモートサーバが他国に所在することが判明した場合には、リモートアクセスによる複写の処分は差し控え、他国の同意を得るか、国際捜査共助を要請する方法によることが望ましいと考えられ、後述する裁判例でも同内容を判示しています。もっとも、日本国内に所在せず、他国に所在することは判明しているが、クラウド上に分散配置されているようなデータの場合は、どの国にデータが存在するかが不明であり、このような場合に、どの国の同意を得るのか、国際捜査共助をどの国に要請するのかが判明しないという「場所の喪失」という問題が生じます。

4　差押え後に検証許可状によってリモートストレージ上のデータを複写した処分が違法となった裁判例[59)]

(1)　事案概要

被告人は、有印公文書及び有印私文書を偽造、その他の犯行に及んだとされる事件で起訴され、捜査機関が行ったメールサーバ上に保存されている送受信メールの閲覧及び同メールを差押え対象パソコンにコピーした検証方法に重大な違法があるため、違法収集証拠として証拠排除を求め、被告人が偽造関係事件の犯人性を争った事件です。

59)　横浜地判平成28年3月17日（LEX/DB 25542385）及び東京高判平成28年12月7日（裁判所ウェブサイト）

⑵　違法なリモートアクセスによる複写の処分

判決で認められた事実は次のとおりです。

神奈川県警本部の警察官ら（捜査機関）は、平成24年9月18日、本件各公訴事実とは別件である携帯電話通信事業者による契約者等の本人確認等及び携帯音声通信役務の不正な利用の防止に関する法律違反、偽造有印公文書行使幇助を被疑事実として被告人を通常逮捕し、捜索差押許可状に基づき被告人方等を捜索し、被告人の所有するパソコンを差し押さえました。この捜索差押許可状には、刑訴法218条2項を実施する場合のリモートサーバ上のデータの範囲（同法219条2項）としてメールサーバの記録領域等が記載されており、リモートアクセスによる複写の処分が許可されていました。しかし、捜査機関は捜索差押時にメールサーバにログインするアカウントのパスワードが判明していなかったため、現場ではリモートアクセスによる複写の処分を行うことができませんでした。

捜査機関は差し押さえたパソコンを県警本部にて解析したところ、メールアドレスのアカウント及びパスワードが判明したので、平成24年11月16日、メールサーバ上にある被告人のメールアカウントにログインする旨も記載した捜査報告書を添付して検証許可状の発付を請求し、裁判官から差し押さえたパソコンを「検証すべき物」として検証許可状の発付を受けました。捜査機関は、本件検証許可状に基づき、差し押さえたパソコンのHDDをコピーした検証用HDDを用いてインターネットに接続及びメールサーバにログインし、被告人のメールアカウントに対応する送受信メールを抽出し、ダウンロードして差し押さえたパソコンに保存しました。

⑶　本件検証に対する裁判所の判断

裁判所は本件検証の違法性につき次のとおり判断しました。

刑訴法218条2項で規定されているリモートアクセスによる複写の処分は、「電子計算機の差押えに先立って行われるものであり、差押終了後に行うことは想定されていない」にもかかわらず、捜査機関が、差押え終了後にメールサーバ上の被疑者のメールアカウントに係る送受信メールを閲覧し、「保存するという本件検証は、メールサーバの管理者等の第三者の権利・利益を侵害する強制処分にほかならず、捜査機関が、このような強制処分を司法審査を経ずに行ったということは、現行の刑事訴訟法の基本的な枠組みに反する違法なものであったといわざるを得ない」。

また、「アクセスされたメールサーバは米国法人」のものであり、「他国に存在する可能性が十分にあることを前提とせざるを得ない」のに、「これにアクセスすることは、」他国の「主権に対する侵害が問題となり得るのもの」である。捜査機関としては、メールサーバが「外国に存在すると認められる場合には、…リモートアクセスによる複写の処分を行うことは差し控え、国際捜査共助を要請する方法によることが望ましい。」にもかかわらず、本件検証を行ったのであるから、「捜査機関は、…関連する法的問題に対する適切な配慮を欠いていたといわざるを得ない」。また、本件検証に用いられたメールサーバにアクセスするためのパスワードは解析結果から判明したのであり、「権限を有する者がそのパスワードの使用を承諾をしていたような証拠は全くなく」「権限を有する者の承諾の観点から…正当化される余地」もなく、不正アクセス行為[60]も「問題とされ得るものである」。

他方、捜査機関は、当初「リモートアクセスを許容する捜索差押許可状の発付を受けて」おり、「本件検証に当たって検証許可状の発付を受け」ていたのであるから、「令状主義潜脱の意図はなかった」とも主張している。しかし、本件検証は、「刑事訴訟法の基本的な枠組みに反して第三者の権利・利益を司法審査を得ずに侵害し…、検証におけるリモートアクセスという法が許容しない捜査方法を断行して」おり、「令状主義に関する法令を遵守する姿勢が欠けていたことは否定できない。したがって、本件検証の違法性の程度は…重大なものであり、令状主義の精神を没却するとの評価を免れない。」と判示し、控訴審においてもこの判断は正当であると判示しました。

---

60)　不正アクセス行為の禁止等に関する法律3条「何人も、不正アクセス行為をしてはならない。」及び11条「第3条の規定に違反した者は、3年以下の懲役又は100万円以下の罰金に処する。」

⑷　結果

本件検証には重大な違法があり、直接得られた証拠及び密接な関連性がある証拠についても証拠能力が否定され、証拠が排除されました。もっとも、密接な関連性がない証拠については証拠能力が認められ、これらの証拠から被告人が偽造関係事件の犯人であること、その他の公訴事実の犯人であること等も認められ、懲役８年に処されました（求刑は懲役９年）。

5　設問後段について

設問後段は、前述の裁判例と同様の事案であり、設問では他国のクラウド型メールサービスかどうかは不明ですが、国内のサーバであっても差押え後に検証許可状に基づいてリモートアクセスによる複写の処分を実施することはできません。したがって、設問後段も違法になります。

（北條　孝佳）

事項索引

【あ】

【か】

【さ】

【た】

【な】

【は】

【ま】

【P】

【Q】

【S】

【T】

【W】

編集者紹介

高橋　郁夫（たかはし　いくお）

駒澤綜合法律事務所所長・弁護士、株式会社ITリサーチ・アート代表取締役、宇都宮大学大学院工学部講師、第一東京弁護士会総合法律研究所IT法研究部会部会長（〜2016）。

情報セキュリティ/電子商取引の法律問題、特に、脆弱性情報の責任ある流通体制・ネットワークにおけるプライバシーとセキュリティのバランスなどを専門として研究する。法律と情報セキュリティに関する種々の報告書に関与し、多数の政府の委員会委員（総務省「次世代の情報セキュリティ政策に関する研究会」など）を務める。著書に『仮想通貨』（共著、東洋経済新報社・2015年）、『デジタル証拠の法律実務Q＆A』（共編、日本加除出版・2015年）ほか。平成24年3月情報セキュリティ文化賞を受賞。

鈴木　　誠（すずき　まこと）

昭和63年4月最高裁判所司法研修終了、弁護士登録（愛知県弁護士会）、鈴木誠法律事務所、平成30年6月から日弁連法務研究財団理事、平成26年4月から名古屋家庭裁判所調停委員、情報ネットワーク法学会　第17回研究大会（平成29年）実行委員会副委員長、平成16年6月〜平成17年5月まで、日弁連コンピュータ委員会（現在は廃止）委員長。

梶谷　　篤（かじたに　あつし）

梶谷綜合法律事務所　弁護士、博士（医学）。信州大学社会基盤研究センター特任教授（医療安全法学）。早稲田大学政治経済学部卒、順天堂大学大学院医学研究科（病院管理学）博士課程修了。平成12年裁判所司法修習修了・弁護士登録（第一東京弁護士会）。第一東京弁護士会総合法律研究所IT法研究部会部会長、同医事法研究部会副部会長を経て、平成29年度第一東京弁護士会副会長。

＜主要著作等＞

『第三者委員会　設置と運用』（共編、金融財政事情研究会・2011年）、『デジタル証拠の法律実務Q＆A』（共編、日本加除出版・2015年）、『医療訴訟事例から学ぶ』（共著、日本外科学会・2016年）他多数。

荒木　哲郎（あらき　てつろう）

平成13年最高裁判所司法修習修了・弁護士登録（第一東京弁護士会）、赤坂山王総合法律事務所。平成22年システム監査技術者取得。現在、第一東京弁護士会総合法律研究所IT法研究部会部会員。東京地方裁判所民事調停委員(建築・IT)。システム監査学会理事。日本セキュリティ・マネジメント学会会員。日本不動産学会会員。

<主要著作等>

『デジタル証拠の法律実務Q＆A』（共編、日本加除出版・2015年)、『税理士事務所の個人情報保護・マイナンバー対応マニュアル』（共著、ぎょうせい・2017年)、『証拠・資料収集マニュアル』（共編、新日本法規出版・2012年)、『ケース別　不動産をめぐる金銭請求の実務』（共編、新日本法規出版・2009年）他多数。

北川　祥一（きたがわ　しょういち）

北川綜合法律事務所・代表弁護士（第一東京弁護士会)。東京大学法学部卒。アジア国際法務等を得意分野としつつ、デジタルフォレンジックなどIT関連法務分野にも力を入れている。

<講演等>

「IT時代の紛争管理・労務管理と予防～最先端証拠収集手法の労務関連問題等への応用～」セミナー、「IT時代の紛争の解決と予防～“デジタルフォレンジック”を利用した紛争解決・予防～」セミナー等

斎藤　　綾（さいとう　あや）

弁護士。アクセンチュア株式会社法務部シニア・マネジャー。法律事務所を経て、現職に。大型なシステム開発、アウトソーシング案件のほか、AIやIoTに関するデジタル案件などを幅広く担当。

北條　孝佳（ほうじょう　たかよし）

平成27年最高裁判所司法修習修了・弁護士登録（東京弁護士会)、西村あさひ法律事務所。警察庁技官として10年以上勤務。現在、日本シーサート協議会専門委員。デジタル・フォレンジック研究会法曹実務者分科会幹事。情報ネットワーク法学会会員。東京弁護士会インターネット法律研究部会員。Microsoft MVP受賞（2017年、2018年)。

主な著作に『AIの法律と論点』（共著、商事法務・2018年）がある。

デジタル法務の実務 Q&A

平成30年11月5日　初版発行

編　集　高橋郁夫　鈴木誠　梶谷篤　荒木哲郎　北川祥一　斎藤綾　北條孝佳

発行者　和田裕

発行所　日本加除出版株式会社

本　社　郵便番号 171-8516
東京都豊島区南長崎3丁目16番6号
TEL (03) 3953-5757 (代表)
(03) 3952-5759 (編集)
FAX (03) 3953-5772
URL www.kajo.co.jp

営業部　郵便番号 171-8516
東京都豊島区南長崎3丁目16番6号
TEL (03) 3953-5642
FAX (03) 3953-2061

組版・印刷・製本　㈱アイワード

ISBN978-4-8178-4521-4